LÉON CAHUN

LA
BANNIÈRE BLEUE

AVENTURES D'UN MUSULMAN

D'UN CHRÉTIEN ET D'UN PAÏEN

A L'ÉPOQUE DES CROISADES ET DE LA CONQUÊTE MONGOLE

OUVRAGE ILLUSTRÉ DE 73 GRAVURES DESSINÉES SUR BOIS

PAR J. LIX

PARIS
LIBRAIRIE HACHETTE ET Cie
79, BOULEVARD SAINT-GERMAIN, 79

LA
BANNIÈRE BLEUE

PARIS. — TYPOGRAPHIE LAHURE
RUE DE FLEURUS, 9

LA
BANNIÈRE BLEUE

AVENTURES D'UN MUSULMAN
D'UN CHRÉTIEN ET D'UN PAÏEN
A L'ÉPOQUE DES CROISADES ET DE LA CONQUÊTE MONGOLE

PAR LÉON CAHUN
Auteur des *Aventures du Capitaine Magon*

OUVRAGE ILLUSTRÉ DE 73 GRAVURES DESSINÉES SUR BOIS

PAR J. LIX

PARIS
LIBRAIRIE HACHETTE ET Cie
79, BOULEVARD SAINT-GERMAIN, 79

1877

Droits de traduction et de reproduction réservés

Le sommeil vint fermer mes yeux.

LA BANNIÈRE BLEUE

CHAPITRE I

Le Grand Saint.

Au nom de Dieu Clément et Miséricordieux.

Louange à Dieu qui n'a ni commencement ni fin et qui n'a pas de compagnon; qui, par un seul mot, « Sois, » a créé les sept cieux, les sept terres et les dix-huit mille mondes.

Salut à l'ami de Dieu, le prophète Mohammed l'Élu [1], le plus grand et le dernier des prophètes, qui a été envoyé à tous les fils d'Adam et à tous les génies.

Motif de la composition de cet ouvrage.

---

1. *Moustafa;* épithète de Mahomet.

Le fils d'Euktulmich, de la nation des Oïgours, le pauvre et malheureux[1] Djani-Bek, dit :

Personne n'a encore écrit l'histoire de l'empereur conquérant du monde, de l'immortel SOUTOU BOGDA DAIMING TCHINGGUIZ KHAGHAN[2], ni de ses fils, ni de son petit-fils BATOU, surnommé SAIN KHAN[3], dont je suis le serviteur. Ayant chevauché avec le grand empereur, avec ses fils, et avec notre bon sire BATOU, j'écrirai, s'il plaît à Dieu, l'histoire de mes aventures, pour que notre peuple apprenne les travaux, peines et combats par lesquels nous avons passé en conquérant le monde, ainsi que les nouvelles et particularités des pays étrangers que nous avons vus.

Dieu sait tout !

Par la grâce de Dieu très-haut, par l'intercession de la plus noble des créatures[4] et l'intervention de ses quatre bienheureux compagnons[5], le mercredi, 5 du mois de Saffar 591[6], année de la Panthère[7], je devins soldat de l'empereur des Mongols à l'âge de quinze ans.

Je suis né sur les bords de l'Isig Kul[8], dans les environs de la ville d'Almaty[9]. Bien que ma tribu fût nomade, mon père me fit instruire par un molla[10], tellement qu'à dix ans, outre que je montais à cheval et que je tirais de l'arc comme les enfants de mon clan apprennent tous à le faire dès le plus jeune âge, je savais aussi lire et écrire la langue turke, tant en caractères arabes qu'en caractères oïgours, et que j'avais appris le

---

1. C'est comme quand on dit en français : Votre humble serviteur.
2. Gengiskhan.
3. Le bon Sire.
4. Le prophète Mahomet.
5. Les quatre premiers khalifes : Abou Bekr, Omar, Othman et Ali.
6. 1194.
7. Date mongole.
8. Le lac Chaud.
9. Actuellement, fort Vernoïé.
10. Docteur en théologie musulmane, de l'arabe *mèvla*, magister.

Koran et la religion qu'enseigne notre prophète Mohammed l'Elu (la bénédiction soit sur lui et sur sa famille!).

Comme j'avais atteint l'âge de quinze ans, il arriva, dans les derniers jours du mois de Moharram 590, que l'étalon blanc à tête grise de mon père se perdit : c'était un cheval de race et de prix. Mon père ordonna à ses serviteurs de se mettre à sa recherche. Nous étions en plein hiver : la tentation de faire une course à travers les montagnes et les plaines couvertes de neige, de galoper sur les étangs glacés, de traverser les grandes forêts de sapins noirs et de tirer les lièvres de neige me saisit tellement, que je suppliai mon père de me permettre d'accompagner ses serviteurs. Mon père y consentit, après s'être fait beaucoup prier, et me donna un bon cheval bai brun, un cheval de cinq ans. Ma mère m'embrassa et me fit beaucoup de recommandations, me disant de ne pas me laisser emporter à poursuivre le gibier. Ayant pris congé de mon père, de ma mère, de mon frère aîné qui avait dix-sept ans, et de ma petite sœur qui en avait treize, je quittai notre campement d'hiver et je suivis nos serviteurs qui s'en allaient vers la plaine. Nous marchions depuis trois jours, et je me divertissais bien, tirant les lièvres, poursuivant les loups avec mon lasso, lançant mon cheval à fond de train sur les pentes des montagnes, lorsqu'un des serviteurs qui nous précédaient pour reconnaître le chemin arriva au galop de son cheval pommelé. Il eut à peine le temps de crier : « Voilà les Tékrines[1] ! » et tomba de sa selle, mort par terre. Les païens tékrines étaient partis pour faire une course contre un de nos clans, sans que nous en eussions rien su. Ayant enlevé beaucoup de chevaux et d'autre butin, ils revenaient de leur expédition, et Dieu avait voulu que nous les croisassions. Ils avaient mortellement blessé notre serviteur, et à présent ils arrivaient sur nous de tous côtés.

« Djani, s'écria le plus vieux de nos serviteurs, tu as un bon cheval. Prends la fuite ! Nous tiendrons ici jusqu'à ce que tu sois en sûreté ! Cours droit devant toi, le long de la rivière, et tu arriveras à notre campement ! »

---

1. Tribu alliée aux Mongols et voisine des Oïgours.

Il me répugnait de m'en aller, et de laisser mes compagnons tout seuls exposés au danger. Voyant que j'hésitais, le vieux serviteur prit mon cheval par la bride, le fit courir une centaine de pas dans la bonne direction, lui lança un fort coup de fouet, et retourna vers les autres en s'écriant :

« *Allahou Ekber!* Dieu est le plus grand ! » En même temps, j'entendis les cris des Tékrines qui fondaient sur les nôtres, et je me laissai entraîner par mon cheval effrayé.

Je courus ainsi environ une demi-heure, puis je m'arrêtai pour laisser souffler ma bête. J'étais au milieu d'une vallée toute couverte de neige, et j'avais à ma droite un bois de sapins. Quelques corbeaux tournoyaient en l'air. Le silence était profond. Tout à coup une trentaine de Tékrines sortirent brusquement du bois et arrivèrent droit sur moi. A vingt pas, ils s'arrêtèrent; deux d'entre eux se détachèrent de la troupe et plantèrent leurs lances dans la neige, à ma droite et à ma gauche. J'étais si stupéfait que je ne pouvais pas bouger de place. Ils me firent mettre pied à terre, et l'un d'eux, tirant une lanière de dessous sa robe, me lia les mains derrière le dos ; l'autre lui dit quelques mots dans une langue que je ne comprenais pas, puis tira son couteau et coupa la lanière. Ensuite ils me firent remonter à cheval, après m'avoir pris mon arc et mon carquois, et saisissant la bride de ma bête, m'emmenèrent à travers le bois. J'arrivai dans une clairière où se trouvait le gros de leur troupe : parmi les chevaux qu'ils emmenaient étaient ceux de nos pauvres serviteurs ; je leur demandai, en turk, ce que mes serviteurs étaient devenus, mais ils se mirent à rire et ne répondirent pas. Nous marchâmes ainsi jusqu'à la nuit, où ils s'arrêtèrent entre deux montagnes. Là ils allèrent chercher du bois, allumèrent leurs feux, égorgèrent des moutons qu'ils dépecèrent dans des marmites, entravèrent leurs chevaux, plantèrent leurs lances en terre, et s'assirent autour des feux.

Leur interprète[1] me demanda mon nom et le nom de mon pays. Après que je lui eus répondu, le chef de la troupe prit

---

1. *Tilmadj* en mongol et en turk. Les Allemands en ont fait *Dollmetsch*.

L'autre tira son couteau et coupa la lanière.

un morceau dans la marmite, m'appela, me fit asseoir à côté de lui, et me fit signe de manger. Quand j'eus contenté ma faim, je m'endormis, épuisé de fatigue. Au matin, lorsque je m'éveillai, je ne vis plus personne. Les Tékrines avaient disparu avec tout leur butin. Effrayé de me trouver seul et sans cheval au milieu de ces solitudes, je me mis à courir de droite et de gauche, en pleurant. En errant ainsi, je finis par voir de loin la fumée d'un camp. J'y courus, et je reconnus les Tékrines : ils avaient été camper plus loin pour partager le butin.

« Puisque vous m'avez abandonné, dis-je à l'interprète, rendez-moi mon cheval et montrez-moi la route de ma maison. »

L'interprète se mit à rire.

« Nous ne t'avons pas abandonné, me répondit-il. Nous n'abandonnons rien, nous autres, fût-ce un enfant ou un mouton. Nous pensions bien que tu nous retrouverais. »

Ensuite il me conduisit par la main vers un grand tas de pièces de feutre et me dit :

« Choisis une couverture. La nuit, tu l'étendras par terre, pliée en deux. Tu mettras un côté sous toi, et l'autre côté sur toi. »

Quand j'eus choisi ma couverture, il me fit pareillement choisir une selle et un cheval parmi les leurs, car ils ne voulurent pas me rendre le mien, ni mon arc, ni mon carquois. Ils me prirent même les boutons d'argent de ma pelisse.

Au bout d'un mois de voyage, nous arrivâmes dans leur pays, sur les bords de la rivière Irtych. Ils étaient encore dans leur campement d'hiver. Dès qu'ils furent arrivés, ils se consultèrent sur ce qu'ils feraient de moi. J'assistais au conseil, et je comprenais assez bien, car en un mois j'avais appris un peu leur langue, qui n'est pas difficile à retenir pour un Oïgour, parce que leurs manières de parler et beaucoup de mots ressemblent à notre turk. Comme ils discutaient ensemble, un de leurs vieillards se leva et dit :

« Keuktché Tengri Soutou[1] a demandé qu'on lui amène un

---

1. *Keuktché*, de *keuke*, bleu, ciel, signifie céleste. *Tengri, soutou* dont les historiens turks ont fait Tengri-Ning Boutou et Bout-Tengri, signifie « émanation

jeune homme sachant la langue turke et pouvant écrire avec des caractères. Il faut envoyer ce jeune homme à Keuktché. »

Tous furent aussitôt de l'avis du vieillard, et le soir même, je repartis avec cinq hommes qui me conduisaient à Keuktché. Après avoir passé pendant un mois et demi par des montagnes affreuses, des bois et de grandes solitudes, car mes conducteurs avaient emporté des provisions dont ils avaient chargé plusieurs chevaux, et évitaient les lieux habités, où se trouvaient des tribus ennemies de la leur, nous arrivâmes, vers la fin de l'hiver, au pied d'une montagne toute couverte de rochers et de noirs sapins. De cette montagne sortait une rivière qu'ils me dirent s'appeler Onon. Les Tékrines s'arrêtèrent devant la montagne et se prosternèrent; puis ils attachèrent leurs chevaux, et commencèrent à gravir en silence et en donnant les marques du plus profond respect. A mi-chemin du sommet, au milieu d'un chaos de rochers, s'ouvrait une caverne. Ils se prosternèrent neuf fois devant l'entrée, et l'un d'eux me dit à voix basse :

« C'est ici la demeure du Grand Saint. Qui sait où il est? Peut-être, selon sa coutume, est-il monté au ciel sur le cheval gris que lui envoie le Tengri quand il veut s'entretenir avec lui! Peut-être aussi court-il nu-pieds dans la neige et sur les rochers aigus! »

Comme le Tékrine disait ces mots, un homme sortit de la caverne et parut soudainement devant nous. C'était un jeune homme d'une figure imposante. Ses longs cheveux flottaient sur ses épaules et son regard était farouche. Par cette saison rigoureuse, il avait les pieds, les jambes et les bras nus, et était à peine vêtu d'une grossière étoffe de crin. A sa vue, les Tékrines se mirent à trembler de tous leurs membres et recommencèrent leurs prostrations Pour moi, je fus saisi d'une peur terrible, après tout ce qu'ils m'avaient dit de Keuktché; mais, ayant mis ma confiance en Dieu, j'invoquai mentalement son saint nom et celui de son prophète, et je prononçai tout bas le *Tekbir*[1], ce qui

---

de Dieu ». Ce Keuktché et son père jouèrent tous deux un rôle considérable dans la formation de la nation mongole.

1. Action de dire *Allahou Ekber*, Dieu est le plus grand.

Un homme sortit de la caverne.

me rendit le courage, et fit que j'osai regarder Keuktché en face. Je vis alors qu'il adoucissait son regard, et me considérant d'un air compatissant et presque caressant :

« Quel est cet enfant? dit-il aux Tékrines, et pourquoi l'amenez-vous ici?

— Grand Saint, répondirent les Tékrines, tu avais demandé un enfant turk sachant écrire les paroles avec des caractères. Nous t'amenons celui-ci. »

Keuktché me fit signe d'approcher, et mettant sa main sur ma tête, il m'examina en souriant.

« Quel est ton nom, me dit-il, et quels sont tes sept ancêtres?

— Mon nom est Djani, répondis-je, et le nom de mon père est Euktulmich. Ma nation est celle des Oïgours, et mon clan celui de Baïane Aoul.

— Et quelle est ta religion? me demanda-t-il.

— Dieu soit loué, m'écriai-je, je suis musulman!

— Dieu est partout, répondit Keuktché d'une voix grave. Il est dans le cœur des Turks musulmans, il est dans notre cœur; il est dans l'herbe qui verdit, il est dans la neige qui tombe, et le monde est son émanation. Djani, c'est Dieu qui t'a conduit ici. Je serai ton père et ta mère : tu seras mon fils et mon serviteur. »

Je m'inclinai en silence devant le Grand Saint. Il fit signe aux Tékrines de s'en aller. L'un d'eux, le regardant d'un air embarrassé, lui dit :

« Et nous? Ne diras-tu pas de paroles pour nous? Tu as dit des paroles pour l'enfant étranger, et tu ne dis rien pour nous qui sommes de ton peuple? »

Le Grand Saint leva les mains sur les Tékrines, qui s'agenouillèrent autour de lui, et prononça les paroles suivantes :

« Toi qui es en haut, Ciel, toi qui as dit à la verdure de sortir de la terre, toi qui as dit à l'arbre d'avoir des feuilles, toi qui as fait croître la chair sur les os, toi qui as dit aux cheveux de pousser sur la tête, créateur des choses créées, ciel des choses ordonnées, je supplie mon père! Donne ta bénédiction, mon père. Que Dieu donne du bétail, que Dieu donne du pain, que Dieu donne un chef à la maison. Secours, mon père, dans la maison mon chef, dans le troupeau mon bétail. Je m'incline devant toi. Que Dieu donne sa bénédiction, ô créateur des choses créées, ô ciel des choses ordonnées! »

Puis les Tékrines descendirent de la montagne sans tourner la tête et les yeux baissés.

Quand je fus seul avec Keuktché, la peur me reprit. Je m'assis à l'écart sur une pierre, je pris ma tête dans mes mains, et pensant à mes parents, à la bonne maison de feutre si fraîche l'été, si chaude l'hiver, à mon père si bienveillant, à ma mère si douce, à mon frère hardi et vaillant, à ma sœur rieuse aux yeux noirs, à tout ce monde qui m'aimait et que j'aimais, je me mis à pleurer. Abandonné dans cet affreux désert, avec ce redoutable magicien et sorcier, séparé des miens sans doute pour toujours, qu'allais-je devenir? J'avais beau mettre ma confiance en Dieu et répéter sans cesse le Tekbir comme nous le commande notre religion, je craignais que le magicien ne fît apparaître quelque forme monstrueuse, et il me semblait que Satan en personne allait surgir à tout instant devant moi. Me cachant le visage avec le pan de ma pelisse, je sanglotais, et je m'abandonnai au désespoir. Je me croyais perdu; je me résignai donc à mourir. Je descendis jusqu'à la source de l'Onon, j'y fis mes ablutions, et je récitai une prière. Inclinant ma tête dans la prière, je demandai miséricorde à Dieu, quand le sommeil vint fermer mes yeux. Je vis que le khodja[1] mon précepteur, accompagné de plusieurs saints personnages, parmi lesquels Ali le Lion de Dieu[2], m'apparaissait, monté sur un cheval gris. Le khodja me dit:

« Ne t'inquiète pas; le Lion de Dieu m'a envoyé auprès de toi pour te faire savoir qu'il t'accorderait son appui; chaque fois que tu seras en péril, si tu penses à implorer son aide, il répondra aussitôt à ton appel, et la victoire se rangera de ton côté. Relève donc la tête et éveille toi! »

---

1. Révérend père.
2. Ali, cousin et gendre de Mahomet, reçoit chez les Musulmans de l'Asie centrale l'épithète de *Hezber Allah*, Lion de Dieu.

Je me réveillai le cœur content, et, levant la tête, je vis que Keuktché était debout devant moi, la main appuyée sur mon épaule.

« Tu as fait un beau rêve ! me dit-il.

— Comment le savez-vous ? répondis-je effrayé.

— Je sais tout ! me dit-il en souriant. Tu as rêvé de saints personnages de ton pays, et maintenant tu n'as plus peur de moi. N'est-ce pas vrai ?

— C'est vrai, m'écriai-je. O Keuktché, puisque vous savez tout, puisque vous pouvez tout, rendez-moi mes parents, rendez-moi ma patrie !

— Patience ! me répondit le Grand Saint. Tu les reverras certainement. Mais d'ici que tu les revoies, le Tengri veut que tu passes par des épreuves. Fais en sorte de les franchir dignement. Quand on doit devenir un homme, à dix ans on l'est déjà.

— S'il plaît à Dieu, je deviendrai un homme ! m'écriai-je le visage enflammé. Je suis un Oïgour des Baïane Aoul, et mon peuple est connu par sa vaillance ! »

Keuktché me frappa sur la joue amicalement.

« Tu parles bien, fils ! dit-il. Nous aimons les hommes vaillants ici ! Le Tengri t'entend et t'approuve. Suis-moi, que je te donne ton logement et ta tâche. »

Nous entrâmes dans la caverne. Elle était éclairée par une torche de bois résineux. On n'y voyait pour tous meubles qu'une caisse vermoulue, deux pierres qui servaient de siége à côté du foyer, un chaudron de cuivre, et un tas de vieilles pièces de feutre et de fourrures. Un beau cheval alezan était entravé près de l'ouverture de la caverne ; il me salua d'un joyeux hennissement.

« C'est *Saïn Boughouroul*[1], dit Keuktché en caressant le cheval. Il a trois ans. Tu le monteras. »

Je m'inclinai pour le remercier. Le cheval était magnifique ; j'en avais peu vu de pareils. Je lui fis toutes sortes d'amitiés, qu'il me rendit aussitôt. Pendant ce temps Keuktché empilait des couvertures et des pelleteries.

---

1. Nom de cheval en mongol.

« Voilà ton lit, me dit-il. Tu dois avoir faim : voici la caisse aux provisions. »

Il me désigna du doigt une roche plate qui était à côté de l'entrée de la caverne. Il y avait là un entassement de nourriture : des gigots de mouton, des quartiers de chevreuil, des lièvres, des faisans, des pots de grain, des écuelles de lait, des fromages, des cruches de kymyz[1], des mottes de beurre ; parmi ces provisions les unes étaient fraîches, les autres étaient gâtées et semblaient être là depuis longtemps.

« Choisis les viandes qui te plairont, me dit Keuktché ; tu allumeras du feu et les apprêteras à ton gré. Tu jetteras le reste hors de la caverne, aux oiseaux du ciel et aux bêtes de la montagne. Les jeunes gens qui m'apportent toutes ces choses devraient savoir que je n'en use pas autant. »

Disant ces mots, il prit une écuelle, but quelques gorgées de lait, puis allant au coffre, il en tira un livre dans lequel je vis des caractères étranges et que je ne connaissais pas. Il s'assit près de la torche et se mit à lire. Je mangeai, et un instant après, je m'endormis, épuisé de fatigue.

Pendant plusieurs mois, ma vie se passa sans qu'il m'arrivât rien qui mérite d'être noté. Je donnais à manger aux bêtes sauvages le reste des offrandes qu'on apportait à Keuktché, je soignais Saïn Boughouroul, et je ramassais des broussailles pour faire la cuisine. Keutkché me parlait très-peu et me laissait faire tout ce que je voulais. Souvent lui-même disparaissait pendant des journées entières, et quelquefois, quand je m'éveillais la nuit, je ne le voyais pas dans la caverne. Quand il revenait de quelqu'une de ces courses, ses yeux étaient encore plus farouches qu'à l'ordinaire, et ses manières plus étranges. Néanmoins il était très-bon pour moi ; j'avais fini par concevoir pour lui une affection mêlée de frayeur. C'était un homme tout à fait extraordinaire, qui vivait de quelques gorgées de lait et qui ne dormait pas.

Un jour, comme j'allais monter Saïn Boughouroul pour courir dans la campagne, Keuktché m'arrêta.

---

1. *Kymyz*, eau-de-vie de lait de jument.

« Fils, me dit-il, il ne convient pas qu'un jeune garçon comme toi, que je traite comme mon enfant, coure ainsi vêtu d'une robe déchirée et sans armes. Je veux te voir bien équipé. »

Il me conduisit dans un coin de la caverne, et sortit d'un paquet enveloppé de feutre un vêtement magnifique, un arc avec un carquois, et un grand couteau à manche de corne garni d'argent.

« Prends, me dit-il. Ceci est à toi, et Saïn Boughouroul aussi est à toi ! »

Ravi de joie, je me jetai à ses pieds pour le remercier. Mais il sortit aussitôt et me laissa seul avec mes présents. Je courus d'abord embrasser Saïn Boughouroul. Dans ma joie, je lui parlais, je lui caressais la crinière, je lui frappais sur le cou. J'étais ravi d'orgueil de penser qu'un pareil cheval était à moi. Saïn Boughouroul, me fixant avec ses grands yeux noirs, grattait la terre du pied, hennissait joyeusement et agitait sa longue queue soyeuse. Moi, je revêtis bien vite mes beaux habits : un pantalon de cuir brodé, des bottes à haut talon, une tunique de soie à trois boutons d'argent ; je serrai ma ceinture à boucle d'argent, où pendait mon couteau ; je jetai sur mes épaules le carquois et sa trousse, et je me coiffai du bonnet de feutre bleu bordé de fourrures. Je saisis l'arc, dont les bouts étaient garnis d'argent et dont la corde était de soie jaune avec la place de l'encoche entourée de fils d'argent ; je mis le doigtier de tireur à la main droite et le bracelet au poignet gauche, et, plein d'émotion, j'essayai la corde. L'arc était terriblement dur ; je tirai de toutes mes forces : il pliait à peine. Moitié joyeux, moitié désolé, j'amenai Saïn Boughouroul à l'entrée de la caverne, je sautai en selle et je descendis la montagne au galop. Le bruit des flèches qui sonnaient dans mon carquois, le soleil brillant dans le ciel bleu, la plaine poudreuse, le frémissement des feuilles, tout me réjouissait. Saïn Boughouroul semblait partager ma joie. Je me dirigeai vers le campement du clan voisin des Aroulad[1], sur le

---

1. *Aroulad* en mongol, *Arlad* en turk. Les historiens turks et les peuples turks actuels répartissent les conquérants mongols en quatre nations : 1º Arlad, 2º Berlass, 3º Soldouz, 4º Tarkhan, ou, pour écrire à la mongole, *Aroulad, Ba-*

flanc d'une montagne couverte de pâturages. Dans mes courses, je m'étais lié avec les jeunes garçons de cette tribu, qui me témoignaient beaucoup d'égards, sans doute parce que j'étais avec Keuktché. Mais parmi eux il y en avait un pour lequel je m'étais pris d'une affection particulière, et qui me la rendait. C'était un garçon de mon âge, le fils d'un de leurs *noïanes* ou princes : il s'appelait Alak. Nous courions ensemble sur la lande ; nous prenions plaisir à nous défier à la lutte, au tir, car Alak possédait un arc ; avec deux bâtons que nous avions découpés et façonnés, nous faisions l'escrime du sabre, et avec nos perches à chevaux dont nous ôtions le lacet et le nœud coulant, nous faisions l'escrime de la lance. Nous jouions aussi à saut-de-mouton, au *loup bleu*[1], aux osselets, à l'os blanc où le vainqueur chevauche sur les épaules du perdant, et à toutes sortes d'autres jeux. Une chose nous peinait : nous aurions voulu faire un cerf-volant comme j'en avais vu près de la ville d'Almaty ; mais les peuples Bédé (car, dans ce temps-là, le mot de Mongols n'était pas encore connu, et les Aroulad, les Baroulass, les Ourieng-khane, les Souldez, enfin toutes les tribus s'appelaient généralement Bédé) ; les peuples Bédé donc, ne connaissant pas l'écriture, ni les livres, il n'était pas possible de trouver de papier chez eux ; faute de papier, je ne pouvais donc pas faire de cerf-volant.

Voilà qu'en chevauchant j'aperçus Alak de loin. Il était monté sur un cheval courtaud, et chevauchait deci, delà, en tenant sa perche à lacet comme une lance. Du plus loin qu'il me vit, il siffla dans son sifflet de chasse, et fit un temps de galop à ma rencontre.

« Ha, Djani, me cria-t-il de loin, j'ai du papier, j'ai tout ce qu'il faut pour faire un dragon volant ! Arrive donc, Djani, mon frère ! »

Quand je fus près de lui, il regarda mon magnifique équipement.

---

roulass, Souldez; Tarkhan signifie simplement *noble, gentilhomme.* Emir Timour, fils de Taraghaï (Tamerlan), était un Berlass. On l'appelle ordinairement, dans les chroniques turkes, Timour Berlass.

1. Jeu turk et mongol, qui consiste à se poursuivre à cheval en faisant toutes sortes de détours.

« Comme te voilà vêtu, et quel bel arc et quel couteau ! s'écria-t-il. Tu es équipé comme un khan[1]. D'où te vient ce butin ?

— C'est Keuktché qui me l'a donné, répondis-je. Et toi, d'où as-tu ce qu'il faut pour faire un dragon-volant ?

— De mon père, me dit Alak. Mon père a suivi notre khan Témoudjine dans une course contre nos ennemis les Taïdjigod[2]. Ils ont eu, entre autre butin, une grande caisse de papiers et de livres chinois, et mon père me l'a donnée. Je suis bien content, Djani, de te voir si fièrement vêtu et armé. Maintenant, nous avons tous les deux un arc, un couteau et un cheval. Quand nous aurons un sabre et une lance, nous serons des guerriers !

— Le khan est-il de retour depuis longtemps ? demandai-je.

— Depuis avant-hier matin, me répondit Alak, et dès son retour, il s'est dérobé au peuple, et a été galoper seul du côté de Deligoun Bouldak. Il y va tous les jours. Demain, il donnera une fête avec le butin pris sur les Taïdjigod. Tu t'y rendras ?

— Je m'y rendrai, frère Alak, répondis-je ; je veux voir votre khan Témoudjine, puisque tout le monde dit que c'est un héros.

— Lui, s'écria mon ami, comme transporté d'enthousiasme, lui, c'est le lion des hommes ! Son père Yesoukeï le Hardi était très-vaillant, et son clan, celui des Kiot Bordjiguène[3], est renommé pour sa vaillance. Mais le courage et la valeur de Témoudjine dépassent ceux de tous les autres hommes ; et pour l'esprit et la prudence, il est supérieur à Euguélène Eké, sa mère ; et pour la science et le conseil, il est plus fameux que Mingulik Etchigué, notre père, le père du grand saint Keuktché et le beau-père de Témoudjine ; car il a épousé Euguélène Eké à la mort de Yesoukeï Baghatour.

— Je serais content, dis-je à mon ami, de voir un aussi fier homme que Témoudjine Khan. Mais celui que je vois tous les

---

1. *Khan* signifie chef, roi. *Kaan* ou *khaghan* signifie chef des chefs, empereur.
2. Tribu ennemie de Témoudjine. Témoudjine n'est autre que Gengiskhan.
3. Kiot Bordjiguène, nom de la famille de Gengiskhan. *Kiot* signifie « torrent, avalanche », et *bordjiguène* « un homme qui a les yeux fauves ».

jours le dépasse peut-être, car je n'ai jamais vu d'homme aussi extraordinaire que Keuktché.

— Oh! me répondit vivement Alak en baissant les yeux, pour Keuktché, c'est différent. Témoudjine Khan est un homme, et pour la naissance, le courage et l'esprit, il vaut mieux que tous les autres hommes. Mais Keuktché n'est pas un homme.

— Qu'est-il donc? dis-je à mon tour. Son père Minglik est une créature humaine comme une autre.

— Tais-toi, me dit Alak à voix basse. Toi qui es avec le Grand Saint, tu ne devrais pas parler ainsi. Tu sais bien que c'est un esprit incarné dans un corps humain, et qu'il est une émanation des esprits de l'Air et du Ciel!

— Ma religion me défend de croire à une autre puissance qu'à Dieu l'unique, répondis-je. Mais quant à penser que Keuktché soit un *div*[1] ou tout autre génie, j'incline à le croire. Seulement, c'est un bon génie, et non pas un des *divs* malfaisants qui obéissent à *Iblis*[2].

— C'est le génie des Kiot Bordjiguène, me répondit Alak; Témoudjine Khan le révère comme tel. »

Nous entretenant ainsi, nous mîmes pied à terre, et nous nous assîmes sur un tertre du haut duquel Alak pouvait surveiller le troupeau de chevaux qu'il gardait. Mon camarade tira de son sac un fromage, et décrocha de l'arçon de sa selle une cruche de kymyz.

Nous allâmes au bord de la rivière couper des baguettes de saule pour préparer la carcasse de notre dragon-volant, et tout en écorçant nos baguettes, nous déjeunions de bon cœur des provisions d'Alak et d'un morceau de cheval grillé que j'avais apporté dans mon sac.

Pendant que nous nous régalions ainsi, Alak me raconta la généalogie de sa tribu et celle du clan des Kiot Bordjiguène. Il me raconta comment Yesoukeï mourut par l'effet du poison. Son fils Témoudjine n'ayant que treize ans n'avait pas encore la main

---

1. Persan, turk, esprit, génie.
2. *Iblis*, le diable musulman.

assez ferme pour tenir ensemble les tribus qu'il avait réunies. Aussi elles se séparèrent : plusieurs tentes des Kiot eux-mêmes allèrent rejoindre les Taïdjigod. Témoudjine resta seul avec deux ou trois cents familles de différentes tribus. Sa mère fut trouver Mingulik Etchigué qui la prit sous sa protection, et, par un effet de l'intercession et de la magie de Keuktché, tous les Mangoutes se soumirent à Témoudjine. Il eut alors des guerres continuelles contre les Taïdjigod et leurs alliés. Un jour, les Taïdjigod vinrent et volèrent huit chevaux alezans. Quand Témoudjine revint de la chasse aux marmottes, il monta le cheval *Darki Khongkhor*, qui appartenait à son frère Belgueteï, et suivit la piste des Taïdjigod. En route, il trouva les troupeaux de Bogordji, fils de Nago-Baïane, chef des Aroulad. Bogordji, le voyant dans une grande détresse, lui dit : « Prince du clan des Kiot et de la famille des Bordjiguènes, j'ai entendu parler de tes peines et de tes dures destinées; je ne suis pas un étranger sur le sentier des braves : je veux être ton ami et te suivre partout. » Ensuite, il monta sur son cheval rouan *Khourdoune Khoubi*, et fit monter à Témoudjine son cheval bai clair *Ourouk Chingkhola*. A la nuit, ils arrivèrent au camp des ennemis. Témoudjine voulait les attaquer tout seul, mais Bogordji lui dit : « Descendant des Bordjiguènes, en un jour heureux je suis devenu ton compagnon. Dois-je me mettre à l'abri dans cette périlleuse aventure? » Ils chargèrent ensemble, et à eux deux ils mirent l'ennemi en déroute; puis ils retournèrent au campement de Nago Baïane. Celui-ci, ayant appris leur aventure, sourit, puis se détourna pour cacher ses larmes. « Il n'y a qu'un sentier unique pour les braves : n'oubliez pas ceci! » leur dit-il. Puis il tua un mouton et leur fit un festin. Ensuite, Bogordji enleva son *toug*[1] à queue noire et suivit Témoudjine avec sa tribu. De ce jour, il devint son compagnon inséparable dans la joie comme dans l'infortune.

Les Aroulad, les Mangoutes et plusieurs autres fractions iso-

---

1. *Toug*, drapeau qui se compose d'une ou plusieurs queues de yak, ou bœuf du Tibet (les Mongols appellent le yak *sarlik* et les Turks *koutass*), attachées au bout d'une lance. Le drapeau qui porte un pavillon en étoffe s'appelle en mongol *khochigo* et en turk *sandjak* ou *baïrak* suivant la forme et la dimension de l'étoffe.

lées étant ainsi réunies, Témoudjine soumit les Tékrines et les Olkonod, qui sont le clan de sa mère et de race turke. Alors il put faire plus facilement la guerre contre les puissants Taïdjigod et leurs nombreux alliés. Son autorité s'étendait au pied des monts Bourkhane Khaldoune et des monts Kentï, entre le haut cours de l'Onon et celui de la Keroulène. L'étendard à neuf queues blanches de la Confédération de ses peuples était planté à son quartier d'hiver dans la plaine de l'Onon, et l'étendard à quatre queues noires du génie protecteur de sa famille était planté à son quartier d'été à Deligoun Bouldak, en regard de la caverne de Keuktché. Voilà où étaient les choses, comme me les apprit Alak, en cette année de la Panthère 591, où j'étais arrivé à Deligoun Bouldak. Témoudjine avait alors près de quarante ans.

En écoutant et faisant de tels récits, nous avions si bien oublié le temps que la nuit était arrivée. Nous n'avions pensé ni au cerf-volant, ni à mon arc, que j'aurais voulu essayer, et le soleil était déjà couché ; nous parlions encore, quand Alak me dit :

« Il fait presque nuit, et nous n'avons pas encore rassemblé les chevaux pour les ramener et les mettre à l'entrave. Pour sûr, mon père entrera en colère contre moi ! S'il ne me donne pas quelques soufflets, je n'en réchapperai pas sans qu'il m'appelle chien, crapaud, ou œuf de tortue tout au moins !

— Écoute, lui dis-je, il faut nous hâter. Parler ne sert de rien. Je vais t'aider à rassembler le troupeau. Toi, tu as une perche à lacet : tu courras après les jeunes chevaux ; et moi, j'ai mon fouet : je rassemblerai les vieux. »

A force de courir et de galoper, de distribuer des coups de fouet, de siffler, et de prendre le cou des récalcitrants au lacet, nous réunîmes tous les chevaux en troupe serrée avant qu'il fît tout à fait noir. Ensuite, Alak courant sur la droite du troupeau avec sa perche, et moi faisant claquer mon fouet sur la gauche, nous arrivâmes au *yort*[1] sans être trop en retard. Alak

---

1. *Yort*, mot mongol et turk, dont les Russes ont fait *yourte*. Il signifie endroit, habitation, patrie, et s'applique à la fois à la tente, à l'assemblage de tentes ou au village nomade, et à la patrie du nomade, qui est l'endroit où il a l'habitude de camper.

planta immédiatement, avec le maillet qui était pendu au grillage de sa maison, deux piquets de fer dans la terre, pendant que je préparais la corde; nous attachâmes la corde et nous y entravâmes à tâtons tous les chevaux, dont le compte se trouva juste. Ensuite, ayant attaché nos montures aux deux poteaux, à droite et à gauche de l'entrée du treillage de bois rouge qui entoure la maison, Alak déposa sa perche contre le treillage, j'y accrochai mon fouet, et ayant ouvert la petite porte d'osier couverte de feutre, nous entrâmes tous deux.

C'était le keutch des guerriers.

CHAPITRE II

La migration des peuples.

La lampe était déjà allumée et la marmite retirée du feu quand nous entrâmes. Le père et la mère d'Alak, leurs cinq enfants en bas âge et leurs trois principaux serviteurs étaient assis autour de la marmite fumante, et chacun, à tour de rôle, y plongeait son écuelle de bois vernissé.

« Chien! dit le chef à son fils lorsqu'il entra, voilà que tu t'es encore attardé! »

Parlant ainsi, il se leva en retroussant sa manche. Il me prit une forte envie de me sauver, car je pensais que dans la distribution de soufflets qui allait être faite, je ne serais pas oublié Mais loin de là, quand le père d'Alak m'aperçut, il se radoucit subitement et redescendit sa manche sur son bras nerveux et bronzé.

« Hé, dit-il, c'est Djani, notre jeune hôte! Depuis que Djani est dans notre pays, tout le yort prospère. Djani porte certainement bonheur au yort. Assieds-toi ici, à ma droite, mon jeune hôte, et si tu n'as pas d'écuelle, va prendre une de celles qui sont accrochées au treillis de la maison. Et toi, Alak, je te pardonne, mais n'y reviens plus. »

Je remerciai le chef de mon mieux, et Alak vint s'asseoir à côté de moi d'un air assez maussade, ce qui ne l'empêcha pas de manger bravement.

« Quel arc est celui-ci? et quel couteau? me dit le chef en regardant mon équipement. Je les reconnais : ils étaient dans la part de butin que Témoudjine a emportée des Taïdjigod ; puissent les *chimnouss*[1] les poursuivre sur la lande!

— C'est Keuktché qui m'a donné cela, répondis-je en me rengorgeant.

— Ha! Keuktché t'aime bien, reprit le chef, et tu es bien heureux de passer tes journées avec ce grand saint! Mais, dis-moi, t'a-t-il instruit dans l'usage de la divination, ou de la pierre à pluie, ou des formules magiques? Commences-tu à devenir un habile sorcier, et sais-tu un peu parler avec les esprits?

— Keuktché ne m'a rien dit de tout cela, répondis-je, et ma religion me défend de penser à ces choses. Keuktché m'a conseillé d'être brave et courageux, et d'apprendre avec soin à manier mon cheval et mes armes. Il m'a aussi demandé le nom des rois, des chefs et des tribus de mon pays, et des pays voisins que je connais.

— Oa! dit le père d'Alak en clignant de l'œil d'un air malin et en me regardant par en dessous, je sais, je sais! Les disciples des sorciers n'ont pas besoin de tout dire. Tu en sais long, Djani! »

Puis tout à coup il reprit brusquement :

« C'est égal! Si Keuktché veut que même les enfants de quinze ans soient prêts à suivre la charge, c'est qu'il se prépare des choses extraordinaires. Les présages annoncent des temps prodi-

---

1. Les mauvais esprits mongols. Le chef des chimnouss, le diable, s'appelle *Erlik*.

gieux; Keuktché le sait, Keuktché le dit. Nous verrons des choses qu'aucun homme n'a encore vues, et de grands événements sont proches!

— Oui, ils sont proches, dit une voix forte et mâle, et nous sommes là pour les regarder en face! »

L'homme qui parlait ainsi entra, en se courbant et en levant le pied par-dessus le seuil, et tira la porte d'osier derrière lui.

« Salut, fils de Nago-Baïane, salut, Bogordji le Brave, s'écria le père d'Alak en se levant pour aller à la rencontre du nouvel arrivant.

— Salut, Baïsongar, salut, chef d'un de mes clans, répondit l'homme d'une voix retentissante, en prenant les deux mains du père d'Alak. Et toi, femme de Baïsongar, et toi, son fils, et vous, ses serviteurs, et toi, jeune hôte étranger, salut aussi. »

Parlant ainsi, il alla s'asseoir à la place d'honneur où Baïsongar le conduisit. La femme versa du kymyz à chacun, et Boghordji commença par en avaler coup sur coup deux amples rasades.

Ce Bogordji le Vaillant était un homme de haute taille, aux épaules larges, au cou puissant, aux bras vigoureux. Sa figure hâlée et haute en couleur respirait la franchise; à tout instant il riait largement, et les lèvres épaisses de sa grande bouche découvraient ses dents blanches comme du lait. Il avait des yeux étroits et une mine de lion. Ses cheveux pendaient en quatre nattes des deux côtés de ses joues, et son menton était rasé; sa moustache bien graissée se terminait en pointe. Toute sa carrure était celle d'un homme vaillant. Il était vêtu d'un *bagaltak*[1] et chaussé de bottes à haut talon. Il avait à la ceinture une dague, et un sabre à lame droite, large et courte. Son arc et son carquois lui pendaient sur les reins, en travers du dos, et la seule marque de luxe qu'il eût était son sifflet d'argent orné de corail, et une cornaline garnie d'argent et supportant une plume de faisan attachée à son bonnet.

---

1. Robe rembourrée d'étoupes ou de coton, qu'on porte sous la cotte de mailles. C'est ce que nous appelions au moyen âge un *gamboison*.

« Qu'y a-t-il donc, Bogordji, mon frère aîné? dit le père d'Alak.

— Il y a, mon frère, que les Taïdjigod, furieux de leur dernière défaite, ont fait un traité avec les Khorlass et leur chef Narane Khan, et que des tribus étrangères, les Baïagod, les Mergued Bakhanes et même les Tatars, se sont jointes à eux. Ils réclament de nous le seul Témoudjine, et si on ne veut pas le livrer, ils disent qu'ils nous extermineront tous, et qu'ils mettront tout à sac, tentes et troupeaux. »

Baïsongar se mit dans une bruyante colère.

« Livrer Témoudjine! s'écria-t-il. Depuis quand voit-on des tribus comme les Aroulad livrer un chef qu'elles ont choisi librement? Un chef du sang des Kiot Bordjiguène, un descendant du Loup bleu et de la Biche blanche[1], un homme possédé par les esprits et qui connaît les secrets du monde visible et invisible! Si nous faisions cela, Keuktché enverrait les cent quarante-quatre fléaux, le tournis aux moutons, la morve aux chevaux, la gale aux chiens, les maux d'entrailles aux enfants....

— Il ne faut pas le livrer! il ne faut pas le livrer! s'écria Alak Il faut hacher les Taïdjigod.... »

Son père lui lança un soufflet, pour lui apprendre à ne pas parler devant les grandes personnes sans être interrogé, et poursuivit avec véhémence :

« Je ne suis pas un savant : je ne sais me servir ni de la pierre à pluie, ni du tambour magique, ni du violon enchanté. Je ne connais ni les sorts, ni la magie, ni les invocations des esprits. Mais il va se passer de grandes choses : on a vu des apparitions, et des miracles se sont manifestés. Il y a un mois, on a vu un rayon lumineux de neuf couleurs sur Deligoun Bouldak, et un voyageur qui revenait du Tibet m'a dit qu'une licorne avait été vue sur le mont Potala, faisant neuf génuflexions du côté du Nord. Ah, si Keuktché voulait parler!

— Oui, dit Bogordji, ceci n'est pas une simple *baramta*[2]. Il

---

1. Ancêtres des Mongols dans les légendes asiatiques.
2. *Baramta.* Expédition faite pour voler du bétail, ou pour venger un vol de bétail.

faut que les Taïdjigod périssent, ou nous. Depuis assez longtemps ils nous persécutent.

— Qui ne nous a persécutés et opprimés? s'écria Baïsongar. Quelle revanche faut-il que nous prenions sur les Chinois, qui ont fait tant de mal à nos pères, et quelle vengeance devons-nous tirer des gens de la Chine Noire, qui nous ont pris de force des peuples liés à nous par la parenté? Tout le monde se moque de nous. Le roi des Oïgours, le khan des Kéraïtes, l'empereur d'or des Chinois et le khan des Naïmanes sont prospères et puissants. Nous, pauvres nomades, nous comptons pour rien. Et pourtant, nos pères disent que du temps que les Han régnaient sur les Chinois, du temps que nos peuples s'appelaient *Khiounnou*[1], du temps du Loup bleu, la terre tremblait devant nos armes; la pierre *khass*[2] était à l'*ordou*[3] de nos khans, et les quatre-vingt-un mille peuples se prosternaient devant nos noires bannières! »

Disant ces mots, il se mit à pleurer abondamment, au souvenir des exploits de ses pères et de la gloire des Khaghans des Khiounnou.

Quand Alak vit pleurer son père, il fondit en larmes; et quand je vis pleurer Alak, je ne restai pas en retard et je me mis à pleurer aussi. Les autres enfants et les serviteurs nous imitèrent, et la mère d'Alak poussa de grands cris, suivant la coutume des femmes. A ces cris, les chiens qui étaient dehors répondirent par des hurlements et des aboiements, auxquels se joignirent les aboiements et les hurlements de tous les chiens du yort, et les chevaux, se débattant dans leurs entraves, les bœufs et les moutons dans leurs parcs, les chameaux à leur attache, commencèrent un grand vacarme. C'était une désolation générale.

Bogordji, se dressant de toute sa hauteur, jeta son bonnet

---

1. *Khiounnou*, les Loups. Ce sont les peuplades que les Chinois appelèrent *Hioung-nou*, et les Occidentaux, *Huns*.

2. Le sceau de jade, emblème du pouvoir.

3. *Ordou*, le camp impérial. Nous en avons fait « horde », comme dans « horde d'Or ».

par terre et se mit à trépigner de colère. Baïsongar, sans cesser de pleurer, donna coup sur coup trois soufflets sur la nuque d'Alak; au quatrième, mon ami se baissa si à propos que je reçus le soufflet à lui destiné sur l'oreille, ce qui me causa immédiatement un grand bourdonnement dans la tête.

« Crapaud! s'écria Baïsongar. N'as-tu pas honte? Ne rougis-tu pas de rester ici comme un œuf de tortue pendant que les bêtes dehors font un tel vacarme! As-tu perdu toute pudeur? Veux-tu sortir bien vite pour rétablir l'ordre parmi le bétail et lui rassurer le cœur! »

Alak se précipita hors de la maison, et je me précipitai derrière lui.

C'était la nouvelle lune, mais il y avait du brouillard, de sorte que les rayons de la lune perçant mal le brouillard donnaient à toutes les choses un aspect étrange. Cinq ou six des serviteurs de Baïsongar, sortant d'une tente voisine où ils couchaient, regardaient de tous côtés pour voir ce qu'il y avait. L'un d'eux vint me regarder sous le nez, tenant sa hache d'armes à la main; quand il me reconnut, il interpella les autres, qui mettaient déjà la flèche sur la corde de l'arc, ou dégainaient leurs sabres, croyant à une baramta des Taïdjigod. Alak et moi nous décrochâmes nos fouets, et, aidés des serviteurs, nous allâmes mettre l'ordre parmi les bestiaux. De loin, les bœufs paraissaient de vrais monstres, dans le brouillard lumineux.

« Il faut d'abord faire taire *Boro* le taureau gris, me dit Alak. C'est toujours celui-là qui commence. Va-t'en au parc à bœufs; moi je vais m'occuper des chevaux. »

Je sifflai les deux chiens *Bars* et *Alaga* qui étaient les meilleurs pour les bœufs.

« Méfie-toi de Boro, me cria encore Alak, il frappe de la corne! »

J'entrai dans l'enclos en excitant Bars et Alaga et en faisant claquer mon fouet. De loin j'entendais Alak qui parlait aux chevaux.

« Allons, mon chéri, allons, mon sucré, ce n'est rien! rassure ton petit cœur. Tiens bon, mon héros! » et autres paroles tendres, comme on en dit au bétail. Je me mis à haranguer les bœufs de mon côté, en leur distribuant des coups de fouet, pendant qu'Alaga et Bars leur mordaient les jambes, et que je faisais faire des voltes à *Saïn Boughouroul* pour éviter les coups de cornes des plus récalcitrants. Je terminais ma besogne et je sortais de l'enclos, quand Alak arriva sur moi à fond de train. Le tumulte était apaisé. Mon ami se pencha de mon côté, botte à botte avec moi, et me mit la main sur le bras; je sentis que sa main tremblait.

« Regarde là-bas, me dit-il à voix basse, regarde du côté de la butte de Deligoun Bouldak. »

Je levai les yeux et je ne pus retenir une exclamation :

« Allahou Ekber, » dis-je à demi-voix; et je récitai la *fatha*[1] en m'inclinant sur le pommeau de ma selle.

Au-dessus de Deligoun Bouldak et semblant partir de la montagne de Keuktché à côté de laquelle rayonnait la lune, une grande lueur ovale brillait au milieu du brouillard. Elle était de neuf couleurs différentes. La butte elle-même était éclairée comme en plein jour. Dans le ciel, au-dessous de la lueur, se déroulait une longue bande frangée, couleur de sang. La butte paraissait grande comme une montagne et le drapeau noir du génie protecteur des Kiot Bordjiguène semblait plus haut qu'un arbre. Au pied du drapeau, un cavalier se dressait, gigantesque et immobile. Il me parut comme un div effrayant, et le tremblement qui avait saisi Alak me saisit moi-même.

La vision dura quelque temps, le temps de battre le lait en beurre; puis elle s'effaça graduellement; le cavalier disparut le premier, puis la lueur aux neuf couleurs, puis la lune qu'un nuage noir vint voiler, puis la grande bande rouge. Alors seulement la parole nous revint.

« Eh bien, me dit Alak, as-tu vu? Et tu as entendu les prodiges dont parlait mon père?

— Écoute, lui dis-je, Keuktché m'a dit que quand on verrait

---

1. La *fatha*, la Victorieuse. C'est le commencement du Koran, la prière qu'on fait au moment du danger.

des apparitions sur Deligoun Bouldak, les temps seraient accomplis, et qu'il arriverait des choses extraordinaires. »

Nous revînmes tous deux à la maison, au moment où Bogordji en sortait. Il monta à cheval, nous donna deux petites tapes d'amitié sur la joue, et nous souhaita le bonsoir de sa voix franche et sonore; puis il disparut rapidement dans les ténèbres. Quand nous fûmes sous la tente, à la lueur de la lampe, je vis qu'Alak était très-pâle. Baïsongar, nous voyant ainsi effarés, saisit tout de suite Alak dans ses bras.

« Fils, dit-il vivement, qu'as-tu? il ne t'est pas arrivé de mal, j'espère! »

Nous rassurâmes Baïsongar, qui était tout ému, et nous lui racontâmes ce que nous avions vu. Il entra dans une grande perplexité. Néanmoins il se mit à dérouler les feutres pour coucher et nous dit :

« Mes enfants, couchez-vous. Nous penserons à ces choses plus tard. Toi, Djani, il est trop tard pour que tu chevauches dans la montagne, au milieu de ces prodiges. Tu coucheras ici. Ce que le Tengri et les esprits préparent, nous le verrons bien : nous sommes des hommes, et nous avons avec nous Témoudjine contre les ennemis visibles, et contre les ennemis invisibles, Keuktché est là-bas! Bonsoir, fils; bonsoir, Djani, et dormez bien. »

A ces mots, nous nous étendîmes côte à côte sur un tapis de feutre, sans nous faire prier. Les serviteurs sortirent pour aller à leur maison. La mère d'Alak coucha les autres enfants et suspendit le plus petit, qui avait un an, dans son berceau, auquel elle imprima un mouvement de va-et-vient. Baïsongar, ayant visité ses armes, apprêté son carquois et mis son arc et son sabre à sa portée, en cas d'incursion des ennemis, souffla la lampe et se coucha. Un instant après, nous dormions tous.

De bon matin, je montai à cheval avec Alak après avoir pris congé de Baïsongar et de sa femme. Le temps était magnifique, la plaine couverte d'herbes frissonnait à la brise matinale. On entendait de tous côtés les clochettes du bétail qui partait pour le pâturage, les sifflets et les claquements de fouet des jeunes gens

Un cavalier se dressait gigantesque et immobile.

et des bergers. Voici que nous apercevons de loin une grosse troupe de gens qui venaient droit sur nous ; ils étaient tous armés en guerre, et avaient le fer au bout de la lance ; les banderoles de leurs lances étaient jaunes. Du plus loin que nous les vîmes, l'inquiétude nous saisit : nous pensions que c'était quelque parti des ennemis. Mais, un instant après, Bogordji, suivi d'une vingtaine d'autres chefs, passa au galop, et nous cria joyeusement :

« Voici nos confédérés les Ouriengkhanes qui viennent nous rejoindre ! »

La troupe des Ouriengkhanes passa devant nous. Elle était conduite par un chef monté sur un cheval gris, coiffé d'un bonnet de forme conique, vêtu de jaune, le sabre au côté et un étendard à la main. Ses cavaliers étaient bardés de fer. Je demandai quel était ce chef ; Alak me répondit :

« C'est Djelmé, le tueur de tigres, le compagnon de Témoudjine ! »

Derrière les Ouriengkhanes s'avançait un cavalier monté sur un cheval bai clair, coiffé d'un casque à têtière, vêtu de rouge, l'épée au côté, l'arc sur les épaules, et tenant un étendard dont la bannière était rouge. Une cinquantaine de cavaliers marchaient sous ses ordres.

« Celui-ci est Guidang Tchingssang Taïdji, le Mangoute, qui a vaincu trois rois chinois, me dit Alak, et demeure dans des bois inaccessibles, où l'on trouve l'ours pie et le volverenne. »

A la suite de ces Mangoutes des bois venait un cavalier monté sur un cheval bai brun. Il était vêtu de bleu et coiffé d'un bonnet de renard noir ; sa cotte de mailles était blanche et doublée de fourrure noire. Son visage, fortement basané, avait une expression grave et majestueuse ; il chantait des chants de guerre que répétaient les cavaliers qui le suivaient, était armé d'un sabre et d'un arc, et tenait un drapeau blanc.

« Celui-ci, me dit Alak, c'est Moukhouli le Sage, chef des Djelaïrs. Il est l'ami de Bogordji, et sa parole est remplie de sagesse. »

Puis je vis s'avancer un tout jeune homme monté sur un cheval d'une beauté merveilleuse, qui avait une étoile au front, et dont la queue et la crinière étaient blanches. Ce chef était pauvrement équipé, vêtu d'une tunique de cuir et coiffé d'un bonnet de peau de loup. Il était armé d'un arc et d'un sabre, et tenait à la main une lance à fanion bleu. Huit cavaliers bien montés et armés, mais misérablement vêtus, marchaient derrière lui.

« Je ne connais pas ce guerrier, dit Alak. Il a la mine fière et modeste d'un héros.

— C'est Djébé le Loup, de la tribu des Bessed et du clan des Djissoud, dit un des serviteurs. Il vient des pâturages du Tsaïdam au bord de la mer Bleue, où ils élèvent ces beaux chevaux. Quoiqu'il n'ait que dix-huit ans, il est déjà connu pour sa prudence et sa valeur. Sa tribu est nombreuse. Il n'a sans doute amené que ses écuyers. »

Les troupes de cavaliers se succédèrent ainsi, enseignes déployées, au milieu d'une forêt de lances. Derrière elle, on entendit le grincement aigu des roues des chariots, le bourdonnement confus des cloches pendues au cou des étalons de chameau, des grelots attachés au cou des poulains, le trépignement des bœufs, le beuglement des vaches, le bêlement des moutons et des chevreaux, les aboiements des chiens, les cris des femmes, des enfants et des esclaves qui maintenaient l'ordre dans les troupeaux à grand renfort de coups de sifflet et de claquements de fouet. C'était le *keutch*[1] des guerriers qui arrivait derrière eux. Les chameaux portaient de chaque côté les longs rouleaux de feutre dans lesquels étaient empaquetés les treillis et les grillages des maisons. Sur d'autres étaient attachés des filets dans lesquels ballottaient les malles, les marmites ; au milieu de tout ce bagage au cliquetis discordant pendaient, assis dans des sacs de crin bourrés de foin, les enfants en bas âge dont les têtes s'agitaient par l'ouverture des sacs, et qui sortaient leurs petites mains et s'accrochaient aux harnais. Les femmes dans les cha-

---

1. Nous dirions en Algérie la *smala*, l'ensemble des gens et des biens du nomade.

riots ou à cheval, et quelques-unes avec l'arc et le carquois en
sautoir, portaient les enfants à la mamelle dans les bras, ou
attachés derrière le dos, sur la planchette du berceau dont la
courroie leur passait sur l'épaule. Les enfants plus âgés couraient deci delà, montés sur les poulains qu'on voulait habituer
à la selle, ou sur les juments laitières. Des esclaves et des bergers,
montés sur les plus mauvais chevaux, couraient en excitant les
chiens, sur les flancs du keutch, et maintenaient l'ordre parmi
le bétail avec leurs perches et leurs lacets. D'autres esclaves et
des pauvres à *os noirs*[1] avaient enfourché des bœufs; très-peu
tiraient les chameaux par la bride, s'en allant tristement à pied.
Les jeunes filles étaient montées sur des chevaux fringants, et
paradaient, l'arc ou le fouet à la main. Quelques-unes, assises
sur de beaux chameaux, s'occupaient de polir leurs bijoux et de
se faire quelque ornement, ou de jouer du violon et de se répondre par des chants alternés, où elles célébraient la gloire de
leur tribu. Étant un nomade moi-même, j'étais habitué à marcher avec mon clan, quand il se déplaçait de son campement
d'hiver à son campement d'été, mais je n'avais pas encore vu de
keutch aussi grand, ni venant de si loin. Il y avait bien de
quatre à cinq mille guerriers, de dix à onze mille non-combat-
tants, et plus de cent cinquante mille têtes de bétail. C'était un
grand peuple bariolé, qui bourdonnait confusément sur la lande,
au pied de la montagne. On n'en voyait pas la fin. En tête des
guerriers, les timbales sonores battaient en mesure la marche de
chaque tribu, et les clairons, fiers et graves, sonnaient la mesure
des timbales et dominaient le vacarme du keutch qui grouillait
derrière les héros. Mon âme fut saisie de joie et d'admiration.

Plusieurs guerriers des clans campés à Deligoun Bouldak
étaient à cheval à côté de nous, et parmi eux Baïsongar et le
grand Soubeguetaï le Hardi. La mère d'Alak était venue rejoindre
son mari, portant sur le dos son plus jeune enfant, attaché dans
le berceau, et sur sa selle, devant elle, sa petite fille, qui avait

---

[1]. C'est-à-dire « de basse extraction ». Les nobles sont dits *aksonguek* (à os
blancs) et les roturiers *karasonguek* (à os noirs).

six ans et était plus belle que le jour. Elle me faisait toujours penser à l'absente, ma petite sœur.

D'autres jeunes gens avaient suivi Bogordji, d'autres Témoudjine. Chacun tenait à honneur de recevoir nos confédérés et d'aider les chefs de famille à débrouiller leur keutch. Les guerriers, qui reconnaissaient dans la troupe des arrivants un ami, un hôte, un compagnon d'armes ou de chasse, galopaient à sa rencontre pour le saluer, et lui serraient les deux mains. Peu à peu, tous nos peuples étaient montés à cheval pour faire honneur à nos alliés. A mesure que les clans arrivaient, ils nous saluaient de leur cri de ralliement, et nous répondions par le nôtre : *Ourdjane, Ourdjane!* qui est le cri des Kiot Bordjiguène. Nos clairons sonnaient et nos timbales battaient, au passage des drapeaux et des bannières, la marche des Kiot Bordjiguène. En entendant cette fanfare éclatante, grave et joyeuse à la fois, mon cœur se dilatait et me sautait dans la poitrine ; du bout de la botte je battais la mesure dans mes étriers. Alak chantait l'air des clairons. A chaque nouvelle troupe, c'étaient des acclamations :

« Ha, mes héros ! Ha, mes braves ! Ha, mes faucons ! Hardi, les Ouriengkhanes, les bonnes lances ! Ha, mes jeunes gens, mes frères ! Bienvenus dans notre sentier les Bessed, les fins tireurs ! Hardi, les hommes de la terre des herbes ! Hardi, les trappeurs de zibelines ! Honneur aux preneurs de marmottes ! Tiens bon, mes braves ! Ha, mes vaillants ! »

Et mille autres cris d'amitié, d'encouragement et de bienvenue. J'étais transporté d'enthousiasme, et Alak était rouge jusqu'aux oreilles. Il criait de bon cœur, et son père, à côté de lui, était si content, qu'il ne lui donna pas un seul soufflet. Il me semblait que mon âme suivait chaque nouvelle bannière qui passait, et j'aurais donné ma vie pour chevaucher derrière un des drapeaux qui défilaient fièrement devant nous. L'une après l'autre, les troupes de jeunes gens passèrent, jetant au ciel et aux échos de la montagne les éclats de leurs clairons, les roulements de leurs timbales, le trépignement des sabots de leurs chevaux, le cliquetis de fer et d'acier de leurs armures, de leurs carquois, de leurs sabres et de leurs lances. Puis vient la grande et joyeuse rumeur du keutch bariolé. Quand tout ce peuple eut passé, je ne pus me retenir, et je m'écriai à haute voix :

« *Allahou Ekber!* Gloire à Dieu, le fort, le puissant ; louange à Dieu, le maître des mondes !

— Que dis-tu là? me demanda Baïsongar.

— Je proclame la gloire du Tengri, répondis-je, qui a tellement accru notre nation et la puissance de notre khan Témoudjine.

— Tu es un bon fils, s'écria Baïsongar, en me donnant une tape sur l'épaule. Puisse le Tengri t'envoyer un esprit protecteur. A présent, toi et Alak, et vous autres jeunes gens, courez vite mettre ces chevaux au pâturage, et occupez-vous de traire les juments, pour que nous ayons du lait à donner à nos hôtes. Moi, je vais choisir un mouton gras et un cheval de trois ans pour leur faire un festin. Il n'y aura pas de fête aujourd'hui, jusqu'à ce que tout ce monde ait trouvé des emplacements pour les bêtes et pour les maisons. Il faudra que nous partagions équitablement avec eux le côté du soleil et le côté de l'ombre! »

Alak et moi nous partîmes aussitôt. Nous regrettions bien un peu qu'il n'y eût pas de fête le jour même ; mais d'autre part, tout ce mouvement nous amusait extraordinairement, et nous pensions aussi à tirer de l'arc quand nous aurions fini de traire les juments. Quand nous eûmes fini, et que les seaux de cuir furent remplis de lait écumant, Alak partit avec les serviteurs pour rapporter le lait, et me promit de ne pas s'attarder et de revenir au galop. Je restai seul et mis pied à terre. De loin, je voyais la poussière et j'entendais la vague rumeur des keutch qui allaient chercher leur yort et leurs pâturages dans la plaine.

Il me vint tout de suite l'idée de prendre mon arc et de l'essayer. J'ouvris mon carquois ; il contenait vingt-quatre flèches, les unes à fer à quatre pans pour la guerre, les autres à fer plat pour la chasse, et l'une d'entre elles le bois orné de peintures et la pointe barbelée. Je me réjouis de voir ces jolies flèches, fines et droites, avec leurs pointes luisantes et leurs encoches garnies de corne. Je saisis l'arc, je mis mon brassard et mon doigtier, je plaçai mes pieds d'équerre, je tendis le bras gauche, je posai les deux premiers doigts de la main droite sur la place d'encoche, et je ramenai vivement le bras en arrière sans plier le poignet et en levant le coude. Mais l'arc était si dur qu'il me fut impossible de ramener la corde jusqu'à mon oreille, ni même jusqu'à mi-chemin. Je pris alors une poignée de beurre dans mon sac à provisions, et je frottai vigoureusement les branches de l'arc pour l'assouplir ; puis j'essayai de nouveau, mais je ne réussis pas beaucoup mieux : je n'amenai la corde qu'à deux pouces devant mon nez.

Voyant cela, je me dépitai, et je m'assis sur une pierre le visage dans mes mains et en pleurant. Tout à coup je sentis qu'on me touchait l'épaule ; je me redressai, et je vis en face de moi un homme que je n'avais pas entendu arriver. L'homme était monté sur un magnifique cheval pommelé, et vêtu d'une grossière tunique de cuir. Son bonnet était en peau de renard noir, et sa ceinture était ornée de clous et d'étoiles d'argent. Son arc pendait en travers du dos. Il avait, à la ceinture, un sabre court à large lame droite et à poignée de corne incrustée d'argent. Son fouet à manche garni de clinquant était accroché à l'arçon de la selle, et il caressait les naseaux de Saïn Boughouroul, qui paraissait le connaître et lui faisait grande fête.

Le visage de cet inconnu était le plus extraordinaire que j'eusse jamais vu. Il inspirait la crainte et le respect, encore plus que celui de Keuktché. Son teint était très-blanc et son nez très-long. Sa moustache brune était légèrement relevée et découvrait les coins de la bouche. Mais ce qu'on voyait tout de suite dans ce visage, c'était le front et les yeux. Le front était large, majestueux, et les sourcils remplis d'autorité. Les yeux étaient étranges, grands, et d'une couleur grise tirant sur le fauve, comme les yeux des aigles, des tigres et des lions. Quand ces yeux redoutables vous regardaient, on se sentait comme percé jusqu'au cœur ; il me semblait que ces yeux fauves, que ce regard clair fouillaient tous les secrets de mon âme, et qu'on ne pouvait pas mentir devant des yeux pareils, ni leur désobéir.

Je vis en face de moi un homme.

L'homme avait, avec cela, les mouvements puissants, lents et sûrs de l'aigle qui plane ou du lion qui marche.

Il me parla d'une voix douce, un peu sourde, et qui avait parfois des éclats, comme une trompette qu'on voudrait sonner tout doucement. Je me levai, et croisant mes mains dans l'attitude du respect, je m'inclinai profondément devant lui.

« Fils, me dit-il, pourquoi pleures-tu ?

— Père, répondis-je, je pleure parce que je n'ai pas la force de tendre cet arc.

— La force vient du cœur et va dans les bras, me dit l'inconnu. Prends ton arc et encoche une flèche. »

J'obéis. L'inconnu me montra un aigle qui planait au-dessus de nos têtes.

« Tire cet aigle, me dit-il, et abats-le.

— Je ne puis pas, répondis-je. Je ne suis pas assez fort. »

Il me regarda bien en face. Je sentis ma poitrine se dilater.

« Tire, je le veux, » reprit-il.

Mes bras étaient comme du fer. Je ramenai, d'un coup, la corde jusqu'à l'oreille, et je lâchai la place d'encoche en pliant le poignet. La corde sonna, l'arc vibra, la flèche fendit l'air, et le grand aigle, glissant obliquement, tomba sur le sol à vingt pas de moi, les ailes étendues.

L'inconnu ne dit pas un mot. Il cingla son cheval d'un vigoureux coup de fouet, franchit un large fossé, et disparut sur la lande. Après son départ, je me prosternai par neuf fois, en récitant le tekbir, et saisissant mon arc, je lançai une seconde flèche aussi aisément que la première. Je compris que cet inconnu avait en lui quelque chose d'extraordinaire et de miraculeux, et, pénétré d'admiration, j'arrachai deux plumes de l'aile de l'aigle et je les passai dans le rebord de mon bonnet, en commémoration de ma rencontre avec le cavalier aux yeux fauves. Ensuite j'allai embrasser Saïn Boughouroul, qui hennit joyeusement.

Je pensai à toute cette suite de prodiges, et aux vieilles prédictions répandues depuis longtemps chez les nomades turks ; combien de fois n'avais-je pas entendu répéter qu'il viendrait des pays de l'Est un conquérant qui réunirait tous les nomades sous sa bannière, et leur rendrait l'empire du monde? J'oubliai que ces Arbad et ces Berlass étaient des païens (que Dieu me pardonne mes péchés!), et je ne songeai plus qu'à la gloire antique des hommes de la prairie, à leur haine contre les gens des villes, les paysans ; un Mongol, fût-il païen, sera toujours plutôt l'ami d'un Turk qu'un Persan, fût-il musulman, parce qu'il ressemble davantage à un autre nomade comme lui. Le Prophète ne l'a-t-il pas dit : « Les âmes sont comme des troupes armées : celles qui se connaissent font alliance ; celles qui ne se connaissent pas se combattent ! »

Je baisai ses pieds poudreux.

CHAPITRE III

Djébé le Joyeux.

Un instant après, j'entendis le galop des chevaux, et Alak revint avec ses gens. Mais je n'eus pas le temps de lui raconter mon aventure; à peine avais-je commencé à lui parler, qu'un cavalier traversa la lande et se dirigea de notre côté. Je reconnus Djébé, le héros des Djissoud.

« Salut, enfants! nous dit le jeune chef en arrêtant son cheval.

— Salut, vaillant Djébé! » répondîmes-nous en nous inclinant.

Il parut content de voir que nous savions son nom.

« Hé! enfants des Aroulad, reprit-il en souriant, quelqu'un de vous peut-il m'indiquer où je trouverai Keuktché, le Grand Saint? Je ne sais pas le chemin pour aller à la place où il se tient.

— Je puis te l'indiquer, répondis-je, et je puis même t'y conduire.

— Très-bien, dit Djébé. Conduis-moi auprès du sorcier : il faut que je lui parle. »

Pendant que je mettais la bride à Saïn Boughouroul et que je sanglais la selle, le chef Djissoud regardait autour de lui et examinait le troupeau. Il enleva, d'un coup de fouet adroitement lancé, un taon qui se collait au flanc d'une des bêtes.

« Vous avez là de nobles chevaux, dit-il. Pour garder de si bons chevaux, il faut que vous soyez les fils d'un chef.

— Je suis le fils de Baïsongar, dit Alak, et celui-ci est mon frère.

— Non, répondis-je vivement, non ! Alak y met trop de bonté. Je suis un pauvre orphelin, un étranger qui reçoit l'hospitalité. Ma famille et mon yort sont loin d'ici. »

Djébé me regarda attentivement. Je me cachai la figure avec ma manche, pour ne pas laisser voir les larmes qui me troublaient les yeux.

« Où est ton yort, me dit-il, et quels sont tes sept ancêtres ?

— Mon yort est près de l'Issig Kul, et je suis un Turk de la nation des Oïgours et du clan des Baïane Aoul.

— Je ne connais ni ce pays ni cette nation, dit Djébé. Mais le monde est si grand ! Qui peut connaître le monde entier ? Êtes-vous des sédentaires ou des nomades, par là-bas ?

— Il y a des sédentaires et des nomades, répondis-je. Moi, je suis un nomade.

— J'aurais dû le voir à la façon dont tu harnaches ton cheval, observa Djébé. Les gens des villes ne savent pas manier un cheval. Les gens des villes et les laboureurs sont faits pour fabriquer des étoffes et des belles choses aux nomades et pour leur obéir. Ce sont des esclaves et des chiens ! »

Là-dessus, je montai à cheval, et je conduisis Djébé jusqu'au pied de la montagne. Pendant que nous la gravissions, Djébé me dit brusquement :

« Puisque tu n'as plus de famille, tu devrais t'en faire une autre.

— Miséricorde ! m'écriai-je en saisissant le collet de ma tunique à la façon des musulmans ; je suis un prisonnier de guerre qu'on a donné à Keuktché, et un enfant sans expérience. Où veux-tu que je trouve une patrie? Keuktché me traite comme son fils; mais le Grand Saint est plus souvent avec les esprits que sur la terre! Alak a un yort; il sait sous quel drapeau il doit se ranger quand le peuple émigre ou quand on bat les timbales; Alak a un père qui lui enseigne le droit chemin, et lui donne des soufflets pour le rendre vertueux; moi, je n'ai rien de tout cela! »

Djébé avait arrêté son cheval et m'écoutait attentivement. Nous étions au bord d'un précipice. Avec la brusquerie qui paraissait être son caractère, le chef me dit :

« Oserais-tu galoper jusqu'au sapin là-bas, qui penche sur l'abîme? »

Pour toute réponse, je lançai Saïn Boughouroul à fond de train, le long de la muraille à pic, et, arrivé au sapin, je fis une volte, je tournai court, et je revins sur Djébé.

« Bien chevauché! s'écria le jeune chef. Tu es digne de monter ce bon cheval. Donne-moi ton arc. »

Je le lui tendis. Il essaya la corde, la ramenant deux ou trois fois avec souplesse jusqu'à son oreille, puis me le rendit.

« Tu tires cet arc-là, toi? » dit-il.

Je pris une flèche, je la posai sur l'encoche, et je l'envoyai couper une menue branche à quarante pas. Djébé me saisit les bras et se mit à me tâter les muscles. Quand il m'eut bien palpé, sa figure basanée prit une expression tout à fait comique. Il me lança un formidable soufflet qui me fit voir trente-six étoiles devant les yeux.

« Eh bien, eh bien? m'écriai-je, sentant la colère me monter au visage. Qu'est-ce que tu fais? »

Parlant ainsi, tout enflammé de colère, je portai la main à mon couteau; mais Djébé partit d'un tel éclat de rire, qu'au lieu de dégainer, je restai là tout abasourdi et je le regardai rire.

Toute sa figure se plissait; ses yeux noirs se remplissaient de larmes, tellement il riait; ses épaules s'agitaient, il ne pouvait s'arrêter de rire.

« Hé, hé, me dit-il, tu as la main plus près du couteau que

du bonnet! Voilà déjà que tu veux dégainer, mon jeune guide? Tout à l'heure tu regrettais de n'avoir pas, comme Alak, un père pour te corriger. J'ai vu que tu chevauches bien, que tu tires bien, que tu as la poitrine solide et les bras robustes; tu es droit comme un sapin et sain comme un brochet. Eh bien, je te prends, moi, et je t'ai donné un bon soufflet pour t'apprendre que tu avais trouvé un père. Embrasse-moi, fils! »

Là-dessus, Djébé me serra dans ses bras, et se laissant aller à sa loquacité :

« Ha, dit-il, un fils comme toi n'aurait pas de famille! Ha, tu n'aurais ni patrie, ni drapeau! Cela ne me plaît point! Tu auras pour patrie le Tsaïdam, et ta tribu est celle de Bessed, et ton clan celui de Djissoud. Et tu me feras honneur! Et tu seras un hardi cavalier, quand tu devrais en crever! Et quand on te demandera quel est ton drapeau et ta bannière, tu répondras que c'est le drapeau à quatre queues grises, le drapeau de Djébé le Loup, et que c'est la bannière bleue, la bannière des Bessed! Et si quelqu'un ne s'incline pas devant ta bannière, tu lui casseras tous les os qu'il a dans le corps, entends-tu, fils?

— J'entends, j'entends, répondis-je. Je veux appartenir à la bannière bleue jusqu'à la mort! »

Djébé m'embrassa de nouveau. Il riait, il se trémoussait sur son cheval, il parlait, il gesticulait; car ce héros, ce chef couvert de gloire, était bavard comme une femme et se plaisait aux bouffonneries; c'était un homme tout à fait singulier et unique en son genre.

« Écoute, reprit-il, tu t'amuseras avec moi, fils! On m'appelle Djébé le Loup, et aussi Djébé le Joyeux. Je n'ai pas d'enfants, ni de femme. Tu seras mon fils et mon porte-fanion! Tu crieras derrière moi : Place à la bannière! et si tu veux passer devant moi à la bataille, je te rouerai de coups. Je t'aime déjà tout plein. Je crois que je finirai par t'aimer autant que mon cheval. Tu as un joli cheval, toi! Comment s'appelle-t-il?

— Il s'appelle Saïn Boughouroul, répondis-je.

— C'est un joli nom, observa Djébé. Mon cheval, à moi, s'appelle *Kachka*. Il sent l'ennemi d'une lieue, et quand je mets la

Je lançai mon cheval à fond de train.

lance en arrêt, il part tout seul! Ce soir, je te donnerai une lance et une bonne hache.

— Mais, lui dis-je, Keuktché me laissera-t-il partir avec toi?

— Keuktché! s'écria Djébé en faisant claquer son fouet. Qu'est-ce que Keuktché peut me commander? Suis-je de sa bannière? C'est un grand sorcier et un saint fameux. C'est bien. Moi, je demeure tout près du Tibet, où ils ont des sorciers comme chez vous vous avez des marmottes! Je connais les sorciers et les religions! Les grands saints du Tibet m'ont donné un charme, avec lequel je n'ai peur de rien. Je veux voir Keuktché, parce qu'il est toujours bon de voir les saints partout, et puis, j'ai quelque chose à lui demander. Voilà!

— Et mon frère Alak? lui dis-je encore. J'aime Alak! Si je m'en vais avec toi, je ne reverrai donc plus Alak?

— Nous sommes venus pour nous confédérer sous la bannière de Témoudjine; honneur à lui! s'écria Djébé. Si Alak ne chevauche pas avec son père, comme tu chevaucheras avec moi, il est un chien!

— Alak n'est pas un chien! m'écriai-je. Il chevauchera, oui! Il chevauchera, dussent les ennemis être des chimnouss et des démons!

— Bien parlé! répondit Djébé. Tu es un brave fils! A propos, comment t'appelles-tu?

— Djani, fils d'Euktulmich.

— Fils de Djébé, fils de Djébé, s'écrie vivement le jeune chef, et soldat de la bannière bleue! »

Tout à coup sa figure devint sérieuse et sa voix grave. Il me prit par le bras :

« Écoute bien, continua-t-il. Dis voir : Place à la bannière! »

Je répétai : « Place à la bannière! »

« C'est le cri de ralliement des Bessed-Djissoud, reprit Djébé d'une voix forte. A présent, c'est le cri de ralliement des tiens. Quand tu entendras les timbales et les clairons sonner la marche et qu'on criera : Place à la bannière! dilate ton cœur, cavalier Djissoud; tu seras avec les tiens! Et alors, quand les timbales battront la bataille, que les clairons sonneront la charge, alors, basse là lance ou haut le sabre, en avant ! On ne recule pas chez nous !

— Place à la bannière, et en avant ! » m'écriai-je enthousiasmé, en me dressant sur mes étriers.

Djébé m'embrassa encore.

« Et maintenant, fils Djani, dit-il, enfant de la bannière bleue, cavalier des Djissoud-Bessed, allons voir le sorcier aujourd'hui. Demain peut-être ce sera la bataille. A présent, tu as un peuple et un drapeau. »

Nous partîmes au galop, sur les flancs abrupts de la montagne.

Mon cœur se fondait de joie, un immense amour de la bannière s'emparait de tout mon être, et pensant que maintenant j'avais une patrie à chérir et à défendre, je récitais mentalement les actions de grâce, en répétant sans cesse le tekbir. Je ne pensais plus qu'à la gloire, à la guerre, à mon nouveau peuple : j'avais oublié ma famille : ne dit-on pas en proverbe : *Quand le Turk est à cheval, il ne connaît plus son père ?*

A l'entrée de la caverne, nous mîmes pied à terre tous les deux, et Djébé, détachant une courroie de l'arçon de sa selle, entrava son cheval. Je regardai dans la caverne, et je vis dans l'ombre Keuktché prosterné contre terre, les mains jointes et priant avec ferveur.

« Il parle aux esprits, dis-je à voix basse à Djébé : ne le trouble pas. »

Mais Djébé entra hardiment et s'approcha de Keuktché. Le Grand Saint se redressa et lui lança un regard terrible ; le jeune chef, malgré toute sa hardiesse, fit deux pas en arrière et baissa les yeux.

« Qui ose se mettre entre ma méditation et moi ? s'écria le Grand Saint. Qui ose pénétrer dans le pays des esprits ? »

Je me jetai aux genoux de Keuktché.

« Grand Saint, lui dis-je, pardonne-moi d'avoir amené ce héros. C'est Djébé le Djissoud, qui voulait se prosterner devant toi. »

Keuktché me regarda d'un air caressant et me fit signe de me relever. Djébé le fixait d'une mine moitié joyeuse, moitié effrayée.

« Ha, si tu n'étais pas un sorcier, finit-il par dire en hochant la tête, comme je te casserais la nuque ! »

J'étais épouvanté de la témérité du chef ; mais, à ma grande surprise, ses paroles semblèrent plaire à Keuktché, car il sourit légèrement.

« Tu n'as donc pas peur de moi ? homme Djissoud, dit-il à Djébé.

— Je n'ai peur d'âme qui vive, répondit l'autre, mais j'ai peur des esprits. »

Keuktché avança doucement sur lui en souriant et en le regardant dans les yeux. Djébé recula.

« Eh bien, lui dit le Grand Saint, homme intrépide, pourquoi recules-tu ?

— Je ne sais pas, dit Djébé d'une voix altérée ; je ne voudrais pas reculer, et il y a quelque chose que je ne vois pas et qui me fait reculer tout de même ! »

A ces mots, il se prosterna la face contre terre.

« Relève-toi, lui dit Keuktché d'une voix amicale. Que demandes-tu de moi ? »

Djébé se releva et s'essuya le front. Il suait à grosses gouttes.

« Si jamais on me reprend à entrer en lutte avec des sorciers, grommela-t-il, je consens à monter toute ma vie un cheval borgne et boiteux. Tu es un fameux saint, toi ! J'ai des crampes d'estomac, rien que d'avoir rencontré ton coup d'œil ! Efface ton maléfice !

— Il est effacé, dit gravement Keuktché. A présent, fais ta demande.

— Ha, voilà, dit Djébé en se grattant l'oreille. Je suis venu pour combattre sous Témoudjine et lui soumettre ma tribu. Ces chiens de Taïdjigod sont de bonnes lances, et les Baïagod aussi, et les Tatars aussi, de sorte que l'affaire sera chaude. En outre, ils seront trois ou quatre contre un.

— Eh bien, dit Keuktché d'un air hautain, il faut t'en aller.

— M'en aller, sorcier, m'en aller ! s'écria le jeune chef auquel son aplomb revint d'un coup. Je ne suis pas venu pour m'en aller, je suis venu pour me battre ! Mais ma troupe est toute petite; je n'ai que huit jeunes gens avec moi, et j'ai peur que Témoudjine ne me laisse au bagage, ou ne me mette à la queue des autres. Je voudrais que tu me fasses un sort pour qu'il me mette à une place d'honneur dans la forêt des lances ! »

Keuktché frappa sur l'épaule du jeune chef, qui se recula vivement.

« Tu seras à une place d'honneur, fils, lui dit-il, et nul ne te la disputera !

— Très-bien, dit Djébé. Alors, tu peux encore me faire un sort pour autre chose ?

— Pour ce que tu voudras, répondit Keuktché. Parle.

— Voici : mon cheval Kachka n'a pas son pareil ; fais un sort pour qu'il ne lui arrive pas de mal. Moi, contre les flèches, j'ai mes flèches ; contre les sabres et les lances, j'ai ma lance et mon sabre ; mais Kachka ne peut pas parer un revers ou une estocade, et tu sais que les Taïdjigod ont l'habitude de frapper aux chevaux ! »

Keuktché ne put réprimer un léger sourire.

« Kachka sortira sain et sauf de la bataille, dit-il. Est-ce tout ?

— Ha, grand sorcier, répondit Djébé, puisque tu me veux du bien, fais-moi encore un charme, un tout petit. Il y a Kimching, la fille d'Ara Bolod, le prince de la Chine Noire. Son chien de père demeure dans les villes ; il veut la donner à quelque roi chinois ou à tout autre animal impur. N'est-ce pas un malheur qu'un pareil père ait une si jolie fille ? Je lui ai offert une dot de cent bœufs et de cinquante chevaux, mais il m'a mis à la porte, en m'appelant brigand et voleur. Moi un brigand ! moi un voleur ! Si ce n'avait pas été pour venir rejoindre les bannières de Témoudjine, si j'avais eu le temps de rassembler mes hommes et de préparer mon coup, je lui aurais brûlé sa ville et pillé ses biens et enlevé sa fille, pour lui apprendre à m'appeler brigand et voleur ! Nous sommes d'honnêtes gens, nous autres Djissoud !

— Bien, bien ! s'écria Keuktché, étourdi par ce flux de paroles. Que me demandes-tu relativement à Kimching, fille d'Ara Bolod ?

— Voici, Grand Saint! dit Djébé : il faudrait que tu fisses un sort pour que Kimching s'éprenne de moi et veuille venir avec moi. Si une fois elle s'est mis cette idée dans sa petite tête, moi je me charge du reste, quand tous les Chinois, et l'empereur d'Or par-dessus le marché, se mettraient en travers.

— Tu auras ton sort, fils Djébé, dit gaiement le Grand Saint. Et maintenant, que te faut-il encore?

— Bénédiction, sorcier, bénédiction! cria Djébé en tombant sur ses genoux. Bénédiction pour le tout petit Djébé et pour son porte-fanion Djani, ici présent; car je l'emmène, il est mon fils! »

Keuktché me regarda un instant; je rougis. Il me prit par les épaules et m'embrassa tendrement.

« Ainsi, mon enfant, tu veux aller à la guerre? me dit-il d'une voix douce. Bien, fils; tu es un brave fils. Demain, tu rejoindras Djébé; ce soir, tu resteras, car je veux te donner des conseils. »

Je me prosternai à côté de Djébé. Le Grand Saint dit des paroles en sa faveur au Tengri et aux esprits. Avant de partir, le jeune chef sortit de son sein un collier de perles et de pierreries.

« Je ne sais pas ce que c'est, dit-il; mais c'est joli, et cela miroite au soleil. Je l'ai pris à un roi Kitad que j'ai tué. Prends-le, sorcier : c'est un présent que je t'apporte.

— Non, dit en souriant Keuktché. Ce collier contiendra le sort que tu m'as demandé. Fais-le parvenir à Kimching, et elle t'aimera bien fort!

— Hé, répondit Djébé en rougissant, elle m'aime déjà un peu. C'est son chien de père qui ne veut pas; mais je ferai ce que tu me dis. »

A ces mots, il monta à cheval.

« Au petit jour, me cria-t-il en s'en allant; à l'entrée du bois, au coude du ravin, c'est là que je campe! Adieu! »

Il enleva son cheval et redescendit la montagne au galop.

La nuit était venue. J'allumai une torche, et j'allai me coucher. Mais j'étais si troublé que je ne pus m'endormir. Je me tournais et me retournais dans un demi-sommeil, lorsque j'entendis le pas d'un cheval. Du coin obscur où j'étais étendu sur mon tapis de feutre, je vis un homme entrer dans la caverne et s'approcher de Keuktché, assis sur une pierre à côté de la torche. Keuktché se leva, l'homme s'arrêta en face de lui, dans la lueur rouge de la branche enflammée, et je sentis un tressaillement dans tout mon corps : j'avais reconnu le cavalier aux yeux fauves.

La conversation eut lieu d'abord à voix basse, et je ne distinguai pas bien ce qui se disait; mais peu à peu le ton s'éleva, et j'entendis des choses que je me rappellerai toute ma vie, dussé-je vivre aussi longtemps que le prophète Khidr[1], la bénédiction soit sur lui!

« Ainsi, disait Keuktché à l'homme aux yeux fauves, ainsi, prince du clan des Kiot et de la famille de Bordjiguène, noble Témoudjine, ta résolution est prise? Tu crois le moment venu?

— Je me sens assez fort, répondit Témoudjine. Une voix me crie : Il est temps!

— Songe, reprit Keuktché, que dans l'affaire que tu médites, il faudra n'avoir pitié d'âme qui vive! Tu ne goûteras plus le repos; tu seras farouche et cruel aux tiens comme au monde entier. Pendant un âge d'homme, tu ne laisseras respirer ni tes peuples, ni ceux des autres. Au lieu que si tu t'appliques à vaincre les seuls Taïdjigod et leurs alliés, et si tu donnes ensuite la paix à ceux qui suivent tes bannières, si tu leur donnes le bienfait de tes lois et de ta justice, sage et prudent comme tu l'es, les peuples Bédés vivront heureux et tranquilles, et prospéreront en ce coin de terre que le Tengri leur a donné.

— Est-ce toi, Keuktché, s'écria le prince, est-ce toi qui me parles ainsi! Toi, qui as nourri dans mon âme redoutable la flamme qui me dévore! Ah! s'il ne s'était agi que de repos et de tranquillité, plutôt mille fois me serais-je livré à mes ennemis, lorsqu'ils m'assiégeaient, moi, seul et abandonné, dans cette caverne où nous sommes, et ne demandaient que ma misérable existence pour prix de la paix! Non, je n'aurais pas brisé les fers que me mirent les Taïdjigod, et je n'aurais pas erré fugitif et misérable! Je n'aurais pas attiré sur ma tête la malédiction

---

1. Élie, et quelquefois aussi saint Georges.

J'avais reconnu le cavalier aux yeux fauves.

de ma mère, lorsque avec l'aide de Khassar j'ai souillé mes mains du sang de mon frère Bekter, pour rester seul maître du pouvoir : « Si vous voulez tuer, nous dit ma mère, tuez-moi, ne tuez « pas mon Bekter. » Ensuite, quand l'acte de sang fut accompli, ma mère nous dit : « Témoudjine et Khassar, vous êtes sembla« bles à un loup et à un épervier ! Que tout ce qui est long chez « vous devienne un serpent ! Que tout ce qui est gros devienne « un crapaud. » Non ! J'ai vu le bien et le mal ; j'ai passé par l'utile et l'inutile ; j'ai goûté le doux et l'amer ! Des affections d'homme n'entrent plus dans mon cœur. Ce qu'il me faut, ce n'est pas vivre, heureux et paisible, en un coin ignoré : il me faut le monde ! Il faut que la terre entière s'incline et tremble devant mes noires bannières !

— Alors, dit Keuktché, tu sacrifieras le repos de ta nation et de ton clan à tes grands projets ? Tu n'accorderas jamais aux tiens la paix, la douce paix ?

— Sur l'ordre du Tengri mon père, s'écria Témoudjine d'une voix éclatante, j'ai résolu de soumettre les douze princes qui commandent au genre humain, et de donner ensuite aux hommes la paix et la justice universelles. Tengri, mon père, conduis-moi ! Quand les quatre-vingt-un mille nations seront soumises à mes lois, je donnerai la paix au monde !

— Le monde est grand, dit encore Keuktché, et notre nation est toute petite. Tu n'as pas autant de sujets qu'il y a de nations dans le monde. Tu es le chef d'une poignée de bergers et de chasseurs, grossiers et obscurs. J'ai ouï dire que dans le lointain occident, il y a un pays qui s'appelle Rome et dont le khaghan peut mettre un million de guerriers sur pied. L'empereur d'Or[1] règne sur sept cents peuples. Les empereurs des Turks, et de l'Inde, et des Sartogols qui ont vingt mille éléphants de guerre, n'ont pas même entendu prononcer le nom de nos clans ignorés.

— Ils l'entendront, cria l'homme aux yeux fauves. Ils l'en-

---

1. *Altane Khaghan*. C'est le titre que les Mongols donnent à l'empereur de Chine, contemporain de Gengiskhan. Il traduit d'ailleurs exactement le nom de la dynastie que renversèrent les Mongols. *Kin* en chinois, *altane* en mongol, *altin* en turk, signifient « or ».

tendront d'une façon si terrible que les oreilles leur en tinteront! Pendant des centaines d'années, je veux que les hommes pâlissent quand on leur parlera de nous, humbles et pauvres bergers de Deligoun Bouldak, pâtres ignorants de la terre des herbes! Le Tengri m'a envoyé pour châtier l'orgueil et les vices des empereurs et des rois! JE SUIS LE TERRIBLE FLÉAU DE DIEU! Le nom de l'Altane Khan et de l'empereur des Sartagols seront oubliés qu'on parlera encore de nous, car nous allons faire de l'humanité un seul peuple, et lui donner un maître et un juge! »

Keuktché se jeta dans les bras de Témoudjine.

« Prince des Kiot Bordjiguène, s'écria-t-il, voici comment je veux te voir! Je parlais pour t'éprouver. Je t'ai trouvé inébranlable, comme je t'ai toujours connu. Chevauche, EMPEREUR INÉBRANLABLE (*Tchingguiz Khaghan*). Ce nom que je te donne par l'ordre du Tengri, la terre te le donnera! Soumets le monde à nos bannières; sois sur la terre ce que le Tengri, dont tu émanes, est dans le ciel! Fils du *Loup bleu*[1], exécute les ordres du Tengri! Prends le monde!

— Je le prendrai, répondit froidement l'homme aux yeux fauves. Que me demanderas-tu pour ta part?

— Nous réglerons après, dit le sorcier en le regardant dans les yeux.

— C'est bien! dit Témoudjine. Demain, je monterai à Deligoun Bouldak, et je mettrai mes peuples en route. Nous allons commencer un terrible voyage. »

Les deux hommes se donnèrent la main. Témoudjine monta à cheval.

En ce moment je vis, à l'entrée de la caverne, la bande grise de l'aube du jour. Du fond de la vallée, j'entendis le son alerte et joyeux des timbales et des clairons qui sonnaient le réveil. Saïn Boughouroul hennit fièrement. Je me sentis le cœur de dix héros dans la poitrine. En regardant du côté de Keuktché, je vis que le Grand Saint était prosterné la face contre terre et priait en silence.

---

1. Burté Tchino, l'ancêtre des Mongols.

Ce jour-là était précisément le mercredi 5 du mois de Saffar. Il commençait, gris et terne. Vers l'heure de la prière de midi, le soleil perça les nuages. Je montai sur Saïn Boughouroul et je fis mes adieux à Keuktché. Je suis musulman, Dieu soit loué, et je ne pensais pas à demander à ce sorcier païen quelque enchantement ou œuvre du démon. Néanmoins, quand je fus sur mon cheval et que Keuktché me dit : « Mon fils Djani, je veux encore te donner ma bénédiction, » je mis le genou en terre devant Keuktché, je baisai ses pieds poudreux, puis je sautai en selle, et je descendis au galop sans tourner la tête. J'avais le cœur gros, car j'aimais le sorcier.

La vallée était remplie de rumeurs. Les clairons et les timbales se répondaient. Le bruit lointain des clochettes et les nuages de poussière indiquaient que tout le monde était en mouvement, bêtes et maisons. Je poussai Saïn Boughouroul pour ne pas arriver un des derniers à ma bannière. Voici qu'en courant sur le pré, au milieu des groupes de gens qui se hâtaient d'atteler leurs charrettes, d'empaqueter leurs maisons sur le chameau, et de rassembler leur bétail, je croisai un cavalier couvert d'une armure blanche, coiffé d'un capuchon de mailles et monté sur un bon cheval rouan. Je m'inclinai au passage devant ce guerrier; mais lui, arrêtant son cheval et faisant une volte, me cria joyeusement :

« Hé, Djani! Hé, frère! Où vas-tu si vite? »

Je reconnus Alak en cet équipage triomphant. Nous nous embrassâmes tous deux.

« Je marche avec les jeunes gens de mon père, dit Alak. Bogordji m'a jugé assez fort pour marcher avec le drapeau.

— Et moi, lui dis-je, je marche avec la bannière de Djébé le Loup; mon cri de ralliement est : Place à la bannière !

— Nous nous reverrons certainement, dit Alak; nous nous retrouverons dans la forêt des lances. Tout est en l'air; tous les keutch vont partir, et nous allons nous établir dans un autre yort. Encore qu'il me chagrine de quitter cette prairie où j'ai été élevé, et ces montagnes, et l'Onon aux flots d'argent, je suis content tout de même : pour si loin qu'il soit, un voyage est toujours agréable. »

Je rendis la main à Saïn Boughouroul, et je partis dans la direction du campement de ma bannière. Je traversai la foule grouillante des gens et des troupeaux, et bientôt je trouvai Djébé et les huit cavaliers au rendez-vous. Ils étaient tous à cheval, sur un rang, derrière la lance à flamme bleue plantée en terre. Djébé se tenait à trois pas devant les guerriers, à côté de la lance. Un peu en arrière étaient deux chameaux et une charrette attelée de deux chevaux, où une femme était assise au milieu des paquets. Les chameaux et la charrette portaient toute la fortune de Djébé et de ses jeunes gens.

« Arrive donc, là-bas, me cria Djébé de loin. On a déjà fait la cérémonie du *Toug* [1]. »

Il s'en alla vers la charrette, en tira une lance peinte en rouge avec un fer à quatre pans, une hache d'armes, une bouteille de cuir garnie de sa courroie, et une calotte de mailles.

« Voilà ton affaire, fils, me dit-il. Tu rempliras ta bouteille d'eau et de kymyz pour ne pas crever de soif sur le pré. Tu mettras ta hache à l'arçon de ta selle, et ta coiffe de mailles sur ton bonnet. Si tu t'escrimes de la lance, tiens ton adversaire à ta gauche ; si tu t'escrimes de la hache ou du coutelas, tiens-le à ta droite ; songe à frapper plutôt qu'à parer ; frappe fort et longtemps, et si tes armes se brisent, tombe dessus à coups de poing, mords, égratigne, renverse, tue, ou meurs en combattant ! »

A ces mots, Djébé saisit sa bannière, l'arracha de terre et l'éleva haute et droite.

« Hé, la femme, dit-il, conduis le keutch avec celui des Aroulad ; et vous autres jeunes gens, à gauche, suivez-moi. »

Nous suivîmes le chef, qui nous conduisit en face de Deligoun

---

1. Cérémonie païenne des Mongols que font les nomades, même musulmans, quand ils partent en guerre. Elle fait partie du culte rendu au *toug*, ou drapeau à queue de cheval, par les peuples turks et mongols. Rapprocher de ce que Jornandès rapporte du culte rendu à une lance piquée en terre, dans les bandes d'Attila. Je donne aux pièces justificatives l'extrait des *Mémoires* de Bâber où le Grand Mogol raconte en détail la cérémonie du Toug.

Bouldak. Là, tout autour, le pré fourmillait de lances. Tous les guerriers s'étaient rangés en cercle autour du tertre, où se dressaient le toug à neuf queues blanches de la confédération, et le toug à quatre queues noires du génie protecteur des Kiot Bordjiguène. Tout à coup Témoudjine parut, monté sur un grand cheval bai clair, et s'arrêta entre les deux tougs. Derrière lui était Bogordji revêtu de son armure, et à côté, Keuktché, à pied, se tenait debout près du toug noir.

Témoudjine éleva la voix. Sa parole était claire, vibrante ; je n'en perdis pas un mot.

« Ce peuple Bédé qui, vaillant et fier, en dépit de mes peines et de mes dangers, s'est fidèlement attaché à moi ; ce peuple qui, avec un courage égal, a offert son front aux chagrins comme à la joie ; ce peuple Bédé, pareil à un pur cristal qui, à travers tous les dangers, m'a témoigné sa constante fidélité et me suit vers le but que je m'efforce d'atteindre, — je veux que ce peuple s'appelle désormais KEUKE MONGOL, et de tout ce qui se meut sur la terre soit ce qu'il y a de plus noble et de plus haut[1] ! »

En même temps, d'un geste puissant, il arracha de terre le toug blanc, et le remit à Bogordji, qui l'éleva haut en l'air. Keuktché arracha le toug noir, et le présenta à Témoudjine lui-même, qui l'agita par trois fois devant le peuple.

Aussitôt s'éleva une grande rumeur qui se changea en une immense acclamation : *Keuke Mongol!* Les intrépides bleus ! Cela sonnait bien à l'oreille. Que Dieu me pardonne mes péchés ! à ce moment, je ne songeai pas à invoquer son saint nom, à dire le tekbir ou à réciter la fatha ; mais, les yeux fixés sur le toug noir des Kiot Bordjiguène, je ne pensai qu'à ce que m'avait dit Keuktché, à ce que disait Témoudjine, et je criai, comme les autres, le magique « Vive le peuple mongol ! Vive *Soutou Bogda Témoudjine*[2] ! » Mais je me repentis aussitôt, louange à Dieu ! Et saisissant le collet de ma tunique, je me haussai sur mes étriers, et je m'écriai par trois fois :

---

1. J'ai déjà expliqué que *keuke* signifie bleu et en même temps céleste, sacré. Mongol vient de *mong*, qui veut dire « résolu, intrépide, audacieux ».
2. Émanation de Dieu ; un des surnoms de Gengiskhan.

« Miséricorde[1] ! Dieu est le plus grand ! »

Le tumulte et les acclamations durèrent le temps de dire trois *bismillah*[2] suivis de la fatha ; puis, tout de suite, les clairons sonnèrent et les timbales battirent la marche.

« Vivement ! cria Djébé rayonnant. Au galop, mes braves ! Allons rejoindre la bannière de Bogordji, là-bas. Nous faisons partie de sa troupe : le sorcier m'a tenu parole ; Témoudjine nous a mis à l'avant-garde ! »

A ces mots, il brandit sa lance au fanion bleu, et me souvenant de ce qu'il m'avait dit la veille, je me mis botte à botte avec lui, en criant de tous mes poumons :

« Place, mes braves ; place à la bannière ! »

Les bonnes gens se rangeaient de droite et de gauche pour nous livrer passage, et nous souriaient amicalement. La joie était sur tous les visages. Chacun nous félicitait pendant que nous passions au galop, et chacun nous enviait de marcher les premiers. Bientôt nous fûmes à notre poste. Bogordji, qui chevauchait de droite et de gauche pour faire ranger les hommes de son clan, nous plaça tout de suite à droite, après la première centaine, qui étaient les gens de sa propre famille et parenté. Nous ne pouvions pas avoir de place plus honorable, puisque nous ne devions pas espérer que Bogordji mît ses parents derrière nous.

Quelques instants après, Témoudjine Khan parut lui-même, monté sur son cheval bai clair ; à ses côtés chevauchaient deux de ses frères, Khassar et Belgueteï[3], et un guerrier de bonne mine, monté sur une jument blanche, qu'on me dit être Toktangha Taïdji, chef des Khortchines. Le khan s'entretint un instant à voix basse avec Bogordji, puis, se retournant vers nous, sans prononcer une parole, il nous montra de la main la

---

1. *Teubé.* Action de renoncer à ses péchés, avec la résolution de ne plus y retomber.

2. Au nom de Dieu clément et miséricordieux. C'est comme si on disait chez nous : le temps de faire trois signes de croix et de dire trois *Pater*.

3. Des deux autres, Khadjikine avait la surveillance des troupeaux et du bagage, et Utsukène était le gardien du foyer, c'est-à-dire de la famille et du keutch particulier de Gengiskhan.

direction de l'ouest, et mit son cheval au trot. Nous suivîmes aussitôt, au milieu d'un tourbillon de poussière, sur la lande aux herbes rousses. Le soleil, en face de nous, nous donnait droit dans les yeux et nous faisait baisser la tête. Il pouvait être environ l'heure de l'*Asr*[1] ; nos chevaux trottaient d'un pas égal ; quelques lièvres partaient dans les herbes devant nous. Nous allions à la conquête du Monde !

1. La quatrième prière : trois heures de l'après-midi.

L'homme tomba la tête la première

CHAPITRE IV

La première victoire.

Nous marchâmes pendant quatre jours, sans nous arrêter plus de temps qu'il n'en fallait pour faire pâturer les bêtes et reposer les Keutch. Beaucoup de chameaux et de bétail trop faible périrent dans cette marche précipitée. Le soir du quatrième jour nous étions déjà sur les bords de la Selenga ; c'est là que nous apprîmes que les Taïdjigod avaient trouvé notre trace et qu'une partie de notre arrière-garde échangeait des coups de flèche avec eux. Le clan de Baïsongar fut désigné pour aller renforcer les nôtres. Je vis les jeunes gens se former par petites troupes de dix hommes et partir au galop dans la direction de l'endroit où on se battait. Ils passaient rapidement devant nous, la lance tenue à la brassière et à l'étrier, et l'arc à la main. Alak passa parmi eux, droit sur son courtaud, et me fit un signe d'adieu.

« Que Dieu te protége ! m'écriai-je.

— Qu'Erlik t'emporte! grogna Djébé, de très-méchante humeur. Voilà que ces crapauds vont passer devant nous, à présent!

— Sois tranquille, brave Djébé, dit Bogordji. Il y en aura pour tout le monde. »

Nous restâmes là près d'une demi-heure, entendant au loin le bruit de l'alarme; mais de l'endroit où nous étions, nous ne pouvions rien voir. Bientôt le bruit s'éloigna, et Bogordji nous ordonna de mettre pied à terre. Une partie du Keutch arriva tout près de nous et forma un carré avec des chariots attachés ensemble par des chaînes et des courroies. On n'y ménagea qu'une étroite ouverture par où deux cavaliers pouvaient passer de front. Derrière les chariots on fit accroupir les chameaux. Au centre du carré on plaça les femmes, les enfants, et ce qu'il y avait de meilleur en fait de bétail. Les vaches maigres, les chevaux borgnes, les moutons étiques furent attachés en dehors de l'enceinte, ou laissés en liberté. Un certain nombre d'hommes partirent avec Bogordji en conduisant leurs chevaux par la bride, et passèrent de l'autre côté du carré. Bogordji, avant de partir, nous recommanda de ne pas allumer de feux, et dit à Djébé de prendre le commandement en attendant qu'il revînt.

Sur ces entrefaites, la nuit était tout à fait venue. Les gens du Keutch finissaient de creuser un fossé autour de leur carré. Bogordji emmena ses hommes, et nous restâmes seuls, environ trois cents jeunes gens, à la tête de nos chevaux sellés et bridés, et à côté de nos lances piquées en terre. La lune se levait à l'horizon, énorme et rouge comme du sang.

Djébé tira sa pierre à affûter de sa poche et se mit à affiler ses armes. Voyant cela, j'en fis autant, et la plupart des cavaliers nous imitèrent. Pendant un instant on n'entendit que le bruit de l'acier et du fer frottant sur la pierre. Le loquace Djébé reprit le premier la parole.

« Où peut être passé ce Baïsongar, dit-il, et ces Aroulad avec lui? Qu'Erlik et tous les Chimnouss m'emportent si je le sais!

— Hélas! dis-je, je crains bien qu'il ne soit arrivé malheur à nos confédérés, et qu'Alak ne soit tombé dans la bataille!

— L'homme naît dans la maison et meurt sur le pré[1], dit tranquillement Djébé. Qu'on ait la tête fendue d'un bon revers ou la poitrine trouée d'un solide estoc, où vois-tu du mal à cela? »

Ma poitrine se gonfla. J'avais une forte envie de pleurer, en pensant que peut-être Alak était couché sur la lande, raide et froid.

Tout à coup deux chiens sautèrent dans le rang et se mirent à japper autour de Saïn Boughouroul. Je reconnus tout de suite Bars et Alaga, les chiens d'Alak.

Mon ami lui-même arrivait derrière eux, avec une trentaine d'hommes en tête desquels chevauchait son père Baïsongar.

« C'est fait! s'écria Alak. Nous les avons bien arrangés! »

Son père lui donna immédiatement un grand soufflet, pour lui apprendre à parler modestement. Alak reprit à voix basse en se penchant à mon oreille :

« J'en ai mis un par terre.

— En route, Djébé, dit Baïsongar. Nous avons escarmouché avec leurs coureurs. Demain, on se battra pour sûr. Allons prendre position le long de l'eau.

— A droite, marche! » cria Djébé.

Nous partîmes aussitôt. Une demi-heure après nous étions à notre poste. La lune était claire. On la voyait miroiter dans l'eau de la Selenga, qui coulait en frissonnant à travers les roseaux. Un grand silence se fit. On n'entendit plus que le frémissement de l'eau, et de temps en temps le bruit des sabots d'un cheval qui frappait la terre en soufflant.

« As-tu quelque chose à manger, toi? » me dit tout à coup Djébé.

Je lui tendis un morceau de viande grillée que j'avais dans mon sac. Il le coupa en deux avec son couteau et m'en rendit la moitié. A la lueur de la lune je vis que chacun ôtait le mors de son cheval et lui mettait la musette remplie d'orge. J'en fis autant. Les hommes s'accroupirent à la tête des chevaux, et dé-

---

1. Proverbe mongol.

vorèrent ce qu'ils avaient dans leur sac, pendant que les bêtes mangeaient. Les eaux de la Selenga fournirent à boire à tout le monde; à la fin chacun but un bon coup de kymyz à son bidon et rebrida sa monture.

Le joyeux soleil se leva au milieu du silence et dora la plaine.

« Vois-tu le pré tout couleur d'or ? me dit Djébé.

— Oui, répondis-je.

— Eh bien, ce soir, il sera couleur de sang, » reprit Djébé.

Un petit frisson me parcourut et je bâillai à deux ou trois reprises. La fatigue me faisait frémir les membres et le frais du matin me saisissait. La brume s'abaissait doucement; le pré, parsemé de fleurs blanches et jaunes, était tout moite et brillant; c'était si joli qu'on avait envie de s'y rouler.

Je regardai devant moi. Au bout du pré, à quatre ou cinq cents pas et le long de l'eau, il y avait un bois de sapins; plus loin une suite de monticules s'étendaient à perte de vue. Djébé désigna les monticules et le bois du bout de son fouet.

« Les Taïdjigod sont là derrière, » dit-il.

De notre côté, on voyait une longue ligne de chevaux et de lances s'étendre sur un front d'environ mille pas, entre la rivière et la grande enceinte des chariots. On apercevait très-bien des silhouettes toutes petites debout sur les chariots. Dans l'intérieur de l'enceinte, on voyait grouiller les chameaux au long cou, les cavaliers coiffés de mailles et les flammes au bout des lances. Les timbales battaient et les clairons sonnaient le réveil.

En ce moment, Bogordji arriva au galop et se mit à notre tête. Un instant après, un groupe de cavaliers parut sur l'un des monticules et se dirigea de notre côté sans se presser. Un groupe en nombre à peu près pareil sortit de l'enceinte et s'avança vers les arrivants.

« Eh bien, eh bien ? Qu'est-ce qui leur prend ? s'écria Djébé. Est-ce qu'on va jouer au loup bleu à présent ?

— Non, répondit Bogordji; mais le chef des Taïdjigod et de leurs alliés, Buké Tchilguer, a demandé à négocier, et ils viennent s'entendre avec le Khan.

— Si j'étais à la place du Khan, dit Djébé, je me méfierais.

— Le Khan sait mieux que nous ce qu'il doit faire, répondit simplement Bogordji.

— En attendant, reprit Djébé, je ne tiens pas à me laisser surprendre. »

Disant ces mots, il monta à cheval et apprêta ses armes. Nous en fîmes autant. Du reste, un instant après, Bogordji nous fit former par pelotons. Les deux troupes étaient arrivées en face l'une de l'autre, à peine à deux cents pas de nous, et avaient mis pied à terre. Nous les voyions très-bien. Chacun attendait avec anxiété ce qui allait arriver.

Ils causèrent un moment. Pendant la conversation, un des Taïdjigod s'approcha du cheval du Khan, en ayant l'air de le caresser, et se baissa un peu du côté du montoir, comme s'il examinait l'étrier.

« Qu'est-ce qu'il fait donc, celui-là? dit Djébé; pourquoi manie-t-il l'étrier du cheval du Khan? »

Bogordji se dressa vivement et devint tout pâle.

« Attention! nous dit-il. La main au carquois! »

J'ouvris mon carquois; je n'avais pas encore posé la flèche sur la corde que je vis Témoudjine faire un geste violent, comme s'il disait aux Taïdjigod de s'en aller; et que chacun courut à son cheval. Je vis le Khan mettre le pied à l'étrier, s'enlever et retomber lourdement par terre.

« En avant! cria Bogordji. Au Khan! droit au Khan!

— Ils lui ont coupé l'étrivière au montoir! cria Djébé. A la rescousse! à eux, à eux! »

Ce fut comme un éclair. Nous n'avions pas fait ces deux cents pas au galop que j'avais eu le temps de voir Belgueteï fendre la tête à l'homme qui avait coupé la courroie d'étrier du Khan, un Taïdjigod abattre le cheval de Belgueteï, Belgueteï rouler sous son cheval, Toktanga Taïdji mettre pied à terre, le Khan sauter sur la jument blanche qu'il lui présentait, et dégainer. Dans cet instant, je vis Khassar tendre la corde de son arc et tirer : le Taïdjigod qui avait tué le cheval de Belgueteï tomba raide, les bras en avant. Je tirai ma flèche au hasard et j'en remis tout de suite une autre sur la corde. En passant, je vis un de nos hommes rattraper par la bride le cheval échappé du Khan, et Djébé, moulinant sa lance, se dégager du milieu de quatre hommes qui l'assaillaient. L'un de ces quatre, piqué au visage, vida les arçons et tomba en arrière.

Au même instant une immense clameur s'éleva devant nous; le pré se couvrit de nuages de poussière; la terre trembla : dix mille Taïdjigod, Mergued et Tatars sortaient du bois et de derrière les buttes, et tombaient sur nous à bride abattue.

Derrière nous s'éleva une clameur pareille qui se confondit dans le fracas des armes et le roulement des pieds de ces milliers de chevaux; les nôtres chargaient de leur côté.

J'eus tout juste le temps de tirer ma flèche sur les premiers Taïdjigod que je vis arriver; puis, lâchant mon arc et assurant ma lance en arrêt, je me laissai entraîner dans la bagarre au galop de Saïn Boughouroul. J'étais si étourdi par ce formidable tumulte et par la soudaineté de l'attaque, que je ne cherchai pas même des yeux la bannière de Djébé. Je ne savais plus trop ce que je faisais : tout ce que je sais, c'est que je voyais passer à droite et à gauche, venant en sens inverse de moi, des figures basanées, des casques, des cottes de mailles, des sabres étincelants derrière les crinières hérissées des chevaux, et que j'entendais un vacarme de fer heurtant le fer, comme si cent mille forgerons eussent forgé sur cent mille enclumes : c'étaient les forgerons de la bataille, qui forgeaient la victoire sur les heaumes et sur les cuirasses, à grands coups de sabre, de masse et de hache d'armes. Je criais à tue-tête : « Keuké Mongol. » Ce qui se passait derrière, je ne le voyais pas, car je ne tournais pas la tête en arrière, et je m'en allais droit devant moi.

Le temps de dire la fatha, et je sentis un choc violent dans le coude droit; ma lance venait de heurter le bouclier d'un ennemi, et avait plié par suite de la violence de la secousse : je la lâchai du coup, et comme je la tenais hors brassière, elle me tomba de la main. Je n'avais pas encore le poignet assez vigoureux pour résister au contre-coup de la lance, et d'ailleurs je la tenais mal. Mon homme ne fut pas ébranlé, et, en passant à ma droite, me détacha un revers sur la tête : je pliai en avant jusque sur le pommeau de ma selle, mais pas un fil de ma coiffe de mailles ne fut entamé. J'en fus quitte pour rester un instant étourdi, le nez sur la crinière de Saïn Boughouroul, et pour garder une forte contusion à la tête ; mais je serrai machinalement les jambes et je ne tombai pas.

Je me raidis et je relevai la tête. En regardant autour de moi, je vis que j'étais sur la lisière du bois. Nous nous trouvions une douzaine de cavaliers ensemble, parmi lesquels Djébé. Nous venions de traverser toute la charge des Taïdjigod, et derrière nous, dans un tourbillon de poussière, nous les voyions maintenant revenir à fond de train. Les deux armées s'étaient choquées, mêlées, et se séparaient pour se choquer de nouveau.

Djébé partit d'un grand éclat de rire, mit sa lance à la brassière et reprit son arc. Voyant cela, je repris le mien.

« Les imbéciles ! dit le jeune chef, en riant de plus belle ; les imbéciles ! Ils auraient pu nous jeter à l'eau en passant entre l'enceinte et nous, et en nous rabattant vers la rivière ! A présent, c'est nous qui allons les rabattre sur l'enceinte ! »

Il s'affermit sur ses étriers et parcourut la plaine du regard.

« Alerte ! s'écria-t-il vivement. Au toug de Bogordji, là-bas ! Au galop ! »

Nous enlevâmes nos chevaux. Les Taïdjigod passèrent comme un torrent, revenant vers les bois, et tirant sur les nôtres qui les poursuivaient par troupes de quinze ou de vingt. Nous les croisâmes à trente pas de distance, courant en sens inverse et échangeant des coups de flèche avec eux. C'est là que j'entendis pour la première fois des flèches me siffler aux oreilles. Il y en eut une qui me rasa la cuisse et vint piquer, avec un petit coup mat et sec, dans le troussequin de ma selle, qu'elle traversa. Je vis bien l'homme qui avait tiré, et je tirai à mon tour, d'avant en arrière. Je dus toucher juste, car en me retournant j'aperçus l'homme qui lâchait son arc et qui se laissait aller en s'accrochant à la crinière de son cheval.

En quelques foulées nous fûmes groupés autour du toug de

Bogordji, au milieu des nôtres qui s'étaient arrêtés court et se ralliaient. A trois cents pas devant nous, on voyait dans les tourbillons de poussière jaune les Taïdjigod se reformer le long du bois. Entre eux et nous, il y avait des hommes et des chevaux étendus raides par terre, quelques chevaux écloppés ou sans cavaliers qui allaient deci delà, et des blessés qui se tordaient sans pouvoir se relever, ou qui se traînaient du côté de l'eau.

Un grand tumulte s'éleva tout de suite sur notre droite et l'enceinte s'entoura de tourbillons de poussière. Les ennemis attaquaient maintenant de ce côté-là, mais ceux que nous venions de combattre restaient toujours en face de nous. Ils étaient très-nombreux et pouvaient nous assaillir de toutes parts. Au bout d'un quart d'heure, ils revinrent encore sur nous ; ils arrivaient par petites troupes de vingt, de trente, jusqu'à quinze pas, nous lançaient leurs flèches, et tournaient bride immédiatement, sans cesser de tirer ; dès qu'une troupe avait tourné bride, une autre arrivait derrière elle, et se précipitait sur ceux des nôtres qui voulaient poursuivre les premiers, de sorte que la pluie de flèches ne s'arrêtait pas de part et d'autre. Entre le bois et nous, on voyait dans un nuage de poussière les pelotons de cavaliers s'approcher, se séparer, se poursuivre, se mêler, se démêler, tourbillonner sans cesse. Pendant plus d'une heure, le combat dura sur place. Du côté de l'enceinte, le fracas des armes et le tumulte des cris continuaient. La poussière jaune avait obscurci le soleil ; à travers cette vapeur chaude et sèche qui nous prenait à la gorge, on ne voyait que l'éclair des flèches aux pointes luisantes, et le miroitement des sabres ou des glaives de lances aux fanions multicolores. La chaleur était étouffante. Nous ne distinguions plus ni les cris, ni le sifflement des flèches, ni le roulement du galop des chevaux, ni le heurt des lances, ni le froissement des armures, ni le choc des masses et des sabres ; mais tout ce fracas ensemble faisait un bourdonnement continu et confus. Nous ne reculions pas, mais notre troupe diminuait sensiblement : nous fondions sur place.

J'épuisai toutes les flèches de mon carquois. Djébé chargea six fois. A la sixième, il jeta le tronçon de lance ensanglanté qui lui restait à la main, tira son sabre et affermit la dragonne de cuir autour de son poignet.

« Nous y voici, dit-il en retroussant sa manche ; voici le moment des grands coups arrivé. A présent, nous avons fini de tirailler, et nous allons voir qu'est-ce qui est plus dur, les crânes ou les lames de sabre ! »

Bogordji parut devant nous, le visage souillé de poussière, de sueur et de sang, les yeux étincelants.

« Bas les lances et les arcs, tout le monde ! s'écria-t-il ; aux masses et aux épées ! Cent hommes ici, autour de la bannière de Djébé !

— A moi, Djébé ! cria le jeune chef en se dressant sur ses étriers ; à moi, Bessed Djissoud ! »

Bogordji disparut pour aller donner des ordres sur un autre point. Djébé rallia rapidement cent hommes ; je cherchai Alak des yeux ; mais au milieu de cette poussière, et de toutes ces figures couvertes de la poudre du combat, on ne se reconnaissait pas à dix pas.

En ce moment, le fracas augmenta d'une façon terrible du côté de l'enceinte ; de notre côté, les fifres, les flûtes, les tambourins et les kobouss jouèrent tous ensemble, et les guerriers commencèrent à chanter. Djébé arrêta son cheval à dix pas devant nous. Plus loin, à sa droite, je reconnus Bogordji au toug que son porte-bannière tenait derrière lui, et plus à droite encore, d'autres chefs se placèrent en avant de leurs hommes.

La voix de Bogordji retentit par-dessus le tumulte.

« Préparez-vous à charger ! cria-t-il. Quand mon tougtchi lèvera son toug, vous chargerez tous ensemble ! »

Au même instant, les timbales et les clairons sonnèrent la charge, le tougtchi leva le toug si haut que tout le monde le vit, et Bogordji cria d'une voix de tonnerre :

« En avant, les Mongols bleus ! »

Notre troupe partit au galop, la terre trembla, une poussière aveuglante s'éleva, pendant que trois mille voix criaient avec fureur :

« A eux, à eux! Frappe, frappe! Tiens bon, mon brave, tiens bon¹! En avant, les Mongols! »

Djébé criait d'une voix aiguë, plus haut que tous les autres.

« En avant, Bessed Djissoud! A moi, Djébé! Place à la bannière! »

Je le vis entrer au milieu des Taïdjigod comme une hache dans du bois mort. J'arrivai derrière lui, moi quatrième, le coutelas au bout du bras. Les coups de sabre, de masse et de hache commencèrent tout de suite. Je lançais des coups de pointe devant moi, en faisant sans cesse pirouetter mon cheval pour tenir l'ennemi à ma droite. Je poussais et j'étais poussé. Dans cette presse, on ne savait si on reculait ou si on avançait. Un homme s'accrocha à mon étrivière et à ma botte, par ma gauche, et je vis qu'un guerrier, un des nôtres, l'assommait d'un coup de masse. Au même instant, un autre, dont le cheval se cabrait à côté de moi, me détacha un furieux revers; mais nous étions lancés si vite l'un contre l'autre, et je me baissai si à propos que je lui donnai de la tête dans l'estomac, et qu'au lieu de recevoir le taillant de son sabre entre le cou et l'épaule, je ne reçus qu'un coup de poing dans le dos. Je lâchai tout de suite la bride, et de la main gauche me cramponnant aux vêtements de mon adversaire, la tête collée contre lui, de la main droite je lui portai des coups de coutelas aussi fort que je pouvais. Je sentis une de ses mains qui me prenait par la nuque et qui m'étreignait, et je reçus des coups violents sur la tête. Se trouvant trop près pour me sabrer, il me maintenait par le cou, et cherchait à m'assommer avec le pommeau de son sabre. Je m'accrochais des genoux aux flancs de Saïn Boughouroul qui suivait tous mes mouvements pour m'empêcher de tomber, et je continuais à fouiller avec la lame de mon coutelas les flancs de mon adversaire. Mon arme était entrée jusqu'à la poignée, je la tournais et la retournais

---

1. Tous ces cris de guerre sont tatares, turks et mongols. *Our, our!* frappe, frappe! *Taïma, bayhatour!* littéralement : ne glisse pas, mon brave! *Haou, Haïda!* en avant! Chaque chef a son cri particulier, en outre des cris généraux, comme cela se passait chez nous au moyen âge.

dans les entrailles de l'homme, et le sang me coulait chaud dans la manche. Il ne me frappait plus, mais sa main continuait de me serrer. Je me débarrassai de ses doigts crispés autour de ma nuque, je ramenai violemment mon coutelas à moi, et me redressant, je vis que l'homme était sans mouvement, le nez sur la crinière de son cheval et les bras pendants; le cheval fit un mouvement, l'homme glissa inerte et tomba la tête la première. Alors, quoique je fusse tout étourdi des coups qu'il m'avait donnés, et que le sang me coulât du nez, je saisis la bride à Saïn Boughouroul, je m'affermis dans mes étriers, et je criai à pleine gorge :

« Place à la bannière! En avant les Mongols bleus! »

Mais me ravisant aussitôt, j'ajoutai de toutes mes forces :

« Gloire à Dieu clément et miséricordieux! Dieu est le plus grand! »

Ayant ainsi envoyé ce païen en enfer, je regardai autour de moi. J'étais entouré des nôtres. Djébé, les deux mains appuyées sur le pommeau de sa selle, le sabre pendu au poignet par la dragonne, se tenait immobile. Un chef de haute taille, couvert d'une armure d'acier, et portant un casque orné de deux aigrettes en plumes de héron, était étendu mort aux pieds de son cheval. Sousou, écuyer de Djébé, tenait un prisonnier par la nuque.

« Hé, l'homme prisonnier, dit Djébé, quel est le nom du chef ici que je viens de tailler avec mon sabre?

— Malheur! malheur! s'écria le prisonnier. C'est le plus fameux homme qui ait jamais endossé l'armure! C'est notre grand khan, Buké Tchilguer [1]!

— A présent qu'il s'est changé en faucon et s'est envolé [2], dit Djébé, je reconnais que c'était un homme fort et qu'il vient de manier virilement le sabre. »

Disant ces mots, il mit pied à terre, coupa la tête à Buké

---

1. Les chroniques mongoles ne disent pas qui tua Buké Tchilguer; je me suis cru autorisé à le porter au compte de Djébé, qui en a bien d'autres sur la conscience.
2. Expression tatare, pour dire qu'il est mort.

Tchilguer, et l'attacha à l'arçon de sa selle. Le prisonnier se jeta sur le corps, criant et pleurant :

« C'est un bon serviteur, dit Djébé. Il faut le tuer, pour qu'il tienne compagnie à son maître. »

L'autre écuyer de Djébé, Koup Kourou, ramassa une lance et la passa au travers du corps du prisonnier, qui s'allongea et se raidit sans lâcher le cadavre de son khan.

« Allons! s'écria Djébé. A moi, maintenant! Ce soir, les derniers rayons du soleil éclaireront nos étendards vainqueurs! »

Nous lui répondîmes par une joyeuse acclamation, et nous le suivîmes vers le bois dont le chemin était vide d'ennemis devant nous. Dans la plaine, le combat continuait. Nous entrâmes sous bois, sous les sapins, et l'air frais, débarrassé de poussière, me rafraîchit les poumons. Je bus un bon coup à ma bouteille et je me sentis tout ranimé.

Djébé nous compta d'un coup d'œil.

« Nous sommes quatre-vingts, dit-il. Nous allons filer sous bois sans bruit, et tomber sur le dos à ceux qui attaquent l'enceinte. Silence, et marche! »

Une demi-heure après, nous nous arrêtions à la lisière du bois, en face de l'enceinte. Il nous parut que l'ennemi refluait du côté de la rivière. Au milieu des nuages de poussière et du tourbillonnement des hommes et des chevaux, je ne distinguais pas grand' chose; mais Djébé était plus clairvoyant que moi.

« Ils ont repoussé Bogordji, dit-il; ils se mettent tous contre lui pour l'exterminer. Maintenant, les gens qui sont dans l'enceinte vont sortir et les charger. Attention! »

Nous restâmes près d'une autre demi-heure dans l'anxiété. Le bruit du combat devenait plus fort du côté de la rivière et diminuait devant nous. Tout à coup, des acclamations enragées éclatèrent du côté de l'enceinte. Les timbales et les clairons sonnèrent le *sourane-souroun*[1].

Dominant tout le fracas, j'entendis le cri mille fois répété de *Ourdjane, Ourdjane!* le cri des Kiot Bordjiguène, des Khans

---

[1] L'alarme, la charge à fond, le va-tout.

Le prisonier se rendit sans lâcher le cadavre.

aux yeux fauves. Un flot de glaives de lances et de lames de sabre se rua de l'enceinte. Le khan en personne chargeait l'ennemi.

« En avant, les Mongols bleus! cria Djébé le sabre haut. Voici l'heure de la victoire! En avant! A moi, Djébé! Place à la bannière!

— Place à la bannière! » répétâmes-nous tous.

Et nos quatre-vingts guerriers tombèrent avec fureur sur le dos de l'ennemi, que Témoudjine, Moukhouli, Djelmé et Guidang Tchingsang chargeaient de flanc, et auquel Bogordji et Baïsongar tenaient tête de front.

J'avais remis mon coutelas au fourreau et je frappais de la hache à coups redoublés. Chaque coup que portait Djébé abattait son homme. Nous culbutions tout devant nous. Cette fois on se sentait avancer. Nous voyions de loin le toug des Kiot Bordjiguène et les bannières des nôtres s'avancer au-devant de nous, fendant les flots pressés des Mergued, des Tatars et des Taïdjigod. C'était comme si la victoire volait à notre rencontre. Encore un moment, et je vis, foulant les ennemis aux pieds de son cheval, Témoudjine Khan lui-même. Il sortit du tourbillon des guerriers renversés comme le soleil sort des nuages. A ses côtés chevauchaient Khassar, le visage courroucé, l'arc à la main, et Belguèteï, furieux et sanglant, brandissant sa lance. Derrière lui se dressaient sur leurs grands chevaux Moukhouli le Sage, qui portait la bannière des Kiot Bordjiguène, Soubeguetaï le Vaillant et Djelmé le Tueur de tigres. Derrière encore venait le torrent des lances et des sabres. Le khan, droit sur sa selle, le sabre ensanglanté au poing, chevauchait entouré de gloire; sa bouche était souriante, ses yeux étaient terribles, son front était calme et plein d'autorité : son regard ordonnait la victoire. Djébé poussa droit sur lui et lui présenta la tête de Buké Tchilguer sans mot dire. Le khan s'inclina devant la tête de son ennemi mort.

« O Buké Tchilguer! s'écria-t-il; par ordre du Tengri mon père tu es tombé mort sur le chemin de notre gloire. Louée soit ta vaillance, honorée soit ta défaite! Louée soit la vaillance de celui qui t'a renversé, honorée soit sa victoire! Donnez un toug à Djébé! »

Un cavalier portant un toug noir remit son enseigne au jeune chef ; le jeune chef me la donna et me dit :

« Plante le toug en terre ! »

J'enfonçai le drapeau en terre devant mon cheval. Djébé jeta la tête de Buké Tchilguer au pied du toug, en s'écriant :

« Drapeau des Mongols bleus, drapeau des Bessed Djissoud, je te donne le sang de tes ennemis ! Accepte mon hommage !

— *Toug iaglachakho !* Le drapeau est graissé ! » s'écrièrent nos jeunes gens.

Et aussitôt Sousou, ramassant la tête, la planta sur la pique du toug. Je saisis l'étendard, et, l'arrachant de terre, je le levai haut et droit.

« Djébé le Loup, s'écria le khan, tu t'appelleras désormais Djébé Noïane ! Je te fais prince et chef de mille hommes ; tu seras suivi d'un toug et précédé de deux timbales. Marchons ! La victoire est au bout de nos lances !

— En avant ! cria Djébé d'une voix de tonnerre ; en avant et place à la bannière ! »

Nous prîmes la droite de la charge, rabattant Taïdjigod, Mergued, Tatars et Baïagod ; nous refoulions leur masse confuse, en la fauchant devant nous. Un quart d'heure après, nous entendions le cri de guerre de Bogordji, de Baïsongar et des autres. La cohue des ennemis refluait éperdue vers nous, et, pressée entre nos rangs et ceux de la troupe de Bogordji, mettait bas les armes, ou se jetait en désespérée sur les pointes de nos lances, sur les tranchants de nos sabres, pour mourir de la mort des braves. Une partie des ennemis, cherchant une issue entre les deux lignes de fer qui s'avançaient sur elle, se précipita dans la Selenga, où beaucoup furent noyés. Quelques-uns se cachèrent dans les roseaux, où on les abattit à coups de flèches, comme des canards sauvages. Le soleil était haut de trois lances au-dessus de l'horizon quand les clairons sonnèrent la victoire de toutes parts : la journée était finie, la bataille gagnée ; cinq ou six mille de nos ennemis étaient couchés raides par terre ; autant étaient prisonniers, et le reste était en fuite et dispersé.

Nous nous arrêtâmes au bord de la rivière ; je mis pied à terre, je fis mes ablutions et je récitai la prière; puis je m'occupai tout de suite de Saïn Boughouroul, qui était couvert de sueur et de poussière et tout haletant. Je venais de lui mettre la couverture, et je le conduisais doucement au pas, pour le laisser se remettre graduellement, lorsque j'aperçus Alak. Nous nous jetâmes dans les bras l'un de l'autre. Mais nous n'eûmes pas le temps de beaucoup nous raconter ce que nous avions vu dans la journée, car un spectacle nouveau attira notre attention.

Au bord de la rivière, au milieu des morts et des débris du combat, on prépara un siége pour le khan; c'était une selle de cheval recouverte d'un feutre blanc. Derrière se tint son tougtchi. Les prisonniers furent conduits devant le khan par troupes de cinq ou six, le sabre et le carquois pendu au cou[1]; on ne lui conduisait naturellement que les principaux, les chefs levant bannière[2], et qui répondaient des autres. Il leur demandait s'ils voulaient prendre son parti et lui prêter hommage; et ceux qui le voulaient, il les faisait rentrer en bannière et leur distribuait des commandements; ceux qui ne le voulaient pas, il les mettait parmi le menu peuple et les donnait aux noïanes et autres chefs. Ce défilé dura jusqu'à la nuit, quand, accablés de fatigue, nous nous couchâmes pêle-mêle, les vivants au milieu des morts, après nous être enveloppés de nos couvertures de feutre.

Au petit jour, timbales et clairons sonnèrent joyeusement le réveil. On recueillit le butin et on le partagea équitablement. Vers midi, tout le monde se mit en marche pour aller s'établir dans un nouveau campement. Notre keutch s'était grossi maintenant des chariots des Taïdjigod et des Mergued, immenses voitures qui portent la maison toute dressée.

Plus de quatre mille de nos ennemis de la veille, qui avaient fait leur soumission, marchaient avec nous, et à mesure que nous avancions sur leurs terres, d'autres venaient nous rallier, ou nos coureurs, qui nous précédaient, les faisaient rallier de force.

---

1. En signe qu'ils se rendent à merci.
2. Je me sers de ce mot du moyen âge pour traduire le mot *toksabaï*, celui qui a un toug.

Deux mois après, quand nous nous arrêtâmes au bord du Karo-tal[1] pour établir nos quartiers d'hiver, notre peuple s'était grossi de toutes les tribus réfractaires des Taïdjigod, des Baïagod, des Mergued, des Tatars, et même d'un certain nombre de clans des Oïrad. Nous étions devenus un grand peuple.

1. Affluent de la Selenga.

Je me prosternai devant lui.

CHAPITRE V

Le Roi de fer.

Cette année-là, nous fîmes beaucoup de courses contre les quatre puissantes tribus des Oïrad. Nous avions pour voisin le grand empire des Kéraïtes[1], peuple chrétien du rite nestorien, qui avaient leur capitale à Kara-Koram. Le padichah des Kéraïtes s'appelait Tograoul et avait pour titre Ong Khan, et le nom de son fils aîné était Sengoun.

Kéraït signifie « tourbillons noirs ». Ces tourbillons noirs demeuraient autrefois sur les confins du pays des Tchortchas[2]

---

1. Ces Kéraïtes étaient chrétiens nestoriens et vassaux de l'empereur de Chine de la dynastie des *Kin*. Leur suzerain avait donné à leur roi le titre chinois de *Wang* (souverain), dont les Mongols et les Turks ont fait *Ong*. Le Ong Khan actuel est l'*Unc* Khan de Rubruquis et de Marc Pol, le *Prêtre Jean* du dernier.
2. C'est-à-dire de la Mandchourie. Les historiens mongols appellent les Mandchoux de ce temps Tchortchas, et leur pays Djourtchid; de même les Turks, et de même Marc Pol.

et étaient eux-mêmes un mélange de Tchortchas et d'une autre nation : c'est pourquoi on les appelle aussi Argounes[1]. Il y a environ deux cents ans, il vint dans le Djourtchid des moines chrétiens de l'Occident qui enseignèrent aux Kéraïtes la religion de Sa Seigneurie Jésus-Christ (la bénédiction soit sur lui!). Il y a cent ans, en 523 (1125), année du Cheval, une des tribus du Djourtchid, les Niou-tché, conquit la Chine, renversa la dynastie des Liao et fonda celle des empereurs d'Or (*Kin* en chinois, — *Altane khaghans* en mongol et en turk). Un prince chinois, s'étant échappé, s'établit dans le nord de la Chine, et de là vint en Turkestan. Ce prince s'appelait Yéloui-Tchoutsaï[2]. Ses successeurs étendirent son empire vers l'ouest, et fondèrent l'empire des Gour Khans. Ils aidèrent les rois de Kharezm contre le sultan Sandjar de Perse, et l'un d'eux devint ainsi padichah de l'Iran et du Touran, et fonda le grand empire dont Urguendj en Kharezm était la capitale. Par la volonté de Dieu très-haut, une joyeuse nouvelle vint des portes du Lion à ces princes : ils devinrent musulmans. Cependant les Kéraïtes s'étaient établis entre le Djourtchid et la Chine Noire, et s'étaient accrus en puissance. Un certain nombre d'entre eux avaient renoncé à la vie nomade et avaient bâti des villes, notamment à Kara-Koram. Quelques tribus païennes des Tatars s'étaient jointes à eux, et aussi les Mergued Solongos des bords du lac Baïkal. Au nord-est des Kéraïtes était le pays des Naïmanes nomades et partie chrétiens, partie idolâtres, toujours en guerre contre eux. Les pauvres Mongols, déchirés par les luttes entre Taïdjigod, Bordjiguènes, Tatars, Oïrad, Ouriengkhanes et autres, étaient comptés moins que des chiens, entre les Kéraïtes, les Naïmanes, les Tchortchas et les puissants padichahs de la Chine Noire, du Kharezm et le Gour Khan.

Il y avait amitié et alliance entre la famille de l'Ong Khan et celle de Témoudjine. Vers la fin de l'été où nous nous établîmes sur le Karatal, nos relations avec les Kéraïtes étaient continuelles.

---

1. *Turc-mongol*, métis.
2. Il ne faut pas le confondre avec un autre Yéloui-Tchoutsaï qui fut conseiller de Gengiskhan et premier ministre de Koupilaï.

Nous n'étions séparés d'eux que par la rivière, dont les eaux se trouvaient très-basses, et qui était guéable en plusieurs endroits, de sorte que les jeunes gens kéraïtes passaient de notre côté et que nous passions du leur. Plusieurs fois même notre khan, Témoudjine, assista aux chasses et aux fêtes de son puissant allié l'Ong Khan Tograoul ; mais Tograoul ne venait pas dans notre yort. Les uns disaient que s'il ne venait pas, c'était parce que Témoudjine était un trop petit sire, et qu'il le recevait chez lui plus comme vassal que comme allié. Les autres disaient tout bas que le fils de Tograoul, Sengoun, était jaloux des prouesses de Témoudjine et excitait son père contre lui. Toujours est-il que Témoudjine fit demander, pour son fils aîné Djoudji, la main de la sœur de Sengoun, et que l'Ong Khan refusa. Témoudjine dissimula sa colère, mais Djébé ne se gêna pas pour parler.

Je m'étais lié avec un jeune homme des Kéraïtes qui avait nom Marghouz, et il venait souvent avec Alak et moi. Nous nous étions même juré, à la suite d'une expédition où nous avions combattu ensemble, et de plusieurs grandes chasses dans l'une desquelles Marghouz m'avait sauvé la vie, que nous resterions toujours frères d'armes et amis jurés. Voici qu'un beau jour Djébé reçut l'ordre de marcher avec douze cents hommes, parmi lesquels j'étais avec Alak, contre les Djouirats insoumis. Le lendemain, quand le soleil fut couché, chacun de nous prit trois jours de vivres dans son sac, revêtit ses armes, et nous partîmes par petits groupes de dix ou douze pour les sources du Karatal, où Djébé avait fixé le rendez-vous. Il s'agissait de surprendre les Djouirats qui campaient à six journées de marche de nous, et pour une surprise pareille on part toujours par groupes isolés, pour ne pas éveiller l'attention, et on fixe un rendez-vous général à bonne portée de l'endroit où l'on veut tomber sur l'ennemi. Le groupe dont je faisais partie était de onze hommes, moi onzième. Alak en était. Nous étions tous bien armés. J'avais une cotte de mailles à têtière de velours noir, un heaume à gorgerin et un sabre en acier de l'Inde[1] ; je portais en outre mon coute-

---

1. Les lames de l'Inde étaient les plus renommées, même parmi les Arabes.

las, mon arc et ma hache à l'arçon de ma selle. Sous ma cotte de mailles, j'étais vêtu d'une robe ouatée et piquée, que j'avais eue au butin fait sur les Taïdjigod, et Djébé m'avait donné, de sa part de prise, une selle de chagrin pour mettre à Saïn Boughouroul. Jamais on n'avait vu plus belle jeunesse, ni mieux équipée, sortir d'un camp mongol pour aller mettre à sac un ennemi.

Nous nous mîmes en marche sans bruit. La neige tombait à gros flocons, et il était assez difficile de se guider dans la nuit. Mais un de nos hommes qui était un Djelaïr, et qui avait souvent chassé sur le haut Karatal, connaissait bien le sentier et marchait en tête ; nous le suivions à la file.

Notre marche se fit sans incidents. Le soir du quatrième jour, nous franchîmes la passe du Karatal, et nous descendîmes dans les plaines à perte de vue où campent les Djouirats. Une partie de notre troupe était déjà réunie à l'entrée de la passe, et le reste nous rejoignit à la sortie. Ils avaient avec eux quelques moutons que nous égorgeâmes tout de suite, et que nous fîmes cuire sur un maigre feu de crottins desséchés [1], après avoir un peu déblayé la neige. Nous avions grand'faim, n'ayant rien mangé depuis plus de trente heures.

Nous passâmes la nuit en cet endroit, et le lendemain nous marchâmes pendant toute la journée et pendant une partie de la nuit. La neige avait cessé de tomber. Nous nous arrêtâmes au milieu de la plaine uniformément blanche, et comme Djébé avait défendu d'allumer du feu, notre repas se composa d'un peu de farine d'avoine délayée dans le mélange d'eau et de kymyz dont nous avions rempli nos bidons. Au petit jour, nous aperçûmes des traces nombreuses sur la neige, et quelques-uns de nos hommes étant partis en reconnaissance revinrent vers l'heure de midi, et nous rapportèrent qu'à environ deux lieues sur notre gauche ils avaient aperçu la fumée d'un kichlak [2] considérable. Aussitôt chacun apprêta ses armes et se tint prêt à charger. Djébé nous fit déployer, par groupes d'une dizaine, sur un grand

---

1. *Argol* en mongol, *tizek* en turk, le seul combustible du désert.
2. *Kichlak*, de *kich*, hiver, signifie le campement d'hiver des nomades ; le campement d'été s'appelle *yaïlak*, de *yaï*, été.

Nous passâmes la nuit en cet endroit.

demi-cercle, lui-même se tenant au centre; Alak et moi nous étions à l'extrême droite. Nous nous avançâmes ainsi tout doucement dans la direction du kichlak. Il avait été convenu que, lorsque nous entendrions les timbales et le cri de guerre, nous rabattrions vivement devant nous, ceux de droite vers la gauche et ceux de gauche vers la droite, de façon à tomber sur le kichlak de trois côtés à la fois.

Je ne tardai pas à voir la fumée du village ennemi, et de nombreux troupeaux dispersés sur la plaine et grattant la neige pour pâturer l'herbe en dessous. En même temps, j'entendis l'alarme sur ma gauche, et nous lançâmes nos chevaux en avant.

Les Djouirates furent complétement surpris. Leurs bergers s'enfuirent de tous côtés, la plupart vers leur kichlak. Sans nous occuper de ceux qui s'éparpillaient, nous courûmes vers le village, au cri de : « En avant les Mongols bleus! Place à la bannière! » et en lançant des flèches sur tout ce qui venait à notre rencontre. Nous ne tardâmes pas à rejoindre la débâcle des gens qui se sauvaient à pied, pêle-mêle avec les troupeaux; plusieurs furent sabrés; nous les chassions à cœur joie. Un certain nombre sortit en courant du kichlak et vint vers nous; ils se formèrent, l'arc ou la pique à la main, et nous attendirent de pied ferme. Je me souviens qu'en avant d'eux était un homme vigoureux et trapu, le sabre au poing, qui piqua la pointe de son sabre dans la neige et s'arc-bouta sur ses pieds, comme quelqu'un qui ne veut pas reculer. Les flèches commencèrent à nous arriver tout de suite. Un homme à côté de moi tomba de cheval, la gorge traversée. En ce moment, je vis à ma droite une troupe de cavaliers qui étaient sortis du kichlak et qui décrivaient un grand cercle pour nous tomber dans le flanc. Je compris aussitôt qu'il fallait les empêcher de venir sur nous, et pendant que cinquante ou soixante hommes chargeaient ceux qui étaient à pied, je réunis autour de moi une vingtaine de cavaliers, et montrant du bout de mon sabre la troupe qui nous tournait, je criai de toutes mes forces : « A eux, à eux! »

Nous leur courûmes dessus; mais ils n'attendirent pas notre choc, et s'enfuirent en nous lançant des flèches. Ils disparurent bientôt derrière un pli de terrain que nous franchîmes après eux; j'étais le mieux monté et je passai des premiers. Quand je fus de l'autre côté, les gens que nous poursuivions firent demi-tour et revinrent sur nous; je n'avais plus que six hommes autour de moi, et ils étaient une quarantaine. En tête courait un cavalier dont le cheval avait une tache blanche au front : j'avais une flèche posée sur la corde de l'arc; je visai de mon mieux mon homme à la tête et je tirai : le coup glissa sur son heaume; je mettais la main au carquois quand une flèche m'atteignit à la hanche, sans toutefois rester fixée dans les chairs; je lâchai la bride à mon cheval en dégainant, mais je fus rejoint, et je reçus par derrière un coup de sabre sur mon casque; je fis volte-face et je ripostai par un coup de pointe; en même temps, un revers me coupa l'attache de mon carquois, et un coup de masse me froissa les côtes et me jeta par terre; je me relevai sur un genou; sept ou huit ennemis m'entouraient le sabre levé; je reçus un coup dans la poitrine qui grinça sur ma cotte de mailles : j'allais périr quand, pensant à mon rêve, je m'écriai à haute voix :

« Allahou Ekber! A moi, Ali! à moi, lion de Dieu! »

Aussitôt une voix éclatante s'écria en langue turke :

« Tiens bon! J'y suis! »

Un cavalier venait de rompre le cercle d'ennemis qui m'entourait et leur portait des coups foudroyants. D'un revers il fit voler la tête de l'un, et d'un autre il en trancha un second par le milieu du corps. Son sabre flamboyait à son poing comme Zoulfikar[1] au poing d'Ali. Il était beau comme Joseph[2] (la bénédiction soit sur lui!) et montait un cheval pareil à Rakhch, le cheval d'Alexandre le Grand. Son visage blanc et rose semblait une tulipe; sa moustache était noire et soyeuse et ses yeux étroits et brillants. Il était armé d'une cotte de mailles faite à façon de feuilles et portait des brassards et des tassettes; sa rondelle ornée de cinq bosses d'or pendait à l'arçon de sa selle. Ses bottes

---

1. *Zoulfikar*, la tranchante, la pourfendante, est le nom de l'épée d'Ali le Lion de Dieu.

2. Joussouf Djemal, beau comme Joseph est une expression consacrée chez les Musulmans.

étaient de velours vert garni de brocart d'or, et il était coiffé d'un bonnet de velours vert fourré de martre zibeline, ayant accroché son heaume à côté de sa rondelle.

En un tour de main il eut couché sept hommes par terre. Je restai seul avec lui, au milieu des morts et des mourants. Me mettant à genoux, je baisai son étrier; mais il ne voulut pas me laisser faire et mit pied à terre. Sur-le-champ je me prosternai devant lui, et me relevant sur mes genoux, je m'écriai :

« Gloire à Dieu, qui a fait ce miracle! Loué soit ton nom, ô Lion de Dieu qui m'as délivré!

— Je ne suis pas le Lion de Dieu, me répondit le jeune héros en souriant. Relève-toi, Musulman!

— Si tu n'es pas le Lion de Dieu, m'écriai-je, tu es un de ses fils : tu es Haçan, le compagnon du champ de bataille, ou Hucein le martyr[1].

— Rien de tout cela, me répondit encore le cavalier inconnu. Je suis un chevalier turkoman : mon nom est Khodadad Tougtchi, « Dieudonné le banneret, » et mon surnom Timour Melek, « le Roi de fer. » Ayant eu un différend avec mon suzerain, l'empereur conquérant du monde, Tekèche le Batailleur, roi de Kharezm, pôle de la foi, j'ai quitté mon pays, et je voyage pour chercher des aventures. J'ai traversé Kachgar et Komoul, où j'ai terrassé les paladins les plus fameux. Tout à l'heure, passant avec mon écuyer, j'ai vu l'alarme d'un combat. J'ai laissé mon écuyer avec ma suite et mon bagage derrière cette butte que tu vois, et je me suis approché pour mieux regarder la joyeuse fête des sabres. J'ai entendu un Musulman appeler à l'aide, — tu sais le reste. »

Je remontai à cheval, après avoir serré mon sauveur dans mes bras, et nous allâmes d'abord trouver l'écuyer et la suite du paladin turkoman. Du haut de la butte, j'aperçus que l'affaire était terminée. Une partie des nôtres pillait le kichlak; d'autres

---

1. Haçan *Mardémaïdane*, épithète du fils aîné d'Ali, et *Hucein chahid*, Hucein le martyr, épithète de son plus jeune fils, tué à la bataille de Kerbélah, en 85 de l'hégire, dans la guerre civile contre les Ommiades.

rassemblaient les prisonniers et les troupeaux. Trois ou quatre maisons brûlaient. La bannière de Djébé était plantée dans la neige, à l'entrée du village, et Djébé se tenait à côté, entouré d'une vingtaine de cavaliers, et recevait la soumission des principaux parmi les vaincus qui venaient se présenter devant lui, le sabre et le carquois pendus au cou. Les clairons et les timbales sonnaient le rappel. Alak, suivi de cinq ou six autres, galopait deci delà, me cherchant parmi les morts et les blessés. Il ne tarda pas à voir notre groupe sur la butte, et quand je donnai deux ou trois coups de sifflet, il partit à fond de traïn dans ma direction. Le Roi de fer et moi lui épargnâmes la moitié du chemin, et nous allâmes trouver Djébé, après qu'Alak eut envoyé un homme sur la butte pour servir de sauvegarde à la suite du chevalier turkoman, et l'empêcher d'être pillée ou molestée.

« Qui est celui-ci? me demanda Djébé, et que veut-il? »

Timour Melek répondit lui-même, en s'inclinant courtoisement :

« Je suis un chevalier errant; mon nom est le Roi de fer, et je cherche aventure.

— Tu pourrais bien en trouver plus que tu ne souhaites, et de plus dures, dit Djébé.

— Je ne crois pas, répondit doucement le paladin.

— Et où vas-tu chercher des aventures, présentement? dit le Loup.

— On m'a dit, reprit le Roi de fer, que du côté du nord-est demeurait un peuple fameux par sa vaillance, et parmi ce peuple, un chevalier meilleur que tous autres. Je suis venu pour m'essayer contre lui.

— Le nom de ce peuple? s'écria Djébé dont les yeux devinrent étincelants; le nom de ce peuple et de ce chevalier?

— Ce peuple, répondit le Roi de fer, est celui des Kéraïtes, qui sont chrétiens; et le chevalier fameux, dont la renommée est venue jusqu'à nous, est le fils de leur roi, et se nomme Sengoun. »

Djébé fit un geste de découragement, et son visage reprit son expression habituelle d'insouciance gouailleuse.

« Alors, dit-il après un moment de silence, tu n'as pas entendu parler des Mongols bleus?

— Je n'en ai pas entendu parler, répondit Timour.

— Tu ne sais rien, reprit Djébé, d'un certain Témoudjine, qui est de la famille des Sires aux yeux fauves et qu'on a surnommé l'Inébranlable?

— Je ne connais point ce chef, dit encore le Roi de fer.

— Et sans doute, continua Djébé, tu ne sais rien non plus des prouesses d'un chevalier qui se nomme Bogordji, ni de celles de Moukhouli, ni des faits d'armes de Soubeguetaï le Hardi, ni de ceux de Baïsongar?...

— C'est mon père! cria Alak; il est meilleur chevalier que Sengoun! Je suis prêt à le prouver!

— Tu es prêt à prouver que tu es un imbécile! ricana Djébé. Tais-toi, et qu'Erlik t'emporte. »

Je vis qu'il commençait à s'échauffer. Sa figure devenait toute rouge. D'un côté, le chevalier turk, vêtu comme un empereur et beau comme un prophète, se tenait droit et souriait gravement; de l'autre, le général mongol, couvert de vieux vêtements usés et d'une armure ternie, se penchait sur son cheval en ricanant; ses yeux obliques regardaient l'autre par en dessous; sa figure basanée se plissait. Un cercle de cavaliers les avait entourés et écoutait ce qui allait arriver; mais ils n'y comprenaient rien, car la conversation se passait en turk, que Djébé savait très-bien. Je le lui avais appris, à lui et à Alak.

Djébé reprit, en regardant le paladin dans le blanc des yeux :

« Puisque tu ne connais pas tant d'illustres guerriers, je ne te demanderai pas si tu connais le pauvre, l'humble, le misérable, le tout petit Djébé, Djébé Noïane, le prince de la bannière bleue, qu'on appelle aussi Djébé le Loup et Djébé le Joyeux?

— Je ne connais point ce Djébé Noïane, répondit tranquillement le Roi de fer. Sans doute qu'il est quelque grand personnage chez vous, et peut-être même, comme son surnom de « joyeux » donnerait à le supposer, il est le bouffon de votre roi! »

Djébé eut un petit frisson qu'il réprima tout de suite. Il partit d'un grand éclat de rire et se redressa sur son cheval.

« Ce Djébé, s'écria-t-il, est vraiment le bouffon du roi et sait faire de très-bonnes bouffonneries. Ainsi, le roi se trouvant en une bataille fort pressé par les ennemis qui étaient bien nombreux, ce Djébé chargea le chef des ennemis, Buké Tchilguer, lequel valait dix Sengoun, le tua et lui coupa la tête. N'est-ce point une bonne bouffonnerie?

— Très-bonne! dit Timour Melek. Si je conquiers un empire, je prendrai ce Djébé pour bouffon.

— Ce Djébé, reprit encore le Loup, perce un double harnais d'un coup de pointe de son sabre, et range un escadron tellement que personne ne peut lui résister. Il a pour coutume de se moquer de Sengoun, et il dit que Sengoun ne mourra que de sa main. Quand Témoudjine l'Inébranlable, que tu ne connais pas, donnera un ordre aux Mongols bleus, dont tu ignores le nom, et au bouffon Djébé, dont tu n'as pas entendu parler, quand il froncera le sourcil contre les Kéraïtes et contre Sengoun dont la gloire t'amène de si loin, les Kéraïtes seront sabrés ou soumis et baiseront la terre devant la bannière des Mongols bleus!

— Tu dis de bien grandes paroles, répondit Timour Melek, et tu tiens des discours pleins d'enflure. Or dépeins-moi comment est fait ce Témoudjine l'Inébranlable, et aussi ce Djébé dont tu me parles.

— Pour Djébé, reprit le Loup, sache qu'il porte un corset de cuir bouilli comme le mien, un sabre de l'Inde à poignée de fer comme le mien. Il monte un cheval comme le mien, qui a une étoile au front, et dont la queue et la crinière sont blanches; il est suivi, comme moi, d'un étendard à une queue blanche, et sa bannière, qui est bleue comme le ciel, sa bannière, la voici! »

Djébé fit reculer son cheval, dégaina d'un geste brusque, et désignant le pennon bleu de sa lance avec la pointe de son sabre, s'écria d'une voix de tonnerre :

« Djébé à la rescousse! Place à la bannière! »

Timour Melek mit sabre au clair, saisit sa rondelle, et se haussant sur ses étriers, s'écria à son tour :

Djébé à la rescousse ! Place à la bannière !

« Allahou Ekber! Ville gagnée aux Turkomans Salor! J'y suis[1]! »

Ils allaient se charger l'un l'autre. Déjà ils se ramassaient sur leurs selles et rassemblaient leurs chevaux pour s'attaquer avec plus d'effort, quand un grand tumulte s'éleva au loin sur la plaine et qu'un cavalier, pénétrant tout essoufflé dans le cercle, l'armure faussée, nu-tête, son cheval blanc d'écume et taché de sang, s'arrêta court devant Djébé en criant :

« Alarme! Voici Djamouké le Subtil! Ils ont surpris nos avant-postes! Ils arrivent derrière moi! »

Le Roi de fer, qui ne comprenait pas, mais qui voyait bien l'alarme, retint la bride à son cheval et baissa courtoisement son sabre. Je vis Djébé raccourcir le bras en mettant le premier doigt à plat sur la lame, comme un homme qui va lancer son coup de pointe; mais il se redressa en serrant les dents et sans frapper. S'il eût voulu, Timour Melek était un homme mort. Le paladin ne parut pas s'apercevoir du danger qu'il venait de courir.

« Roi de fer, dit Djébé, attends-moi ici; nous allons charger. Je suis à toi après la charge.

— S'il te plaît, j'irai avec toi, répondit Timour Melek.

— Comme tu voudras! » dit Djébé en haussant les épaules.

Là-dessus il se retourna vers nous et se mit à commander en mongol, de sa voix claire et brève. Or, depuis un an, on nous exerçait tous les jours à former les escadrons par pelotons, sur deux rangs, sur trois rangs; à tourner ensemble à droite, à gauche; à nous éparpiller en avant, en arrière; à nous rallier, à nous serrer; les hommes et les chevaux étaient habitués à tout cela, et, quand une troupe manœuvrait, il semblait que chaque homme fût attaché à l'autre par une corde. Djébé excellait à la manœuvre. Quand il commanda, le Roi de fer regarda d'un air tout surpris comment nous prenions nos dispositions rapidement,

---

1. C'est le cri du Roi de fer. Je traduis le tatare turk *alamane*, qui signifie proprement l'action de prendre, de piller, par notre mot du moyen âge « ville gagnée ». C'est encore le cri de guerre des neuf tribus turkomanes, dont la plus ancienne et la plus noble est celle des *Salor*.

sans confusion et en silence. Je l'entendis faire un grand soupir et murmurer une prière ; puis il prit un cor pendu à sa ceinture et hucha par trois fois. Aussitôt son écuyer et sa suite descendirent de la butte et vinrent à nous au grand trot. En face de nous, sur un front de quatre à cinq cents pas, on voyait s'avancer les Djouirates, bien alignés sur trois lignes. Deux étendards au centre et deux autres ailes indiquaient la présence de quatre chefs. Leur ligne n'avait pas l'air d'aller très-vite de loin ; mais à mesure qu'elle se rapprochait, on voyait son mouvement s'accélérer.

Timour Melek coiffa son heaume, passa vivement lui-même les quatre lacets du gorgerin, et prit sa lance des mains d'un de ses valets. Elle portait un glaive à six pans, une bannière vermeille dentelée tout du long, et, entre le glaive et le bois, une touffe de crins noirs disposée en pelote[1]. Quand il tint sa lance, il dit à Djébé :

« Où dois-je me mettre ? »

J'entendis Djébé qui disait en mongol entre ses dents :

« A tous les diables ! »

Je murmurai :

« Dieu nous en préserve ! »

Le Loup reprit tout haut :

« Mets-toi où il te plaira ! Je n'ai pas de place fixée pour toi dans le rang. »

Le Roi de fer s'inclina, et, suivi de son écuyer, il alla se placer à quinze pas à droite en avant de nous. Mais il avait mal calculé, car lorsque Djébé nous fit rompre sur la gauche et charger l'ennemi en colonne double par échelons, il se trouva naturellement que notre premier échelon de la gauche fut sur les Djouirates bien avant Timour Melek. Devant cette brusque attaque, les ennemis ne purent tenir ; leur droite fut débordée, culbutée, tournée, et ramenée en désordre sur le centre. Le Roi de fer ne vit le

---

1. Le bon Joinville, très-impressionné par les Kharezmis réfugiés du Turkestan en Syrie et en Égypte après leur défaite et la conquête de leur pays par les Mongols de Djébé, de Soubeguetaï et d'Alak, ajoute que la pelote au bout de la lance « semble une tête de diable, et est moult hideuse à voir. »

coup que quand nous l'avions déjà fait; et avant qu'il eût le temps de donner un coup de sabre, nous avions déjà pris un drapeau et mis trois cents Djouirates par terre.

Pendant qu'il se creusait la tête pour comprendre comment nous avions fait, étant rangés sur une seule ligne devant les ennemis, pour tomber en deux colonnes sur leur flanc droit et leurs derrières[1], Djébé achevait sa conversion bien tranquillement, au petit trot. L'ennemi, incapable de faire en bon ordre un changement de front en arrière, se rompit et se débanda en tirant, puis revint sur nous éparpillé de toutes parts par petits groupes. Djébé s'arrêta court, fit former le carré derrière les chariots et commencer le combat à pied. L'attaque fut repoussée à coups de flèches. Pendant tout ce temps le Roi de fer ouvrait de grands yeux, et regardait d'un air stupéfait comme nous obéissions à nos chefs et comme nous exécutions les ordres avec précision et en silence; mais quand on rompit le carré pour charger l'ennemi en déroute, il y fut des premiers. Là il accomplit dans la mêlée tant de prouesses que c'était merveille : Djébé, à côté de lui, en faisait autant; l'un semblait Rustem et l'autre Isfendiar[2].

De son côté, Djamouké le Subtil, chef des ennemis, fit bien voir qu'il était digne de commander. Il terrassa l'écuyer du Roi de fer, et abattit le cheval du Roi de fer lui-même. Djébé et moi nous accourûmes pour le dégager; mais avant que nous fussions arrivés à son aide, le Roi de fer se relevait, Djamouké forçait le cercle de ses assaillants et disparaissait au galop, emmenant une dizaine de ses hommes.

« Un cheval! s'écria Timour Melek furieux; un cheval!

— Pour quoi faire? dit Djébé d'un ton goguenard.

— Pour poursuivre ce maudit! s'écria le paladin; j'ai abattu

---

1. Djébé vient de faire un mouvement tournant à la mongole, un *toulgamah*. Bâber décrit cette manœuvre qui lui fit perdre la bataille de Serpoul (1501) et ajoute : « Les Mongols et les Euzbegs excellent à faire le toulgamah. »

2. Héros fabuleux, comme qui dirait Roland et Olivier. Rustem est le héros de l'*Iran*, c'est-à-dire de la Perse, et Isfendiar le paladin du *Touran*, c'est-à-dire des Turks et des Mongols, ce qui justifie la comparaison entre Timour Melek et Rustem, et entre Djébé et Isfendiar.

son heaume et vu son visage : je le reconnaîtrai entre cent mille ! »

Djébé lui rit au nez.

« Quand je te donnerais mon propre cheval Kachka, dit-il, tu n'atteindrais pas Djamouké ; le Subtil monte son cheval Iolbars que nul autre ne peut atteindre.

— J'enverrai son âme damnée en enfer, cria Timour Melek. Adieu, Djébé Noïane ; nous nous reverrons certainement. Je vais chercher Djamouké le Maudit, en quelque endroit qu'il se trouve ! »

Djébé fit amener au Roi de fer le meilleur cheval qu'on trouva dans le butin, et veilla à ce qu'on lui mît la selle du cheval tué. Quand le paladin eut le pied à l'étrier, le Loup prit la parole.

« Écoute, Roi de fer, lui dit-il ; écoute un moment : je ne serai pas long.

— Parle, répondit le paladin.

— Tu m'as dit que tu venais pour chercher aventure. Tu veux combattre contre Sengoun, n'est-il pas vrai ?

— C'est vrai ! répondit le paladin.

— Tu veux aussi combattre contre Djamouké, maintenant ?

— C'est vrai !

— Tout à l'heure, tu voulais combattre contre moi ?

— C'est vrai ! s'écria le chevalier turkoman.

— Eh bien, dit le Loup de sa voix la plus sucrée, va, mon ami ; paladin des Turks, Roi de fer, qui connaissais Sengoun et les Kéraïts, et qui ne connaissais pas les Mongols bleus ; va combattre Sengoun ; va tuer Djamouké. Bonne chance, Roi de fer ; bonne chance jusqu'au revoir, car si Sengoun et Djamouké te manquent, je te garantis que moi, Djébé, je ne te manquerai pas ! »

Timour Melek sauta sur son cheval, s'affermit sur ses étriers et s'écria d'une voix retentissante :

« Djébé Noïane, prince de la bannière bleue, vienne le jour où nous nous rencontrerons chacun sous sa bannière et chacun à la tête de son peuple ! Ainsi soit-il ! »

Il galopa vingt pas plus loin et s'arrêta pour nous voir défiler. En quelques instants, le butin et les prisonniers furent réunis. Alak passa devant, avec l'avant-garde; puis vinrent la droite et la gauche[1] sur deux files escortant les prisonniers, le butin et les chariots; le centre suivait en bataille sur deux lignes, et l'arrière-garde par pelotons. Derrière nous le village brûlait, et la fumée voilait les derniers feux du soleil couchant. Le Roi de fer, droit sur son cheval, nous regardait défiler, tandis que nos clairons et nos timbales sonnaient la marche des Kiot Bordjiguène; quand la bannière bleue passa devant lui, il inclina sa lance à flamme vermeille, en portant courtoisement la main à son heaume; Djébé, sabre au poing, rendit le salut à la bannière vermeille.

« Au revoir, Djébé le Joyeux! cria le Roi de fer en se redressant.

— Au revoir, Timour le paladin! » cria le Loup en passant.

Je fis un temps de galop jusqu'au chevalier turk, j'allai lui baiser la main sans rien dire, puis je revins à mon rang et je défilai sans tourner la tête. Cette nuit-là, en me couchant, je fis double prière.

---

1. *Djevangar, borangar*; le premier pair et le troisième impair, c'est-à-dire les 2ᵉ et 5ᵉ pelotons dans l'escadron mongol. L'avant-garde, ou *karaoul*, est formée du 1ᵉʳ; le centre, *toug* ou *tchapaoul*, est formé des 3ᵉ et 4ᵉ. L'arrière-garde, ou *tchigaoul*, du 6ᵉ.

Chaque journée était remplie de besogne.

CHAPITRE VI

De Mongolie en Turkestan.

Nous livrâmes quatre combats en sept jours. J'y pris part, malgré ma blessure, qui me faisait cruellement souffrir. Alak y fut blessé aussi, d'un coup de flèche au mollet. Nous n'étions plus que cinq cents hommes, sur douze cents qui étaient partis, quand nous apprîmes par nos prisonniers que Témoudjine l'Inébranlable en personne, s'avançant avec quatre mille hommes, avait battu l'ennemi à deux reprises, et que Djamouké était venu se rendre à lui à merci. Les tribus que nous poussions devant nous vinrent alors se rendre à nous-mêmes, et la soumission des Oïrad et de la plupart des Tatars fut complète. Nous marchâmes aussitôt pour rejoindre l'ordou, poussant devant nous trois ou quatre mille prisonniers et soixante mille têtes de bétail. L'hiver était dans toute sa rigueur, et j'avais été bien content de trouver au sac d'un village une vieille pelisse de peau de mouton que j'avais revêtue par-dessus mes armes. Le matin où nous vîmes les premières tribus amies, je trottais péniblement en soutien de nos éclaireurs, la tête basse et le collet relevé jusqu'aux yeux. Tout à coup, je vis de loin dans la plaine deux de nos éclaireurs qui ramenaient un prisonnier à cheval, trois autres à pied, deux chevaux et trois chameaux. J'avançai pour voir ce que c'était, et je fus bien surpris en reconnaissant que le cavalier prisonnier n'était autre que Marghouz. On lui avait pris ses armes et sa pelisse, et ses mains étaient liées avec la guide de son cheval. Marghouz paraissait furieux.

« Holà! s'écria-t-il dès qu'il me vit; holà! frère Djani! Par saint Georges! est-ce ainsi que vous autres Mongols bleus traitez vos amis et alliés? »

Je fus indigné de l'outrage qu'on faisait à Marghouz, et galopant vers lui, je le pressai dans mes bras; puis tout de suite je tirai mon couteau et je coupai la lanière qui lui serrait les poignets.

« C'est une erreur, *andé*[1], m'écriai-je. Les éclaireurs se sont trompés. Par Dieu, excuse-les.

— *Tougtchi*, « porte-fanion, » dit un des éclaireurs, tu es chef de dix hommes et notre supérieur; nous t'avons amené celui-ci pour que tu prononces à ton gré. »

Je fis tout de suite rendre à Marghouz sa pelisse et ses armes et remonter ses trois serviteurs sur leurs chevaux et leurs chameaux. Djébé vint à passer et s'arrêta devant nous.

« Tiens! s'écria-t-il; voilà ce crapaud de Marghouz! Bonjour, jeune singe! Comment vas-tu? »

Marghouz était très-fier; mais ayant vécu avec nous sur le Karatal, il était tellement habitué à entendre Djébé dire des injures facétieuses à tout le monde, et à voir tout le monde lui obéir, qu'il ne s'inquiétait plus des quolibets du Joyeux. Il salua poliment.

« Je vais bien, prince, répondit-il.

---

1. *Andé*, frère d'amitié, frère par serment.

— Et comment va l'illustre Sengoun, le vaillant, le sage, le prudent Sengoun?

— Il va bien, prince.

— Ah! le diable ne l'a pas encore emporté? reprit Djébé. C'est fâcheux, jeune singe Marghouz, c'est fâcheux.

— Et pourquoi donc? dit Marghouz poussé à bout.

— Pourquoi? crapaud à cheval! Pourquoi! s'écria Djébé; que tout le bien que je souhaite aux Kéraïts leur arrive! Pour la prospérité de votre nation et de votre empire! Sengoun est votre meilleur ennemi! »

Là-dessus Djébé se frotta les mains en répétant à deux ou trois reprises :

« Sengoun est le brandon qui mettra le feu à votre maison!

— Pourquoi nous en veux-tu tellement, prince? dit Marghouz, et que t'avons-nous fait?

— Je ne vous en veux pas, répondit Djébé. Si vous étiez assez sages pour vous ranger sous la bannière mongole et vous débarrasser de votre Tograoul et de votre Sengoun, je vous aimerais comme les miens! Mais, patience! Tant coule la rivière qu'à la fin elle emporte le gué[1]! »

Marghouz ne répondit pas. Djébé lui tourna le dos et partit en sifflant la marche des Kiot Bordjiguène. Un instant après on donna l'ordre de camper. Marghouz et moi nous assîmes près de la marmite de mon peloton, sur nos couvertures, et Alak vint nous rejoindre. Nous avions grand butin et on ne ménageait pas la viande. On égorgea un cheval qui s'était cassé une jambe et on fit bombance.

« Et où vas-tu, Marghouz, avec une pareille suite? » demandai-je à mon ami, quand le premier appétit fut calmé et qu'Alak eut raconté nos batailles.

Marghouz fit un profond soupir et du doigt nous montra l'ouest.

« Je m'en vais loin du pays, loin là-bas! dit-il en soupirant encore. Hélas! je ne reverrai peut-être jamais le pays! »

1. Proverbe mongol; l'équivalent de notre : Tout vient à point à qui sait attendre

Là-dessus il mit sa tête dans ses mains et fondit en larmes. Je le consolai de mon mieux. Il s'essuya les yeux; et comme nous le pressions de questions, il parla comme il suit :

« Vous savez tous deux que Zabé, mon père, est grand échanson de Sengoun et fort avant dans la faveur de notre roi. Il commande un contingent de cinq cents cavaliers chrétiens et de trois cents Mergued païens du lac Baïkal qui combattent en hiver sur des traîneaux attelés de rennes et de chiens.

— Nous le savons, répondit Alak.

— Mon père est parti dernièrement avec une partie de son contingent pour accompagner Témoudjine-Khan dans son expédition contre Djamouké, comme vassal du Ong-Khan allié de Témoudjine.

— Il n'a fait que son devoir, dit encore Alak.

— Il y a trois jours, reprit Marghouz, le Subtil vint faire sa soumission à Témoudjine, qui l'accueillit avec grande faveur, car vous n'ignorez pas quel contingent considérable de force il apporte à la nation mongole.

— Tout le monde connaît le Subtil, dit Alak. La réputation de sa sagesse et de sa bravoure est répandue partout. On prétend qu'il est tellement éloquent qu'il peut persuader tout ce qu'il veut, même à un ennemi.

— Et moi, dit Djébé qui venait d'arriver derrière nous, je soutiens que Djamouké n'est qu'un âne incapable de faire manœuvrer une armée; et que pour la prudence et le conseil, c'est un bavard et un brouillon qui ne fera que semer trahisons et discordes.

— Toujours est-il, reprit Marghouz, que le soir même de sa soumission Djamouké s'en fut rendre visite à Sengoun, qui était venu au camp. »

Djébé frappa dans ses mains, et lança quatre ou cinq jurons et une demi-douzaine de blasphèmes et de malédictions, ce qui était sa façon la plus énergique de témoigner sa joie. Marghouz, surpris, s'arrêta court.

« Continue, jeune singe Marghouz! s'écria Djébé; continue,

mon tendre ami ! Tu ne te doutes pas combien tu me fais plaisir !

— Mon père, reprit Marghouz, blâma Sengoun d'avoir reçu Djamouké et de s'être entretenu secrètement avec lui. Sengoun dit de mauvaises paroles à mon père, et comme je voulais intervenir en sa faveur, il me chassa rudement et m'ordonna de quitter le camp !

— Victoire ! s'écria Djébé qui ne se contenait plus ; voilà l'éloquence du Subtil qui commence à opérer ! Avant un an, Djamouké, Sengoun et le diable aidant, l'empire des Kéraïtes sera mis à bas, et les Kéraïtes seront les hommes de la bannière mongole, corps et âme, bêtes et maisons, ou je veux qu'Erlik envoie tous les Chimnouss à mes trousses ! »

Marghouz se signa. Je récitai tout bas le verset : « Dieu nous garde de Satan le lapidé. »

« Hier matin, reprit Marghouz, mon père chargea de marchandises et de provisions ces trois chameaux, me donna ces fidèles serviteurs et me dit de partir, attendu qu'il craignait pour moi la colère de Sengoun. J'ai bien pleuré et je suis parti.

— Reste avec nous, Marghouz ! dit Djébé. Il me manque justement un homme à la troisième file du deuxième peloton de la droite. Reste, jeune singe !

— Non ! dit fermement Marghouz ; j'ai fait vœu de me rendre en pèlerinage au tombeau de Jésus-Christ. Ce soir même je me remettrai en route. »

Djébé ne répondit rien et partit en se frottant les mains et en sifflant le boute-selle.

Le soir, comme Marghouz se disposait à continuer son chemin, je le pris à part.

« Marghouz, lui dis-je, tu es mon frère juré. Promets-moi d'exécuter ce que je vais te demander.

— Quoi que ce soit, dit Marghouz, pourvu que cela ne touche pas à ma foi, je le ferai.

— Par où passeras-tu pour aller au tombeau de Jésus-Christ?

— Je l'ignore. On m'a dit qu'il fallait aller d'ici à Kachgar, et qu'à Kachgar je trouverais des moines qui m'indiqueraient le chemin. J'irai donc tout droit à Komoul, et de Komoul à Almalik, et d'Almalik à Kachgar.

— C'est bien, répondis-je tout ému. Tu sais que mon clan est celui de Baïane Aoul, et qu'il habite près d'Almalik. Le nom de mon père est Euktulmich, le nom de ma mère est Nigar. Si tu passes à Almalik, promets-moi de te détourner de ton chemin et de chercher le yort de mon père et de ma mère.

— Je te jure, mon andé! s'écria Marghouz en m'embrassant tendrement.

— Tu leur diras, repris-je, mes aventures que tu connais, et tu leur donneras une lettre que je vais t'écrire.

— Je le ferai, mon andé! dit encore Marghouz; quelque obstacle qui me barre le chemin, je saurai trouver ton père et ta mère. »

Je m'assis sur mes talons et j'écrivis ma lettre. Marghouz la baisa et la mit dans son sein. Alors le moment de la séparation arriva. Alak et moi prîmes chacun une main à Marghouz; nous avions les larmes aux yeux. Nous avions tous trois dix-sept ans et nous étions des guerriers forts, alertes et braves, et déjà éprouvés dans la bataille; nous étions tous trois de sang turk et mongol, et tous trois nomades; nous nous aimions : tant de choses nous rapprochaient! Mais Alak était païen, Marghouz était chrétien, et Dieu soit loué, je suis musulman! Nous pouvions nous trouver en camps opposés : moi qui connaissais les projets de Témoudjine et de Keuktché, je ne le savais que trop. Cette pensée me tourmentait. Je rompis le silence.

« Andés, m'écriai-je, jurons-nous l'un à l'autre que quoi qu'il advienne, sous quelque bannière que nous combattions, nous resterons toujours amis, et nous ne baisserons jamais la lance l'un contre l'autre. »

Marghouz leva trois doigts et s'écria :

« Au nom du Père, du Fils et du Saint-Esprit, un seul Dieu, je le jure! »

Je levai un doigt et je m'écriai :

« Au nom de Dieu unique, clément et miséricordieux, je le jure! »

Alak ne dit rien, mais prit son écuelle et y versa un peu de kymyz; puis il tira son couteau, releva sa manche, se piqua le bras et fit couler le sang dans l'écuelle. Nous fîmes comme lui, suivant la coutume turke et mongole; ensuite, chacun but une gorgée, Alak jeta en l'air ce qui restait au fond de l'écuelle et s'écria :

« Par notre sang à tous trois, que tous trois nous avons bu, je le jure ! »

Alors nous nous embrassâmes tous trois, et Marghouz, étant monté à cheval, partit vers le soleil couchant suivi de ses chameaux et de ses serviteurs. Un quart d'heure après, les clairons sonnaient le boute-selle, les timbales battaient la marche et nous nous mettions en route vers l'ordou du chef de tous les Mongols.

Notre retour fut célébré par de grandes chasses et une battue générale, à la suite de laquelle le butin fut distribué et un grand festin offert au peuple. Djamouké y assista, assis à la droite du khan et Bogordji à sa gauche. Le reste de l'hiver ne se passa pas dans l'inaction, car avec un khan comme Témoudjine et un chef comme Djébé on ne restait guère oisif. Nous fîmes deux expéditions contre les Tatars et contre les Olkhonod, dont plusieurs fractions furent forcées de se soumettre. Dans l'intervalle des combats, on manœuvrait du matin au soir; on nous apprenait le *yaçak* ou ordonnance de paix et de guerre; on décampait sans cesse, pour que tout notre peuple pût profiter, chacun à son tour, des bons pâturages. Chaque journée était remplie de besogne. Se battre, marcher, entretenir ses armes, apprendre le yaçak, manœuvrer à pied et à cheval, se déplacer sans cesse d'un bout à l'autre des immenses espaces où vaguaient les tribus qui reconnaissaient l'autorité de Témoudjine, tant de choses prenaient tout notre temps. Le printemps arriva sans nous amener le repos. Le 18 du mois de Ramazan, 593[1], année de la Souris, j'étais occupé à fourbir mes armes devant la porte de la maison où je logeais avec Alak et sept autres jeunes

---

1. 1196.

gens, quand un yaçaoul[1] vint me chercher pour aller chez le khan.

Témoudjine était assis sur un tapis de feutre blanc. Je fis une génuflexion, puis je me tins debout devant lui. Il avait la tête penchée et paraissait réfléchir profondément ; contre la paroi se tenait un homme, les mains cachées dans ses longues manches et que je reconnus pour un Chinois à son costume. Moukhouli le Sage et Kilukène le Hardi, deux des plus intimes conseillers du khan, étaient assis près de lui. Des selles et des harnais traînaient par terre, avec des armes et des papiers : probablement le Chinois venait de donner lecture des papiers. Parmi les harnais il y avait un grand plat contenant les restes d'un repas, des outres à kymyz, une baratte à battre le beurre, des assiettes en bois vernissé. On venait de manger et de discuter quelque grave affaire en mangeant : cela se voyait.

Le khan prit une tasse de kymyz, la vida d'un trait, se leva et se mit à se promener à grands pas dans la tente ; il ne paraissait même pas s'apercevoir de ma présence. Il se promenait en silence et les yeux fixés à terre, poussant de temps en temps du bout de sa botte un harnais ou une assiette qui se trouvait sur son passage. Il avait l'air de mauvaise humeur. Brusquement il s'arrêta devant moi et me regarda dans les yeux. Je me troublai et je baissai les paupières devant son regard fauve ; alors il se mit à sourire d'un air caressant et mon cœur se dilata. Cet homme terrible faisait de vous ce qu'il voulait, rien qu'en vous regardant.

« Djani, le porte-fanion de Djébé Noïane? dit-il.

— C'est moi, mon souverain ! répondis-je.

— Je t'ai vu à la bataille de la Selenga ; tu t'y es comporté en brave. Djani, j'ai besoin de ton aide. »

Je rougis jusqu'aux oreilles d'orgueil et d'émotion.

« Il faut, Djani, reprit le khan, que tu partes au plus tôt, et que tu te rendes à Bokhara la grande ville. A Bokhara, tu trou-

---

1. Celui qui fait exécuter le yaçak. Fonctionnaire, sergent d'armes, huissier. Le mot est resté en russe.

Nous fîmes comme lui.

veras un homme qui s'appelle Mahmoud Yelvadj ; tu lui remettras ceci de ma part pour qu'il te reconnaisse. »

Disant ces mots, le khan me tendit la moitié d'une pièce de monnaie turke brisée en deux et dont les dentelures devaient sans doute s'adapter à l'autre moitié que possédait Mahmoud Yelvadj. Je m'inclinai et je la pris.

« Quand Mahmoud t'aura reconnu pour mon envoyé, reprit le khan, tu lui diras que depuis six mois nous attendons de ses nouvelles ; tu lui diras encore que nous te mettons à sa disposition, te tenant pour un homme sûr, et qu'il se serve de toi pour compléter ce qu'il nous a promis, vu que nous en aurons prochainement besoin. Te rappelleras-tu cela?

— Jusqu'à la mort, mon souverain ! répondis-je.

— Va donc, Djani, reprit le khan, et fais diligence. Le bien de la nation mongole l'exige ! »

Je lui fis une génuflexion et il me tendit la main, que je voulus baiser ; mais il serra simplement la mienne, selon sa coutume.

« Tu prendras des chevaux, deux hommes d'escorte et les provisions dont tu auras besoin pour traverser le *gobi* (le désert), ajouta-t-il, et voici un sac de monnaie musulmane pour te défrayer dans les pays où elle a cours. Va, jeune cavalier. »

Je sortis et je courus tout de suite à ma maison. Il était dans ma destinée que je serais toujours partagé entre la joie et le chagrin. D'une part, je souffrais de quitter l'armée, et Djébé, et Alak. Je pensais qu'il allait être livré de grandes batailles, fait de grandes conquêtes et rassemblé un riche butin, et que je n'y serais pas. D'autre part, l'idée que le khan me confiait une mission, à moi tout petit, la pensée que j'allais voir les grandes villes de l'Islam, Bokhara, Samarkand, desquelles on dit que la science est un arbre dont les racines sont à la Mekke et les fruits à Samarkand et à Bokhara, et surtout la certitude que j'avais de passer par Almalik et de revoir ma famille, tout cela m'enivrait d'orgueil et de joie. Je fis donc mes adieux à Djébé et à Alak, moitié pleurant, moitié riant, et le 19 du mois de Ramazan 593 je me mis en route pour les pays de l'Ouest. J'emmenais deux chameaux chargés de provisions et deux serviteurs à cheval et bien armés, dont l'un avait déjà plusieurs fois traversé le grand désert. J'avais percé d'un trou la demi-pièce de monnaie que m'avait donnée le khan, j'y avais passé un lacet de cuir et je l'avais attachée à mon cou.

Djébé avait tenu à me donner pour serviteurs deux hommes de son clan, le silencieux *Sousou* (l'Écureuil) et l'hilare *Kotak* (Plumet). Avec ces deux compagnons de route il ne fallait pas s'attendre à causer beaucoup. Quand je parlais à l'Écureuil, il me répondait par monosyllabes, et quand je m'adressais à Plumet, il riait sans bruit, sa grande bouche se fendait jusqu'aux oreilles, puis il regardait le bout de ses bottes et ne disait rien. Je pensais d'ailleurs à tant de choses que je n'avais guère envie de bavarder.

Des bords de la rivière de Djagban où nous nous trouvions, j'avais à traverser douze jours de désert pour arriver dans la plaine des Dzounganes [1]. Ayant fait provision d'eau et mettant notre confiance en Dieu, nous traversâmes sans encombre cette mer de sable mouvant, où l'Écureuil connaissait deux puits sur notre route. Nous avions renoncé à prendre par Komoul, dont la route est plus facile, mais plus longue, et nous préférions passer directement par la plaine des Dzounganes, franchir les monts Alataou et descendre sur la vallée d'Almalik. Le treizième jour, en sortant du désert, nous vîmes devant les yeux une plaine verdoyante à perte de vue, et en quatre heures de marche nous arrivâmes à un grand mur de terre servant de parc à bestiaux. Un réservoir carré était à côté et de nombreux troupeaux étaient dispersés sur la plaine, gardés par des hommes armés de lances. A leurs turbans blancs, à leurs barbes bien taillées, à leurs grandes robes de cotonnade, je reconnus immédiatement ces hommes pour des musulmans, et dans ma joie je galopai au-devant d'eux et je m'écriai :

---

1. Le Chingin-tala de Marc Pol. *Dala*, *tala* signifie plaine, prairie. Le pays en question est la Dzoungarie actuelle, où habitent les *Tounganis* ou *Dzounganis*.

« Il n'y a de force et de puissance qu'en Dieu l'unique ! Loué soit Dieu qui s'est révélé à nous par ses prophètes ! »

Aussitôt ces musulmans m'entourèrent et me donnèrent le salut [1]. Comme je ne voulais pas leur laisser connaître l'objet de ma mission, je leur racontai que j'étais un musulman de la Chine, que je me rendais en pèlerinage à Bokhara et à Samarkand, pour voir les tombeaux des saints qui sont dans le Maverannahr [2]. Ils m'apprirent qu'ils étaient de leur nation des Turks Karliks, sujets du Gour Khan, et me donnèrent l'hospitalité pour cette nuit. Le lendemain, je partis après qu'on eut jeté une cruche d'eau sur les jarrets de mon cheval, pour me souhaiter bon voyage à la manière turke, et qu'on m'eut bien indiqué la route à suivre. Je traversai pendant cinq jours le territoire de ces Karliks musulmans, et pendant deux jours le territoire d'autres Karliks chrétiens. Puis je passai chez les Karliks bouddhistes, adorateurs des idoles, qui ont un grand couvent au pied des montagnes, mais je ne voulus pas m'y arrêter. Je mis sept jours à traverser les monts Alataou, et enfin je descendis dans la vallée d'Almalik, au milieu des forêts de noirs sapins. J'avais beau presser mon cheval, il me semblait que nous ne descendions jamais assez vite. A tout instant j'étais forcé de m'arrêter pour attendre les chameaux, si maladroits à la descente. Je m'impatientais et je jurais comme un païen [3]. Plumet riait en silence, d'un air béat, et l'Écureuil ne disait rien. J'eus beau me dépêcher, la nuit arriva que nous étions seulement en bas de la montagne, sur la lisière des bois et au bord d'un ruisseau qui coulait en murmurant. Nous ignorions absolument où nous nous trouvions. Je ne m'y reconnaissais pas du tout. J'avais été élevé dans la plaine, à une dizaine de lieues de là, et je n'avais jamais mis le pied dans une ville, ni à Almaty, ni à Almalik. Ma vie, jusqu'à mon départ, s'était passée sur la prairie, et pour me guider il eût fallu tout d'abord qu'on m'apprît dans quelle direction se trouvait mon clan. Force me fut donc de camper où

---

1. Le *Selam Alek*, qu'on ne doit qu'aux vrais croyants.
2. En deçà du fleuve. La Transoxiane.
3. Les musulmans maudissent, mais ne jurent jamais.

j'étais ; au petit jour, je comptais aller sur la plaine, vers l'Ouest, jusqu'à ce que je rencontrasse des bergers ou des paysans qui me dissent sur le terrain de quel clan j'étais et sur quel terrain se trouvaient les miens, les Baïane Aoul. Du reste il était temps, car nos provisions étaient épuisées.

Quand la nuit fut tout à fait venue, il me sembla voir au loin devant moi comme des feux ; on eût dit des étoiles près de terre. Je les fis remarquer à mes compagnons. L'Écureuil arracha de terre une poignée d'herbes, les mâcha, les recracha et me dit :

« Ce ne sont pas des herbes de la lande. »

Plumet regarda longtemps les lumières scintillantes, flaira le vent et dit :

« Ce ne sont pas les lumières d'un yort ; ce n'est pas l'odeur de la lande. »

Je me sentais moi-même tout dépaysé et nos chevaux s'ébrouaient bruyamment. Je fis vingt pas dans la nuit et j'entrai dans une herbe à froissements secs ; j'en arrachai une touffe, et, revenant vers le feu qu'avaient allumé mes compagnons, je la regardai : c'était du chaume, comme j'en avais vu chez les Kéraïts sédentaires ; c'était de l'herbe à grain ! Nous n'étions pas sur la prairie ; nous étions dans une terre cultivée ! J'éprouvai une grande angoisse.

Au petit jour, un bruit lointain et inconnu frappa mes oreilles : un son métallique, clair, vibrant, joyeux. Je me rappelai ce qu'on m'avait raconté des chrétiens et de leurs cloches C'étaient certainement des cloches que j'entendais. Je n'étais pas en terre musulmane. Tout à coup l'Écureuil leva le doigt ; je regardai Plumet : sa figure s'épanouit en joie énorme ; ses grandes oreilles buvaient le son des cloches.

« Êtes-vous chrétiens ? dis-je à l'Écureuil.

— Non, répondit-il.

— Vous reconnaissez pourtant ce bruit ? Est-ce le bruit des cloches ?

— Oui.

— Et il vous réjouit ?

— Oui.

— Mais vous êtes païens, adorateurs d'idoles?

— Il y a des cloches dans le temple du Bouddha! » dit l'Écureuil.

Il s'arrêta court, n'ayant pas coutume de faire des discours aussi longs.

En regardant du côté d'où venait le bruit, je vis de grandes taches blanches sur la terre noire, verte, brune et rouge, couverte de cultures. De hautes choses blanches, comme d'énormes tentes, s'arrondissaient çà et là, et on voyait aussi des pointes grises et des pointes brunes et de la fumée. C'était évidemment une ville. La peur me prit.

En ce moment un homme parut dans les champs, conduisant un troupeau de moutons. Il était vêtu d'une grande robe et coiffé d'un bonnet turk. Il tenait une pique à la main. Sa vue m'enhardit; je sautai sur mon cheval et je courus à sa rencontre. En me voyant, l'homme s'arrêta.

« Holà! m'écriai-je; holà, l'homme! Quels sont tes sept ancêtres? »

Il me regarda en face et me répondit en bon turk :

« Qu'est-ce que cela te regarde? »

J'éprouvais une trop grande satisfaction en entendant parler ma langue pour que sa grossièreté me fâchât.

« Je suis un Oïgour Baïane Aoul! repris-je. Suis-je loin des terres de mon clan?

— Ton clan, répondit l'homme; nous n'avons pas de ces gens-là près de notre ville d'Almaty. Le diable l'a emporté, ton clan! Monseigneur le Gour Khan a fait déguerpir du pays toute votre engeance de nomades voleurs! »

Cette fois la colère me monta à la gorge. Le berger n'était si insolent que parce qu'il voyait une douzaine des siens qui arrivaient de son côté; mais avec Djébé j'avais appris à me moquer d'une douzaine de méchants piétons. Je courus sur lui : il croisa sa pique; je l'écartai rudement avec ma lance et je lui portai un coup avec le bois de l'arme, qui l'envoya par terre les quatre fers en l'air. Aussitôt je mis ma lance en arrêt et je criai :

« Voyons, vous autres! arrivez! Qui est-ce qui en veut encore? »

Les paysans reculèrent à distance respectueuse. L'Ecureuil et Plumet vinrent se planter à mes côtés, l'arc à la main. L'homme auquel j'avais donné une correction se releva sur ses genoux et resta devant mon cheval la tête basse.

« Chien d'habitant des villes! lui dis-je; misérable paysan! tu vas me dire tout de suite où sont émigrés les nobles Baïane Aoul!

— Hélas! me répondit l'homme; monseigneur le Gour Khan s'est irrité contre eux et les a dispersés; je ne sais où ils sont; une partie a été conduite à Kachgar, une autre s'est enfuie. Je te jure que je te dis la vérité. »

Cette nouvelle me consterna; maintenant, sans doute, ma famille était perdue pour moi sans retour! Peut être dans la révolte de mon clan et dans la répression de ce tyran, le Gour Khan, quelqu'un des miens avait-il péri! Les larmes me vinrent aux yeux; je récitai tout bas le verset : « Nous appartenons à Dieu et nous retournons vers lui, » et je fis signe à mes hommes de se remettre en route.

Ceci ne parut pas tout à fait du goût de l'Écureuil ni de son compagnon. Plumet, clignant de l'œil, me montrant les moutons, puis se fourrant les doigts dans sa large bouche, me fit comprendre, par cette pantomime éloquente, que si j'oubliais que nous étions à jeun, lui ne l'oubliait pas. Je l'autorisai donc, et aussitôt il empoigna le mouton le plus gras et le mit en travers sur sa selle. Les bergers firent mine de se jeter sur nous, mais un moulinet de ma lance et une flèche posée sur la corde de l'arc de l'Écureuil les retinrent à distance.

« Chiens de paysans! leur dis-je; croyez-vous que des hommes d'armes mongols comme nous veuillent vous voler un mouton? Nous vous le payerons; combien vaut-il, votre mouton?

— Deux tengués, monseigneur! dit le plus vieux des bergers; deux tengués, sûr et vrai, et ce n'est pas cher! »

Je pris dans ma bourse une pièce d'or valant vingt tengués. C'était la première que je dépensais de ma vie; je regardai

C'était évidemment une ville.

l'inscription : il y avait bien dessus « vingt tengués »; j'étais très-fier.

« Y a-t-il des musulmans dans votre ville d'Almaty, paysans? dis-je aux bergers, en me carrant sur ma selle, et sans lâcher ma pièce d'or.

— Il n'y en a pas, monseigneur ; mais il y en a à Almalik, me répondit leur ancien.

— Bien, repris-je. Dis-moi le chemin pour aller à Almalik. »

L'ancien m'expliqua bien le chemin. Il fallait quatre jours. Alors j'ordonnai à l'Écureuil de prendre un second mouton. Il ne se fit pas prier.

Le vieux s'approcha en tendant la main pour recevoir ses quatre tengués. Je jetai la pièce d'or à ses pieds et je commandai à mes hommes :

« Marche! »

Nous partîmes aussitôt. En passant, Plumet cingla la figure d'un berger avec la lanière de son fouet. Je le réprimandai.

« Pourquoi as-tu frappé cet homme, lui dis-je, qui ne t'a rien fait et qui est de ta religion ?

— C'est un homme des villes ! répondit Plumet en distendant sa bouche d'une oreille à l'autre.

— Et puis il ne fallait pas leur donner l'argent, » ajouta l'Écureuil d'un ton lugubre.

Décidément Plumet et son camarade devenaient bavards.

Je lus un chapitre.

CHAPITRE VII

Nomades et sédentaires.

Nous suivions une chaussée bordée de peupliers. C'était la première fois que nous, nos chevaux et nos chameaux voyions quelque chose de semblable. Nous ouvrions de grands yeux. Nos chameaux se familiarisèrent vite avec les productions de la terre cultivée; allongeant leurs grands cous, ils attrapaient dans les champs, de droite et de gauche, toute sorte d'herbes qui paraissaient de leur goût. Nous marchions depuis une heure, lorsque nous vîmes sur la chaussée une maison en pierres avec un toit rouge. Une barrière en bois posée sur deux fourchettes barrait la chaussée. Cette prétention d'empêcher les gens de passer en mettant un morceau de bois en travers nous parut ridicule. Nous enlevâmes la barrière de dessus les fourchettes, et nous la jetâmes hors du chemin; mais au même instant un homme à cheval sortit de derrière un mur attenant à la maison. Il portait heaume et cuirasse, sabre au flanc, et tenait un arc à la main.

Il s'avança vers nous au petit galop, s'arrêta court, et nous cria d'une voix rude :

« Halte-là ! Qui vive ? »

Je pris mon arc dans ma trousse, je saisis une flèche dans mon carquois, et je répondis à l'homme :

« Enfant du pays [1] !

— Atteste l'unité de Dieu ! me cria l'homme.

— Il n'y a pas d'autre Dieu que Dieu, et Mahomet est l'envoyé de Dieu ! répondis-je.

— Fils de chien ! me cria l'homme ; voleur du roi ! Pourquoi franchis-tu la barrière et évites-tu la douane du roi ? »

L'homme commençait à m'impatienter ; et puis je ne savais pas ce que c'était que sa douane. Je sifflai tout doucement pour prévenir Plumet et l'Écureuil, et j'encochai ma flèche en cachant ma main derrière le cou de mon cheval.

« Allons, dépêchons ! me cria encore l'homme. Avance ici, qu'on visite ton bagage et qu'on te fasse payer l'entrée et la capitation ! »

Je n'avais jamais imaginé, jusque-là, qu'on pût vous faire payer quelque chose pour marcher sur une route. La prétention de l'homme me parut exorbitante, et je soupçonnai qu'il me faisait quelque trahison et qu'il voulait me retenir. Sans le perdre de l'œil, je criai à mes hommes :

« Marche ! »

Et je continuai mon chemin.

Voyant cela, il courut sur moi en appelant à l'aide. Trois cavaliers armés accoururent de derrière le mur, et cinq piétons coiffés de turbans sortirent de la maison, avec des piques et des fauchards. La colère me prit, d'autant plus que je craignais d'être fait prisonnier. On m'avait tant parlé des prisons des gens des villes, et des puits au fond desquels ils jetaient les pauvres

---

1. Ce sont les formules de reconnaissance musulmane. Au cri de *tour ! kim tour ?* on répond : *ibn el belad !*

nomades parmi les rats, les serpents et les crapauds, que je perdis toute contenance.

« Au large ! criai-je à l'homme en l'ajustant. Au large, ou je te descends [1] ! »

Aussitôt il fit faire à son cheval un saut de côté et tira sur moi sans crier gare ; mais j'avais vu le coup et je m'étais baissé ; la flèche me siffla à une aune au-dessus de la tête ; je tirai à mon tour, et comme j'étais très-vigoureux archer, mon carreau lui traversa sa cotte de mailles et disparut dans sa poitrine jusqu'aux plumes ; il agita les bras un instant et tomba de cheval la tête la première. En même temps, Plumet tirait sur un fantassin et traversait son turban ; l'Écureuil envoyait une flèche dans le bras d'un cavalier ; trois ou quatre flèches nous répondirent. De notre côté, nous chargeâmes lance basse. Je frappai un cavalier au travers des côtes et je le perçai de part en part ; le coup fut si violent que je lâchai ma lance ; l'homme roula ayant la lance au travers du corps. Je dégainai tout de suite et, en tirant le sabre, je parai un coup de tête qui m'était adressé, et je ripostai par un coup de manchette qui abattit le poignet de mon assaillant. L'Écureuil évita le coup de masse du sien en faisant faire une volte à son cheval, et lui lançant un coup de pointe à bras raccourci, il lui creva le ventre. Au même instant, un fantassin lui tailla les jarrets de son cheval d'un coup de fauchard ; l'Écureuil sauta comme sa bête tombait, et se retrouva sur ses pieds ; Plumet sabra un fantassin qui courait sur notre camarade démonté, et je chargeai les autres ; mais ils s'enfuirent à toute bride et à toutes jambes à travers champs, nous laissant la place.

Nous rattrapâmes tout de suite les chevaux des quatre cavaliers démontés, et l'Écureuil, avisant celui qui lui parut le meilleur, lui mit sa selle et sauta dessus. Nous ne pouvions pas nous servir de leurs selles, car ils raccourcissent trop les étriers, ne chevauchant pas long comme nous [2]. En un tour de main nous

---

1. On dit exactement en tatar turk *ükmak* — descendre — comme en français.
2. Ils (les Mongols) chevauchent long comme les Français. (Marc Pol.)

eûmes dépouillé les morts et chargé le butin sur nos chameaux et sur les trois chevaux gagnés. Encore l'Écureuil vint-il y ajouter quatre sacs bien gonflés qu'il tira de la maison, deux rouleaux de feutre, un coffre et trois bottes de fourrage sec; Plumet apporta une grande cruche et une outre de kymyz. Avant de nous en aller, mes écuyers empilèrent ce qui restait de fourrage dans la maison, battirent le briquet et y mirent pieusement le feu. La fumée commençait à sortir et les flammes aussi, quand nous partîmes à travers champs, du côté opposé à celui qu'avaient pris les fuyards. Chacun de nous tenait un cheval en main. Les chameaux nous suivaient à la file, habitués qu'ils étaient à marcher avec nous.

Quand j'eus franchi environ cinq cents pas, je me retournai; la maison brûlait; je vis des paysans qui couraient à travers champs. Il était bon de nous hâter. Je retournai donc du côté de la montagne. Par la grâce de Dieu, je l'atteignis avant la nuit sans être inquiété, et après deux jours de marche je me trouvai dans le désert, où je ne craignais rien de la main des hommes. Mais j'avais complétement perdu ma route, et je ne savais plus où j'étais. Il est vrai que j'avais des vivres et de l'eau, mais dureraient-ils jusqu'à ce que je trouvasse un endroit habité, et quel accueil me ferait-on? Je maudis ma précipitation et je me reprochai de ne pas avoir obéi aux ordres des gens du Gour Khan. Pendant dix jours j'avançai sur la lande, marchant vers le sud-ouest. Le dixième jour j'entrai dans de hautes montagnes couvertes de neige, que je mis six jours à traverser. A la descente, nos vivres étaient totalement épuisés. Nous avions égorgé et mangé un de nos chevaux et perdu un de nos chameaux avec son bagage; il avait roulé dans un précipice. Ce même jour, un autre cheval succomba de fatigue. Nos bêtes n'avaient pas eu de fourrage depuis deux jours; nous étions exténués de grimper dans les montagnes; notre visage était gercé et brûlé par le froid. Quand nous vîmes à nos pieds une grande plaine verdoyante, traversée par un cours d'eau, parsemée de bouquets d'arbres, parmi lesquels de nombreuses colonnes de fumée indiquaient la présence de l'homme, nous ne pûmes contenir notre joie, et descendant de cheval, je me prosternai et je récitai la litanie des actions de grâces. La terre cultivée me faisait moins peur et je me promis bien d'y être plus patient.

L'aspect de cette plaine était fait pour nous surprendre; partout de la verdure, partout des arbres charmants, partout des haies d'arbustes verdoyants sur lesquels on voyait des petits fruits bruns et noirs; les maisons à murs blancs et ensoleillés étaient dispersées deci delà; sur les prés on voyait du bétail gras, des bœufs splendides et d'assez beaux chevaux. A chaque instant on rencontrait des canaux d'eau vive dont les berges étaient couvertes d'une herbe courte et touffue, diaprée de fleurs de toutes les couleurs; des ponts de bois permettaient le passage de ces canaux. J'étais émerveillé, et tout d'abord je me crus en paradis. N'ayant jamais vu que la lande, la montagne, les noires forêts, la prairie et le désert, je ne m'imaginais pas quelles pouvaient être les beautés de la terre fertile, riche, cultivée. L'Écureuil et Plumet écarquillaient les yeux; nos chevaux et nos chameaux flairaient deci et delà et reniflaient bruyamment, cherchant quelque herbe de connaissance; quant aux chevaux que nous avions pris à la douane, ils se trouvaient en terrain familier, si bien que l'un d'eux chercha même à s'échapper; mais l'Écureuil le rattrapa bien vite.

En nous avançant je reconnus que j'étais en pays musulman, car les gens dans les champs nous donnaient le salut, que je leur rendais aussitôt. Je rencontrai bientôt un cavalier bien fait et de bonne mine, monté sur un bon cheval blanc et suivi de deux écuyers. Il portait un turban roulé à quatre tours, une tunique de soie, une grande robe ouverte sur le devant, et tenait un faucon sur le poing. Je jugeai tout de suite que c'était un personnage d'importance; je chevauchai donc à sa rencontre, et ayant mis pied à terre, je lui donnai le salut; puis, pour ne pas tomber dans quelque nouvelle erreur, je sortis ma bourse de mon sein et je dis :

« Monseigneur, voici mon bagage que je suis prêt à faire visiter, et je suis prêt, pareillement, à payer au roi d'ici la douane et la capitation. »

Le cavalier me rendit mon salut en me regardant d'un air surpris ; puis il me demanda d'où je venais. Je lui montrai le nord et les montagnes que nous venions de traverser. Il hocha la tête d'un air attendri :

« Après avoir passé les affreuses Montagnes Glacées, me dit-il, vous devez avoir grand besoin de vous reposer et de vous refaire. Comment avez-vous pu vous engager dans ces effrayantes solitudes qui, de ce côté, ne conduisent qu'à des déserts? »

J'inventai aussitôt une fable, et je lui racontai que nous étions des Turks Oïgours, et que notre clan campait dans la région de Komoul. Étant partis en pèlerinage pour les villes saintes de Bokhara et de Samarkand, nous avions été attaqués par des brigands, et c'est en fuyant devant eux que nous nous étions jetés dans le désert et de là dans les montagnes ; de sorte que nous ignorions où nous étions présentement.

« Loué soit Dieu ! s'écria-t-il, qui vous a tirés des mains des brigands. Nous avons appris qu'une bande de ces ennemis de Dieu avait saccagé un poste frontière près d'Almaty ; mais rassurez-vous ! Vous êtes en terre musulmane, chez des musulmans orthodoxes du rite hanéfite. Nous sommes Tadjiks[1] de race et cultivateurs de profession. Nous relevons de l'Idi-Kout des Oïgours, votre propre souverain, qui est lui-même vassal du Gour Khan, et la ville de Kachgar est à douze *farsakhs*[2] d'ici. Venez avec moi, pèlerins musulmans, recevoir l'hospitalité dans ma maison : votre pieuse présence ne peut que la sanctifier. »

Je suivis le cavalier tadjik, demi-joyeux, demi-perplexe. Je n'étais pas rassuré de savoir que la nouvelle de notre échauffourée d'Almaty fût si répandue, et je craignais bien d'être reconnu. Mon hôte mit mon embarras sur le compte de ma jeunesse, de mon inexpérience, et de la gaucherie naturelle aux nomades qui vont pour la première fois en terre cultivée. En route il me dit, d'ailleurs à ma grande satisfaction, que le messager qui avait annoncé l'affaire d'Almaty était parti pour Samar-

---

1. Les Tadjiks sont les habitants de l'Asie centrale de race iranienne, soit autochthones, soit immigrés persans.
2. Parasange. Un peu plus que la lieue de France.

kand. Mettant donc ma confiance en Dieu, je franchis derrière mon hôte un grand porche de bois qui s'ouvrait dans une haie verdoyante, et j'entrai dans l'enceinte de la maison.

De nombreux valets s'empressèrent autour de nous pour prendre nos montures et décharger nos bagages. Je craignis tout de suite qu'on ne vînt à reconnaître quelqu'un des objets que nous avions pillés au poste frontière, et je m'excusai de mon mieux auprès de mon hôte, disant que nous étions des nomades habitués à prendre soin de nos bêtes et à décharger nous-mêmes notre bagage, et que mes deux écuyers s'en acquitteraient fort bien. Il ne parut concevoir aucun soupçon, et nous conduisit lui-même sous une galerie soutenue par des piliers de bois peints en rouge, en bleu, en blanc, en vert; les différentes couleurs formaient ensemble des fleurs et des dessins; sous cette galerie s'ouvraient la porte d'une immense chambre carrée et quatre fenêtres treillagées de bois. La chambre était meublée de tapis multicolores, de coussins et de coffres magnifiques. Au fond était écrite, en grandes lettres bleues et rouges, sur la muraille blanche, cette sentence du prophète :

« L'œil qui veille sur l'œil qui dort est le plus précieux des biens. »

Je m'inclinai en baisant le tapis devant la parole de l'apôtre de Dieu (glorifié soit-il!).

L'Écureuil et Plumet déchargèrent vivement le bagage et le portèrent dans la chambre. Notre hôte nous conduisit ensuite à un grand bâtiment oblong qui était l'écurie. Des oiseaux charmants étaient perchés sur le toit ou voltigeaient à l'entour : on me dit qu'on les appelait « pigeons ». Je n'en avais jamais vu. Nous revînmes ensuite vers la maison, dont l'entrée était pareille à celle de la chambre qu'on nous donnait; autour des colonnes grimpait et s'enroulait une plante à larges feuilles vertes, portant des grappes de fruits violets; on me dit que c'était une vigne, et qu'avec ces fruits, qui sont des raisins, on faisait du vin. Mon hôte mit alors pied à terre, et je remarquai qu'il se faisait tenir l'étrier pour descendre de cheval, ce que chez nous on ne fait jamais. Il entra dans la maison et nous dit que nous allassions nous laver et rafraîchir dans notre chambre, en attendant qu'on préparât le repas. Nous suivîmes un valet qui nous ramena dans notre chambre, et on nous apporta de grands bassins remplis d'eau froide et d'eau chaude, des vases de forme inconnue, des paquets mystérieux, et un instant après on étendit sur le tapis une grande nappe à fleurs sur laquelle on disposa des raisins, des fruits comme nous n'en avions jamais vu, des objets étranges, des couteaux, des cuillers, des cruches, des tasses, que sais-je encore? Nous regardions tout stupéfaits. Enfin les valets sortirent, et fermèrent la porte en nous laissant seuls, moi, l'Écureuil et Plumet.

Nous nous regardâmes un instant sans rien dire. Plumet prit la parole le premier :

« Poison! dit-il en me montrant les plats.

— Mes amis, répondis-je, je ne vois pas qu'il y ait lieu de se méfier, et je crois que nous pouvons manger ce que nous ont apporté ces paysans [1], sans crainte de poison. Nous sommes en leur pouvoir, ils peuvent se réunir vingt ou trente contre un, et s'ils voulaient se défaire de nous, ils n'auraient pas besoin de poison. Or donc, mangeons. Je pense que cette eau froide et chaude qu'ils ont apportée dans de grandes marmites est pour nous laver les pieds; j'ai ouï dire que c'était la coutume chez ces peuples; lavons-nous les pieds d'abord; si nous ne le faisions pas, ils y verraient quelque insulte. »

Donnant l'exemple à mes compagnons, j'ôtai mes bottes et mes *petik* [2], et je me lavai les pieds. Pour moi, musulman habitué à faire mes ablutions, quoique je les fisse plus souvent de cœur et de geste que de fait, la chose n'avait rien que de naturel; mais pour mes écuyers, elle était bien insolite. Néanmoins ils m'imitèrent, non sans une certaine méfiance. Parmi les objets qu'on nous avait apportés se trouvaient des sandales; je les chaussai; je me trouvai bien embarrassé, car c'était la première

---

1. *Tchumru*, pauvre, paysan. Épithète injurieuse que les nomades donnent aux sédentaires.
2. Bandelettes d'étoffe qu'on se roule autour des pieds et qui servent de chaussettes.

fois de ma vie que je marchais autrement qu'avec mes grandes bottes de nomade, ou nu-pieds. Je perdais mes sandales à chaque pas. Étant ainsi rafraîchi, je me lavai le visage et les mains, je défis mon harnais, et j'endossai une grande et luxueuse robe qui se trouvait là. Plumet et l'Écureuil mirent deux autres robes moins riches. Quand nous nous regardâmes ainsi accoutrés, nous nous rîmes au nez tous les trois. Sous nos robes, nous avions gardé nos bagaltak tout usés par le frottement du harnais, nos pantalons de cuir, nos ceintures avec le sabre, le couteau, le briquet, l'alêne ; mes compagnons voulaient aussi passer la trousse avec l'arc et le carquois ; mais je les en empêchai, pensant que ce serait marquer de la défiance à notre hôte et manquer à la politesse.

Une fois vêtus, nous nous assîmes pour manger. Je ne savais trop par où commencer ; je finis par me décider pour le raisin. Jamais je n'avais rien mangé de si exquis ; une étrange sensation de plaisir s'empara de moi : jusqu'ici je n'avais mangé que pour apaiser ma faim ; maintenant pour la première fois je mangeais pour faire sentir à mon palais un goût flatteur. Le raisin fut vite dévoré, et je vis aux grimaces de satisfaction de mes compagnons que cette nouveauté leur procurait les mêmes sensations qu'à moi. Il y avait aussi des poires et des pêches, que l'Écureuil entama si gloutonnement qu'il faillit avaler un noyau et s'étrangler. Restaient des espèces de disques tout gonflés et dorés et qui étaient du pain, et un gros fruit rond et rugueux qui était un melon. En fait de pain, nous ne connaissions que la bouillie de farine d'avoine, et quant au melon, il n'en était pas question. Le premier je mordis au pain ; il me sembla que je mangeais quelque mets du paradis ! Plumet, saisissant le melon, mordit à même dans l'écorce, et se mit à mâcher gravement les yeux fermés et avec un plaisir évident. Mais l'Écureuil fut plus avisé, car il fendit le melon avec son couteau et mangea l'intérieur, puis fit signe à Plumet de faire comme lui. Je pris ensuite un vase rempli d'un liquide blanchâtre, pensant d'abord que c'était du kymyz ; en flairant le vase, je sentis une odeur exquise et je bus à longs traits un sorbet sucré ; mes compagnons et moi vidâmes ce qu'il y avait dans tous les vases. Finalement, avisant une espèce de boule ressemblant un peu à du fromage et grasse au toucher, Plumet la prit et se mit à la manger. L'Écureuil prit un petit pot contenant une matière semblable à du beurre, et y trempant le doigt il en goûta.

« C'est parfumé et onctueux, » me dit-il. J'allais goûter à mon tour, quand un des valets de notre hôte entra et se mit à desservir. A la vue de Plumet et de l'Écureuil, cet homme fit un effort, comme pour retenir un éclat de rire; mais il ne put y arriver et s'abandonna sans contrainte à une hilarité démesurée. Pensant bien qu'il se moquait de nous, je devins tout rouge de colère. Plumet et l'Écureuil regardèrent le valet de travers; heureusement j'avais appris à me dominer. Je pris cet homme à part et je lui demandai pourquoi il riait. Alors il me répondit :

« C'est parce que l'homme à grande bouche mange du savon et l'autre de la pommade.

— Et qu'est-ce que du savon? répondis-je. Pourquoi ne mangerait-il pas de savon? Vous autres paysans, avez-vous l'habitude, quand vous offrez l'hospitalité, de vous moquer des gens quand ils mangent les mets que vous leur apportez?

— Mais le savon n'est pas un mets! me répondit le valet en contenant son envie de rire. Le savon c'est pour se laver! et la pommade pour se parfumer! »

Je compris que nous avions fait une sottise et je me tus. Mes compagnons achevèrent tranquillement leur savon et leur pommade. En emportant certains des vases, le valet me dit à voix basse :

« Je pense que vous n'avez pas bu ce qu'il y avait là dedans?

— Non, non! répondis-je, bien que nous l'eussions bu avec délices. Non! nous l'avons jeté; mais qu'est-ce que c'était?

— Vous n'eussiez pas dû le jeter; c'était de l'eau de senteur! »

Là-dessus il sortit, et quand il fut dehors, j'entendis qu'il s'abandonnait à une bruyante hilarité. J'étais furieux.

Je pensai maintenant à une chose. Comment ferais-je passer pour Turks et musulmans mes compagnons qui ne comprenaient

L'homme s'abandonna à une hilarité démesurée.

que le mongol, et qui ne savaient faire ni les *rikât*[1], ni les prières? Avant de quitter notre chambre, je leur enseignai du moins à dire le Tekbir; je convins avec eux que je les donnerais pour des gens de la Chine Noire, et que Plumet répondrait au nom d'Abdallah et l'Écureuil au nom de Noureddin. Pour moi-même, je trouvais mon nom de Djani trop barbare et sentant trop le nomade et le païen, et j'ordonnai à mes écuyers de ne plus m'appeler autrement que Haçan[2]; mais comme ils n'arrivaient pas à le prononcer, je me décidai pour le nom de Timour, qui existe également en mongol et en turk et qui est suffisamment répandu parmi les musulmans. Je leur défendis aussi de m'adresser mon titre militaire et de m'appeler continuellement *mon touglchi!* en portant la main au bonnet. Ces précautions prises, nous sortîmes pour nous rendre chez notre hôte, et en passant devant l'écurie, j'eus la satisfaction de voir nos bêtes attachées en plein air et mangeant la botte; Saïn Boughouroul tira sur sa longe pour venir me caresser, et l'autre cheval mongol qui nous restait hennit joyeusement.

Quand nous entrâmes dans la grande salle, notre hôte vint à ma rencontre, me prit par la main et me conduisit sur une estrade où il y avait des coussins. Ses gens firent asseoir pareillement mes écuyers sur une estrade un peu plus basse formant angle avec la première, et on apporta aussitôt une grande nappe à fleurs qu'on plaça sur une table devant nous et qu'on couvrit d'une infinité de plats, de coupes, de bols, de vases et d'ustensiles que je ne connaissais pas. Des parfums brûlaient dans des encensoirs de porcelaine de Chine; des roses et d'autres fleurs jonchaient le tapis; au milieu de la salle, un jet d'eau retombait en murmurant dans un bassin octogone de marbre multicolore; au fond de la salle, un grand rideau de soie rouge à broderies d'or était soulevé et laissait apercevoir des sofas, des coussins et des tapis tels que je n'en avais jamais rêvé. Les murs étaient ornés de dessins de couleur et de sentences du Koran, qui couraient le

---

1. *Rikât*, les prostrations liturgiques.
2. Tous ces noms appartiennent au calendrier musulman.

long de carreaux de faïence bleue. J'étais ébloui! Je ne doutai pas un instant que mon hôte ne fût le roi du pays lui-même, ou son fils tout au moins.

« Prince, lui dis-je en m'inclinant, je prie Dieu qu'il donne à Votre Altesse cent années de vie et toutes les prospérités! » J'allais dire aussi « toutes les gloires »; mais je pensai au sire inébranlable, à la patrie mongole, à la bannière bleue, et je me tus.

Mon hôte sourit.

« Jeune musulman, me dit-il, tu te trompes. Je ne suis ni roi, ni prince; je suis gentilhomme [1] et propriétaire des terres voisines. Par la grâce de Dieu, mon état a fructifié. On m'appelle de mon nom Niaz [2] et on me donne le surnom de Baï [3], parce que j'ai acquis de grands biens en cultivant ces miennes terres. Ne me donne donc point un titre qui ne m'appartient pas, et goûte l'hospitalité que t'offre un musulman. »

Je saluai mon hôte, et comme il m'invitait à manger en portant lui-même la main à un plat, je dis l'Allahou Ekber et je l'imitai.

Il serait trop long de raconter ce qu'on nous servit. Tout était nouveau pour moi. On apporta entre autres choses une oie rôtie; je n'en avais jamais vu et je m'abstins d'y toucher.

« Mange, mon jeune hôte! me dit Niaz le Riche. Ce n'est point une viande illicite; tous les mets, ici, sont conformes aux prescriptions de la religion.

— Je ne saurais, répondis-je. J'ignore comment on découpe une bête pareille. »

Mon hôte sourit, et prenant un couteau il découpa l'oie avec une adresse incomparable. On voyait que cet homme passait sa vie en festins et en réjouissances.

A la fin du repas, mon hôte m'invita à dire les grâces. J'avais une très-belle voix et je ne chantais pas mal; je m'acquittai donc de mon mieux de la prière. Niaz le Riche parut extasié.

---

1. *Tarkhane*, possesseur de franc alleu.
2. Espérance.
3. Le riche.

« Parmi tous les lecteurs du Koran de Kachgar, s'écria-t-il, voire même parmi ceux de Samarkand et de Bokhara, je n'en ai jamais entendu de comparables à ce laïque, à ce jeune guerrier nomade ! »

Là-dessus il m'embrassa et frappa trois fois dans ses mains. Un valet parut.

« Firouz, dit-il, qu'on apporte sur-le-champ le saint livre. Ce jeune chevalier musulman nous en lira un chapitre pour nous édifier. Il a une voix et une méthode admirables ! »

Je rougis de plaisir. On me remit un koran écrit en splendide calligraphie, avec les bordures des pages en ornements d'or et de bleu et les fermoirs en argent émaillé. Je baisai le saint livre et je lus un chapitre. A chaque verset, mon hôte faisait des « ah ! » d'approbation, ou répondait « amen ! » en caressant sa belle barbe. A la fin, il m'embrassa encore et me dit :

« Certainement tu es un molla ! Tu es la lumière de ton siècle et la merveille de ton temps. Je veux te régaler à mon tour d'un concert indigne de tes oreilles ! » Il frappa encore dans ses mains et on tira le rideau. Je vis tout de suite que son harem[1] allait se réunir derrière le rideau qui nous cacherait sa vue, pour chanter des airs profanes. Je commençais à ne plus rougir : je trouvais que mon hôte faisait trop de compliments et parlait d'une manière exagérée ; je comparais en moi-même ses phrases trop polies à la façon simple, cordiale, avec laquelle parlent les nomades et à la franche brusquerie des Mongols. Je sentais, sans m'en expliquer les raisons, combien les gouailleries brutales du païen Djébé étaient supérieures aux politesses mielleuses de ce musulman. Je le trouvais aussi bien hypocrite de faire chanter ses femmes derrière le rideau, parce que, chez nous autres nomades, les femmes se mêlent aux hommes et vont à visage découvert. Ce qui me déplaisait surtout, c'est qu'il fît chanter des airs profanes tout de suite après la prière et la récitation du livre saint.

Pendant que je m'abandonnais à ces réflexions, les instru-

---

1. Ses femmes et ses esclaves.

ments de musique préludaient derrière le rideau, et Plumet et l'Écureuil, qui avaient dit l'Allahou Ekber tant bien que mal, achevaient de faire disparaître jusqu'aux dernières miettes tout ce qui restait sur la table.

Bientôt s'éleva derrière le rideau un concert de voix argentines qui se mêla au bruit des instruments de musique. Les voix chantaient en persan, de sorte que je ne comprenais pas. Mon hôte souriait, hochait la tête en mesure et paraissait ravi ; mais il l'était moins que moi. L'Écureuil fixait les yeux sur le rideau d'un air hébété, et Plumet dilatait sa bouche d'une oreille à l'autre.

Tout à coup, mon hôte frappa dans ses mains. Trois esclaves vêtus de rose parurent ; deux d'entre eux portaient des cruches et des flacons ; le troisième tenait un grand plateau d'argent sur lequel étaient rangées quatre coupes : une de cristal, une d'or et deux autres d'argent. Les esclaves posèrent les cruches et le plateau sur la table et disparurent.

« Frère musulman, me dit Espérance le Riche, c'est un jour heureux celui où je te vois. Accepte de ma main cette coupe de cristal remplie de vin de Chiraz.

— Du vin ! m'écriai-je en me reculant. Comment, toi, bon musulman, tu me proposes de boire la liqueur défendue ? Je ne veux point commettre ce péché ! »

Mon hôte sourit en se caressant la barbe.

« De pieux derviches ont commis ce péché, me dit-il. Comment, toi, un guerrier, un jeune homme à la moustache naissante, tu n'oserais pas boire une coupe de vin ? Rustem, le paladin de l'Iran, et Isfendiar, le héros du Touran, buvaient le vin dans la coupe écumante ! Et Noé, qui fut un prophète (la bénédiction soit sur lui !), planta la vigne et s'enivra du jus de son fruit ! »

A ces mots il se tourna vers le rideau et prononça quelques paroles en persan. Sur-le-champ le concert s'arrêta ; un seul instrument se fit entendre et joua quelques accords tendres, gais et moqueurs. Mon cœur fut saisi ; il me semblait que tout mon être fondait. Je me penchai pour mieux entendre, quand au son de l'instrument se mêla celui d'une voix fraîche, aérienne, céleste! La voix chantait en turk, sur un vieil air de mon pays :

> On ne doit pas planter dans son cœur l'arbre de la tristesse.
> On doit feuilleter toujours le livre de l'allégresse.
> On doit boire du vin; on doit suivre le penchant de son cœur;
> Car, vois! la longueur du temps que tu as à rester dans ce monde est prompte à mesurer.
>
> Pourquoi, aujourd'hui que la rose de ta fortune porte ses fruits,
> La coupe est-elle absente de ta main?
> Bois, ami, bois, car le temps est un ennemi implacable,
> Et trouver un jour pareil est chose difficile.

Ma main tenait la coupe où pétillait un vin couleur de rubis; j'hésitais encore, je sentais mon âme et ma force s'en aller; la voix reprit :

> Bois, ami! Je t'y invite!
> Bois, ami! Si c'est une folie de boire,
> Chaque bulle qui monte dans cette coupe semble elle-même une folie joyeuse qui jette son bonnet en l'air[1] (en signe de joie).

Cette fois je perdis la tête; je saisis brusquement la coupe et je la vidai d'un trait. La liqueur défendue embrasa mon cœur et mon cerveau; je bus une seconde et une troisième coupe. Mes écuyers, que rien ne retenait, se mirent à boire immodérément. Mon hôte me regardait en souriant, et le concert avait repris derrière le rideau. Je ne savais plus ce que je faisais, quand la voix reprit derrière le rideau :

> Où t'es-tu égaré? De quelle patrie es-tu venu jusqu'ici,
> O chevalier? Ta taille est comme celle du cyprès.
> Tu es l'âme de mon corps.
> Dis, chevalier, de quel destin es-tu le jouet?
> Qui t'a jeté dans le triste exil?
> Le sort qui t'attend, la destinée l'a fixé depuis longtemps.

---

1. Vers turks inédits recueillis par l'auteur de la bouche d'un poëte de Baghdad, nommé Khayali.

Combien de guerriers a-t-elle déjà conduits au néant !
O mon lion, réponds à la princesse aux yeux noirs[1] !
Mon corps est emprisonné ; mon âme est libre
Et tremble en pensant à tes périls, et s'envole avec toi[2] !

Mon hôte se leva brusquement. Sa figure avait changé ; ce n'était plus l'homme mielleux et patelin que j'avais vu : son visage avait pris une expression farouche, terrible. Il cria quelque chose en persan, d'un ton courroucé. Mais rien ne pouvait plus me retenir. Le vin qui m'embrasait, le péril mystérieux dont on me menaçait, et l'aide qu'on semblait me demander, tout cela me mit hors de moi. Je voulus faire savoir à mon tour à l'inconnue que quel que fût le danger qui me menaçât, j'étais homme à le regarder en face ; que quelle que fût la cause de son angoisse, j'oserais entreprendre de venir à son secours. Je fis deux pas en avant, je m'interposai entre le rideau et mon hôte ; à mon geste de défi, mes deux écuyers se levèrent, prêts à tout, la main à la garde du sabre. J'entonnai à plein gosier le chant de guerre[3].

« Après que j'ai entendu ses plaintes et vu couler ses larmes, je dis : Je saurai barrer le chemin à ceux qui ont cerné sa demeure ! Que je voudrais connaître celui qui a osé lui tendre un piége en ce jour ! »

Soudain le rideau se leva, et je vis paraître une jeune fille de quinze à seize ans, d'une beauté merveilleuse, les yeux baignés de larmes ; je courus à elle, mais elle laissa retomber le rideau, et quand je le levai à mon tour, la chambre était vide. L'inconnue avait paru et disparu comme par enchantement. Alors je pensai bien que mon hôte n'était pas un personnage ordinaire, comme il me l'avait dit, et je le soupçonnai d'être un sorcier et un

---

1. *Karakeuz Begam*, nom d'une héroïne de roman turkomane et d'une sœur de Bâber.

2. Cette chanson est tartare. Je l'emprunte à un roman turkoman inédit : *Ahmed et Youçouf*, dont M. Vambéry a donné quelques extraits dans ses *Djagataïsche Sprachstudien*.

3. Chant de guerre arabe de 732.

Soudain le rideau se leva.

magicien. Dans mon angoisse je prononçai le tekbîr, je saisis mon hôte à la gorge, et mettant sabre au clair, je m'écriai :

« Au nom de Dieu clément et miséricordieux ! atteste à l'instant l'unité de Dieu, ou je te coupe la tête avec ce mien sabre ici ! »

On nous conduisit au pavillon chinois.

CHAPITRE VIII

La dague mystérieuse.

Mon hôte ne fit pas un geste pour se défendre et prononça la fatha sans crainte et sans embarras. Pendant que je le tenais ainsi, je m'aperçus que Plumet et l'Écureuil s'emparaient de tous les petits objets sur lesquels ils pouvaient mettre la main et les fourraient dans leurs poches, dans leur sein, ou sous leurs robes. Voyant que mon homme prononçait la formule sacrée sans se troubler, je jugeai qu'il n'était pas mécréant et je m'excusai de ma vivacité, la mettant sur le compte du vin qu'il m'avait fait boire.

Il ne parut même pas entendre ce que je lui disais.

D'un air farouche il me mit la main sur l'épaule ; à la pression de ses doigts je sentis qu'il était plus fort que je ne croyais. Je le repoussai vivement et me mis sur la défensive.

« Djani, fils d'Euktulmich ! » cria-t-il d'une voix claire.

Tout mon sang reflua vers mon cœur. Comment cet homme étrange me connaissait-il ?

« Soldat des Bessed Djissoud, porte-bannière de Djébé le Loup ! reprit mon hôte. Tes deux compagnons sont païens, tu as saccagé le poste d'Almaty, et tu es un espion mongol !

— Malédiction sur toi ! répondis-je. Tu es Satan ! Arrière, Satan le maudit !

— Je suis musulman ! dit mon hôte d'une voix grave. Ne sois point surpris de ce que je sais. Je suis informé de tout. Ma puissance est mystérieuse, immense ! Tu ne pourrais t'en délivrer. Désormais tu m'appartiens ! »

A ces mots, il frappa du pied. Vingt hommes, la cuirasse aux flancs, le heaume en tête, le sabre, la masse ou la hache à la main, se précipitèrent dans la salle. D'un bond je m'adossai au mur et je me mis en garde. Plumet et l'Écureuil, se mettant à ma droite et à ma gauche, dégainèrent vivement.

« Je voudrais bien savoir, m'écriai-je en faisant siffler mon sabre, qui de vous le premier osera mettre la main sur moi ?

— Avancez, chiens ! cria l'Écureuil en assurant sa garde.

— Si seulement j'avais mes bottes ! soupira Plumet. Se battre à pied, passe encore ; mais en savates ! hélas ! »

Mon hôte s'avança le visage souriant. Sa figure avait repris son expression pateline et mielleuse.

« Djani, mon enfant, me dit-il, je ne veux que le bonheur de ton corps et le salut de ton âme. Tu es en danger pour l'affaire d'Almaty : veux-tu qu'elle reste oubliée ? Tu es séparé d'un ami qui t'est cher : veux-tu revoir Marghouz ? »

Je ne pus retenir un cri.

« Fais-moi revoir Marghouz ! m'écriai-je. Fais-le-moi revoir et je te croirai ! »

L'homme reprit son inquiétant sourire.

« Il y a encore une autre personne que tu voudrais revoir, j'en suis sûr. Elle souffre, elle est captive : il n'appartient qu'à un chevalier musulman comme toi de délivrer la princesse aux yeux noirs. Veux-tu la délivrer ?

— Que faut-il faire? m'écriai-je. Je suis prêt à tout, excepté à ce qui touche la foi. Que faut-il faire ?

— Peu de chose, répondit l'homme. Peu de chose ; presque rien ! Où vas-tu ?

— Que t'importe?

— Tu m'as dit que tu allais à Samarkand?

— Eh bien, oui, c'est vrai ; je vais à Samarkand. »

L'homme sortit de sa ceinture une dague à poignée enrichie de pierreries et à fourreau d'or.

« Prends cette dague, me dit-il ; ne crains rien ; la lame est bonne et elle n'est pas ensorcelée. Regarde ! »

Je tirai la lame du fourreau. Sur l'un des plats était écrit en lettres d'or : « Au nom de Dieu clément et miséricordieux ; » sur l'autre, ce mot arabe : *Eftah!* « Ouvre ! » c'est-à-dire: « Ouvre-moi les portes du paradis. » La lame elle-même était veinée d'argent, tranchante, affilée, admirable. Je gardai le silence.

« N'est-ce pas une arme de musulman ? reprit mon hôte.

— J'en conviens, répondis-je.

— Eh bien, dit-il, porte cette dague en évidence à la ceinture. Cette dague est un talisman qui te conduira sûrement où tu voudras aller. Quand tu seras à Samarkand, tu iras trouver un marchand de soie qui s'appelle Huçein et que tout le monde t'indiquera. Tu auras cette dague à la ceinture. Huçein te demandera qui t'a donné cette dague. Tu répondras : « Le Cheikh Voilé me l'a donnée[1]. » Ne dis rien de toutes ces paroles à âme qui vive, et suis en confiance les indications de l'homme dont je te parle.

— Et si je les suis? demandai-je.

— Si tu les suis, s'écria mon hôte mystérieux, tu retrouveras Marghouz, et tu sauras ce qu'il faut faire pour revoir la princesse aux yeux noirs et la délivrer.

— Allahou Ekber ! m'écriai-je. J'irai ! »

Je passai aussitôt la dague à mon ceinturon, après avoir défait la mienne que je jetai à mes pieds. L'inconnu frappa du pied,

---

1. Mots de ralliement des sectateurs du Vieux de la Montagne.

et les hommes armés disparurent. En les suivant du regard, mes yeux tombèrent sur des caractères oïgours gravés sur la paroi. Je m'approchai, et je lus ces caractères grossièrement écrits avec la pointe d'un couteau.

« Marghouz. — Aïcha. »

« Ma sœur! m'écriai-je. Ma sœur avec Marghouz! Quel est ce nouveau mystère?

— Tu le sauras à Samarkand! dit gravement l'inconnu. Es-tu prêt à partir?

— Ce soir même, répondis-je.

— C'est bien, dit-il. Les routes seront libres devant toi. »

A ces mots il sortit comme si rien ne s'était passé et me laissa stupéfait, en compagnie de Plumet et de l'Écureuil qui me regardaient d'un air hébété. Ma première pensée fut de courir à l'écurie, pour voir si on ne nous avait pas enlevé nos chevaux; mais je trouvai nos bêtes tranquillement attachées devant le mur. Mes écuyers vérifièrent nos bagages: rien n'y manquait. Je résolus de partir immédiatement; je n'avais aucune raison pour ne pas suivre les mystérieuses indications de mon hôte, puisqu'il fallait que je passasse dans tous les cas par Samarkand pour me rendre à Bokhara. Au surplus, je ne cherchai même pas à pénétrer dans les secrets de mon étrange aventure. J'étais résolu à tout tenter pour trouver Marghouz et ma sœur et pour délivrer la princesse aux yeux noirs, et cela me suffisait. Nous nous équipâmes, nous détachâmes nos bêtes et nous nous mîmes en selle.

Comme nous allions partir, mon hôte se présenta devant moi.

« Il faut que je t'enseigne ta route, me dit-il. Écoute-moi bien. En partant d'ici, il faut que tu évites la ville de Kachgar. Tu suivras le cours de la Rivière-Rouge, tu monteras aux plateaux des Pamir et tu les franchiras. En redescendant dans la plaine, tu arriveras à la ville de Mitân. Dans cette ville, tu te rendras chez le cheikh de la grande mosquée et tu lui diras que tu viens de la part de l'Homme Voilé. As-tu bien compris?

— J'ai compris.

— Au surplus, il verra ta dague et n'aura pas besoin d'autre explication. Ce cheikh te fera parvenir à Samarkand. Voici dix chevaux chargés de provisions; je te les donne. Emmène-les pour traverser les Pamir, qui sont d'affreuses solitudes.

— Je suis un nomade, répondis-je, endurci aux privations; les solitudes ne m'effrayent pas.

— Bien parlé, dit l'homme. Va donc, et que Dieu te conduise! »

En sortant de l'enceinte, je vis sous le porche deux hommes qu'il me semblait avoir déjà rencontrés. L'un avait le bras enveloppé et paraissait malade. L'autre avait la figure balafrée d'une grande cicatrice. Ces hommes évitèrent mon regard et me tournèrent le dos. Je n'avais pas fait deux cents pas que la mémoire me revint brusquement. L'homme au poignet enveloppé ressemblait à celui auquel j'avais porté un coup de manchette près d'Almaty, et l'autre était l'écuyer du Roi de fer, que Djamouké avait sabré l'année passée. Je m'expliquai alors comment j'avais été reconnu. Mais ceci n'éclaircissait en rien la conduite mystérieuse de mon hôte. Sans me troubler la tête davantage, je poursuivis ma route en suivant la berge de la Rivière-Rouge.

Je mis quinze jours à traverser les neiges et les glaces des plateaux. Sur ma route, je rencontrai des troupeaux de moutons sauvages à cornes gigantesques, que nous nous divertissions à chasser. Je réussis à en atteindre une douzaine, bien que ces animaux soient très-méfiants. Le seizième jour, quatrième du mois de Rebbi el Evvel, je descendis dans la plaine, qui est partout cultivée, fertile et riante. J'arrivai d'abord à Yar-Yaïlak, qui est situé au milieu de vastes prairies où campent des Turks Kanklis. J'y reçus l'hospitalité. De là, traversant un pays couvert de vergers, des deux côtés d'une route bordée de mûriers, je passai devant la ville de Chiraz, qui est habitée par des Sartes et des Tadjiks. Je n'entrai pas dans la ville et je campai au parc des Peupliers qui l'entoure. Du parc des Peupliers, je pris mon chemin par les montagnes de Mecikhaï, où l'on rencontre à chaque instant des inscriptions persanes gravées sur le roc, et j'arrivai en deux jours à la ville de Mitân, sur les bords du fleuve Keullik, que les Tadjiks appellent en persan *Zerr efchâne*, « le Verseur d'or. » Je passai sur un pont, le premier que j'eusse vu de ma vie, puis je traversai une porte haute et étroite entre deux tours carrées, et j'entrai dans la ville à l'heure de la prière de midi. Les muezzins criaient justement la prière du haut des minarets des quatorze mosquées que possède Mitân, et c'est à ce cri : « Il n'y a pas d'autre Dieu que Dieu ; Mahomet est l'apôtre de Dieu ! il est midi ! musulmans, priez ! » que j'entrai pour la première fois dans une ville. Je n'eus pas de peine à trouver la mosquée cathédrale : il suffisait de suivre la foule qui s'y rendait. Je traversai une rue où toutes les maisons se touchaient, et j'arrivai sur la grande place, devant la mosquée, qui me parut un monument merveilleux. Tout le porche est revêtu de carreaux de faïence, et autour du minaret on a écrit en assemblant des carreaux de couleur différente ce verset du Koran qu'on peut lire à mille pas de distance :

« L'impie est dans la mosquée comme l'aigle dans la cage. — Le croyant est dans la mosquée comme le poisson dans l'eau. »

Devant le porche, je m'informai d'abord où nous pourrions mettre nos chevaux et nos chameaux.

« Musulman, me dit un homme de bonne mine, on voit que tu es un nomade habitant du désert. Je vais mettre un terme à ton embarras. »

Disant ces mots, il me conduisit à un magnifique bâtiment attenant à la mosquée et qui n'était autre que le collége où les jeunes gens étudient la théologie, et où les étrangers de distinction reçoivent l'hospitalité. Dans la cour pavée de marbre et ornée de beaux arbres, il m'indiqua un hangar soutenu par des piliers de bois sculpté, et me montra la mangeoire remplie de fourrage et les anneaux où je devais attacher mes bêtes ; après quoi nous nous hâtâmes d'entrer à la mosquée cathédrale, car l'office était déjà commencé.

Je déposai mes bottes dans le vestibule, sous une colonnade de marbre vert, et j'ordonnai à mes écuyers de faire comme moi ; puis nous entrâmes sous la nef et j'allai me placer modestement au dernier rang. Le cheikh[1] était sur le *moçalla*[2] et récitait les prières ; à ses côtés, les lecteurs du Koran[3] tenaient le saint livre tout ouvert sur leurs genoux et attendaient le moment de psalmodier les versets du jour. Les lampes et les bougies allumées, la foule recueillie des fidèles, la belle voix du cheikh, le chœur harmonieux des jeunes gens et des enfants qui faisaient les répons, me produisirent une impression que je ne saurais dire. Jusqu'à ce jour je n'avais jamais assisté aux belles cérémonies du culte ; j'entendais, quand j'étais enfant, le service divin sous une tente, célébré par quelque mollah ambulant, et je faisais ma prière sur le pré. La beauté de la religion et la grâce de la foi me touchèrent si fort que les larmes jaillirent de mes yeux. Quand ce fut à la fatha, je criai ma profession de foi d'une voix si sonore, et je chantai le Bismillah et l'Amen avec tant d'élan, que j'attirai l'attention de tout le monde. Le cheikh lui-même jeta les yeux sur moi. Sans doute qu'à ce moment il vit la dague que m'avait donnée l'hôte mystérieux, car sur un signe de lui un des gardiens de la mosquée s'approcha vers moi, portant à la main un tapis de prière en velours.

« Prends, musulman, me dit ce gardien, prends ce tapis. Le cheikh te l'envoie. »

Je mis donc le tapis sous mes pieds. A la fin de l'office, le même gardien s'approcha de moi et me dit :

« Suis-moi. Le cheikh t'appelle. »

Je suivis l'homme et je traversai derrière lui la mosquée.

« Si on allait voler nos chevaux ? dit timidement l'Ecureuil.

— Ne crains rien, répondis-je. Nos bêtes sont en sûreté. »

Nous passâmes par une porte percée sous un arceau de faïence et je pénétrai dans un petit ermitage attenant à la mosquée. C'était une salle carrée avec des murs revêtus de carreaux bleus et rouges jusqu'à la moitié et peints en blanc au-dessus du revêtement. La chambre était éclairée par des fenêtres et le sol était recouvert de tapis. Le cheikh lui-même, assis sur une estrade

---

1. Ministre officiant.
2. Estrade recouverte d'un tapis : le pied de l'autel.
3. Les chantres.

au fond de la chambre, était un bel homme d'une cinquantaine d'années. Il avait des traits réguliers, un visage pâle, de grands yeux noirs, une longue barbe ; il était vêtu de noir et coiffé d'un turban d'une soie jaune très-fine. Je remarquai tout d'abord ses mains blanches, potelées et chargées de bagues, et la façon aisée et élégante dont il s'appuyait sur son coussin. Sur un signe de lui le gardien disparut.

« Approche, mon enfant ! me dit le cheikh. Assieds-toi ! »

Je pris place sur le tapis à ses côtés. Plumet et l'Écureuil restèrent debout contre la porte. Avant que le cheikh m'appelât, le défiant Ecureuil me dit encore à voix basse :

« Si on volait nos bottes ? »

Je lui imposai silence du geste.

« Mon enfant, me dit doucement le cheikh, j'ai remarqué ta ferveur à l'office. Dieu soit loué ! Je n'ai jamais vu de si pieux musulman que toi ! Sous l'habit poudreux du guerrier tu as les élans d'un ascète ! Dis-moi, mon enfant, une chose me frappe : ton équipement est celui d'un pauvre chevalier, et pourtant tu portes à ta ceinture une dague royale. N'as-tu rien à me dire touchant cette dague ?

— J'ai à te dire ceci, répondis-je, que je viens pour voir l'Homme Voilé, et que je vais à Samarkand, chez Huçein le marchand de soie. »

La figure du cheikh n'eut pas le plus petit mouvement ; seulement il me toucha les deux mains et me dit :

« Djani, fils d'Euktulmich, je t'attendais ! » Je frémis, en voyant comme on me reconnaissait partout. Plus tard, j'appris que l'homme mystérieux m'avait fait prendre une fausse route pour avoir le temps de prévenir le cheikh. Ma route directe était par Yeké-Aoulang et Kent-Kiçak ; si je l'avais suivie, je serais arrivé trois jours plus tôt ; mais entre les mains de mon terrible hôte, je n'étais qu'un jouet. Je me tus et je m'inclinai devant le cheikh.

« Mon enfant, reprit ce religieux personnage, je vais te faire conduire à des appartements où tu recevras l'hospitalité et où tu pourras te refaire de tes fatigues. C'est aujourd'hui vendredi.

Je pris place à ses côtés.

Tu partiras lundi pour Samarkand, où tu arriveras jeudi J'aurai soin que rien ne manque à ta personne, et pour que tu puisses donner libre cours à ta dévotion, accepte ce Koran qui vient de la Mekke sainte! »

Il me tendit un Koran magnifique enfermé dans un étui d'argent. Je dis: Bismillah! et je m'inclinai devant lui pour recevoir sa bénédiction, qu'il m'octroya. Ensuite il frappa dans ses mains, et un gardien parut, qui nous conduisit après que le cheikh lui eut dit quelques mots en persan. Nous reprîmes nos bottes, à la grande joie de Plumet et de l'Écureuil, nous passâmes par la cour du collége d'où nous emmenâmes nos bêtes, et nous arrivâmes dans un jardin merveilleux où s'élevaient trois pavillons comme je n'aurais pas cru qu'il y en avait sur cette terre. L'un était bâti à la mode chinoise, l'autre à la mode persane, et le dernier à la mode arabe. On nous conduisit au pavillon chinois. En passant devant le pavillon persan, je vis un chariot sur lequel était une litière à fenêtres grillées. Il était attelé de quatre bœufs blancs, et douze cavaliers bien montés et bien armés attendaient pour l'escorter. Parmi ces cavaliers je reconnus le balafré; mon cœur se mit à battre.

Étant descendus de cheval, nous entrâmes dans le pavillon chinois. Pendant trois jours, nous y fûmes retenus sous divers prétextes. Nous étions accablés de soins, tellement que nous nous sentions mal à l'aise. Ces salles garnies de tentures et de tapis ne nous donnaient pas assez d'air : nous y étouffions. Les mets exquis et les sucreries qu'on nous servait dans de la porcelaine de Chine nous écœuraient. Nous avions envie de grand air et nous regrettions la bouillie d'avoine, le kymyz et l'âcre odeur des herbes de la lande. Nous pensâmes devenir malades, quand enfin, le quatrième jour, notre hôte parut et nous donna congé de partir. Sur son conseil, nous laissâmes notre chameau étique et nos chevaux fourbus, et nous ne gardâmes chacun que notre propre monture. La mienne était Saïn Boughouroul, qui n'avait pas son pareil.

Le cheikh m'enseigna bien la route que je devais suivre et qui était de quatre étapes.

« A chacune de tes étapes, ajouta-t-il, tu te rendras dans telle et telle ferme où tu n'auras qu'à te nommer; on est prévenu de ton arrivée. Ainsi tu n'as pas besoin d'emporter de provisions, car sur ton chemin l'hospitalité t'attend et les obstacles tomberont devant toi. »

Ayant dit ces mots, il récita la fatha pour moi, et je partis vers l'ouest, dans la direction de Samarkand la grande ville. Je traversai des plaines parsemées de collines verdoyantes et émaillées de villages et de maisons isolées. Cette terre bénie, couverte de moissons et d'arbres fruitiers, sillonnée en tous sens de canaux d'eaux vives aux berges couvertes de fleurs, était comme un jardin du paradis. Dans les quatre fermes où je m'arrêtai, je reçus l'hospitalité : de la viande grasse, du pain blanc, des melons sucrés, des raisins délicieux. A chaque fois on m'offrit du vin ; et voyant que tous les musulmans de ce pays en buvaient, je me laissai aller au goût que je prenais pour cette liqueur défendue. Au surplus, je me disais que, lorsque je serais à Bokhara, j'aurais tout le temps de faire pénitence. Peu à peu le souvenir de ma mission sortait de ma tête : je m'abandonnais au plaisir de vivre sous ces ombrages verdoyants, sous les rayons de ce beau soleil, au bord de ces eaux limpides. Le quatrième jour, au soir, j'entrai dans ce qu'on appelle le *Sogd-i-Kelân*, qui est la banlieue de Samarkand, et j'aperçus aux feux du soleil couchant les coupoles de la grande ville, la forêt des minarets de ses deux cent cinquante mosquées, les hautes murailles blanches à créneaux peints de rouge de son enceinte, et les tours de briques rouges et bleues, la ceinture formidable des forts qui l'ont fait nommer Samarkand *la Bien-Gardée*. Je longeai un des canaux qui se détachent de la *Rivière des Foulons*, laquelle traverse la ville, je passai devant trois ou quatre moulins, je traversai le *Jardin neuf*, je franchis sur un pont de pierre le ruisseau de l'*Eau de la Merci* qui sépare le *Parc aux Cailles* du *Jardin qui réjouit les cœurs*, et à la nuit tombante je m'arrêtai à un ermitage situé à un trait d'arc de l'enceinte, près de la *Porte de Fer* et à droite de la *Porte des Turquoises*. Cet ermitage est élevé à côté et pour le service du tombeau de Kacim, fils d'Abd al Mottalib, le martyr, qui fut tué lors de la conquête de Samarkand par les musulmans, sous le khalifat de Welid I, en 91 de l'hégire. Je reconnus tout de suite le tombeau, tel que me l'avait décrit le cheikh de Mitân, avec son dôme de plomb et ses quatre pilastres doublés chacun de deux colonnes de marbre, dont une paire est verte, une autre noire, une autre blanche et une autre rouge. Comme la nuit était tombée, je ne voulus pas entrer dans la ville et je n'osai pas frapper à la porte de l'ermitage. Je résolus donc de rester jusqu'au matin près du tombeau du saint; Plumet et l'Écureuil attachèrent les chevaux à un arbre et se couchèrent sur le gazon. Pour moi, après avoir fait une courte prière, j'entrai sous le dôme. Ses murailles sont de marbre nuancé de différentes couleurs, peint et doré. Le tombeau lui-même, qui est au centre, est recouvert de planches d'ébène incrustées d'or et de pierreries, et revêtues d'argent aux angles. Au-dessus de lui sont suspendues trois lampes d'argent. Douze gardiens, entretenus par les aumônes que les fidèles apportent à l'ermitage, veillent et prient autour du tombeau. En me voyant, l'un d'eux m'apporta un tapis de laine et me fit signe de me reposer, car ces gardiens ne parlent pas, ayant fait vœu de silence en dehors de la prière. Je me déchaussai, je fis mes ablutions à un petit bassin de marbre, et ayant récité la fatha et fait une prière de trois rikâts, j'appuyai mon front sur le tombeau du martyr, puis j'allai m'étendre sur mon tapis, au pied d'un pilastre, pour y passer la nuit.

Vers le milieu de la nuit, je m'éveillai à un bruit d'hommes et de chevaux. J'entendis des voix, des pas; puis, à la lumière des trois lampes d'argent, je vis entrer un homme de haute taille; un cliquetis d'acier me fit savoir qu'il était armé; il portait une capote blanche par-dessus ses armes.

Comme il me tournait le dos, je ne le reconnus pas tout d'abord; mais quand, après qu'il eut fait une prière devant le tombeau du saint, il se retourna de mon côté et que je vis ses traits nobles et hardis, je me levai vivement et je courus me jeter dans ses bras. C'était le Roi de fer, le vaillant et chevaleresque Timour Melek.

Il me reconnut tout de suite et me rendit cordialement mon

accolade; après quoi, nous étant donné le salut, il vint s'asseoir à côté de moi et nous causâmes à voix basse, pour ne pas troubler les prières et la pieuse méditation des gardiens du tombeau.

« J'ai fait ma paix avec l'impératrice, me dit le Roi de fer, et je vais trouver l'empereur à Bokhara, où il tient sa cour en ce moment. Et toi-même, quelle heureuse constellation t'amène ici? »

Je jugeai prudent de ne rien dire à Timour Melek de ma mission, ni de ma mystérieuse rencontre. Je me bornai donc à lui raconter la fable de mon pèlerinage; il était trop honnête pour ne pas me croire.

« Dieu soit loué! dit-il. Je suis heureux de ta dévotion, et s'il plaît à Dieu, quand tu m'auras rejoint à Bokhara où il faut que je me rende sans retard, je t'accompagnerai dans tes tournées pieuses. D'ici là, tandis que tu visiteras ces tombeaux et ces chapelles de Samarkand, prie pour moi, mon frère Djani! prie pour moi, car j'ai grand besoin du secours des prières! »

A ces mots, il pâlit et ses yeux devinrent tout humides. Le voyant ainsi troublé, l'émotion me saisit moi-même.

« Au nom de Dieu clément et miséricordieux, lui dis-je, quel malheur a pu t'arriver? Aurais-tu subi quelque infortune dans ton voyage? L'éclat de ta réputation serait-il terni?

— Dieu soit loué! reprit vivement Timour Melek; s'il était arrivé quelque chose de ce genre, tu ne me verrais pas ici, car je serais mort. Il vaut mieux mourir avec bon renom que vivre avec mauvais renom. J'ai terrassé Sengoun et culbuté Djamouké : je me suis acquis l'honneur de la victoire contre les chevaliers les plus fameux! »

Ce fut à mon tour de pâlir. Dans mon agitation, je ne pus dire qu'un mot à voix basse :

« Djébé! »

Le Roi de fer sourit et me serra la main.

« Tu es un fidèle et loyal serviteur de ta bannière et de ton banneret, dit-il. Rassure-toi, frère Djani : les armes de Djébé sont sauves; nous n'avons pas combattu ensemble. »

Je poussai un soupir de soulagement. Alors, seulement alors, je compris combien j'aimais Djébé, combien j'aimais la bannière, combien j'aimais la patrie mongole.

« Oui, reprit Timour Melek, à Karakoram, devant les grands et tout le peuple, j'ai rompu trois lances avec Sengoun ; à la quatrième il a vidé les arçons, et n'étaient les devoirs de l'hospitalité dont il s'est noblement acquitté envers moi, je l'eusse tué sur la place. Mais son sel m'a saisi[1], et je me suis contenté de l'avoir renversé. A Baldjiouna Boulak, devant le khan Témoudjine, devant Bogordji le Vaillant et Soubeguetaï le Hardi, devant le noble Baïsongar, devant Moukhouli le Sage et devant Djébé....

— Ah! m'écriai-je, tu les connais donc maintenant!

— Oui! reprit le Roi de fer, et je puis dire que ce sont les plus fiers hommes d'armes de la terre, et que leur empereur est digne de commander à eux! J'ai combattu Djamouké, et, nos armes étant rompues, je l'ai arraché de sa selle, je l'ai terrassé et je lui ai fait confesser sa défaite!

— Et Djébé? lui dis-je en frémissant. Et Djébé, que disait-il?

— Djébé, répondit Timour Melek, est le meilleur chevalier de tous. Il m'a dit, en riant comme tu sais : « Roi de fer, deux « hommes comme nous ne doivent se heurter que dans le fracas « d'une bataille et à la tête d'une armée. Cette rencontre est trop « mince pour nous! » Djébé avait raison!

— Et le Khan, et Bogordji, et Alak? demandai-je.

— Le Khan m'a fait grand honneur, me dit Timour Melek, et Bogordji m'a fait présent de son meilleur cheval. Pour Alak, il m'a donné l'accolade et m'a dit qu'il pensait à toi et attendait ton retour. En revenant moi-même, j'ai trouvé chez les Naïmanes le fils de Tayang Khan, leur roi, qui a nom Guchlug. Ce Guchlug est un terrible homme d'armes. Nous avons lutté et je l'ai blessé bien fort; mais ce païen est un terrible homme!

— Est-il mort? demandai-je.

---

1. Expression proverbiale pour dire : J'ai pensé au sel que j'ai mangé chez lui.

— Non, répondit le Roi de fer. Bien que je lui aie fait une profonde blessure, la blessure n'a pas été assez large pour que sa grande âme pût s'envoler en enfer.

— Ainsi, lui dis-je, ton chagrin ne vient pas du côté de tes armes?

— Non! dit le Roi de fer en soupirant profondément. Non! En mon absence, il m'est arrivé un malheur que je ne puis te dire, et je vais chercher à le réparer; c'est pourquoi je te demande de dire la fatha en faveur de l'entreprise que je tente. »

Je soupirai de mon côté, pensant à ma sœur et à la princesse inconnue.

« Moi aussi, dis-je au Roi de fer, je vais tenter une entreprise, et je te demande de ne pas m'oublier dans tes propres prières.

— Mes prières ne te feront pas défaut, répondit Timour Melek; et s'il faut en venir aux actes, mon bras et mon sabre sont à ton service. »

Je l'embrassai tendrement.

« Que Dieu te le rende, frère d'armes! m'écriai-je, et qu'il t'assiste! Il est le puissant sur toutes choses! »

En ce moment l'aube blanchissait. Le Roi de fer se leva.

« Voici le jour, me dit-il. Il est temps que je parte. Au revoir!

— Avant de partir, lui dis-je, fais-moi savoir du moins quelle est la cause de ton malheur.

— Hélas! me répondit le paladin, je ne le puis. Sache toutefois que je l'attribue à un mien mortel et noir ennemi, un scélérat hérétique qui est la terreur et le fléau de bien des pays.

— Quel est ce misérable? m'écriai-je. Dis-moi son nom, afin que je combatte cet ennemi de Dieu partout où je le trouverai.

— Son nom, répondit Timour Melek, nul ne le sait, pas même les sectateurs de ce damné. Tu viens de loin, tu es un nomade et tu ignores les choses de ce pays. Sache donc qu'il y a cent cinquante ans, un maudit du nom de Haçan fonda une secte vouée aux flammes de l'enfer. Il avait pour but le meurtre des hommes nobles et vertueux de tous pays, et ses sectateurs, les

« J'attends la troisième lettre ! » s'écria-t-il.

infâmes Haçanis, n'obéirent que trop bien à ses sanglants préceptes. Ce Haçan établit sur le mont Alamout en Khoraçan un château tellement fort que les démons eux-mêmes ne pourraient le prendre. Par la protection de Satan et des diables, il établit dans différents pays, et notamment en Syrie, huit autres châteaux pareils, où demeurent ses affidés et ses huit chefs principaux. Depuis la mort de Haçan le Maudit, des successeurs ont continué son œuvre ténébreuse. On les appelle les *Cheikhs el Djebel*, c'est-à-dire, en arabe, les Vieux ou les Seigneurs de la Montagne, et nul ne les a jamais vus que leurs propres affidés. Ayant saisi, avant mon départ pour la Mongolie, deux sectaires du Vieux de la Montagne qui est au mont Alamout, je fis périr ces scélérats. Le Vieux de la Montagne me fit savoir, par un billet que je trouvai une nuit au chevet de mon lit, qu'il se vengerait de moi. Je brave sa vengeance, mais c'est à lui que j'attribue le malheur qui m'a frappé. Désormais je marche entouré d'ennemis invisibles; partout des poignards sont tirés contre moi Mais je les défie! Oui, je les défie! »

Timour Melek ne terminait pas encore qu'une pierre, lancée du dehors, vint tomber à nos pieds. Je la ramassai vivement. Un papier était roulé autour. Je le déroulai et je lus :

« A Timour Melek, le Vieux de la Montagne, salut. Quand je t'écrirai ma troisième lettre, elle t'arrivera sur la lame d'un poignard et je te la ferai clouer au cœur. »

Je remis la lettre au paladin et je la lui tendis en frémissant. Le paladin lut à demi-voix.

« C'est la deuxième, » dit-il tranquillement. Il fit trois pas hors de l'enceinte, dans la brume du matin, et cria d'une voix assurée :

« J'attends la troisième lettre! »

Je courus à lui en portant la main à la garde de mon sabre. Mais aucun meurtrier n'était là. Je ne vis que nos chevaux et nos gens, et Plumet et l'Écureuil qui se levaient en bâillant, en se frottant les yeux et en s'étirant.

« Adieu, me dit le Roi de fer, au revoir; que Dieu t'assiste! »

A ces mots, il monta à cheval.

« Adieu, lui répondis-je, adieu, paladin! Que Dieu te conduise! Je suis à toi, à la vie, à la mort! »

Le chevalier me fit un signe d'adieu et partit au galop, suivi de ses gens.

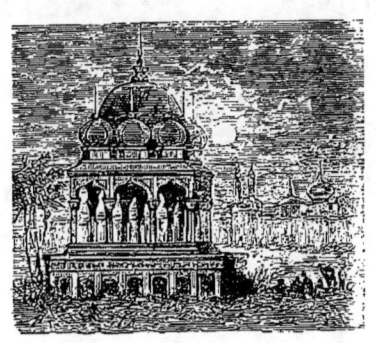

C'était un religieux chrétien.

CHAPITRE IX

Samarkand la Bien-Gardée.

Le soleil se levait quand je quittai l'ermitage après avoir déposé mon aumône entre les mains d'un gardien. Une heure après, je passai par la Porte de Fer sous une voûte obscure et j'entrai dans la ville de Samarkand la Bien-Gardée. Une rue droite et longue à perte de vue était devant moi : des deux côtés s'ouvraient des boutiques où l'on vendait des melons, des raisins, des abricots confits, du poisson sec, de la viande, du pain ; jamais je n'avais vu semblable entassement de victuailles. Arrivé au bout de cette rue, j'entrai dans une autre, puis dans une autre encore, puis je me perdis dans le croisement de toutes ces rues et dans cette forêt de maisons. J'arrivai sur une place entourée par trois côtés de murs derrière lesquels paraissaient les arbres des jardins et les terrasses des maisons ; du quatrième côté s'élevait une mosquée haute comme une montagne, avec un prodigieux minaret revêtu de carreaux de faïence, des murs rayés de zones en faïence blanche et en briques rouges, et un porche en ogive trois fois plus haut qu'un grand sapin et présentant sous sa voûte bleu de ciel un lacet de fleurs et d'inscriptions d'or mat qui le faisaient paraître comme le firmament par une belle nuit étoilée. Je m'arrêtai devant cette mosquée saisi d'admiration ; puis, entrant dans une rue qui s'ouvrait près d'un de ses angles, je passai encore entre deux rangs de boutiques où l'on vendait des selles et des harnais. J'avançais lentement au milieu de la foule des piétons, des cavaliers, des gens montés sur des ânes et des mulets ; j'étais tout étourdi par le bruit de tant de gens s'agitant dans un espace si resserré. A un endroit où la rue tournait, je m'arrêtai devant une fontaine à coupole sculptée soutenue par une colonnade de marbre ornée de dentelures et d'à-jours dorés. En face de la fontaine s'élevait une immense tour en forme de cône tronqué, garnie depuis la base de bandes de briques émaillées en différentes couleurs. Au pied de la tour, dans des échoppes de bois riantes et joyeuses, des marchands vendaient du pain, des melons, des raisins, des fruits secs, des brochettes de viande[1] et de hachis[2] qu'ils préparaient sur leurs fourneaux à mesure que les chalands leur en demandaient, des bols de soupe, des plats de riz assaisonné, des boulettes de farce entourées de feuilles de vigne[3] et passées au court-bouillon, enfin toute espèce de nourriture que le cœur peut désirer. Comme nous avions soif et faim, nous commençâmes par boire aux sébiles[4] de fer argenté pendues par des chaînes sous le dôme de la fontaine ; puis, ayant attaché nos chevaux à des anneaux fixés devant une des boutiques, nous nous assîmes sur des bancs recouverts de tapis, et j'appelai le marchand de cette boutique-là, dont le visage m'agréait. Cet homme se présenta devant moi d'un air souriant et se mit tout de suite à me parler en persan, car presque tous les habitants de Samarkand sont des Tadjiks et

1. *Chichlik* ou *kébab*, suivant les pays.
2. *Kefteh*.
3. *Ennep*.
4. C'est un mot arabe rapporté par les croisés : *sebîl*.

usent de cette langue. Mais je l'interrompis brusquement, et alors il me répondit, en faisant un grand salut et en se servant de la langue turke :

« Je voyais bien à la mine de Votre Excellence que j'avais affaire à un Turk ; mais Votre Excellence a une si noble tournure que je pensais qu'elle connaissait la langue de l'Iran.

— Laissons là ma tournure, répondis-je. Pourrais-je me procurer ici du fourrage pour mes chevaux et de la nourriture pour moi et mes écuyers ?

— Rien de plus facile, Excellence ! » s'écria ce Sarte.

Et aussitôt il se mit à me débiter avec volubilité la nomenclature de tous les plats qu'il pourrait me servir.

« De l'*ache*, du *kébab à l'indienne*, du *chichlik*, des *ennep*, des *halva*, du *pasteurma*, du *mantouy*.... »

J'interrompis encore son bavardage.

« Tout cela est de trop, lui dis-je. Procure-nous de quoi donner la botte à nos bêtes, et donne-nous à nous-mêmes du pain et quelque peu de cette viande en brochette. Ce sera bien. »

Le marchand se précipita aussitôt dans sa boutique en appelant son esclave. Une minute après, nos bêtes et nous nous mangions de bon appétit. Quand nous eûmes fini, je remis une pièce d'or à mon homme, qui se mit à bavarder encore, en me rendant un tas de petites pièces d'argent, pour m'expliquer le prix de chaque chose que nous avions consommée. Impatienté de son bavardage, je remis sa monnaie dans ma bourse sans compter, et j'allais me lever, lorsque dans la foule qui passait devant moi je vis la mauvaise figure du Balafré ; il marchait magnifiquement vêtu, en conduisant une mule par la bride. Sur la mule était montée une femme hermétiquement voilée, comme toutes celles qu'on rencontre dans les rues de Samarkand. A la vue du Balafré, je m'effaçai vivement : la figure de cet homme m'inspirait de la défiance et de la répulsion.

« C'est l'homme sabré par Djamouké, me dit rapidement l'Écureuil.

— Je le vois bien ! » répondis-je de même.

Il passa devant moi assez près pour frôler le banc sur lequel j'étais assis, mais en regardant avec affectation d'un autre côté ; évidemment il m'avait vu. Une émotion singulière me faisait battre le cœur. Je descendis de mon banc, hésitant si j'allais le suivre ; mais il se perdit bien vite dans la foule. J'étais plus habitué à regarder sur la lande ou sous la futaie que dans le fouillis d'une ville. Au moment où je le perdais de vue, une voix derrière moi me murmura à l'oreille :

« Djani, la femme qui vient de passer avec le Balafré, c'est ta sœur Aïcha ! »

Je me retournai pour saisir l'homme qui venait de me parler : c'était le Manchot ! Mais avant que je pusse mettre la main sur lui, il disparut entre deux colonnes dans l'allée d'une maison.

« Allons, me dis-je, voici les aventures qui commencent. Tenons bon ! Avec l'aide de Dieu, je me guiderai au milieu de tous ces piéges ! »

Je montai à cheval, je m'affermis sur mes étriers, et m'étant fait expliquer par mon Sarte où était le marché des soieries, je descendis la rue en récitant la fatha à demi-voix. Je n'avais pas bien loin à chercher. Je passai sous un arceau en ogive que m'avait indiqué mon Sarte, j'entrai dans la première rue à ma gauche, et à la vue des étoffes chatoyantes appendues devant les boutiques, des riches marchands vêtus comme des rois et assis au milieu de ballots et de piles de soie, de brocart, de damas et de baudequin, je reconnus que j'étais arrivé.

Je passais devant la plus belle de ces boutiques quand un esclave abyssinien, sur un signe de son maître, sauta dehors et s'inclina devant moi après avoir baisé mon étrier. C'était le premier noir que je voyais et je ne laissai pas que d'être surpris du visage de cet homme. Saïn Boughouroul lui aussi fit un écart.

« Excellence, me dit le noir en fort bon turk, mon maître Huçein, qui est ici, présente ses respects au cavalier qui porte la dague au fourreau d'or. »

En même temps, je vis le maître se lever et descendre de sa boutique. Il était vêtu d'une longue robe en étoffe de Baghdad, à fond blanc broché d'or, et d'une veste verte fourrée de martre, à boutons d'or. Il portait sur la tête un turban blanc à quatre

Sur la mule était montée une femme voilée.

tours. Sa barbe était taillée en amande et teinte en orange. Tout son extérieur annonçait la noblesse et la distinction.

« Salut à toi, jeune chevalier musulman! me dit-il. Que ma vie soit la rançon de la tienne[1]! Je ne te laisserai point passer sans que tu te rafraîchisses dans ma pauvre maison.

— A toi le salut! répondis-je. Je pense que tu es le marchand Hucein?

— Lui-même! Et toi, tu es Djani et tu cherches l'Homme Voilé?

— C'est bien cela, » dis-je en mettant pied à terre.

Hucein me fit asseoir dans sa boutique et frappa dans ses mains. Trois esclaves parurent.

« Conduisez les écuyers et les chevaux de ce seigneur dans ma maison, dit-il. Ayez soin que rien ne manque à ces deux braves et donnez-leur tout ce qu'ils demanderont.

— Dieu me fasse miséricorde! dis-je en rougissant, mes écuyers ne savent point parler la langue turke; leur ignorance est cause qu'ils ne peuvent se séparer de moi.

— Fort bien, dit Hucein en souriant. Que tes écuyers restent ici alors. Or çà, emmenez ces chevaux! »

Plumet et l'Écureuil firent quelque peu la grimace quand ils virent des étrangers emmener leurs chevaux; moi-même, j'eus un peu d'émotion et j'embrassai mon fidèle Saïn Boughouroul. Hucein me prit les deux mains de l'air le plus amical.

« Djani, me dit-il, il faut que tu sois né sous une heureuse constellation. Je ne connais point l'horoscope de ta naissance, mais je sais que de grandes destinées, de brillantes fortunes te sont réservées. Tu ne tarderas pas à voir la preuve de ce que je t'annonce. Ce soir, tu te rendras à la mosquée cathédrale où prêchera le cheikh Nedjm ed Dine qui est en odeur de sainteté. Sache que l'impératrice Turkane Khatoune, femme de l'empereur et roi sultan Tekèche le Batailleur (Dieu lui donne mille années de règne!), honore la ville de Samarkand de sa radieuse présence, et qu'elle assistera au service divin, suivant la coutume

---

1. Expression consacrée. C'est comme on dit en français : Je vous demande mille pardons.

de Mavera-an-Nahr, d'après laquelle les dames se rendent à la mosquée le lundi, le jeudi et le vendredi. Le peuple de Samarkand prépare de grandes réjouissances en l'honneur de l'impératrice femme du sultan conquérant du monde. Sache encore que l'impératrice a entendu parler de toi, et ne t'étonne pas si elle te fait appeler devant son trône auguste.

— Comment, m'écriai-je, cette noble souveraine aurait-elle entendu parler de moi tout petit? Que suis-je auprès d'elle?

— *U Allah aa'lem!* Dieu sait le mieux! répondit Huçein. Pour moi, je ne suis rien dans tout cela. J'ai entendu parler d'un certain Marghouz, qui court de grands dangers.

— Marghouz! m'écriai-je encore. Où est-il?

— Je n'en sais rien, répondit froidement le marchand. Je sais encore que deux femmes implorent l'appui de Djani, et que l'une s'appelle Aïcha, et l'autre la Princesse aux yeux noirs.

— Allons, dis-je résolûment. C'est la volonté de Dieu! Je me présenterai devant l'impératrice, moi chétif. Quand faudra-t-il que j'aille au palais?

— Tu le sauras ce soir à la mosquée, dit Huçein. D'ici là, rafraîchis-toi; et quand tu iras invoquer Dieu ce soir, mets ta confiance en lui. Ton destin est favorable.

— *Incha' Allah, amen!* Si Dieu le veut, ainsi soit-il!... » m'écriai-je.

En attendant l'heure de la prière du soir, je m'en allai, suivi de Plumet et de l'Écureuil, visiter les curiosités de la ville. Huçein m'indiqua, comme digne d'être vue, la grande pierre bleue[1] qui est sous le pilier principal de la grande église des chrétiens du rite melkite[2]; je n'avais pas vu d'église jusqu'à ce jour et j'étais bien curieux d'en voir une. Je suivis donc l'esclave que Huçein m'avait donné pour guide à travers les rues et les ruelles. Cet homme m'apprit que les chrétiens étaient fort persécutés à Samarkand, et que si on y tolérait leurs églises, on leur interdisait

---

1. *Keuktach.* Je soupçonne fort cette pierre d'être la même que celle qui fut placée deux cents ans plus tard dans le keuk saraï d'Emir Timour.

2. C'est-à-dire grec, par opposition à nestorien, chez les écrivains musulmans.

d'y sonner les cloches, comme on le fait d'ailleurs dans toutes les cités musulmanes.

Avant d'arriver à l'église des melkites, je passai devant une église des nestoriens qui est un grand bâtiment carré surmonté d'une petite tour ronde et qui est dédiée à saint Jean-Baptiste.

L'apparence simple de cette église me plut et je désirai la visiter plutôt que celle des melkites, d'autant plus que Marghouz suivait le rite des nestoriens, comme tous ceux de sa nation. A l'entrée, je vis un homme de haute taille et de mine vénérable dont l'aspect me frappa tout de suite. C'était un vieillard, avec de longs cheveux et une grande barbe blanche : il était vêtu d'une robe brune en méchante étoffe de poil de chameau, ceinte d'une corde à la taille, et il marchait nu pieds. Son aspect était aussi imposant que celui de Keuktché, sauf qu'il était plus vieux, qu'il avait le visage moins impérieux et le regard moins farouche. Voyant que ce vieillard était un derviche [1] chrétien, je le saluai par considération pour son grand âge et son caractère sacré.

Le derviche chrétien parut surpris de ma politesse, d'autant plus que je saluais à la manière des Mongols, en ôtant mon bonnet, et non pas à la manière des Turks musulmans, en croisant les bras sur la poitrine et en m'inclinant. Il regarda un instant mon armure couverte de poussière, mes vêtements grossiers, puis il me dit :

« Es-tu musulman, jeune chevalier?

— Dieu soit loué, m'écriai-je, je le suis !

— Sais-tu que je suis chrétien? reprit le vieux.

— Je le pense, répondis-je, puisque tu es à l'entrée d'une église.

— Il faut, dit le derviche des chrétiens, que tu viennes de bien loin, ou que tu aies l'âme bien noble pour oser saluer un prêtre chrétien en cette ville de Samarkand.

— Certainement, dis-je à mon tour, je viens de loin ; je viens

---

1. Derviche, un homme qui a fait vœu de pauvreté, d'humilité, d'étude, etc. Un moine.

des pays du Nord, de la frontière de la Chine; mais j'avais pour accoutumé de saluer les prêtres des Kéraïts nos voisins quand je les voyais, comme toi, gens âgés et vénérables.

— Tu as connu les nobles Kéraïts! s'écria ce vieillard. Que je suis heureux de te rencontrer! O mon enfant! si tu veux avoir quelque confiance en moi, viens dans ma maison; je veux te parler au sujet d'un Kéraït. »

Le nom de Marghouz fut tout de suite sur mes lèvres. Je saisis le vieillard par le poignet et je le regardai bien en face. D'un geste il m'imposa silence.

« Parle bas, me dit-il vivement. Au nom du Dieu vivant, que ta religion adore comme la mienne, je t'adjure de me dire la vérité. Quel est ton nom?

— Djani! répondis-je hardiment, et j'ai chez les Kéraïts un frère juré....

— Qui s'appelle Marghouz! me dit le derviche sans me laisser achever. Marghouz a sauvé ta sœur lors du massacre de ta tribu par le Gour Khan. En arrivant ici, les espions de ce tyran l'ont reconnu : il a été jeté en prison, et ta sœur enlevée par on ne sait quelles mains....

— Dieu est le plus grand! m'écriai-je. Que je sois haché en morceaux si je n'éclaircis pas ce mystère, si je ne délivre pas mon frère d'armes et ma sœur, et si je ne venge pas ma famille et ma tribu!

— Silence! pour tout ce que tu as de cher, silence! dit le vieillard.

— Écoute, lui dis-je rudement, je ne sais pas quels hommes vous êtes ici, vous autres gens des villes. Moi je suis un nomade et un soldat mongol, un homme de la bannière bleue, et je me moque de qui m'écoute. Mon roi s'appelle Témoudjine l'Inébranlable, et mon prince Djébé le Loup. Mon sabre est en acier de l'Inde.... »

Exaspéré par les perfidies de tous ces paysans et gens des villes, je commençais à crier et à défier les passants du geste. Le vieillard me regarda d'un air si doux et si suppliant que je m'arrêtai refoulant ma colère.

« Pour Marghouz, pour ta sœur, me dit-il, tais-toi !

— C'est bon ! dis-je. Où demeures-tu ? Il faut que j'aille à la mosquée, où j'ai rendez-vous. Je te reverrai ce soir. »

Le derviche des chrétiens me montra une petite porte basse dans une chétive maison à côté de l'église.

« Ici ! me dit-il simplement. Je t'attendrai. »

En ce moment l'appel du Muezzin retentit :

« Musulmans, priez ! »

« Adieu et au revoir ! m'écriai-je. Prie ton Dieu pour moi ! »

Et prenant dans mon sac, pendu à ma ceinture, un foulard de la Chine dont Marghouz m'avait fait autrefois présent, je l'attachai autour de mon cou, en signe que je faisais vœu de terminer une entreprise, suivant la coutume des Turks et des Mongols.

« Marchons ! dis-je à mon guide. Conduis-moi à la mosquée ! »

Cet esclave prit immédiatement les devants. Je le suivis. En route Plumet me dit en mongol :

« Marghouz ?

— Prisonnier, » répondis-je.

L'Écureuil sifflota doucement en tapotant sur son sabre. Son geste me fit plaisir.

« Ah ! si Djébé était ici ! ne pus-je m'empêcher de m'écrier.

— Il viendra ! dit Plumet.

— Manger du pain ! répondit l'Écureuil.

— Boire du vin ! ajouta son camarade.

— Oui, sûr et vrai ! repris-je moi-même. Oui, Dieu est le plus grand ! Les Mongols viendront certainement châtier les crimes des gens des villes ! »

Plumet distendit sa bouche d'une oreille à l'autre ; l'Écureuil regarda le bout de ses bottes ; mon guide s'arrêta. Nous étions arrivés devant la mosquée cathédrale. Je regardai un instant, frappé d'admiration. La mosquée s'ouvre par un porche revêtu de carreaux multicolores dont les dessins forment des fleurs, des ornements et des lettres. Au-dessus de ce porche s'élève un dôme immense surmonté de trois pommes d'or et de deux d'argent, accostées de fleurs de lis d'argent. A côté s'élève une tour d'une hauteur de cent coudées. On monte au haut de ce minaret au moyen de deux escaliers dont l'un est situé à l'ouest et l'autre à l'est, de sorte que deux personnes parties chacune de son côté du pied de la tour et se dirigeant vers son sommet ne se rejoignent que lorsqu'elles y sont parvenues. Toute la partie extérieure est revêtue, à partir du sol jusqu'au sommet, de beaux ornements, produits des divers arts de la dorure, de la calligraphie et de la peinture.

La longueur de tout l'édifice est de six cent vingt pieds, et sa largeur de quatre cent quarante. Une moitié est à ciel ouvert. Le nombre des nefs couvertes de dômes et de coupoles est de dix-neuf, celui des colonnes est de mille, celui des candélabres est de cent treize; les plus grands supportent mille lampes et bougies chacun, et les plus petits douze. La *kibla* (chapelle orientée vers la Mecque) est entièrement recouverte de mosaïques dorées et coloriées qui sont un présent de l'empereur de Constantinople. Elle est précédée de sept arcades émaillées et sculptées à jour, que le sultan vainqueur du monde, Tékèche le Batailleur, rapporta de Perse, lors de ses victoires sur les sultans hérétiques de ce pays. Au fond est un réservoir en marbre d'un seul bloc, dentelé, sculpté et couvert d'admirables ornements d'or et d'azur. La partie antérieure est ceinte d'une balustrade en bois ornée de précieuses peintures. Sur la droite se trouve une galerie à jour en ébène, en buis et en bois de senteur incrusté de pierreries. Cette galerie s'ouvre au fond sur une communication qui mène au palais royal. Elle est surmontée d'un dais de velours, de brocart et de drap d'or, et n'a pas sa pareille dans tout l'univers. Sur la gauche est la chaire, sculptée à jour; devant est le moçalla.

Qu'on se figure maintenant la foule entrant dans ce prodigieux édifice; tous ces riches citadins couverts de soie avec des fourrures de martre, de vair, d'hermine, coiffés de turbans de satin, de crêpe de Chine ou de bonnets de velours et de brocart; toutes les lampes allumées et la multitude des bougies; les parfums répandus par l'aloès et l'ambre gris brûlant dans d'immenses cassolettes de Perse et de Chine, et qu'on pense combien un pauvre nomade comme moi devait être ébloui, charmé, ravi. Je regardais en extase. Je vis les soixante gardiens de la mosquée vêtus de blanc et coiffés d'énormes turbans verts se ranger devant la kibla, au pied du moçalla. Sur le moçalla se placèrent les cheikhs, les mollahs; les lecteurs du Koran se mirent sur deux rangs, en face les uns des autres des deux côtés du moçalla. Le Cheikh des cheikhs, Nedjm ed Dine Koubra le martyr (la bénédiction soit sur lui), qui était venu d'Urguendj[1] pour prêcher en cette ville de Samarkand, monta en chaire. Le cheikh Madj ed Dine de Bokhara (Dieu lui fasse miséricorde!), favori de l'impératrice, se plaça sur le devant de l'estrade, en tête des cheikhs, des mollahs, des lecteurs du Koran, le visage tourné vers la foule des fidèles. Comme il était l'heure de la prière, je crus que l'office allait commencer de suite; je me trompais. On attendait quelqu'un.

Je cherchai Hucein des yeux; mais dans cette foule il était difficile de le trouver. J'étais contre une colonne; Plumet et l'Écureuil étaient à ma gauche. En levant les yeux, je vis dans la galerie au premier étage s'avancer une longue file de femmes voilées, car les femmes de Samarkand observent la coutume des Tadjiks, des Persans et des Arabes, et se voilent le visage. Les dames de la cour seules vont à la turke, le visage découvert. Pendant que je regardais cette procession, quatre hérauts portant des trompettes vinrent se placer devant la galerie d'ébène. Un cinquième, qui était leur chef, se mit devant eux. Il avait un haut bonnet surmonté d'une aigrette, une robe chamarrée à brandebourgs d'or et à manches fendues, et il tenait à la main une masse d'armes d'argent. Aussitôt, derrière la galerie, on entendit un grand bruit; les timbales battirent aux champs, les clairons sonnèrent au drapeau. Je ne connaissais pas encore les marches et les sonneries des Kharezmiens, mais à la cadence des roulements et des fanfares je me doutai bien qu'il s'agissait de quelque haut personnage. Alors un rideau qui cachait

---

1. Urguendj était à cette époque la capitale du Kharezm. Khiva ne fut fondé que vers 1380 et ne devint capitale qu'au dix-septième siècle.

la chapelle derrière la galerie d'ébène fut écarté, la chapelle parut éblouissante de lampes et de bougies; les quatre hérauts, embouchant leurs trompettes, répondirent aux fanfares et aux batteries des musiciens invisibles ; puis la musique se tut, et le chef des hérauts d'armes s'écria d'une voix sonore :

« Habitants de Samarkand ! Voici la Mère du Pôle de la Foi, l'épouse du deuxième Alexandre, l'ombre de Dieu sur la terre ; voici la *Protectrice du monde et de la Foi, la souveraine autocrate des Turks, la reine des femmes de la terre habitée*, Turkane Khatoune[1] ! Habitants de Samarkand ! inclinez-vous dans le respect et l'obéissance ! »

Toutes les têtes se courbèrent aussitôt, excepté la mienne et celles de mes écuyers, qui ne faisaient un geste que quand ils me l'avaient vu faire. J'étais indigné ; je trouvais ces musulmans presque des infidèles. J'étais outré de voir qu'ils faisaient attendre le service divin jusqu'à ce que cette grande dame voulût bien s'y rendre ; je trouvais honteux ces titres pompeux qu'ils lui donnaient dans la maison où tous les musulmans sont égaux, dans la maison de Dieu. Mon cœur se révoltait aussi quand j'entendais, sur le passage d'une femme, sonner les clairons et battre les timbales, qui ne doivent battre et sonner qu'au passage du drapeau ou des chefs victorieux. Pour toutes ces raisons, je demeurai la tête droite ; et portant mes regards sur la galerie d'ébène, je vis entrer la grande Khatoune. Elle marchait la première, portant diadème en tête et couverte de pierreries qui jetaient mille feux. A sa droite et à sa gauche s'avançaient deux des principaux chefs de l'armée, leur heaume d'argent garni de pierreries sur la tête, le sabre nu au poing et la poitrine couverte de cuirasses en acier de l'Inde damasquiné d'or.

Derrière la khatoune marchaient d'un pas lent et solennel les dames et les demoiselles de la cour, vêtues à la mode d'Iran et de

---

1. *Khatoune* signifie « noble dame ». C'était le titre des impératrices dans l'Asie centrale.

Kharezm. Leur habit se composait d'une robe sans manches en satin rouge ; ces robes faisaient de grands plis qui tombaient tout droits et avaient des traînes si longues que chaque dame était suivie de deux et même de quatre jeunes filles esclaves qui portaient la traîne de sa robe derrière elle; la grande Khatoune était suivie de six esclaves. Les bras des dames étaient nus et chargés de joyaux de Moultane, d'Isfahan, de Damas, de Brousse et de Venise. Ces robes de satin cramoisi montaient très-haut et étaient fermées au cou. Sur les épaules, les dames avaient un camaïl en dentelles de fils d'or, et sur la tête une tiare de brocart rouge, dentelée par le haut, ornée de perles, de rubis, d'émeraudes et surmontée de plumes retombantes. L'impératrice était une femme d'une cinquantaine d'années, très-fardée et dissimulant son âge. Elle était grande et encore très-belle ; sa démarche était noble, son visage imposant, majestueux, toute sa contenance hautaine et impérieuse. Elle fit un signe à son favori, le cheikh Madj ed Dine, et l'office commença.

Tout d'abord, quand j'entendis tant de belles voix chanter les prières des croyants et les louanges de Dieu le très-haut, je m'abandonnai à la dévotion et j'inclinai ma tête dans la piété. Plus tard, regardant du coin de l'œil la galerie d'ébène, quand je vis l'impératrice agiter son éventail d'un air distrait et parler à des officiers qui entraient à chaque instant pour prendre ses ordres, l'indignation me ressaisit. Je regardai du côté du cheikh Nedjm ed Dine et je vis à sa figure qu'il partageait mes sentiments. C'était un homme tout jeune et vigoureux. Sa grande barbe noire, ses yeux largement ouverts, son nez crochu, sa haute stature maigre, son visage basané indiquaient son origine arabe. Vêtu d'une robe de laine, coiffé d'un bonnet de feutre, il se tenait debout et droit, la main sur le rebord de la chaire ; sa lèvre crispée annonçait son dédain. Quand ce fut à la fatha, il se prosterna d'un air extatique, puis se relevant il allongea, terrible, sa main amaigrie vers la galerie d'ébène, et cria plutôt qu'il ne récita le verset sur lequel il allait prêcher :

« Lorsque l'heure fatale est venue, la perspicacité devient aveugle ! »

Je vis distinctement l'impératrice pâlir sous son fard. Le cheikh, la foudroyant du regard, commença à prêcher. Il parlait contre la fausse dévotion : sa parole me brûlait comme une flamme. A un moment, montrant du doigt le cheikh Madj ed Dine vêtu de satin et se prélassant sur le moçalla, debout sur un tapis de prière en velours brodé, il cria de sa voix sonore ces paroles du Koran :

« Luttez contre l'infidélité et contre les hypocrites ! »

Madj ed Dine courba la tête, atterré. Cette fois l'impératrice donna un coup sec de son éventail sur la balustrade de la galerie d'ébène : l'éventail d'ivoire se brisa. La grande Khatoune se leva, défiant le cheikh du regard. Mais lui continua sans se troubler. Il parla des conquêtes du grand empereur de Kharezm Pôle de la Foi, approuvant les unes, condamnant les autres. Il loua les victoires qu'il avait remportées sur les Persans hérétiques et sur les sectaires du Vieux de la Montagne, dont il avait détruit la forteresse « Dompteuse des Lions ». Mais il le blâma de sa tyrannie ; il maudit la guerre impie qu'il venait de faire au khalife abbasside Nasr ed Dine. Il l'accusa de complicité avec son suzerain le Gour Khan, ce tyran oppresseur des Oïgours et des Turks, que les gens des villes appellent des barbares ; il l'accusa de favoriser en tout les Persans hérétiques. Il prophétisa des catastrophes effroyables, et comme l'impératrice faisait un geste de menace, il alla jusqu'à réciter ce verset du Koran en la montrant du doigt :

« Il a été récalcitrant et orgueilleux et s'est mis au nombre de ceux qui renient ! »

Puis, récitant la fatha et bénissant les croyants, il termina par cet autre verset :

« Dis : Qu'attendez-vous autre chose pour nous que l'un des deux bons résultats : la victoire ou le martyre ? »

A ces mots, il descendit de sa chaire, fier et grave, et dans mon émotion je ne pus me retenir ; je rompis la foule, je courus à lui et, mettant genou en terre, je baisai le pan de sa robe. Il mit sa manche sur ma tête, murmura une bénédiction d'un air inspiré, et, traversant la foule qui s'ouvrait respectueuse-

Il allongea, terrible, sa main amaigrie vers la galerie d'ébène.

ment pour lui livrer passage, il sortit de la mosquée. Aussitôt, l'office étant fini, tout le monde sortit derrière lui. J'allais en faire autant, quand un garde armé de pied en cap me mit la main sur l'épaule :

« Suis-moi, dit-il, la reine du monde t'attend. »

J'ouvris doucement la porte et je regardai dehors.

CHAPITRE X

La grande impératrice.

Le cœur me battit bien fort. Après ce que je venais de faire, je pouvais tout craindre de l'impératrice outragée. Mais il n'était plus temps de reculer. Je suivis le garde. Plumet et l'Écureuil marchèrent flegmatiquement derrière moi, après qu'ils m'eurent rapporté mes bottes et chaussé les leurs sous le parvis. Nous sortîmes par la cour de la mosquée; nous passâmes par une porte basse, un couloir secret, une enfilade de corridors, puis je me trouvai brusquement devant une porte de bronze à incrustations d'argent, éclairée par une lampe assez terne. Deux guerriers couverts d'armures laquées de la Chine et tenant des masses d'armes d'acier montaient la garde des deux côtés de la porte. Le soldat qui m'avait amené disparut; j'attendis quelques instants, le temps environ de réciter trois *bismillah* et autant de *kouvallah*, et tout à coup la porte s'ouvrit à deux battants et je vis un salon éblouissant de lumières. Je recommandai mon âme à Dieu et j'entrai hardiment. Mes imperturbables écuyers m'emboîtèrent le pas sans mot dire.

La salle où j'entrais était très-vaste et carrée; à chacun des quatre angles se trouvait un cabinet; l'espace intermédiaire formait une salle intérieure ornée de trois balcons correspondant aux espaces laissés libres par les cabinets. La quatrième face formait galerie, et c'est sous la galerie que se trouvait la porte par laquelle j'étais entré. En face, sur une estrade élevée sur l'un des balcons, était un trône à pieds d'argent où l'impératrice était assise. Le sol était couvert de riches tapis. Dans les murs des cabinets, on avait pratiqué des niches garnies de vases d'or, d'argent, de porcelaine de la Chine et de verre de l'Irak. Devant la Khatoune se tenaient, assises sur des carreaux, une vingtaine de jeunes filles qui brodaient des étoffes. A ses côtés et autour d'elle, seize demoiselles esclaves tenaient des éventails de plumes de paon et des vases d'or et d'argent. Dix massiers, vêtus de brocart d'or et coiffés de hauts bonnets, attendaient les ordres de la Khatoune. Ils portaient sur l'épaule des masses de vermeil et avaient attaché à leurs baudriers des sabres à fourreau de velours. Leurs boucliers niellés pendaient à leur ceinture.

Sans m'émouvoir autrement, je fis trois pas en avant et je saluai à la mongole, en ôtant mon bonnet de la main droite et en portant la main gauche à l'oreille, en signe que j'étais prêt à écouter. La princesse me fit alors un petit geste pour m'inviter à m'approcher. Je fis les neuf pas prescrits par le cérémonial et je mis genou en terre. Plumet et l'Écureuil ne manquèrent pas de m'imiter, en gardant deux pas d'intervalle.

« Chevalier, me dit l'impératrice, nous avons appris que tu venais des pays lointains et que tu voulais visiter les tombeaux des saints musulmans qui sont en Mavera-an-Nahr. Nous avons toujours recherché, dans notre service impérial, les jeunes gens pieux et vaillants. Nous avons désiré te voir et te parler au sujet d'une importante affaire. Assieds-toi plus près, à nos pieds, sur ce coussin. »

Je m'inclinai et j'obéis. Mes vêtements fripés, mes bottes usées, mon armure ternie faisaient un effet étrange sur ce carreau de velours et de brocart. Le mélancolique Écureuil et l'hilare Plumet me suivirent fidèlement, cherchant aussi un coussin pour s'asseoir aux pieds de la Khatoune; mais tous les coussins étaient occupés; les dames et les demoiselles et l'impératrice elle-même se mirent à rire en voyant la mine exotique et l'air effaré de mes discrets écuyers. Mes écuyers, voyant qu'on riait, saluèrent modestement en se prenant l'oreille gauche avec la main et en se la tirant avec toute la politesse obligée.

« *Tougtchi*, mon banneret? dit à voix basse l'Écureuil.

— Où faut-il nous mettre? » continua Plumet.

Je rougis jusqu'au blanc des yeux de l'incongruité de mes compagnons. L'impératrice vint à mon secours.

« Quels sont ces braves gens? me dit-elle. Je vois à leurs manières un peu turkes qu'ils viennent du fond du désert. Je suis sûre qu'à cheval ils sont remplis de courage.

— Madame, répondis-je, que ma vie soit la rançon de la vôtre! ils sont au commandement de Votre Majesté. »

Mes deux gardes du corps, ne recevant pas d'ordre, s'assirent par terre derrière moi. En s'asseyant, Plumet ne manqua pas d'écraser l'éventail qu'une demoiselle avait posé devant son coussin, et l'Écureuil creva la broderie d'une autre, en y embarrassant le fourreau de son sabre. J'aurais voulu les voir à cent pieds sous terre, mais ils eurent l'air si consterné que je ne pus m'empêcher d'avoir pitié d'eux. L'un dissimula sa stupeur en se cachant la figure avec son bonnet graisseux, et l'autre, dans sa douleur, se mit à se gratter la tête avec désespoir, en louchant affreusement.

« Chevalier, dit l'impératrice, que les manières de mes deux écuyers semblaient beaucoup amuser, tes suivants sont les plus divertissants du monde; mais nous attendons de toi autre chose que d'être divertis. Un de nos fidèles serviteurs, auquel nous témoignons de la considération, s'est entretenu avec toi proche de Kachgar. »

Je m'inclinai. Toute mon attention se tendit. Cette fois je pensais que ce trop long mystère allait être expliqué.

« Nous avons, reprit l'impératrice, entendu parler de deux jeunes personnes dont l'une est ta sœur, je crois? et dont l'autre, arrachée à ses parents, est captive de certaines personnes qui demandent une rançon pour la rendre à la liberté. N'est-ce pas vrai?

— C'est vrai, Majesté! » répondis-je d'une voix étranglée.

La grande Khatouné remarqua certainement mon émotion; mais elle garda son air calme et son ton indifférent. Elle frappa dans ses mains. Aussitôt tout le monde sortit et je restai seul avec elle et mes deux écuyers.

« On nous a parlé, reprit-elle alors, d'un jeune barbare de tes amis, un païen ou un sectaire chrétien, je ne sais plus au juste. Son nom est Merghouz ou Marghouz.

— Marghouz! m'écriai-je. J'ai appris qu'il est emprisonné; c'est sans doute à l'insu de Votre Majesté, et....

— Écoute avec calme, interrompit la Khatoune. Je me suis juré que je te pardonnerais neuf fautes : c'est la troisième que tu commets ce soir, et si Turk ou barbare que tu sois, tu es assez intelligent pour te souvenir de la première. »

Le nom du cheikh Nedjm ed Dine fut sur mes lèvres. Mais je me contins et je ne répondis rien.

« Oh! dit l'impératrice en s'animant, on ne me brave pas impunément. Je n'aurais qu'un geste à faire pour que la tête qui ne s'incline pas devant moi tombe sous le sabre! Mais les remontrances de mes sujets ne m'atteignent pas. Le khalife Almamoun[1] disait qu'un souverain peut tout pardonner, excepté l'atteinte portée à sa puissance et la divulgation de ses secrets. J'ai des ennemis occultes qui conspirent contre ma puissance, et c'est de ceux-là que je m'inquiète. Un ennemi, pire qu'un infidèle, prépare contre moi de sourdes machinations : ce mécréant

---

1. Monté sur le trône en 97 A. H. Mort en 118.

conspire contre ma puissance. Que m'importent les admonestations de Nedjm ed Dine? Il fait son métier de cheikh quand il prêche; mais à la même mosquée où il a prêché, du moins on disait mon nom dans la prière publique[1]; l'homme dont je te parle, lui, aspire à faire mettre son nom dans la prière publique à la place du nom de l'empereur! Djani, veux-tu me débarrasser de cet homme? »

Elle s'était levée frémissante. Je m'étais levé aussi, par respect. Je sentais bien, à son agitation, qu'elle ne pardonnait pas au cheikh Nedjm ed Dine, mais qu'elle haïssait l'autre davantage, et depuis plus longtemps. De fait, je trouvais abominable de conspirer contre son souverain. Néanmoins j'hésitais. L'impératrice, comprimant sa fureur, me dit rapidement :

« Ici la vie et l'âme des gens sont à ma discrétion. Marghouz, Aïcha et la princesse aux yeux noirs sont entre mes mains. Un homme conspire secrètement contre moi : c'est donc secrètement que je dois m'en défaire. On me dit que tu es brave et fort : veux-tu accepter cette importante mission de débarrasser un empire musulman d'un ennemi redoutable? La liberté de ton ami, de ta sœur et de la princesse sont à ce prix. Vie pour vie! Donne-moi celle de mon ennemi, je te donnerai celle de tes amis! »

Je pouvais tout craindre si je répondais par un refus. Je me représentai que la Khatoune n'hésiterait pas à faire mettre à mort Marghouz, ma sœur et la princesse. Il s'agissait avant tout de gagner du temps et de demander conseil au derviche chrétien, qui m'avait inspiré une grande confiance. Après avoir hésité un moment, je répondis donc avec fermeté :

« Je suis prêt! Contre qui dois-je me mesurer?

— Que t'importe? dit l'impératrice. As-tu peur?

— Peur! m'écriai-je. Le fils de mon père n'a pas peur!

---

1. La *Khotba*. On prononçait autrefois dans la Khotba la prière pour l'impératrice et celle pour l'empereur. Mettre son nom dans la Khotba, c'est monter sur le trône.

Donne-moi mon homme le sabre à la main, et tu verras si j'ai peur!

— Bien, répondit l'impératrice. Nous t'accorderons nos grâces et notre protection si tu réussis dans cette difficile entreprise. Nous te retenons pour faire partie de notre escorte, et tu nous accompagneras à Bokhara, où nous nous rendons demain. C'est dans cette ville que nous te montrerons l'homme dont il importe que tu nous délivres. D'ici demain, ton logement est prêt dans notre palais, et je vais t'y faire conduire. »

Elle frappa dans ses mains, et ses demoiselles, ses esclaves, ses massiers rentrèrent d'un pas lent et solennel. J'étais tout étourdi. D'une part, j'étais enchanté de gagner du temps; d'autre part, j'étais désolé de ne pouvoir m'entendre avec le derviche chrétien; mais il n'y avait pas moyen de lutter. J'essayai pourtant.

« Que Votre Majesté, dis-je, me donne congé d'aller chercher nos chevaux.

— Tes chevaux sont ici, me répondit l'impératrice; notre serviteur le marchand Hucein les a fait amener.

— Puis je voir Marghouz? » dis-je encore.

Elle mit le doigt sur ses lèvres pour m'imposer silence, et me congédia du geste. Je vis que j'étais prisonnier. Deux huissiers porteurs de lanternes s'approchèrent, et je les suivis sans rien dire, après m'être incliné devant la grande Khatoune. Plumet et l'Écureuil m'emboîtèrent le pas. Les deux porte-lanternes nous firent passer à travers une longue galerie au bout de laquelle nous descendîmes un escalier. Nous traversâmes une grande cour plantée d'arbres, puis nous entrâmes dans une cour plus petite où étaient un pavillon et une écurie. Dans l'écurie, je reconnus nos trois chevaux. On nous introduisit dans une salle basse du pavillon; un repas magnifique était servi. Les deux huissiers s'inclinèrent silencieusement, sortirent et fermèrent la porte derrière eux.

Je commençai par manger, car l'appétit ne quitte jamais un nomade. Le festin était des plus copieux, mais avec l'aide de mes deux écuyers j'en vins très-bien à bout. Quand la dernière bouchée fut avalée et la dernière cruche tarie, je pris la parole :

« Compagnons, dis-je, je suis fâché de vous apprendre que nous sommes prisonniers. Ce kiosque où nous nous trouvons est sans doute une prison où l'on mange bien, mais c'est une prison. Au milieu des ruses et des perfidies de ces gens des villes, moi je me perds ; j'ai besoin des conseils d'une barbe grise, d'un homme plus expérimenté que moi. Or le vieux que nous avons vu aujourd'hui devant l'église des chrétiens me paraît l'homme qu'il faut, et je veux avoir son conseil avant de partir d'ici. Je vais donc essayer de sortir et d'aller le voir, et vous, vous m'attendrez pour m'aider à rentrer quand je l'aurai vu.

— Commandez, mon banneret ! » dit l'Écureuil en portant la main au bonnet.

Quant à Plumet, il ne dit rien du tout et se contenta d'ouvrir son énorme bouche en signe d'obéissance.

« A présent, dis-je, voyons un peu où nous sommes. »

J'ouvris doucement la porte et je regardai dehors. Il faisait clair de lune, et je pus très-bien reconnaître qu'il n'y avait personne dans la cour. Je fis alors le tour du kiosque qui était à deux étages et un peu plus haut qu'un mur tout proche. Aucune lumière ne paraissait aux fenêtres du premier et du deuxième étage. Nous devions être seuls. Un grand arbre à côté du kiosque dominait le mur, une de ses branches s'avançait même en dehors. Je grimpai sur l'arbre, et en suivant la branche j'arrivai au mur. Je m'aperçus que de l'autre côté il y avait une rue assez large et absolument déserte. Alors je sifflai doucement ; l'Écureuil vint aussitôt me rejoindre sur mon arbre ; Plumet resta en bas pour faire le guet.

« Sousou, dis-je à voix basse à mon compagnon, je vais descendre de l'autre côté du mur pour tâcher de trouver mon homme. Tu m'attendras, caché sur cette branche. Quand je reviendrai, il ne me sera pas difficile de retrouver cette partie du mur dominée par le kiosque et par l'arbre. Je serai de retour avant le jour. Je sifflerai pour me faire reconnaître. As-tu ton lasso sur toi ?

— Voici ! dit l'Écureuil en défaisant le lasso de crin que

tout honnête Mongol attache à sa ceinture en descendant de cheval.

— Bien. Tu vas me le tenir pour que je descende, et tu me le jetteras pour que je remonte quand je reviendrai.

— Et si tu ne reviens pas, mon banneret ?

— A la grâce de Dieu ! Vous ferez comme vous pourrez.

— Bon, dit tranquillement l'Écureuil. A nous deux avec Plumet, nous en tuerons bien une demi-douzaine avant qu'ils nous prennent. »

Disant ces mots, l'Écureuil disposa son lasso, l'attacha au tronc de l'arbre, et lança le bout flottant par-dessus le mur. Quand il eut fini, il me regarda en faisant une singulière grimace.

« Qu'est-ce que tu veux, camarade ? lui demandai-je.

— T'embrasser, mon banneret, répondit le brave garçon. Si nous ne nous revoyons plus....

— Adieu, brave Sousou, répondis-je les larmes aux yeux en l'embrassant cordialement. Adieu, pour Plumet et pour toi ! »

Aussitôt j'enjambai le mur ; et je me laissai glisser jusqu'à terre. Je vis le lasso de l'Ecureuil remonter tout de suite ; je notai bien la place où j'étais, pour pouvoir la reconnaître, et longeant rapidement la rue, je m'enfonçai dans la ville, déserte à cette heure.

J'étais assez bien orienté et je retrouvai sans trop de difficulté la place de la mosquée cathédrale. Une fois là, je rassemblai mes souvenirs, et je cherchai à reconnaître le chemin que j'avais suivi dans la journée, pour venir de l'église Saint-Jean-Baptiste à cette place. Je crus distinguer le bon chemin et je m'engageai dans une rue assez étroite. Je n'avais pas fait vingt pas quand j'entendis un bruit d'armes et que je vis la lueur d'une lanterne. Une troupe de gens armés, précédée d'un falot, s'avançait vers moi. Je cherchai à me dissimuler, mais j'étais au pied d'un mur de jardin tout lisse, qui ne présentait aucun enfoncement, aucun recoin capable de me cacher. Voyant qu'il en était ainsi, je pris mon parti et je continuai mon chemin d'un air assuré. Quand je fus à hauteur de la troupe, un homme

Quand il eut fini, j'enjambai le mur.

à cheval, qui était le chef, m'ordonna de m'arrêter, et l'homme au falot me porta sa lanterne au visage.

« Qu'est-ce que tu fais dans la rue à cette heure? me dit le chef d'un ton rude. Qui es-tu? d'où viens-tu? Allons, parle, Turk, brute de nomade !

— Dis donc, Tadjik, méchant citadin, répondis-je, tu pourrais me parler plus poliment ! »

L'homme fit un grand éclat de rire.

« Ha, ha ! s'écria-t-il; on voit que tu viens de loin. Il paraît que tu ne me connais pas?

— Et je n'ai pas envie de te connaître, répondis-je. Allons, si tu es musulman, laisse-moi passer mon chemin, et si tu ne l'es pas, que le diable t'emporte ! Je passerai tout de même. »

L'homme fut pris d'un énorme accès d'hilarité.

« Ha, tu passeras tout de même? dit-il en secouant les épaules à force de rire. Ha, tu ne sais pas si je suis musulman ? Je m'appelle Salama la Grand'Barbe, et les bourgeois de Samarkand prétendent que je ne me couche pas tranquille si je n'ai pendu, écartelé, roué, ou tout au moins bâtonné quelqu'un dans ma journée. Or je n'ai cassé les os à personne aujourd'hui ; je te rencontre à une heure indue et tu fais l'insolent !

— Bandit ! m'écriai-je exaspéré, en tirant mon sabre, passe au large, toi et les enfants du péché qui t'accompagnent. Je ne suis pas une proie faite à l'usage des voleurs de ton espèce ! »

La Grand'Barbe partit d'un éclat de rire plus formidable que jamais et se tapa sur la cuisse avec son énorme poing.

« Ha, tu es un homme bien avisé, jeune chat sauvage des bois ! exclama-t-il. Tu me prends pour un voleur? Voleur toi-même, ennemi du roi, apprends que je suis le chef de la police ! Allons, vous autres, garrottez-le, et qu'on le conduise au cachot, où je l'interrogerai tout à loisir ! »

Je m'adossai au mur, et me mettant en garde, je répondis :

« Voleur ou chef de police, ce m'est tout un. Le premier qui m'approche, je lui passe mon sabre au travers du corps ! »

Les hommes de la police faisaient mine de se jeter sur moi, quand je vis deux pages porteurs de lanternes qui précédaient un homme richement vêtu ; un cortége d'autres pages et d'huissiers le suivait. L'homme marchait du pas grave d'un homme d'importance. Il n'avait point d'armes.

« Holà, Salama ! cria cet homme, que se passe-t-il ? Quel est cet esclandre ? »

La Grand'Barbe s'inclina respectueusement devant le nouveau venu.

« Excellence, dit-il, c'est un jeune barbare qui court les rues la nuit, sans lanterne, contre l'ordre du roi. Je vais le faire mettre au cachot, avec votre permission.

— Salama, Salama, dit l'homme aux manières graves, ce jeune Turk aura sans doute péché par inadvertance, et toi-même tu l'auras brutalisé plus que de raison, suivant ta coutume.

— Il a toute la mine d'un voleur ! s'écria Salama, et avec cela insolent comme tous les nomades. Il est fait à pendre, autant que tous ceux que j'ai pendus de ma vie.

— Allons, tais-toi, lui dit l'homme. Jeune musulman, d'où viens-tu ? Où vas-tu ? Si tu me réponds d'une manière satisfaisante, aussi vrai que je m'appelle Mahmoud Yelvadj, je te fais relâcher.

— Mahmoud Yelvadj ! m'écriai-je en tressautant. Mahmoud Yelvadj de Bokhara ?

— Sans doute, me répondit l'homme un peu surpris. Mahmoud Yelvadj de Bokhara lui-même.

— Oh alors, lui répondis-je tranquillement, je n'ai qu'un mot à te dire. Tu es l'homme que je cherche.

— Tu me cherches, moi ? dit Mahmoud Yelvadj en me regardant bien en face.

— Je te cherche, toi ! répondis-je sans baisser les yeux. Et puisque tu me demandes d'où je viens, eh bien, je viens des sources de l'Onon et de Deligoune Bouldak.

— Deligoune Bouldak ? ricana la Grand'Barbe ; qu'est-ce que cela ? Quelque repaire à coupeurs de route nomades ! »

Mahmoud Yelvadj lui imposa silence d'un ton sec.

« Tu as fait une mauvaise prise, Salama, lui dit-il. Pour cette nuit, si tu ne trouves pas mieux, tu reviendras les mains vides.

Je m'adossai au mur, et me mettant en garde....

J'attendais effectivement ce jeune homme et je l'emmène au palais avec moi. »

Disant ces mots, il me prit par la main, me fit placer à ses côtés, et se mit en route suivi de son cortége, pendant que Salama, furieux, jurait comme un païen. Nous fûmes bientôt de retour au palais. Mahmoud Yelvadj s'arrêta devant une poterne, se fit reconnaître par les portiers et entra. J'entrai derrière lui. Nous traversâmes une allée qui nous conduisit à un jardin au fond duquel s'élevait un kiosque. Mahmoud m'y fit entrer; ses deux porteurs de lanternes déposèrent leurs lanternes sur le tapis et nous laissèrent seuls. Mon premier mouvement fut de prendre à mon cou la demi-pièce de monnaie que m'avait donnée le Khan. Aussitôt Mahmoud tira une bourse de sa ceinture et sortit une autre demi-pièce qui s'adaptait parfaitement à la mienne. Alors il me serra les deux mains et me dit :

« C'est bon. Comment se porte Témoudjine ?

— Il se porte bien, grâce à Dieu ! » répondis-je.

Je regardai attentivement mon homme. Sa figure me plut tout de suite. Il avait une grosse tête ronde, un front carré, un menton pointu, des yeux vifs et obliques avec une paupière cachée sous l'arcade du sourcil, la barbe rare et la moustache pendante; avec cela, le teint hâlé et les joues couleur de brique. C'était un vrai Turk, fort et rude. D'ailleurs le Khan m'avait envoyé à lui; c'était assez pour qu'il m'inspirât une confiance illimitée. Avec l'autorité dont il paraissait être investi, c'était l'homme qu'il me fallait pour me conseiller.

« Ata, « père, » lui dis-je en lui parlant avec déférence, je dois avant tout t'informer que moi aussi je loge dans ce palais.

— Parle mongol pour qu'on ne nous comprenne pas, dit-il vivement; ici les murs ont des oreilles.

— Bien ! répondis-je en mongol. J'ai laissé à mon logement mes deux écuyers qui attendent mon retour. Il faut que j'aille les rassurer.

— Compris ! dit Mahmoud. Il vaut d'ailleurs mieux que nous causions chez toi, où nous serons moins espionnés. Où es-tu logé ? »

Je le lui expliquai tant bien que mal. Comme il connaissait à fond la distribution du palais, il reconnut l'endroit sans hésiter.

« C'est le petit kiosque avec une écurie, près du mur de la cour du nord, dit-il. Viens. »

A ces mots, il souffla les deux bougies, les mit dans sa poche, et nous nous glissâmes dehors sans bruit. Arrivé près du kiosque, je sifflai doucement. Plumet vint me reconnaître. L'Écureuil, relevé de sa faction, descendit de son arbre en roulant son lasso. Nous entrâmes dans la salle basse, et Mahmoud nous fit accrocher nos capotes devant la fenêtre, pour qu'on ne vît pas la lumière du dehors. D'ailleurs Plumet se cacha dans la cour pour faire le guet. Alors je battis le briquet, je rallumai les bougies, nous nous assîmes sur le tapis, et répondant aux questions de Mahmoud Yelvadj, je lui racontai succinctement ce qui m'était arrivé depuis que j'avais rencontré l'homme mystérieux aux environs de Kachgar.

Mahmoud Yelvadj hocha la tête à plusieurs reprises, puis réfléchit profondément pendant quelques instants. Enfin, rompant le silence :

« Tous ces événements s'enchaînent très-bien, dit-il, et je crois les comprendre. Apprends d'abord que l'impératrice Turkane Khatoune est un démon à figure de femme. Ce monstre couronné est l'alliée et la complice du Vieux de la Montagne, dont Timour Melek t'a parlé. Le Vieux de la Montagne assassine pour le compte des autres aussi bien que pour le sien propre[1]. L'homme que tu as rencontré près de Kachgar doit être un des affidés du chef des Assassins ; peut-être est-il le chef des Assassins en personne. Turkane Khatoune et lui méditent en commun de se venger et de se défaire de quelque personne qui les gêne. L'homme de Kachgar a vu, par ton affaire d'Almaty, que tu étais brave et bon chevalier ; il a reconnu, en te parlant, que tu étais naïf et innocent comme tous les nomades, et tout à fait propre à lui servir

---

1. Dès le treizième siècle, les fanatiques du Vieux de la Montagne n'étaient plus que des assassins à gages. Le soudan d'Égypte Bibars el Bondokdary se vantait de les avoir à son service.

d'instrument, et il t'a envoyé à Turkane Khatoune pour faire sa sinistre besogne.

— Mais Marghouz ? Mais ma sœur et la princesse ? répondis-je.

— Que tu es simple! reprit Mahmoud Yelvadj en haussant les épaules. Quand on a su qui tu étais par l'écuyer balafré, lequel a quitté Timour Melek, et qu'on a connu tes relations et tes amitiés, on a mis la main sur Marghouz et ta sœur afin d'avoir prise sur toi et de te mener à discrétion où l'on voulait te conduire. Quant à ta princesse, j'ignore qui elle peut être. C'est probablement quelque noble demoiselle qui est tombée entre les griffes du Vieux de la Montagne et de l'impératrice, et que ces deux ennemis de Dieu tiennent en réserve pour s'en servir suivant l'occasion.

— Ils se trompent! m'écriai-je. Avec l'aide de Dieu je tirerai la princesse de leurs mains!

— Patience! dit Mahmoud; n'allons pas trop vite. Nous aurons peut-être beaucoup à faire pour te tirer d'affaire toi-même.

— Mais l'écuyer balafré? dis-je encore. Il était de la suite de Timour Melek. Le Roi de fer est un des plus fiers et loyaux chevaliers que j'aie vus; je ne puis pas croire qu'il trempe dans toutes ces infamies.

— Oh! pour le Roi de fer, c'est différent, répondit Mahmoud Yelvadj. Il y a ici une dizaine d'honnêtes gens, et le Roi de fer est un des premiers. Compte avec lui le jeune petit-fils de l'empereur Djelal ed Dine, qui a quinze ans et qui promet de devenir un héros, le cheikh Nedjm ed Dine qui est un saint, et moi, ton serviteur, tu ne seras pas loin de la moitié du compte.

— Eh bien? lui dis-je anxieusement. Alors comment le Balafré se trouve-t-il mêlé dans ces abominations?

— Voilà! dit Mahmoud. Timour est le plus brave et le plus honnête des hommes, mais il est franc et brutal comme son sabre, et il ne fait pas bon lui tenir tête; son écuyer lui aura déplu et il l'aura cravaché, suivant sa louable habitude. Il a la main prompte, ton Timour Melek. L'écuyer, pour se venger de son maître, aura été se mettre au service du Vieux de la Montagne qui a juré haine à mort au Roi de fer.

— Mais tout cela est horrible! m'écriai-je. Mais tous ces gens seront damnés! Mais vos villes saintes sont l'antichambre de l'enfer! »

Mahmoud Yelvadj partit d'un cordial éclat de rire. C'était un vrai Turk, un nomade franc et brusque.

« Tu l'as dit, me répondit-il ; c'est ici l'antichambre de l'enfer. Ici tout le monde conspire : les sujets contre leur roi, le roi contre ses sujets, le vassal contre son suzerain, le serviteur contre son maître, le frère contre le frère et le fils contre le père. Le Chah-Zadé (prince héritier) Méhémet conspire contre l'empereur son père; l'empereur conspire contre le Gour Khan son suzerain; le roi de Samarkand et de Bokhara, Osman, qui passe pour le plus bel homme de la terre, et qui vient justement de prêter hommage à l'impératrice Turkane Khatoune, conspire contre l'empereur et contre le Gour Khan; dans quelques semaines peut-être, il trahira l'empereur pour le Gour Khan, comme il vient de trahir le Gour Khan pour l'empereur. L'impératrice Turkane Khatoune conspire pour son fils contre l'empereur et contre le Gour Khan, et du fond de son repaire du mont Alamout, le Vieux de la Montagne conspire contre tout le monde.

— Je suis sûr, m'écriai-je, que Timour Melek ne conspire pas!

— Tu te trompes, répondit Mahmoud, Timour doit conspirer. En Mavera-an-Nahr, les petits enfants à la mamelle conspirent déjà; depuis que tu es arrivé, tu vois bien que tu conspires sans t'en douter : c'est dans l'air.

— Et toi? dis-je stupéfait. Alors toi aussi, tu conspires?

— Moi? dit tranquillement Mahmoud Yelvadj, il y a huit ans que je ne fais pas autre chose! »

Je laissai retomber mes bras avec découragement. J'étais tombé dans un abîme dont je ne soupçonnais même pas la profondeur.

« Oui, reprit l'imperturbable Mahmoud Yelvadj, moi je suis un nomade turkoman. Les scélérats de Turks Kanklis, qui ont fondé l'empire de Kharezm et adopté les mœurs des sédentaires, des Tadjiks vils, des Persans hérétiques (damnés soient-ils!) ont pillé mon clan. C'est bien. Moi, j'ai juré que je me vengerais, et tu sais qu'un nomade n'oublie pas ces serments-là.

— Dieu est le plus grand! m'écriai-je. J'ai fait le même serment que toi.

— Bien, continua Mahmoud. Je suis donc entré comme marchand au service de l'empereur des Kanklis, du sultan de Kharezm, Tekèche le Batailleur, et de sa femme. C'est moi qui voyage pour eux; je vais leur chercher les brocarts, les bijoux, les soies, les vases précieux, les velours, à l'occident jusqu'à la ville de Constantin, la capitale du César de Rome, à l'orient jusque dans l'Inde, dans le Manzi qu'on appelle aussi Chine, et dans l'île de Cipangou, qu'on appelle aussi Japon. C'est en allant en Chine que j'ai fait la connaissance de Témoudjine, et bien qu'il soit païen, je me suis entièrement dévoué à sa personne et à son service, car, écoute bien, c'est lui qui vengera les nomades des injustices que leur font les sédentaires maudits. Oui, je conspire ici, mais ce n'est pas pour moi! C'est pour la grande et éternelle cause des nomades turks et mongols contre les sédentaires Tadjiks et Iraniens, pour la querelle d'Afrasiab contre Key-Khosrou[1], d'Isfendiar contre Rustem, de Témoudjine contre l'empereur du Kara-Khataï, contre le Gour Khan de Kachgar, contre le roi de Mavera-ar-nahr, contre le sultan Gouride d'Hérat et de Delhy dans l'Inde, contre le padichah de Kharezm....

— Dis tout de suite contre le monde! interrompis-je.

— Eh bien, oui! s'écria Mahmoud. Je te parle de la querelle des nomades qui ont la face large, les yeux obliques et la barbe clair-semée comme nous, contre les hommes qui ne sont pas comme nous, contre les hommes qui ont le nez long et la barbe touffue. C'est la bataille du désert et de la lande contre la terre cultivée.

— Gloire à Dieu! m'écriai-je enthousiasmé, ce sont les gens du désert qui seront les plus forts. Maudits soient les gens des

---

1. Du roi des Scythes contre Cyrus l'Ancien.

villes! Ils ont beau bâtir des mosquées : les vrais musulmans, c'est nous.

— Oui ! dit fortement Mahmoud. Je préfère un païen comme Témoudjine ou Bogordji à un croyant comme le Vieux de la Montagne, ou le sultan Gouride Chehab ed Dine. Le prophète l'a dit : *Le bonheur est attaché au front du cheval, et le paradis est à l'ombre des sabres.* »

Nous gardâmes un instant le silence. Je repris la parole le premier.

« Ainsi, dis-je à Mahmoud, tu crois que l'impératrice est d'accord avec le Vieux de la Montagne ?

— Je ne le crois pas : j'en suis sûr.

— Mais alors, dis-je en frémissant, mais alors c'est Timour Melek.... »

Je m'arrêtai, n'osant pas en dire davantage.

« Parfaitement, reprit Mahmoud ; c'est Timour Melek qu'ils veulent faire assassiner. »

Je me cachai la tête dans les mains.

« Écoute, continua Mahmoud. Il faut que tu saches exactement comment les choses sont ici, pour ne pas faire trop de sottises. Si Témoudjine t'a choisi pour venir me trouver, c'est que tu n'es pas une bête : nul ne s'entend en hommes comme lui. Donc, écoute, et tu comprendras. Les Kara-Khataï, qui étaient des nomades de la nation des Nyu-Tché, ont fondé, comme tu sais, un grand empire, qui s'est séparé en deux. L'un a sa capitale à Bich-Balik, l'autre à Kachgar. Cet empire de Kachgar a pour roi le Gour Khan, dont votre *Idi-Kout* des Oïgours est le vassal direct ; il a pour sujets des Nyu-tché, des Oïgours, des Turks Karliks ; parmi eux se trouvent des musulmans, des chrétiens et des idolâtres bouddhistes.

— Je sais tout cela, répondis-je.

— Ce que tu ne sais pas, reprit Mahmoud, c'est que les Turks Kanklis, qui sont tous musulmans, ont fondé un grand empire à Urguendj, en Kharezm. Il y a quelque quarante ans, Atsiz, sultan de Kharezm, entra en lutte contre Sandjar, le sultan seldjoukide du Khoraçan.. Son successeur, Il-Arslan (Lion des peuples), détrôna le dernier des sultans seldjoukides ; mais ayant fait la guerre au Gour Khan, il fut vaincu et devint son tributaire.

— Je sais encore ceci, répondis-je. C'était en 560 (1164); les Oïgours formaient l'élite de l'armée du Gour Khan, et mon père combattit dans cette guerre.

— Bon, continua Mahmoud. Le présent roi de Kharezm, Tekèche le Batailleur, a fait de grandes conquêtes et a pris le titre de Padichah. Son empire s'étend de l'Inde et du golfe Persique à l'Euphrate et à l'Idil; mais il est resté tributaire du Gour Khan. Le Vieux de la Montagne ne pardonne pas au Batailleur les corrections que celui-ci lui a infligées dans le Khoraçan. D'autre part, le fils aîné du Batailleur, l'héritier légitime, est haï de l'impératrice, qui veut mettre sur le trône le fils cadet, Méhémet. Commences-tu à comprendre ?

— Oui, répondis-je. L'impératrice et le Vieux de la Montagne s'entendent contre le Batailleur pour écarter les obstacles qui sont sur le chemin de Méhémet.

— Pas mal pour un Mongol ! dit Mahmoud. Mais ce n'est pas tout. Le khalife de Baghdad, Nassr ed Dine, vaincu par le Batailleur, lui garde rancune, tu le penses bien. Il a placé auprès de l'impératrice le cheikh Madj ed Dine, qui s'est complétement emparé de son esprit. Or Madj ed Dine est la créature de Chehab ed Dine, sultan de Gour, d'Hérat et de Delhy dans l'Inde, tributaire du Batailleur, et qui aspire, quand le vieux Tekèche sera mort, à s'asseoir sur le trône de Kharezm ; ce Chehab ed Dine est secrètement l'allié du Vieux de la Montagne; de sorte que l'impératrice conspire avec Madj ed Dine et le Vieux de la Montagne contre l'empereur et son fils aîné, et que le favori de l'impératrice, Madj ed Dine, conspire avec le Vieux de la Montagne, le sultan de Gour et le khalife de Baghdad, contre l'impératrice et son fils cadet. Comprends-tu ?

— Honte sur tous ces scélérats, félons et déloyaux ! m'écriai-je.

— Attends encore, mon brave, attends encore, reprit Mahmoud. Ce n'est pas fini. Timour Melek est brave comme un lion, et de plus, fort avisé. Il a une grande influence sur Djelal ed Dine, le jeune fils de Méhémet, dont on dit merveilles; d'un autre côté, par ses terres de Turkestan et son château de Khodjend, il est vassal du Gour Khan, et comme tu le connais, tu te figures qu'il est vassal loyal et fidèle. Or Méhémet brûle de secouer le joug du Gour Khan dès qu'il sera monté sur le trône; il n'attend pour cela que la mort de son père le Batailleur. Le Batailleur, de son côté, ne veut pas que rien soit entrepris contre l'empire du Gour Khan, qu'il considère comme sa barrière naturelle au nord-est contre les Naïmanes chrétiens et idolâtres, et contre les Kéraïts chrétiens. Timour est l'homme du Gour Khan auprès du Batailleur. Comprends-tu maintenant que Timour gêne énormément l'impératrice, et le Vieux de la Montagne, et Madj ed Dine, et quelques autres encore? Comprends-tu encore que tout ce Mavera-an-Nahr, et ce Kharezm, et cette Perse, et le reste, sont une pourriture? Et que dis-tu de tout cela?

— Ce que je dis? m'écriai-je. La seule chose que j'ai à dire désormais, c'est : Vive la patrie mongole! Vive la bannière bleue! »

Mahmoud me serra la main en silence. Un instant après, il dit :

« Voici l'affaire. Moi, j'envoie des armes à Témoudjine, et il m'adresse à toi pour que j'organise la caravane que j'ai promis de lui expédier et pour que je lui procure des machines ou des hommes capables de les construire et de les diriger. Il s'agit de délivrer Marghouz, ta sœur et la princesse. Partez pour la Syrie et l'empire de Rome, où en fait de machines et de gens sachant les construire, toi, tu trouveras ton affaire parmi les musulmans, et Marghouz la sienne parmi les chrétiens. J'ai là-bas des hommes sûrs auxquels je vous adresserai. Pendant que la cour se rend à Bokhara, comme nous l'accompagnons tous deux, je me charge de trouver un moyen de délivrer tes amis et de te mettre en bonne route, toi et Marghouz. Adieu. Dans trois ou quatre heures, quand tu me reverras, tu feras semblant de ne pas me connaître.

— Mais les hommes que tu avais avec toi? répondis-je.

— Il n'y a pas de danger. Ce sont des hommes de mon clan, tous sûrs et solides ; aucun ne dira rien.

— Mais le portier du palais ?

— Il ne t'aura pas reconnu au milieu de ma suite ; il t'aura confondu avec les autres. Confiance, et repose-toi jusqu'au jour. »

A ces mots, Mahmoud me serra encore la main et me quitta. Une minute après, je m'endormais, bercé par les ronflements sonores de mes deux écuyers.

« Alerte! me cria-t-il, on nous poursuit. »

CHAPITRE XI

De Samarkand à Basrah[1].

De grand matin, je fus éveillé par le son des timbales, des fifres, des flûtes et des clairons. Deux esclaves nous apportèrent un copieux repas et nous invitèrent à seller nos chevaux, attendu que la Khatoune allait partir. Environ une heure après, un chef de ses gardes, nommé Sumbul l'Indien, m'apporta en grande pompe une bourse de mille dinars et une pelisse de zibeline. Il remit aussi à chacun de mes écuyers cent dinars et une pelisse de petit-gris. Il nous conduisit ensuite à une porte du château qui donnait sur le rempart, et de là, par un pont de pierre traversant un fossé, à la porte des Turquoises et dans la campagne. Près de cinq cents cavaliers étaient déjà rassemblés hors de la porte. Sur le pré étaient d'immenses voitures traînées

---

1. *Basrah*, orthographe et prononciation arabe de Bassora.

chacune par trente bœufs blancs et portant un pavillon tout dressé. L'une de ces voitures était couverte de drap bleu d'un grand prix et pavoisée de drapeaux. Bientôt le son de la musique annonça l'arrivée d'un grand personnage. Je vis d'abord l'émir Osman qu'on disait le plus bel homme de la terre, roi de Samarkand et de Bokhara, monté sur un cheval blanc. Il était précédé de quatre timbales et suivi de quatre étendards. Puis des gardes de police, à la tête desquels je reconnus, à mon grand déplaisir, l'affreux Salama, firent ranger la foule à renfort de coups de bâton et d'invectives pour dégager la porte. Aussitôt on étendit depuis la porte jusqu'à la voiture au pavillon bleu des tapis de soie et de brocart. L'impératrice parut, suivie de trente jeunes filles ; ses vêtements, d'une ampleur prodigieuse, étaient garnis de boutonnières ; chaque jeune fille en tenait une ; elles soulevaient ainsi les pans de tous côtés, et de cette manière la Khatoune marchait avec majesté. Chacune de ses suivantes portait sur la tête un haut bonnet incrusté de joyaux et garni de plumes d'autruche ou de plumes de paon. La Khatoune était coiffée d'une couronne incrustée de pierreries. Derrière elle on conduisait son cheval, qui était couvert d'une housse de soie brodée d'or ; il avait aux quatre pieds des anneaux d'or, et au cou des colliers enrichis de pierres précieuses. Derrière encore venaient ses gardes sur deux files, conduits par un chef de haute taille, qu'on me dit être un esclave persan nommé Lolo. Entre les deux files s'avançaient trente ou quarante jeunes filles couvertes de surtouts de différentes couleurs et le visage caché par des voiles blancs. Après les jeunes filles, d'autres gardes, tant à pied qu'à cheval, escortaient deux pavillons traînés par des chameaux et hermétiquement fermés. A cette vue, mon cœur battit ; sous l'un de ces voiles blancs, dans un de ces pavillons, devaient être Marghouz, ma sœur et la princesse.

Quand l'Émir vit la Khatoune s'avancer, il mit pied à terre et baisa sa robe. Elle lui posa sa couronne sur la tête en signe de protection et de suzeraineté ; puis elle monta dans le pavillon bleu avec une dizaine de suivantes. Les autres montèrent dans d'autres pavillons. Je vis se grouper sur notre gauche des trou

Il mit pied à terre et baisa sa robe.

peaux de vaches, de chameaux, de moutons, de chevaux, que des conducteurs devaient mener à notre suite. Puis Lolo donna le signal du départ; les timbales battirent. Une partie des cavaliers forma l'avant-garde; le pavillon de drap bleu suivit, puis les autres pavillons avec leurs escortes, puis la troupe des cavaliers dont je faisais partie. Mahmoud Yelvadj, qui s'y trouvait monté sur un beau cheval gris, me fit un rapide signe de reconnaissance et vint se placer assez près de moi. Nous nous mîmes en marche au trot, en soulevant des flots de poussière.

De Samarkand à Bokhara il faut dix jours à raison de cinq parasanges par jour. On longe le cours d'une des branches du Zerafchâne qu'on appelle la « Rivière Noire », et on passe sans interruption au milieu de jardins contigus les uns aux autres, de champs cultivés, de villages entourés de bouquets d'arbres, de canaux bordés de saules et de mûriers. Nous étions en automne et les feuilles jaunissaient déjà. Partout on voyait des paysans avec leurs charrettes attelées de buffles et chargées de fruits; c'était l'époque où on fait la cueillette des prunes, qu'on sèche ensuite pour les expédier dans le monde entier. Bokhara est fameux à cause de ses fruits. Ses melons, sans valoir ceux de Samarkand et de Nakhcheb, sont très-renommés. Il y a aussi, dans ce pays, nombre d'abricots dont on retire le noyau qu'on remplace par une amande. On les fait ensuite sécher comme les prunes. Le vin de Bokhara est très-capiteux et d'un goût exquis; les musulmans de ce pays ne se gênent pas pour en boire.

Nous passâmes par les villes de Zernouk et de Nour[1]. De toutes les villes, villages et hameaux, nous voyions sortir le kadhi[2], l'aksakal[3], les officiers de la couronne et les principaux habitants, qui venaient offrir des présents à l'impératrice. Pendant notre voyage Mahmoud Yelvadj évita de m'adresser la parole. Le dixième jour, enfin, nous arrivâmes dans une prairie

1. Elles n'existent plus aujourd'hui. Les Mongols les détruisirent en 1253, lors de la révolte de Tarabi le Tisserand.
2. Juge.
3. Barbe grise, maire.

basse située au confluent de deux rivières qui à quelques para sanges de là se jettent ensemble dans le Zerafchâne. De cette prairie on distingue très-bien les faubourgs de la grande ville, qui se composent de maisons à un ou deux étages, éparpillées au milieu des arbres et des champs. Au delà de ce lacis de haies vertes, de maisons blanches, d'arbres au feuillage jaunissant, on voyait comme suspendus entre le ciel et la terre les minarets, les dômes et les coupoles des quatorze cents mosquées qui se dressent au-dessus de Bokhara, la noble ville. Des nuées de cigognes tourbillonnaient dans l'air, car c'était l'époque de l'émigration de ces oiseaux. Nous passâmes la rivière sur deux ponts de marbre et nous entrâmes dans un bas-fond qui s'étend jusqu'au mur de la ville : c'est le *Namaz Ga*, ou « lieu de la prière ». Les habitants de Bokhara s'y réunissent les jours de fête pour y chanter des hymnes et y faire procession. Au milieu du Namaz Ga s'élève, sur un tertre, le dôme du tombeau de Beha ed Dine flanqué de cinq coupoles et d'un minaret ; le dôme est doré, les cinq coupoles sont argentées, et le minaret garni jusqu'au sommet de carreaux de mosaïque et d'inscriptions émaillées. Émir Ismaël le Samanide a fait bâtir ce superbe monument en 289 (904). En face du tombeau de Beha ed Dine et dans la plaine, on a dressé des échafaudages en bois peint, sculpté et doré : sur ces échafaudages on a dressé la chaire de laquelle on prêche les jours de fête, et notamment le Kourbane Bairam. Çà et là, sur cette prairie, sont des échoppes, des hangars bariolés de vives peintures, des bancs à l'ombre des arbres ; car c'est au Namaz Ga que les habitants de Bokhara vont prendre le frais en été, faire des processions et entendre prêcher en hiver et généralement se divertir en tout temps.

Devant la porte on avait dressé une tente immense sous laquelle se tenait le sultan empereur de Kharezm, Tekèche le Batailleur. Quand l'impératrice, descendant de son pavillon, pénétra sous cette tente, je me mêlai à sa suite. Autour de la tente étaient disposés des dais et des tentures en étoffes de coton rangées en demi-cercle. Sous ces baldaquins tous les émirs se tenaient assis sur des siéges ; leurs serviteurs étaient debout devant et derrière eux. Des soldats étaient assis sur des gradins, avec leurs armes devant eux. Lorsque je fus entré près du roi, dans la tente, je le trouvai assis sur un siége semblable à une chaire à prêcher et recouvert de soie brochée d'or. Son fils, Méhémet, était assis à sa droite.

Le dedans de la tente était doublé d'étoffes de soie dorée; une couronne incrustée de perles et de pierres précieuses était suspendue à la hauteur d'une coudée au-dessus de la tête du sultan. Le sultan lui-même était très-simplement vêtu d'une tunique en kodsy ou étoffe de Jérusalem, de couleur verte. Il portait sur la tête une calotte de pareille étoffe. Les principaux émirs étaient assis sur des siéges, à la droite et à la gauche du souverain. Des fils de roi, portant dans leurs mains des émouchoirs, se tenaient devant lui. Près de la porte de la tente se tenaient en groupe le lieutenant du souverain, le vizir, le chambellan et le garde des sceaux. Le sultan descendit de son trône, prit l'impératrice par la main et la fit asseoir sur le trône à ses côtés. Puis, sur un signe de lui, la musique retentit, des baladins, des danseurs, des acrobates parurent et nous donnèrent le spectacle de leurs exercices. Ensuite on fit venir des lutteurs, et j'eus toutes les peines du monde à empêcher Plumet et l'Écureuil d'aller se colleter avec eux.

Quand les lutteurs eurent terminé, le grand bouteiller accompagné du grand échanson et de cinquante esclaves servirent à tout le monde du vin dans des vases d'or et d'argent. L'ordre de la cérémonie était que le sultan bût le premier, et alors un héraut annonçait que le sultan avait bu et chacun vidait sa coupe. Quand le sultan eut bu trois fois, chacun resta libre de boire à discrétion. On n'avait qu'à faire signe à un échanson, et il vous prenait la coupe vide des mains et vous la rapportait pleine, en la soutenant sur une serviette de satin. Cependant les têtes s'échauffaient; je me laissais entraîner à boire, quand j'entendis une voix qui me disait à l'oreille :

« Attention ! »

Je reconnus la voix de Mahmoud Yelvadj debout derrière moi et je rassemblai toutes mes forces. Il allait se passer quelque chose. Au même instant les timbales battirent, comme il arrive au passage d'un grand chef, et je vis entrer Timour Melek, couvert, par dessus ses armes, d'une cotte vermeille brochée d'or et coiffé d'un turban de crêpe de Chine. Le chevalier fit neuf révérences devant le trône, mit genou en terre, puis alla se placer au milieu des principaux émirs. Je vis l'impératrice dire quelques mots tout bas à l'empereur en me montrant du doigt; l'empereur sourit en me regardant, appela un massier, et un instant après, ce massier vint me trouver et me dit de m'avancer au pied du trône.

« Attention! » me répéta Mahmoud pour la seconde fois.

D'un mot je fis rester en place Plumet et l'Écureuil qui allaient me suivre très-tranquillement, puis m'avançant, je fis mes neuf révérences et je mis genou en terre.

« Chevalier, me dit l'empereur, nous avons entendu parler de toi. On nous a dit que malgré ton jeune âge tu es vaillant, fort et expérimenté dans le maniement du sabre. Nous ordonnons que tu ailles te mesurer devant nous avec quelque illustre paladin, et nous ne connaissons point de paladin plus illustre que Timour Melek. Es-tu prêt?

— Que ma vie soit la rançon de celle de Votre Majesté, répondis-je, je suis toujours prêt.

— C'est bien parlé, dit l'empereur en souriant dans sa barbe et en se frottant les mains; et toi, Timour Melek, te plaît-il d'essayer ton adresse et ta force contre ce jeune Turk?

— S'il plaît à Dieu, répondit Timour Melek en s'avançant, j'échangerai quelques coups de sabre avec mon ami Djani ici présent. »

A ce mot d'« ami » je vis distinctement l'impératrice se mordre les lèvres. Il n'y avait plus à en douter : c'était Timour Melek qu'elle voulait faire assassiner, et elle cherchait à éprouver ma force contre la sienne.

L'empereur dit quelques mots à un huissier; on m'apporta un bouclier du Tibet, en cuir de rhinocéros garni de nervures d'acier damasquiné. Timour prit son bouclier à bosses d'or. Un chambellan apporta sur une serviette de velours un sabre merveilleux, garni d'incrustations de turquoises.

« Djani, dit l'empereur, je te fais présent de ce bouclier du Tibet. Je n'en possède que trois pareils dans mon trésor. Quant au sabre, il vient de Mahmoud de Ghizni [1]; au temps de ma jeunesse, avec ce sabre je tranchais un pilier de fer. Je le donnerai pour récompense à celui de vous deux qui terrassera l'autre. »

Sur un signe de moi mes écuyers m'apportèrent mon heaume. Timour coiffa le sien. Nous nous mîmes en garde en souriant.

« Si ce n'était pour ce beau sabre unique au monde, me dit joyeusement Timour, je te laisserais une victoire facile, Djani, mon jeune frère.

— Si ce n'était par ordre de l'empereur conquérant, répondis-je, je n'oserais me mesurer contre toi, Timour, mon frère aîné.

— Paladins, combattez! » s'écria l'empereur.

Et il nous donna lui-même le signal en frappant trois fois dans ses mains. Pendant un instant on n'entendit que le bruit du choc de nos sabres sur nos casques et nos boucliers. Je cherchais un moyen de parler à mon adversaire sans être remarqué : il me le fournit lui-même. S'impatientant le premier, il laissa pendre son sabre à la dragonne, se jeta sur moi et me saisit à bras-le-corps. Je lâchai mon bouclier, je l'étreignis de mon côté, et en luttant je lui dis vivement à l'oreille :

« Méfie-toi ! l'impératrice veut te faire assassiner ! » Je sentis que l'étreinte du Roi de fer devenait plus faible ; je le lâchai, et nous nous arrêtâmes un moment en face l'un de l'autre comme pour reprendre haleine. Je regardai autour de moi ; mes yeux rencontrèrent ceux de Mahmoud Yelvadj ; il me fit un signe rapide en me désignant la porte de la tente ; je remarquai que mes deux écuyers n'y étaient plus. Je compris qu'en cet instant les gens de Mahmoud allaient faire évader mes amis, et saisissant mon sabre et mon bouclier, je dis à Timour :

« Quand il te plaira ! »

Aussitôt le Roi de fer m'attaqua vigoureusement. Pour la seconde fois nous en arrivâmes à nous prendre corps à corps.

---

[1]. Mahmoud le Ghaznévide, fils de Seboukiekin, conquérant de l'Inde, vers 1010.

« Timour, dis-je encore à mon noble adversaire, il faut que tu trouves un moyen de me faire sortir de la tente et arriver à mon cheval.

— Bien, » dit-il.

Et se dégageant, il rompit d'un pas. Avant que j'eusse pu saisir mon bouclier, son sabre frappa sur mon heaume si violemment que les courroies d'attache se rompirent et que le heaume tomba. En même temps, mon adversaire mit le pied sur mon bouclier et ramassa le sien de la main gauche : je restai nu-tête et sans écu en face du Roi de fer couvert de toutes ses armes. Mais, au lieu de profiter de son avantage, il s'arrêta courtoisement, la pointe du sabre à terre.

« Sire, dit-il à l'empereur, l'accident qui vient d'arriver à mon adversaire doit être imputé au mauvais état de son armure plutôt qu'à mon habileté. Sans doute que les courroies de son heaume s'étaient usées pendant le long voyage qu'il a fait, au lieu que mes armes sont fraîches et en bon état. »

Le vieux batailleur sourit.

« Tu parles en chevalier courtois et plein d'expérience, ô Timour! dit-il. Nous remettrons la suite de ce combat à quelque autre jour.

— Sire, reprit le Roi de fer, que ma vie soit la rançon de la vôtre; je pense qu'après avoir comparé mes armes avec celles de Djani dans une première épreuve, il serait peut-être bon que nous comparassions aussi nos chevaux.

— C'est bien parlé! s'écria le sultan. Je veux moi-même voir vos chevaux, et je veux que vous couriez à l'instant. Pour toi, Djani, pour te consoler de la perte de ce sabre que je donne à Timour, je veux te remettre un heaume digne de toi. »

On m'apporta un heaume splendide, guilloché d'or et garni d'une aigrette. Je le laçai immédiatement. Ensuite, sur l'ordre du sultan, on releva une partie de la tente. Deux des écuyers impériaux amenèrent nos chevaux à l'entrée, et le sultan s'avança pour les regarder.

« Ce sont de magnifiques chevaux tous les deux, dit-il; j'hésite auquel je donne la préférence. La lutte de vitesse peut seule

On n'entendit que le bruit du choc de nos sabres.

décider entre eux. A trois parasanges d'ici se trouve un jardin où l'on entretient des tulipes uniques, à fond bleu et à dessins rouges et blancs : on les appelle les « tulipes impériales ». Celui de vous deux qui me rapportera le premier une de ces tulipes aura gagné le prix. »

En ce moment Mahmoud Yelvadj, debout derrière moi, me dit vivement à l'oreille :

« Quand tu auras fait un parasange, file droit sur la route de Nakhcheb. Un de mes hommes t'y attend avec tes écuyers et tes amis ! »

Je comprimai mon émotion et j'arrangeai d'un air indifférent la selle de mon cheval. Mon arc et mon carquois étaient accrochés à l'arçon, ma pelisse roulée sur le portemanteau ; j'étais prêt à faire le tour du monde.

L'impératrice parut se douter de quelque chose, car à deux ou trois reprises elle répéta :

« A quoi bon les faire courir aujourd'hui ?

— Leurs selles sont bouclées à présent, répondit le vieux Batailleur en se frottant les mains. Je suis curieux de savoir lequel arrivera le premier, du gris ou du bai-brun. »

Je vis alors l'impératrice faire un signe rapide à Sunbul l'Indien ; je marchai sur le pied de Timour : il vit aussi et me lança un coup d'œil d'avertissement. J'accrochai mon bouclier et je sautai en selle.

« A quoi bon courir tout armé ? dit encore l'impératrice. C'est s'alourdir et fatiguer inutilement le cheval.

— Vous n'entendez rien aux choses de la guerre ! dit le Batailleur. Les chevaliers doivent toujours courir armés. »

L'impératrice se mordit les lèvres. Je vis Sunbul et une vingtaine d'hommes monter à cheval et partir au trot. Le sang me monta aux yeux. Je respirais l'odeur de la prairie, je me sentais près de la liberté. Sunbul n'était pas encore de taille à barrer le chemin à quatre hommes comme Timour Melek, mes deux écuyers et moi.

Le sultan nous indiqua lui-même la direction du jardin où nous devions aller, puis lui-même aussi frappa dans ses mains et

nous donna le signal. Nous partîmes au galop. En quelques instants nous perdîmes de vue la cour impériale; il me sembla qu'au moment où nous allions la perdre de vue un grand mouvement se faisait, et que des gens se détachaient, courant après nous. Timour Melek le vit aussi.

« Alerte ! me cria-t-il. On nous poursuit. Où comptes-tu aller?

— Droit sur la route de Nakhcheb et du désert. On m'y attend.

— Bon ! par ici ! »

Nous galopâmes un instant sans rien dire. Nous suivions un petit cours d'eau qui passait à travers une prairie aux herbes desséchées. De loin je vis le premier un groupe à cheval. Je saisis mon arc et j'encochai une flèche : Timour m'imita. Deux cavaliers se détachèrent à notre rencontre. Notre erreur ne fut pas longue. A trois cents pas les cavaliers s'arrêtèrent court, en criant d'une voix aiguë :

« Ourdjane! Place à la bannière ! »

C'étaient mes deux écuyers. En même temps un troisième cavalier se lança vers nous à fond de train. Il n'avait pas d'armure, était vêtu de sa tunique de coton ouaté et coiffé de son bonnet fourré de renard. Mais un bon sabre battait les flancs de son cheval et un carquois sonnait sur sa cuisse. Sans descendre de cheval je serrai dans mes bras le nouvel arrivant, qui n'était autre que Marghouz.

« Louange à Dieu le clément, le miséricordieux ! m'écriai-je tout d'abord. Il est le puissant sur toutes choses !

— Au nom du Père, du Fils et du Saint-Esprit, un seul Dieu ! me répondit Marghouz en sanglotant. Djani, je te dois la vie ! Comment pourrai-je m'acquitter envers toi ? »

Nous restâmes un moment si ravis de nous revoir que nous ne savions quoi nous dire. Nous nous tenions par le cou en pleurant. Timour Melek prit le premier la parole.

« Amis, nous dit-il, le temps est mal choisi pour se témoigner son amitié. Une troupe de gens nous poursuit : il faut nous jeter dans le désert. A une journée d'ici se trouve un clan turkoman, celui des Salor; ils sont tous mes hommes liges. Une fois chez eux, nous serons à l'abri de tout danger. Ne restons donc point à muser ici; et puisque nos chevaux sont en bon état, gagnons au plus tôt le campement des Salor, où nous trouverons aide et protection. »

Comme Timour parlait ainsi, ma sœur Aïcha vint au galop de son cheval se jeter dans mes bras en pleurant. Avec elle arriva la princesse aux yeux noirs. Sitôt que Timour la vit, il changea de visage. La princesse ne portait plus de voile; vêtue d'une robe de soie bleue, coiffée d'un mouchoir de crêpe rose à fleurs d'or, sans bijoux, sans ornements, elle se tenait droite et fière sur son cheval. Ses longs cheveux blonds pendaient en quatre tresses sur ses épaules; une ceinture de laine grossière lui serrait la taille; dans sa ceinture était passée une dague courte et droite, à manche de fer et à fourreau de cuir.

Sitôt que Timour Melek la vit, il se jeta à bas de cheval, et, mettant genou en terre, il vint lui baiser l'étrier. La princesse le fit relever. Alors il se tint devant son étrier, debout et respectueux. Voyant cela, je m'approchai à mon tour et j'allai baiser l'étrier de la princesse.

« Chevalier, me dit-elle d'une voix haute et claire, es-tu chrétien? »

Je fis un soubresaut.

« Dieu soit loué! m'écriai-je, je suis musulman! Il n'y a point d'autre Dieu que Dieu, et Mahomet est son apôtre! »

La princesse fit un grand soupir : elle paraissait peinée que je fusse musulman. Dieu seul sait tout !

« Chevalier, reprit-elle en fort bon turk, sache que je m'appelle Raymonde de Châtillon. Mon père s'appelait Renaud de Châtillon, seigneur de Montréal. En l'année du Christ 1187.... »

Marghouz se signa. Je m'inclinai; Timour Melek prit son chapelet à sa ceinture et murmura une prière.

« En l'année du Christ 1187, reprit la princesse, il y a maintenant huit ans, à la suite de la bataille de Hattin, Montréal fut pris, mon père tué, et je devins prisonnière du sultan Saleh ed Dine[1]. Le sultan Saleh ed Dine m'envoya au khalife de Baghdad,

---

1. Saladin.

pour être instruite dans la religion musulmane. Malgré prières, caresses et menaces, je ne voulus point renier la religion du vrai Dieu.... »

Marghouz courut à la princesse et baisa le bas de sa robe. La princesse reprit fièrement :

« Le khalife m'envoya, parmi la suite du cheikh Madj ed Dine, à Urguendj, chez l'impératrice Turkane Khatoune. L'impératrice m'a bien traitée; elle m'a laissée dire mes prières; un jour, je lui ai demandé un confesseur : elle m'a envoyée à Kachgar, dans les États du Gour Khan, où il y a une église. Ensuite, un homme est venu, qui m'a mise avec des femmes musulmanes, par ordre de l'impératrice. J'attendais le moment de revenir, quand j'ai vu un chevalier musulman à une passe d'armes à Kachgar. »

La princesse s'arrêta en soupirant. Timour Melek fondit en larmes.

« C'est le plus fier chevalier que j'aie vu de ma vie, reprit la princesse. Toute enfant j'ai vu Richard Cœur de Lion; j'ai vu Saleh ed Dine; j'ai vu mon père, Renaud de Châtillon. »

Elle s'arrêta encore; les larmes jaillirent de ses yeux; mon cœur se brisa quand je la vis pleurer.

« Oui ! reprit-elle. Un chevalier comme Timour, il n'y en a pas au monde ! »

Timour tomba sur ses genoux et baisa la terre.

« Demoiselle, s'écria-t-il, je vous ai promis de vous ramener en Syrie, auprès des gens de votre nation. C'est pendant que j'allai gagner louange et honneur que vous fûtes enlevée....

— Enlevée par le Vieux de la Montagne ! s'écria la princesse. J'allais me tuer, quand un jour je vis un chevalier de mine fière et vaillante. Le Vieux de la Montagne m'enseignait à chanter ; ce jour-là j'improvisai un chant par lequel j'implorais l'assistance de ce chevalier; je le prévins aussi des grands dangers qu'il courait et que je connaissais par tout ce que j'avais entendu dire. Je suis sauvée, puisque je suis entre les mains de deux chevaliers comme Timour Melek et Djani !

— Gloire à Dieu ! m'écriai-je. Il en est un troisième que vous ne comptez pas : c'est Marghouz le chrétien ! »

Aussitôt Marghouz se jetant devant le cheval de la princesse se signa la tête et la poitrine : ce qui est chez les chrétiens la même chose qu'attester l'unité de Dieu chez nous.

La princesse, tout émue, nous dit :

« Chevaliers, jurez-moi qu'un de vous me ramènera auprès des chrétiens de ma nation qui sont en Syrie !

— Je le jure ! m'écriai-je.

— Je le jure ! » s'écria Marghouz.

Timour garda un instant le silence.

« Je suis vassal du Gour Khan, finit-il par dire. Je dois le rejoindre pour partir en guerre. Princesse, c'est briser mon cœur que de vous quitter, mais je suis l'esclave de ma bannière : il faut que je parte. Je savais que le Vieux de la Montagne vous avait enlevée : vous êtes défendue par le vaillant Djani. Adieu ! »

La princesse lui tendit la main d'un air ému. Timour monta sur son cheval et partit sans tourner la tête. Pour nous, nous suivîmes l'homme de Mahmoud Yelvadj, qui nous guidait, et nous marchâmes toute la journée. A la nuit, nous arrivâmes au petit village de Yekeh-Aoulang, qui est sur la lisière du désert. Les gens qui nous suivaient devaient avoir entièrement perdu notre piste. Youçouf (c'était le nom de l'homme de Mahmoud) alla tout seul acheter des provisions pour nous, pendant que nous passions à bonne distance du village. Il nous conduisit à travers des ravins broussailleux jusqu'à une colline de sable d'où on découvrait le pays au loin. Nous passâmes la nuit à cet endroit, cachés dans les ravins, nous relevant alternativement pour faire le guet du haut de la colline. En deux jours nous traversâmes ce désert et nous arrivâmes sur des landes habitées par les Turkomans Tekké ; notre guide reconnut tout de suite les hommes de son clan, qui nous donnèrent l'hospitalité.

Nous traversâmes en trois jours le désert de Khala-Ata avec l'aide des Turkomans Tekké ; et le onzième jour après notre fuite de Bokhara, nous étions sur les bords de l'Amou-Darya et sur la bonne route de Merv. Nous avions fait tout ce chemin à travers les campements d'été des Turkomans, et nous avions reçu tout le temps la plus cordiale hospitalité. En route, Youçouf, qui n'était guère communicatif, m'apprit comment il s'y était pris pour faire évader nos amis.

« Je savais, me dit-il, sur quel chariot se trouvaient les trois prisonniers. Sur l'ordre de mon maître Mahmoud Yelvadj, je partis à l'avance pour Bokhara; comme vous voyagiez à petites journées, je n'eus pas de peine à me trouver à Bokhara deux jours avant vous. J'employai ces deux jours à me procurer un chariot tout pareil à celui où étaient enfermés Marghouz et les deux dames. J'y déposai des armes et je le fis suivre de trois bons chevaux. Dans le désordre qui accompagna l'arrivée de l'impératrice et de tout son monde, je conduisis ma voiture au beau milieu de la foule des autres. A un moment toutes les voitures s'arrêtèrent; les gardes désertèrent leur poste pour mieux voir l'empereur. Un homme qui était avec moi se chargea de faire causer le cocher du chariot où étaient les prisonniers. Il le fit si bien causer qu'il l'emmena assez loin de ses chevaux pour lui montrer la troupe des baladins, des acrobates et des lutteurs lorsqu'elle se dirigea vers la tente impériale. Alors moi j'emmenai bien tranquillement le chariot des prisonniers, après avoir chargé sur un de mes chevaux les armes que j'avais prises pour Marghouz. Les sentinelles qui m'avaient vu passer deux heures auparavant et qui avaient visité mon chariot vide, voyant repasser un chariot tout pareil, ne me firent aucune difficulté. A peine hors de vue, j'entrai dans le chariot, je rompis les fers de Marghouz qui était enchaîné, je rassurai les deux dames, je fis monter les évadés sur mes chevaux de main, je laissai leur prison ambulante au milieu d'un champ — et voilà tout. Ce n'était pas plus difficile que cela. Le cocher et les gardes auront été bâtonnés, mon camarade aura su disparaître, et mon maître est le dernier homme du monde qu'on soupçonnera. On croira que c'est un tour de Timour Melek ! »

Là-dessus, Youçouf s'arrêta et se frotta les mains d'un air satisfait. Je ris de bon cœur du tour qu'il avait joué aux gens des villes.

Ma sœur m'apprit, de son côté, comment ma tribu s'était

révoltée contre le Gour Khan. Celui-ci avait envoyé un corps d'armée pour la réduire. Marghouz, qui venait d'arriver, avait pris le parti des insurgés. Après plusieurs combats acharnés, les troupes du Gour Khan avaient remporté la victoire, et Marghouz avait été pris, ainsi que ma sœur. Ils avaient réussi à s'échapper ensemble et avaient reçu l'hospitalité chez l'homme mystérieux chez lequel je l'avais reçue moi-même aux environs de Kachgar. Je ne pouvais plus douter que cet homme ne fût le Vieux de la Montagne en personne. Ils avaient eu l'imprudence de lui conter leur histoire. A Samarkand on les avait arrêtés. Quant à mon père, à ma mère et à mon frère, tout ce qu'Aïcha pouvait me dire, c'est que la veille du dernier combat livré par les Oïgours contre les troupes du Gour Khan, ils étaient encore vivants, et qu'après le combat ils ne se trouvaient point parmi les prisonniers. Il y avait donc lieu de croire qu'ils avaient pu s'échapper.

Rassuré de tant de manières, je poursuivis ma route plein d'espoir et de courage. Youçouf avait reçu des instructions de Mahmoud Yelvadj et me remit, de sa part, des lettres scellées à l'adresse des marchands de Baghdad, de Damas, d'Alep et de Saint-Jean-d'Acre. Je ne doutais plus d'arriver à un bon résultat. Je traversai l'Amou-Darya sur un bac manœuvré par des passeurs turkomans, à un endroit qu'on appelle Seïk-Aryk. Une fois là, il fallait éviter les Etats de l'empereur d'Urguendj et ne pas entrer en Kharezm, où j'avais trop de chance d'être reconnu. Je me décidai, sur le conseil de Youçouf, à me rendre à Merv en Khoraçan. De Merv, j'irais à Thous (la bénédiction soit sur cette ville sainte !)

Au départ de Thous, Youçouf comptait nous faire traverser la Perse et nous conduire à Basrah ; de Basrah, rien n'était plus facile que de se rendre à Baghdad, ville illustre entre toutes, et de Baghdad nous pouvions entrer en Syrie à notre choix, soit par Damas, ville qui réjouit les cœurs, soit par Alep la Riche. Nous prîmes donc la route de Merv.

Trois mois nous suffirent pour traverser la Perse sans qu'il nous arrivât aucun incident notable. Au printemps de 596, année du Mouton (1199), nous nous trouvions à Basrah, ville sainte, une des premières que les Arabes aient conquises après la venue de l'Islamisme. Le cœur plein d'émotion, je mis pied à terre en arrivant sur le noble sol arabe, et je récitai le commencement du chapitre de la Victoire, après avoir loué Dieu qui a révélé l'islamisme aux prophètes.

Plumet et l'Écureuil distribuaient de grands coups de plat de sabre

CHAPITRE XII

Le pays des Sarrasins.

La ville de Basrah est située à l'embouchure du fleuve Euphrate, un des plus grands du monde. Il est comme une mer d'eau douce qui se rencontre avec une autre mer d'eau salée. Grande fut notre surprise, à nous autres gens de la lande, quand nous vîmes pour la première fois ce désert liquide, cette plaine d'eau verte qui s'enfle et s'affaisse sans cesse et où les bateaux à voiles blanches s'avancent en se balançant comme des chameaux. La demoiselle Raymonde, qui connaissait la mer, nous expliqua combien elle était vaste, plus vaste encore que le grand désert de Gobi ; on peut y naviguer des journées et des journées sans y voir la terre. Marghouz et moi nous poussâmes nos chevaux dans l'eau jusqu'au poitrail, et je dis à Raymonde :

« Les Mongols iront jusqu'où pourront aller leurs chevaux ! » Nous marchâmes alors vers la ville, cherchant un endroit où nous loger, car nous n'avions pas de tente avec nous. Depuis notre entrée en Perse, Raymonde et ma sœur étaient couvertes par-dessus leurs vêtements d'un surtout de toile blanche et fort exactement voilées, suivant la coutume du pays. Moi-même et mes compagnons nous marchions sans armure et la tête couverte d'un mouchoir de soie, à cause de la grande chaleur de ces contrées. Nous nous avancions à travers des ruines. La ville de Basrah, autrefois si florissante, est bien déchue. Je finis par apercevoir, au milieu des ruines, des jardins et des touffes de palmiers, un édifice élevé, semblable à un château fort; à la distance d'environ deux milles, sur la gauche de l'édifice, on voyait le mur blanc de la ville. Nous marchions en silence vers cet édifice, qui nous paraissait la demeure de quelque puissant châtelain, et où nous comptions demander l'hospitalité; nos chevaux se frayaient péniblement passage à travers les monticules de gravats et les brèches des murs écroulés, passant sous les arcades branlantes et au milieu des terrains vagues envahis par les figuiers sauvages, quand tout à coup une vingtaine de cavaliers sortirent de derrière un mur et coururent sur nous en s'éparpillant pour nous entourer. Ces hommes qui arrivaient poussaient des cris furieux et rauques; leur mine était hideuse; leur visage était basané, et de longues mèches de cheveux noirs pendaient sous des chiffons blancs sales attachés par une corde autour de leur tête. Ils ne portaient d'armure d'aucune sorte, ni de bouclier, mais seulement une longue robe de toile ou de laine grossière et, par-dessus, une capote de crin rayée de blanc et de brun. Ils étaient armés de masses d'armes, de lances, de sabres et d'épées. Dans leurs ceintures d'étoffe ils portaient, passées en travers, des dagues recourbées. S'ils étaient laids et effroyables, en revanche leurs chevaux étaient les plus beaux du monde, au poil luisant, fins, élégants, gracieux, d'allure prompte et nerveuse. Hommes et chevaux étaient d'ailleurs maigres, secs, vifs et semblaient d'acier.

A la vue de cette troupe farouche, je compris qu'il fallait se défendre et je pris aussitôt le commandement. Je mis les deux femmes et nos quatre chevaux de bât à l'abri derrière les ruines d'un mur circulaire, et m'adressant aux hommes, je criai en mongol :

« Attention ! l'arc en main ! En arrière ! Adossez-vous au mur ! »

Je fus obéi comme si j'avais été Djébé en personne. Raymonde cria de derrière le mur :

« Nous sommes perdus ! Ce sont les Bédouins[1], qui ne font quartier à personne, pas même aux Sarrasins !

— Silence ! répondis-je rudement. Nous n'avons pas besoin de lamentations de femmes ici ! »

Une fois en présence de lances, et l'arc en main, je redevenais vite Mongol, et je n'admettais pas qu'homme ou femme, Turk, Persan ou Arabe, musulman ou chrétien, parlât devant moi, homme de la bannière bleue, banneret de Djébé, soldat mongol.

Nos assaillants arrivaient sur nous déployés en demi-cercle. Ils n'étaient plus qu'à vingt pas et commençaient à baisser les lances. J'ajustai le plus proche ; Marghouz, Youçouf, l'Écureuil et Plumet tendirent leurs arcs, en visant chacun un de ces Bédouins. Je lançai ma flèche, qui abattit son homme. Mes compagnons tirèrent, et trois autres tombèrent, deux blessés et un mort. Sur-le-champ, dégainant nos sabres, nous chargeâmes nos adversaires ; mais ils ne soutinrent pas le choc, firent demi-tour et détalèrent à fond de train, en emmenant les chevaux des deux morts et des deux blessés. Ils avaient aussi des lassos avec lesquels ils réussirent à entraîner leurs deux morts ; l'un d'eux prit un des blessés en croupe ; l'autre blessé, qui essayait de se sauver, fut renversé au passage par le cheval de l'Écureuil. Il tenta de se relever, son poignard à la main, mais l'Écureuil, l'empoignant par la nuque, le désarma et le fit prisonnier.

Aussitôt je ramenai mes gens à l'enceinte, je fis mettre pied à terre, et ramassant des pierres dont le sol était jonché, nous barricadâmes la brèche et nous nous tînmes derrière le mur qui

---

1. Bédouin, en arabe *Bedaoui*, vient du mot *Badiyeh*, « plaine déserte, lande » et signifie « habitant de la lande, du désert » ; le mot « Arabe » s'applique en particulier aux habitants de la terre cultivée, et en général à toute la race. Tous les Bédouins sont des Arabes, mais tous les Arabes ne sont pas des Bédouins.

arrivait à hauteur de poitrine, l'arc à la main et prêts à repousser un assaut de nos agresseurs. Ils ne se firent pas attendre. Un quart d'heure après, nos Bédouins revinrent et nous entourèrent de toutes parts. L'un d'eux s'avança pour parlementer et me cria quelque chose en arabe. Comme je ne savais pas cette langue, je me disposais à lui envoyer, pour réponse, une flèche au travers du corps. Mais Raymonde m'appela.

« Ils veulent s'entendre avec nous, dit-elle. Moi, je sais le sarrasin. Veux-tu que je serve d'interprète ?

— Bien ! répondis-je. Viens ici à côté de moi. »

Raymonde ôta son voile et monta sur une pierre à mes côtés. Le Bédouin ne l'eut pas plutôt vue qu'il poussa un grand cri et appela ses camarades ; à ma grande surprise, Raymonde se mit à leur parler, et, descendant du mur, marcha vers eux d'un air tout joyeux. Ils l'entourèrent en foule, s'inclinant devant elle ; plusieurs même baisèrent sa main ou le bas de sa robe. Nous n'y comprenions plus rien, quand Raymonde mit fin à notre étonnement et nous dit :

« Ces Bédouins sont des Beni Salem, qui étaient hommes liges de mon père et vassaux de Montréal[1]. Après que Saladin eut coupé la tête à mon père de sa propre main, les Beni Salem, qui avaient défendu Montréal avec les nôtres, ont émigré de leur pays, craignant les vengeances du soudan de Babylonie[2]. Le chef de ces Bédouins, Zobeïr que voici, était fort attaché à ma famille ; il m'a élevée ; sa femme était ma nourrice ; il vient de me reconnaître, et désormais vous êtes sacrés pour lui et les siens. La tribu vous prend sous sa protection.

— Loué soit Dieu clément, miséricordieux ! » m'écriai-je.

Quand Zobeïr entendit mes paroles et comprit que j'étais musulman[3], il se mit à parler vivement à Raymonde.

---

1. Le Krak de Montréal, au sud de la mer Morte, comptait un grand nombre de Bédouins parmi ses hommes liges. Les Beni Salem sont mentionnés dans une charte de 1163, passée entre Baudouin III et Philippe de Millingen.

2. Du sultan d'Égypte.

3. Zobeïr comprend très-bien ce que dit Djani, parce que toutes les exclama-

Les Bédouins l'entourèrent en foule.

« Zobeïr te dit, reprit-elle, qu'il est heureux de voir que tu suis la loi de Mahomet. Il comptait nous entourer et nous massacrer jusqu'au dernier pour venger la mort de ses guerriers que vous avez tués. Mais maintenant il ne reste plus de sang entre nous et lui, parce que Zobeïr se souvient du sel de mon père.

— C'est bien, répondis-je. Mais pourquoi ces Arabes nous attaquaient-ils ?

— Ce sont, je te l'ai déjà dit, des Bédouins, c'est-à-dire des gens du désert, qui sont nomades et qui vivent de proie et de pillage. »

Je ressentis aussitôt beaucoup de sympathie pour ces Arabes Bédouins, puisqu'ils étaient nomades et qu'ils faisaient la course comme nous. Je tendis la main à leur chef ; il la toucha de la sienne, qu'il porta ensuite à ses lèvres : c'est leur façon de saluer.

« Explique-lui, dis-je à Raymonde, que nous aussi nous sommes des nomades, et que dans notre pays nous aussi nous faisons la course contre les gens sédentaires, qui sont des chiens très-vils. Dis-lui que j'ai pleine foi en sa sincérité et que je me confie à lui, parce qu'entre nomades on se tue, mais on ne se trompe pas. »

L'Arabe sourit, et, s'inclinant avec grâce, il dit quelque chose à Raymonde.

« Que dit-il, ma sœur ? » demandai-je.

J'avais l'habitude d'appeler Raymonde « ma sœur », et elle m'appelait « mon frère Djani » ou bien « mon frère le chevalier Noir », à cause de ma cotte de mailles qui était en fer noirci.

« Il raconte une histoire, répondit Raymonde. Lorsque Dieu créa l'univers, chaque créature s'attacha à une autre créature. Moi, dit la Raison, je m'attache au pays de Baghdad. — Je t'y suivrai, dit la Science. — Moi, dit la Richesse, je m'attache à la Syrie. — J'irai avec toi, s'écria la Discorde. — Moi, dit la

---

tions religieuses des musulmans sont proférées en arabe. Djani ne sait pas l'arabe, mais c'est en arabe qu'il fait ses prières et qu'il lance toutes ses exclamations dévotes.

Santé, je m'attache aux nomades du désert. — Je t'y accompagnerai, dit la Sincérité. »

Mes compagnons nomades furent si enchantés de cette histoire que Plumet se donna deux ou trois grands coups de poing dans le creux de l'estomac pour prouver que la Santé était venue visiter les nomades mongols, et que l'Écureuil, pressant tendrement un Arabe dans ses bras, frotta son nez retroussé sur le nez aquilin de ce musulman, pour lui montrer jusqu'où allait sa sincérité.

Là-dessus les Arabes nous conduisirent au monument que j'avais pris pour un château fort et qui n'est autre que la mosquée du Lion de Dieu, Ali, fils d'Abou Talib (la bénédiction soit sur lui!). Cette mosquée était autrefois au milieu de la ville, et maintenant Basrah est si déchue que la mosquée est à deux milles de distance du mur d'enceinte. Zobeïr nous fit camper au pied de la mosquée, n'osant pas entrer dans la ville où il était activement recherché pour ses brigandages. On mit nos chevaux au vert après les avoir entravés. Les Arabes amenèrent pour nous-mêmes un mouton qu'on fit cuire, et nous donnèrent à boire de l'eau mêlée à du miel de dattes, pour lequel Basrah est très-renommée. Basrah est le vrai pays des dattes; elles s'y vendent à raison d'un dirhem d'argent les quatorze livres de l'Irak[1].

Nous passâmes la nuit près de la mosquée, qui est entièrement abandonnée d'un vendredi à l'autre; on la ferme le vendredi, après la prière du soir, pour ne la rouvrir que le vendredi suivant. J'y pénétrai en grimpant par-dessus le mur, et j'y vis une très-belle cour, pavée de cailloux rouges qu'on apporte de la vallée des Lions. Zobeïr me dit aussi que dans l'intérieur de la mosquée, où je ne pus entrer, parce que la porte était cadenassée, on conserve le noble exemplaire du Koran où le khalife Othmân lisait lorsqu'il fut assassiné. Une tache de sang est tombée sur la page où se trouvent ces paroles divines : « Or, Dieu te suffira contre eux; il entend et sait tout. »

De la mosquée d'Ali, nous partîmes au matin, accompagnés

---

1. Vingt centimes les huit kilogrammes.

par Zobeïr et ses hommes. Ils nous firent raccourcir notre chemin en nous faisant passer par la vallée des Lions, qui est entièrement déserte et où les Bédouins seuls osent se risquer. Ces Bédouins sont des gens très-hardis : ils ne portent ni cuirasse ni aucune arme défensive, car ils disent que nul ne peut mourir qu'à son jour ; et quand ils maudissent leurs enfants, ils leur disent : « Sois maudit comme le Franc, qui met une armure par crainte de la mort. » Il est malheureux que la plupart soient hérétiques chiites et refusent de prononcer le nom des dix Imâms dans la prière.

Par la vallée des Lions, nous arrivâmes en deux jours à Koufah, ville noble et fameuse. Zobeïr et ses hommes nous quittèrent en vue de la ville et disparurent rapidement au milieu des roseaux qui bordent l'Euphrate de ce côté.

De loin je vis une grande flamme, comme un incendie ; je me dirigeai aussitôt de ce côté, pensant que quelque maison brûlait et que je pourrais aider à l'éteindre, ou sauver quelqu'un des flammes. L'incendie montait vers le ciel, clair et par grandes ondes, comme celui d'un immense bûcher de bois sec qu'on attiserait avec soin. A mesure que nous approchions, j'entendais des chants et des cris. Enfin, descendant d'un monticule, je vis une scène étrange. A ma gauche était l'Euphrate, bordé d'enclos de palmiers touffus et entrelacés ; devant moi, la ville de Koufah, qui n'a ni mur ni enceinte d'aucune sorte et qui est dominée par les ruines imposantes d'un château [1]. A ma droite se dressait la coupole d'un tombeau de saint. Dans le bas-fond s'étendait une plaine stérile et toute blanche où se trouvaient éparpillées les tombes d'un cimetière. Dans un coin de ce cimetière, on avait élevé un immense bûcher qui flambait furieusement. Autour du bûcher, une foule compacte s'agitait et se démenait en chantant des chants de malédiction. En face du bûcher était dressée une chaire du haut de laquelle six cheikhs à grand turban et à grande barbe anathéma-

---

1. Celui de Saad, fils d'Abou Vakkas, le conquérant arabe de la Perse occidentale. Il fut ruiné en 882, lors de la guerre civile des Nus.

tisaient la flamme du bûcher. Me mêlant parmi cette foule, [je] vis un homme qu'à sa tête rasée et à ses moustaches je reconn[us] pour Turk.

« Musulman, dis-je à cet homme, je te donne le salut.

— Je te le rends, ô musulman ! me répondit le Turk.

— Sache, lui dis-je, que je viens de très-loin. Explique-m[oi] donc quelle est cette cérémonie bizarre que vous faites ici ? »

L'homme me répondit en assez mauvais turk, car tous [les] Turks occidentaux, ayant émigré depuis fort longtemps de Fergana et du Mavera-an-Nahr, ne parlent plus bien notre lang[ue] et y mêlent beaucoup de mots arabes et persans.

« Tu sauras, me dit-il, que c'est ici le tombeau du scélér[at] Ibn Moldjam [1], l'assassin du Lion de Dieu, du quatrième Imâ[m] du khalife Ali, fils d'Abou Talib (la bénédiction soit sur lui[).] Tous les ans, le 21 du mois de Ramazan, anniversaire du jo[ur] maudit de l'an 40 où le prince des croyants, le Roi de Vaillanc[e,] le Lion de Dieu, fut assassiné, les habitants de Koufah se réuni[s]sent autour du tombeau du scélérat Ibn Moldjam et y allume[nt] du feu pendant sept jours, en souvenir du feu par lequel il f[ut] brûlé vif après son crime, et par allusion aux flammes de l'enf[er] qui le tortureront pendant l'éternité. »

Comme je professais une dévotion particulière pour le Lion [de] Dieu, je me joignis à la foule qui exécrait la mémoire de so[n] meurtrier.

« Maudit soit Ibn Moldjam, le scélérat ! s'écriait le plus vieu[x] des cheikhs.

— Maudit soit-il ! répondait la foule.

— Maudits soient Chébib et Modjaché, ses complices !

— Maudits soient-ils !

— Maudite soit Kotam, Reine de Beauté, qui demanda la v[ie] d'Ali à Ibn Moldjam, le scélérat !

— Maudite soit-elle !

---

1. Les musulmans ne prononcent jamais le nom d'Ibn Moldjam sans y ajout[er] l'épithète arabe de *Ach Chaky*, le scélérat. Toute cette histoire étrange e[st] racontée par Ibn Batoutah, tome II, p. 96.

C'était une scène étrange.

— Maudite soit Hind, la Mangeuse de cœurs, qui inspira le crime !
— Maudite soit-elle !
— Béni soit Mogaïrah, qui souffleta l'assassin !
— Béni soit-il ! »

Alors le vieux cheikh psalmodia d'une voix grave les paroles que dit Haçan, le Compagnon du champ de bataille, quand il fit l'oraison funèbre du Lion de Dieu.

« La mort a ravi, cette nuit, un homme qui ne reconnaissait dans le passé qu'une seule supériorité, celle de l'apostolat, et qui ne sera égalé par personne dans l'avenir. Lorsque l'apôtre de Dieu le chargeait d'une expédition, l'ange Gabriel veillait à sa droite, l'ange Michel à sa gauche. Il quittait le champ de bataille seulement quand Dieu lui avait donné la victoire. Il fut prince des croyants, et il laissa pour héritage sept pièces d'argent, un Koran et un sabre ! — Maudit soit Ibn Moldjam le scélérat, maudits soient ses compagnons, maudites soient la Reine de beauté et la Mangeuse de cœurs !

— Maudits soient-ils ! » s'écrièrent les fidèles.

Alors la foule s'écoula, sauf ceux qui restaient pour entretenir le feu. Je suivis cette foule et j'entrai dans la ville, où le Turk qui m'avait parlé nous donna l'hospitalité dans sa maison. Nous prîmes deux jours de repos et j'en profitai pour visiter la mosquée cathédrale. C'est une grande et noble mosquée qui contient sept nefs supportées par des colonnes de grosses pierres de taille placées l'une sur l'autre et liées avec des crampons de plomb. Leur hauteur est immense. A droite de la Kiblah, on voit l'oratoire d'Ali, fils d'Abou Talib ; on montre encore, sur l'un des jambages de la porte, l'entaille faite par l'un des coups de sabre que lui portèrent ses assassins.

Au bout de deux jours nous partîmes de Koufah ; une marche nous conduisit à Bir-Mahallah. C'est une belle ville entourée de bosquets de palmiers, mais ses habitants sont hérétiques. Nous la quittâmes dès le matin et campâmes à la ville de Hillah, qui est grande et séparée en deux par l'Euphrate. On y voit un grand pont, construit de bateaux rangés entre les deux rives. Des chaînes de fer les entourent des deux côtés et sont fixées sur chaque rive à une grande poutre solidement établie.

Les habitants de cette ville sont partagés en Kurdes et en Mésopotamiens. La discorde règne continuellement entre eux et le combat ne cesse jamais, si ce n'est tous les mercredis, jour où j'arrivai précisément dans la ville. Ce jour-là, je vis cent habitants, cinquante Kurdes et cinquante Mésopotamiens, revêtus de leurs armes et le sabre nu à la main, se rendre en procession à la mosquée cathédrale, où ils dirent la prière du soir au son des trompettes et des tambours. C'est la coutume des gens de Hillah.

De Hillah, nous allâmes à Kerbelâ, lieu de sépulture de Hucein le martyr, fils d'Ali. La ville est petite, entourée de palmiers et à demi ruinée. Le saint tombeau est à l'intérieur de la ville; j'y allai avec Youçouf le Turkoman incliner mon front dans la prière. A côté du tombeau est une zaouiah[1] où l'on distribue de la nourriture à tout venant. Nous y reçûmes l'hospitalité. Avant de partir, j'allai encore au tombeau baiser le noble seuil, qui est d'argent. Au-dessus de la sainte tombe se voient des lampes d'or et d'argent, et aux portes des rideaux de soie. Les habitants de la ville se divisent en deux groupes entre lesquels existe une guerre perpétuelle; c'est à cause de leurs querelles que la ville est à demi ruinée.

Trois jours après notre départ de Kerbelâ, nous arrivâmes enfin à la ville de Baghdad, demeure de la paix, capitale de l'Islamisme, séjour des khalifes et siége des savants.

Les murs de Baghdad sont bâtis d'assises de bitume et de briques qui les font paraître rayés de noir et de rouge. Ils sont flanqués de tours carrées garnies de créneaux en encorbellement et de mâchicoulis. Nous entrâmes dans la ville vers le soir, par la porte des Corroyeurs, qui conduit dans le quartier neuf, situé à l'orient de l'Euphrate. Le vieux quartier, situé à l'occident, est en plein déclin et partiellement en ruine. Nous suivions une rue large et droite, dont la plupart des maisons sont garnies de boutiques au rez-de-chaussée. Par cette rue, on arrive à un mar-

---

1. Couvent musulman.

ché dont les hautes maisons sont percées de portes qui s'ouvrent sur des cours carrées garnies d'arcades. Toutes les ruelles de ce marché sont couvertes par des voiles d'étoffe tendus d'une terrasse à l'autre, et chaque ruelle est occupée par une profession différente. Je traversai la ruelle des orfévres, puis celle des selliers, puis, au centre du marché, j'arrivai à une immense place carrée où se dresse la masse imposante de la mosquée et du collége An Nizamyeh[1]. En face est percée une large rue toute droite, au bout de laquelle nous passâmes sous les hautes murailles de la mosquée et du collége bâties par le khalife Mostansir et qui portent son nom, Al Mostansiryeh. Traversant ensuite des rues étroites et tortueuses au travers desquelles le Turkoman Youçouf nous conduisait sans hésiter, car il avait déjà demeuré à Baghdad avec son maître, j'arrivai sur une place immense, dallée de grandes dalles de marbre apportées à grands frais des pays lointains. Au fond de cette place est la mosquée cathédrale des Khalifes, attenante au palais des princes des croyants. A droite et à gauche, on voit dominer, au-dessus des terrasses et des bouquets de palmiers, les dômes et les minarets de deux autres cathédrales, la mosquée du Sultan et la mosquée de Rossafah. On contourne la mosquée des Khalifes dont l'abside est adossée à l'Euphrate, et on arrive sur les bords du fleuve, qui à cet endroit sont garnis d'un quai de briques et de bitume. Quand nous arrivâmes sur ce quai, nous vîmes en face de nous la large nappe de l'Euphrate, brillant comme un miroir dans un cadre bariolé de noir, de rouge, de vert et de blanc. Un grand pont de bateaux, pareil à celui de Hillah, et qui n'a pas moins de onze cents pas de long, traverse le fleuve superbe. Ce pont sert de promenade aux désœuvrés de Baghdad. La foule des piétons, des cavaliers, des litières y grouille sans cesse : jamais nous n'avions encore vu de spectacle pareil, et je m'arrêtai stupéfait.

« Sur mon âme, s'écria Marghouz, voici qui est beau !

— Comme il y a beaucoup d'eau ! dit le silencieux Ecureuil lui même.

---

1. De la Réforme.

— On dirait que tous ces gens vont de leur campement d'hiver à leur campement d'été, observa Plumet.

— Ils sont vêtus comme des rois, reprit l'Écureuil, qu'un spectacle si nouveau rendait communicatif.

— Oh! ils ne doivent pas être si riches que cela, objecta judicieusement Plumet ; la plupart vont à pied! Ils n'ont pas déjà de si beaux chevaux que cela[1]!

— Avançons, avançons! nous dit Youçouf. Il se fait tard, et l'hôte chez lequel nous devons aller demeure loin d'ici. »

Nous nous engageâmes sur le pont, au milieu de la foule remuante et bariolée qui y grouillait. A la première litière, Plumet écarquilla les yeux et dit :

« Qu'est-ce qu'ils portent donc dans leur grande caisse?

— Des personnes de distinction, répondit Youçouf.

— Ils portent les gens dans des malles, ici! s'écria Plumet stupéfait. Oh! »

A partir de ce moment, mes deux écuyers se renfermèrent dans leur mutisme. L'idée que dans le pays où ils se trouvaient on portait les gens dans des malles leur ôta toute velléité de discourir.

De l'autre côté du pont, nous trouvâmes des rues étroites, souvent coupées par des jardins et par des ruines. Enfin, près d'un vaste édifice enduit d'un bitume très-noir et très-luisant qui paraissait du marbre noir, nous trouvâmes une maison carrée précédée d'un jardin. Youçouf nous dit que c'était la maison de Sofyane, l'armurier, ami de Mahmoud Yelvadj, auquel nous allions demander l'hospitalité. Il appela, et un nègre vêtu de blanc vint nous ouvrir la porte du jardin. Derrière lui ne tarda pas à paraître Sofyane lui-même. C'était un bel Arabe de haute taille, à grands yeux noirs et à longue barbe. Il était coiffé d'un bonnet blanc et vêtu d'une longue robe de coton gris rayée de bandes de soie noire. Ayant lu la lettre que je lui remis de la part de Mahmoud, il m'embrassa immédiatement et nous con-

---

1. Un nomade mongol monte à cheval pour faire vingt pas et n'attache l'idée de richesse qu'à la possession d'un grand nombre de chevaux.

duisit dans une salle basse de la maison, où il fit tout disposer pour nous recevoir. Une dame voilée vint ensuite emmener Raymonde et Aïcha, qui devaient loger dans l'appartement des femmes. On nous apporta un repas copieux et composé de mets recherchés.

Un nomenclateur nous nommait ces mets à mesure qu'on les servait, et un poëte, que notre hôte fit venir exprès pour la circonstance, nous récitait des vers où il décrivait la confection de chaque plat et louait son mérite pendant que nous le mangions. Cependant notre hôte se tenait debout et ne goûtait à rien, allant de l'un à l'autre, surveillant le service et nous exhortant à faire bonne chère : telle était la coutume à Baghdad.

On nous servit un chevreau rôti, entouré de menthe et d'estragon[1] ; des poulets rôtis ; une fricassée de perdreaux et de poulardes ; un pâté de viande frite ; des œufs rouges et des olives ; des *vast* coupés en tranches et humectés d'huile vierge ; des limons doux saupoudrés de musc et parfumés d'ambre ; du fromage piquant ; des dattes vertes au vinaigre ; des aubergines à la sauce *bouran* ; des asperges ; du nougat arrosé de sucre et de beurre fondu.

Après le repas, on nous apporta du vin et des sorbets ; des chanteurs et des musiciens vinrent nous donner un concert. A ce concert répondit bientôt une autre musique, qui venait du dehors. Notre hôte nous invita à nous mettre à la fenêtre et nous pûmes voir un spectacle merveilleux. Des centaines de barques glissaient en tout sens sur la nappe d'eau du fleuve qui semblait embrasée, car toutes ces barques étaient illuminées par des torches et des lanternes. Subitement ces barques se rangèrent pour laisser passer trois grands bateaux, de l'un desquels sortait une musique harmonieuse

Sur le plus grand bateau le reflet des illuminations faisait miroiter des armes, des dorures, des étoffes chatoyantes. Notre hôte nous dit que la coutume des habitants de Baghdad était de se promener ainsi la nuit pour prendre le frais et s'ébattre, et que

---

1. J'emprunte ce menu arabe à un poëme sur la cuisine composé par Abou Hucein Hodjachim en 912.

les trois grandes barques devant lesquelles les autres se rangeaient respectueusement étaient celles du khalife et de sa suite. Nous admirâmes encore quelque temps un spectacle si nouveau, puis nous allâmes nous coucher, la tête un peu lourde.

De bon matin, je fus éveillé par l'appel de la prière, et je me rendis à la mosquée voisine en compagnie de Youçouf et de notre hôte. Après une prière de trois rikat, notre hôte nous conduisit à l'édifice revêtu d'un stucage de bitume noir et qui était un bain. On mena chacun de nous dans un cabinet où il y avait un robinet d'eau froide et un robinet d'eau chaude; on nous apporta du savon, des serviettes, des parfums, que sais-je encore? C'était la première fois de ma vie que je prenais un bain autre part que dans une rivière: malgré ma surprise, je ne m'en tirai pas trop mal, avec l'aide d'un esclave du bain qui vint me frotter, me masser, me rogner les ongles, me tailler les cheveux. J'étais à demi habillé quand j'entendis un grand tumulte; je sortis à la hâte de mon cabinet et je vis, dans le corridor, une mêlée d'esclaves qui fuyaient deci delà, de gens qui ouvraient leurs cabinets et qui s'enquéraient de la cause de ce tapage; les uns criaient, les autres couraient au hasard; le maître du bain levait les bras au ciel et s'arrachait la barbe. Au milieu de tout cet émoi, Plumet et l'Écureuil, à demi nus et le sabre à la main, distribuaient de grands coups de plat de sabre à tous ceux qui les approchaient, et criaient en mongol qu'ils ne se laisseraient toucher par personne et qu'ils en éventreraient quelques-uns avant de se laisser voler et assassiner.

Mon arrivée calma un peu la fureur de mes écuyers. Avec l'aide de mon hôte et de la mienne on finit par s'entendre. Mes écuyers avaient pris peur en voyant entrer dans leur cabinet l'esclave qui venait pour les frotter et un autre qui venait pour nettoyer leurs vêtements. Dès que celui-ci avait touché à leurs bottes, ils s'étaient imaginé qu'on voulait les voler et avaient commencé tout cet esclandre. Quelques dih ems distribués aux battus terminèrent l'affaire, et nous retournâmes à la maison.

Je ne restai pas plus de deux jours à Baghdad. Pendant ces

deux jours, mon hôte s'entendit pour moi avec le chef d'une caravane de marchands qui se rendaient à Damas. Nous n'étions pas fâchés de nous trouver avec une caravane tout organisée, avec laquelle, moyennant une médiocre rétribution, nous n'avions pas à nous occuper du campement ni de la nourriture, et d'autre part, les marchands étaient enchantés de voir leur troupe grossie par cinq cavaliers solides, bien armés et bien montés, car sur toute la route de Damas à Baghdad on est exposé à rencontrer les Arabes Khafadjah, pillards et voleurs de grands chemins dont les marchands ont une peur affreuse. Nous partîmes donc mutuellement satisfaits les uns des autres. On mit à la disposition de Raymonde et d'Aïcha une litière portée sur un chameau, car ce n'est pas la coutume, dans ce pays, que les femmes chevauchent, et le dimanche matin, deuxième jour du mois de Saffar, la caravane se mit en route.

Nous traversâmes le désert sans mauvaise rencontre, et le samedi, sixième jour du mois de Zoulhedjé, nous arrivâmes à Damas, le paradis de l'Orient.

Nous traversâmes d'abord le bourg d'Elmaminah, qui est à quatre milles de Damas, puis nous arrivâmes à la mosquée d'El Akdam[1], située à la bifurcation de la route d'Orient et de celle qui conduit à Jérusalem la sainte et à la noble Mecque. On dit que dans cette mosquée on voit l'empreinte des pieds de Moïse. A la mosquée des Pieds commencent les faubourgs de Damas, et cette ceinture de jardins, de bosquets d'orangers, de grenadiers, de figuiers, de palmiers, de vignes, de jasmins, touffus, entrelacés, éternellement en fleurs, sillonnés par une infinité de ruisseaux d'eaux vives et limpides qui coulent sous leurs touffes parsemées de fleurs et qui font de Damas le paradis terrestre. Au sortir de ces vergers délicieux, on rencontre le fossé de la ville derrière lequel s'élève le mur bâti d'assises de pierre blanche pareille à du marbre et de briques rouges. Ce rempart, couronné de créneaux et flanqué de tours rondes et d'échauguettes, porte entre ses mâchicoulis des arceaux en ogive et des meurtrières entou-

1. Des Pieds.

rées de moulures, de fines nervures, de colonnettes, qui dissimulent sa massive solidité, les redoutables plates-formes, les terribles machines sous une coquette décoration. Nous entrâmes à Damas par la porte de la Félicité, située au sud-est de la ville. Nous traversâmes un pont de briques jeté sur le fossé et coupé au milieu par un pont volant ; nous passâmes sous la herse et sous la haute voûte de la porte, et pendant que les marchands nos compagnons se dispersaient pour se rendre aux auberges de la ville ou à leurs logements, Youçouf nous conduisit, à travers les rues tortueuses et étroites, à la maison de Ghânem, le fameux armurier, auquel nous adressait Mahmoud Yelvadj. Les rues de Damas ont ceci de particulier qu'elles sont garnies, des deux côtés, d'un trottoir dallé et que la chaussée du milieu est réservée pour les cavaliers. C'est la seule ville du monde où l'on trouve une disposition pareille. Des hommes portant des outres sur l'épaule parcourent les rues continuellement et les arrosent pour abattre la poussière. Subitement, au détour d'une rue, je m'arrêtai, frappé d'admiration, devant la mosquée des Omeyyades. C'est la plus sublime mosquée du monde par sa pompe, la plus artistement construite, la plus admirable par sa beauté, sa grâce et sa perfection. On n'en connaît pas une semblable. Elle est bâtie sur l'emplacement de l'église de Saint-Jean-Damascène, comme le rappelle l'inscription suivante, en lettres d'or sur fond de lapis-lazuli, qu'on voit sur le mur :

« Dieu est notre maître ; nous n'adorons que Dieu. L'ordre de bâtir cette mosquée, et de démolir l'église qui en occupait l'emplacement, a été donné par le serviteur de Dieu, Vélid, prince des croyants, au mois de Zoulhedjé de l'année 87. »

Après avoir fait dans la mosquée une courte prière, j'admirai ses trois minarets, ses trois nefs, ses cinquante-quatre colonnes et ses huit pilastres, ses soixante-quatorze arceaux garnis de merveilleuses verrières, ses pavés et ses murs de mosaïques dorées, la cour aux trente-trois colonnes et aux quatorze pilastres où se voit un jet d'eau unique au monde. Sortant de cette cour, je visitai la coupole de plomb soutenue par des colonnes de marbre et par quatorze pilastres, dont six sont de marbre incrusté de mosaïques et huit de plâtre fouillé en arabesques. On appelle cette coupole « la coupole de l'Aigle ». Elle semble voler au-dessus de toute la ville qu'elle domine à une grande hauteur. Je fis une seconde prière à la coupole d'Aïchah[1], *la mère des croyants*, et j'admirai ses huit colonnes de marbre ornées de dentelures garnies de petits carreaux de verre de différentes couleurs. C'est dans cette coupole qu'est déposé le trésor de la mosquée. On m'a dit que ses revenus étaient de vingt-cinq mille dinars d'or par an. J'allai voir aussi une petite coupole située au milieu de la cour; elle est de forme octogone, d'un fort beau marbre et supportée par quatre colonnes de marbre blanc fort bien ciselé. Sous cette coupole se voit un grillage de fer ouvragé, au milieu duquel est un jet d'eau qui s'élève, décrit une courbe et ressemble à une baguette d'argent. On appelle cette coupole la cage de l'eau, et les fidèles prennent plaisir à placer leurs lèvres sous ce jet d'eau pour y boire.

J'étais entré dans la mosquée par la porte méridionale qu'on appelle « porte de l'Augmentation ». Sous le vestibule de cette porte sont les boutiques des fripiers; en face est la caserne de la cavalerie; à gauche, en sortant, est la galerie des fondeurs de cuivre et des chaudronniers. Au-dessus de la porte est attaché l'étendard vert de Khaled, fils de Vélid, conquérant de la Syrie. La mosquée a encore trois autres portes : celle du nord, ou « porte des Bains », celle de l'ouest, « ou porte de la Poste » et, celle de l'orient, ou « porte des Heures », qui est la plus grande. C'est par la porte des Heures que je sortis. Je m'arrêtai un instant devant une salle haute, en forme de grande ogive, dans laquelle sont percées des ogives plus petites, en nombre égal à celui des heures de la journée. Elles ont des portes peintes à l'intérieur en vert et à l'extérieur en jaune. Quand une heure du jour s'est écoulée, l'intérieur, qui est vert, se tourne en dehors, et l'extérieur, qui est jaune, se tourne en dedans. Des deux côtés du vestibule de la porte des Heures, on voit deux allées circulaires

---

1. Aïchah, femme de Mahomet, auquel elle survécut, est surnommée par les musulmans *Oumm al Moumenin*, la mère des croyants.

garnies de colonnes sur lesquelles on tend des toiles; entre les colonnes sont les boutiques des marchands d'étoffes. Sur chacune de ces allées circulaires s'ouvre une longue allée droite, où sont les magasins des joailliers, des libraires, des fabricants de vases de verre et de mille autres merveilles. Sous le vestibule même est un jet d'eau qui sort d'un bassin de marbre. Devant le vestibule sont des estrades sur lesquelles se trouvent les loges des kadis et des notaires.

Après avoir retrouvé Marghouz, Aïcha, Raymonde et mes écuyers qui admiraient les curiosités exposées dans les allées, je passai par le marché des papetiers, et j'arrivai enfin au marché des armuriers où je devais trouver mon hôte Ghanem. On nous indiqua la ruelle où se trouvait sa maison, que nous reconnaîtrions facilement, nous dit-on, à ses moucharabiés[1] peints de bleu. Pendant que, le nez en l'air, nous cherchions partout les moucharabiés bleus, j'aperçus deux hommes qui paraissaient chercher la même chose que nous. A leur mine et à leurs vêtements, il n'était point difficile de les reconnaître pour des étrangers. Tous deux portaient une bonne épée droite au côté, une dague attachée au ceinturon, et le plus vieux tenait en outre une arbalète à la main. Sitôt que Raymonde vit ces deux hommes, elle fut saisie d'une grande émotion et descendit vivement d'une mule que j'avais louée pour elle.

« Mon frère le chevalier Noir, me dit-elle, cet homme que tu vois ici avec une arbalète est l'un des anciens serviteurs de mon père; c'est un homme de mon pays et de ma religion; je te prie que tu me donnes congé de lui parler.

— Ma sœur Raymonde, répondis-je, je suis ici pour te reconduire au milieu des tiens, suivant la parole que je t'ai donnée; tu n'as point de congé à me demander et tu es libre de faire comme il te plaît. »

Raymonde appela doucement l'homme à l'arbalète :

« Maître Jean l'Ermin[2], venez ici, je vous prie! »

---

1. Grillages en bois ciselé qu'on met aux fenêtres.
2. Je demande pardon de l'anachronisme. Jean l'Ermin, artiller du roi, ne vint à Damas qu'en 1250, par commandement de saint Louis.

Elle parlait la langue des Francs[1], que j'entendais fort bien, parce qu'elle me l'avait enseignée en route. Tout ce que Raymonde m'enseignait, je le retenais. En parlant, elle écarta son voile.

Quand ce maître Jean l'Ermin eut entendu sa voix et vu son visage, il devint tout pâle. Il courut à elle et mit genou en terre.

« Dieu me soit en aide! dit-il en se signant, c'est notre demoiselle Raymonde!

— Moi-même, maître Jean, moi-même, répondit Raymonde en sanglotant. Relevez-vous, mon bon Jean! Il ne sied point que vous soyez à genoux devant moi dans le pays des païens! Relevez-vous tôt!

— Sire Hugo, s'écria Jean parlant à son compagnon, sire Hugo, approchez bien vite et ployez le genou devant haute et noble demoiselle Raymonde de Châtillon, dont le père, messire Renaud, fut châtelain de Montréal dans la terre d'Outre-Jourdain et eut la tête coupée de la propre main de Saladin, soudan de Babylone! Dieu lui fasse miséricorde, mais pour sûr il est en paradis à présent! »

Le jeune homme que maître Jean appelait Hugo, sans ployer le genou devant Raymonde dont les larmes redoublaient, lui baisa la main. Je sentis quelque chose qui me montait à la gorge, quelque chose comme de la colère. Je dis haut et ferme, en langue franque :

« Mademoiselle, êtes-vous assurée que ce jeune homme ici soit chevalier? Peut-être est-il du commun et indigne d'approcher de votre personne. »

Le sire Hugo se redressa et mit la main à l'épée.

« Or vous! me dit-il d'une voix brève, je ne sais qui vous êtes; mais si vous voulez savoir qui je suis, mon nom est Hugo de Weissenfels, je suis chevalier, et je relève de la bannière de messire Helmerich de Starkenberg, grand maître des chevaliers teutoniques. Ma patrie est l'Allemagne; mon rang, celui de

---

1. Le français.

comte; je porte de sable à trois merlettes d'argent, et je ne souffre point qu'on me parle haut! »

Je regardai l'homme : il était grand et fort; il avait les cheveux roux, les yeux bleus, le visage coloré et l'air insolent. Sa mine me déplut.

« Sire Hugo de je ne sais quoi, lui répondis-je, car j'aurais peine à prononcer l'autre mot que vous avez dit, moi, je m'appelle Djani; j'appartiens à la bannière de Djébé le Loup; ma patrie est le grand désert; mon rang, celui de banneret; je porte d'azur au gerfaut d'or[1], et je n'aime point les gens qui font des vanteries.

— Vous avez la mine d'un Turk et d'un païen, répondit brutalement cet Allemand discourtois, et je vous interdis de rester en notre compagnie!

— Ah! j'ai la mine d'un Turk! m'écriai-je. Ah! vous m'interdisez de rester en votre compagnie! Or tôt! déguerpissez de la nôtre! Oui, je suis Turk; Turk, entendez-vous? Turk Oïgour; et puisque cela vous déplaît, allez au diable! »

Le Teutonique n'avait pas la repartie leste, car il resta un moment tout penaud, puis il reprit d'un ton pâteux :

« Si j'avais ma cotte de mailles, je vous ferais payer cher votre impudence.

— Qu'à cela ne tienne, répondis-je; je vais ôter la mienne à l'instant. »

Mais Raymonde nous sépara.

« Je ne veux point que tu te battes, entends-tu, Djani? » me dit-elle vivement en turk.

Et elle reprit en langue franque :

« Vous choisissez mal le temps et la place pour vous disputer. Je vous adjure de suspendre votre querelle, jusqu'à ce que je sois sur la terre des chrétiens.

— C'est bien, répondis-je. Je ferai comme tu voudras. »

L'autre ne dit rien et haussa les épaules d'un air maussade. Nous entrâmes alors dans la maison aux moucharabiés bleus,

---

1. Armoiries mongoles de Ghazan Khan.

car les deux étrangers la cherchaient aussi, se rendant chez Ghanem comme nous. Jean l'Ermin nous apprit qu'il y avait en ce moment paix et amitié entre les chrétiens de Syrie et le sultan de Damas, parce que le sultan de Damas redoutait fort les attaques du sultan d'Égypte que les Francs appellent soudan de Babylone, et de son allié le sultan d'Émesse, qu'ils nomment le soudan de la Chamelle. Le sultan de Damas avait donc fait un traité avec Amaury de Lusignan, roi de Chypre. Cet Amaury, par son récent mariage[1] avec la reine Isabelle, veuve de Conrad de Montferrat[2], et en secondes noces de Henry de Champagne[3], avait acquis le titre de roi de Jérusalem, titre purement nominal, puisque Jérusalem était aux mains de Malek-Adel, frère de Saladin; mais ce titre le rendait suzerain des autres rois francs de la Syrie, du roi d'Arménie, du roi d'Antioche et du comte de Tripoli. Jean l'Ermin, en sa qualité de maître artiller du roi de Jérusalem, venait précisément à Damas, chez Ghanem, acheter des cornes et des nerfs de bœuf pour faire ses arbalètes. Le Teutonique qui était avec lui avait voulu l'accompagner pour visiter Damas, disait-il, et en réalité, je pense, pour espionner.

Ghanem nous fit grand accueil, aux chrétiens comme aux musulmans. Il voulut d'abord nous laisser passer toute cette journée à nous réjouir et à nous reposer, avant de traiter aucune affaire. C'est pendant cette journée que j'appris tout ce qui s'était passé en Syrie depuis dix ans, par le récit que Jean l'Ermin en fit à Raymonde.

1. Conclu à Beyrouth en 1198.
2. Assassiné par les gens du Vieux de la Montagne le 28 avril 1192.
3. Neveu de Richard Cœur de Lion. Vécut en très-bonne intelligence avec le Vieux de la Montagne, auquel il rendit visite en 1197.

On enterra les Allemands.

CHAPITRE XIII

Allemands et Sarrasins.

Nous restâmes quatre jours à Damas. Il fut convenu avec mon hôte que celui-ci enverrait à Mahmoud Yelvadj deux maîtres artillers et quatre ouvriers capables de construire des machines de guerre. Leur solde fut réglée à six dirhems par jour pour les maîtres et deux dirhems pour les ouvriers. Il fut stipulé, en outre, que Mahmoud Yelvadj les enverrait auprès du prince chez lequel ils prendraient service et que la durée de leur engagement serait de six ans. M'étant ainsi acquitté de ma mission, il ne me restait plus qu'à conduire Raymonde en terre chrétienne, après quoi j'étais libre de retourner en Mongolie. Je demandai donc à Raymonde à quelle ville elle désirait être conduite. Sur le conseil de maître Jean, elle se décida pour la ville de Tripoli, où elle avait des parents. On m'apprit le chemin le plus court pour nous y rendre, et on m'informa que la première place des chrétiens que nous rencontrerions sur la frontière était le Krak des Hospitaliers, à partir duquel Raymonde trouverait l'escorte de gens de son pays et de sa religion. Le sultan Saleh ed Dine venait justement de lever le siége de Tripoli et de se diriger sur Jérusalem. Tout le nord de la Syrie était donc à peu près tranquille, et nous pouvions, sans trop de difficultés, aller de Damas au Krak des Hospitaliers. Une fois que j'aurais remis Raymonde aux gens du Krak, rien ne me retiendrait plus en Syrie.

Le Teutonique insista beaucoup pour décider Raymonde à se rendre à Acre plutôt qu'à Tripoli. Il fit valoir qu'il y avait une courte distance de Damas au château de Montfort[1] qui appartenait à son ordre, et qui était défendu par son cousin Henri Walpot de Bassenheim et que la route de Damas au Krak des Hospitaliers était plus longue. Il dit encore qu'il y avait en Acre beaucoup d'Allemands, parmi lesquels il jouissait d'une grande considération, et que le bon chemin pour aller de Damas en Acre passait par Montfort. Mais à tous ses beaux discours Raymonde répondit tout net qu'elle était Française, qu'elle n'avait rien à démêler avec les Allemands et qu'elle irait au château où se trouveraient des Francs de sa nation, que ce château fût un fief ou qu'il appartînt à un ordre comme le Temple ou l'Hôpital. Or le château français le plus voisin était justement le Krak qui appartenait à l'Hôpital. Elle entendait donc aller au Krak. Là-dessus, Hugo ne dit plus rien et fit ses préparatifs de départ.

Le matin du cinquième jour après notre arrivée à Damas, nous partîmes donc pour nous rendre à Baalbek et de Baalbek au Krak des Hospitaliers[2]. Notre caravane se composait du sire Hugo, de Jean l'Ermin, de Marghouz, de Youçouf le Turkoman, de moi et de mes deux écuyers, et d'un Arabe des environs de Baalbek qui nous servait de guide. Notre troupe se grossit

---

1. Montfort Starkenberg bâti en 1190. Les Teutoniques ne devinrent ordre militaire qu'en 1199. Je mets ici leur organisation définitive un an trop tôt.

2. Le Krak dont les ruines s'appellent aujourd'hui *Kalaat el Hosn*, fut pris en 1102 par les chrétiens et agrandi en 1125, pour tenir en échec les sultans d'Emesse. Il fut cédé en 1145 à l'ordre de l'Hôpital, qui le garda jusqu'en 1271, époque à laquelle il fut pris par Bibars el Bondokdary, sultan d'Égypte.

encore de l'écuyer de Hugo et de ses trois valets d'armes, car telle était la suite à laquelle il avait droit par les statuts de son ordre. Maître Jean, de son côté, était accompagné d'un sien arbalétrier qui s'appelait Étienne. C'était un jeune homme alerte et de bonne mine, qui avait l'air gai et résolu et qui riait de tout. Comme il était fort pauvre et de petite naissance, personne ne lui témoignait de considération, et Hugo, en particulier, l'accablait de ses dédains et l'abreuvait d'humiliations. L'écuyer et les valets du Teutonique ajoutaient encore leurs lourdes grossièretés à celles de leur maître; mais Étienne ne s'en souciait guère : il leur répondait par des moqueries, qu'ils mettaient un quart d'heure à comprendre et dont tout le monde riait de bon cœur, excepté le Teutonique et ses hommes, comme de juste.

Nous nous mîmes en route de bon matin, le long du flanc des collines verdoyantes qui entourent Damas. Hugo avait revêtu sa cotte de mailles, par-dessus laquelle il portait une cotte d'étoffe où étaient peintes ses armes. Il remit son heaume avec affectation à un de ses valets et fit porter son écu et sa lance par son écuyer; mais il coiffa très-bien un chapeau de fer, quand nous autres nous ne portions qu'un bonnet. Tout le monde était à cheval, sauf le seul Étienne. Voyant cela, comme ce garçon me plaisait et que j'avais deux chevaux de main, je l'appelai et je le fis monter sur un de mes chevaux. Il me fit grands remercîments et, dès cet instant, il s'attacha à moi. Nous suivîmes les berges de la rivière de Damas, qu'on appelle la Barada et qui coule au fond d'une vallée aux flancs boisés et aux crêtes vivement découpées. Nous reçûmes l'hospitalité, cette nuit-là, dans un village musulman bâti au milieu des ruines d'une ville qu'on me dit être très-ancienne; et le lendemain, nous commençâmes à gravir les pentes pour sortir de la vallée de la Barada et descendre dans la grande plaine où coule le Litani[1] et qui conduit à Baalbek.

Notre guide chevauchait en tête, et moi derrière lui, à côté d'Etienne. Mes deux écuyers me suivaient. Raymonde et ma sœur

---

1. C'es la Cœlésyrie des anciens. Le *Litani* est le *Leontes*.

étaient plus loin, entre maître Jean et Marghouz, et le Teutonique venait tout à fait derrière. A un moment, le cheval de l'Arabe prit peur devant un buisson et fit un écart; le guide se mit à rire.

« Pourquoi as-tu peur? dit-il à son cheval. Penses-tu que ce buisson soit le roi Richard?

— Quel est ce roi Richard? demandai-je à Étienne.

— Sire païen, me répondit-il, c'est le roi d'Angleterre qui vint ici il y a quatre ans et qu'on appela le Cœur de Lion pour sa grande force et vaillance. Il fit de tels exploits qu'aujourd'hui encore, quand les petits enfants des Sarrasins se mettent à crier, leurs mères leur disent pour les faire taire : Voici le roi Richard!

— Il a dû faire de grandes conquêtes alors?

— Non. Ensemble avec le roi de France il a pris Acre. Mais ensuite les dissensions se sont mises de la partie, le roi de France s'en est retourné, et plus tard le roi Richard est allé guerroyer en Chypre. Les dissensions gâtent notre affaire. J'ai entendu raconter comment le roi Baudouin de Jérusalem, qui fut lépreux, n'ayant avec lui que trois cents chevaliers, défit Saladin qui en avait trois mille; et pourtant aujourd'hui les Sarrasins sont devenus les plus forts et nous ont pris nombre de villes et de terres! C'est à cause de nos péchés.

— Et les Teutoniques, chevauchent-ils avec les Francs?

— Oui; mais à dire vrai, je ne les aime guère. »

Etienne se pencha vers moi et baissa la voix.

« Sire païen, me dit-il, voulez-vous savoir pourquoi ce Teutonique ici voulait conduire la demoiselle Raymonde à Montfort et en Acre?

— Dis toujours, répondis-je.

— Eh bien, le père de la demoiselle Raymonde était seigneur de Montréal, de Saint-Abraham et de la Pierre du Désert dans la terre d'Outre-Jourdain. Par sa première femme, Constance de Poitiers, il était prince d'Antioche et il possédait en France la seigneurie de Châtillon-sur-Loing. Sa seconde femme, la belle-mère de Raymonde, Étiennette de Milly, est dame et maîtresse de tous ces titres, terres et seigneuries ; et quand elle sera morte, Raymonde héritera de ses droits.

— Fort bien, répondis-je. Mais cette dame vit ; elle est à Tripoli, en sûreté. Maître Jean nous l'a dit.

— Oui, maître Jean l'a dit, mais il ignore ce que sait le Teutonique et ce que je sais. Hugo a reçu un message il y a trois jours, et entre autres choses ce message lui rapportait qu'Etiennette de Milly venait de mourir. Or il lui plairait assez de devenir seigneur de Châtillon, prince d'Antioche, baron de Saint-Abraham, sans bourse délier ni épée tirer. Voilà pourquoi il a si grande envie de mener Raymonde en Acre, parmi les Allemands, où il a bonnes chances de l'épouser par l'influence des Teutoniques ; ils l'y aideraient fort, car ils sont bien contents d'accroître la seigneurie et les richesses d'un des leurs.

— C'est bon, répondis-je. N'en dis plus rien à personne.

— Sire païen, reprit le bavard Étienne, vous n'aimez guère causer.

— Tu causes pour deux.

— Vous venez de bien loin? Ils sont sarrasins dans votre pays?

— Non. Il y a des gens qui adorent les images, les arbres, les montagnes, et d'autres, leurs alliés, qui sont très-puissants et qui sont chrétiens.

— Ah! dit vivement Étienne. Et rendent-ils hommage à l'apôtre[1] qui est à Rome?

— Je ne connais ni l'apôtre ni Rome. L'empereur des chrétiens de mon pays est aussi leur évêque.

— Alors il est prêtre sans doute? Et comment s'appelle-t-il?

— Il s'appelle Tograoul et on lui donne le titre de *ong*.

Étienne essaya deux ou trois fois de prononcer *ong* et *Tograoul*, mais il n'y arriva pas : ces mots-là n'étaient pas faits pour son gosier. Il finit par renoncer à l'un et par estropier l'autre, si bien qu'il appela l'empereur des Kéraïts *Jang* et *Jean*, au lieu de *ong*, et l'intitula triomphalement « le prêtre Jean ».

---

1. L'*apostoille*, le pape.

« Et ce prêtre Jean, me dit-il, est-il bien puissant? A-t-il de bons chevaliers? »

Je ne pus m'empêcher de rire. J'appelai Marghouz.

« Holà! frère Marghouz, dis-je à mon camarade, cet homme-là demande s'il y a de bons chevaliers parmi les Kéraïts?

— Mon garçon, répondit Marghouz, si tu en trouves un parmi les vôtres qui soit de force à tenir cinq minutes en face de Sengoun, le fils du *ong*, je m'engage à lui porter la lance et l'écu ma vie durant.

— Oh! dit Étienne, le roi Richard cherche encore son pareil! »

Marghouz était très-emporté et très-fier de son peuple : en quoi il avait raison.

« Écoute, reprit-il, je ne sais pas ce que sont les chrétiens de votre pays pour se laisser battre par des musulmans comme ceux que j'ai vus à Damas, et je ne connais pas ton roi Richard. Mais si tu me romps davantage la tête, à moi qui ai chevauché avec Sengoun, je commence par en assommer deux ou trois des tiens pour te montrer ce que valent les miens.

— Par Dieu, sire chevalier du prêtre Jean, dit Étienne, exercez-vous sur le Teutonique; c'est un spectacle que je ne serais pas fâché de voir! »

A partir de ce moment, ce brave garçon ne fit plus que parler du prêtre Jean et de son fils et s'attacha davantage à Marghouz et à moi. Il finit par demander à Marghouz si celui-ci voudrait le prendre pour écuyer, avec la permission de maître Jean l'Ermin. Marghouz y consentit, mais le maître artiller fit la grimace.

« Étienne, dit-il, est le plus habile artiller après moi; c'est mon élève. Il connaît tous les engins.

— Et c'est pour cela, répondit Marghouz, que vous le tenez en si mince estime? Notre empereur en fera un grand personnage! »

Le maître artiller, qui n'était pas resté insensible à tous les récits que Marghouz lui faisait sur les Kéraïts, finit par se décider.

« Certes, dit-il, ce sera un grand bonheur pour Étienne de servir un si puissant empereur et un si bon chrétien que le prêtre Jean; et il sera loué d'être écuyer d'un chevalier si pieux que vous, sire Marghouz. Prenez-le donc! Au nom du Père, du Fils et du Saint-Esprit.

— Un seul Dieu! reprit Marghouz en se signant.

— Je lui donne congé et le remets en vos mains, » termina Jean.

Étienne n'eut pas plutôt entendu ces mots que, poussant son cheval, il courut tout droit sur Hugo et lui cria :

« A présent, sire Teutonique, je suis homme libre et ne vous dois plus rien : la première fois que vous serez insolent avec moi, nous compterons ensemble!

— Ma lance, mon écu! cria Hugo. Vite mes armes, que je châtie ce vilain! »

Pendant que Hugo criait, un de ses valets d'armes s'approcha d'Étienne par derrière et leva sa masse pour lui fendre la tête. L'Écureuil, qui ne comprenait pas, mais qui voyait bien le geste, se trouvant le plus rapproché de ce valet, le saisit à bras-le-corps à la manière mongole, et quoique ce fût un homme grand et lourd, il l'arracha de sa selle et le jeta par terre sous les pieds de son cheval. Pendant ce temps Hugo, qui avait passé la bride de son écu à son cou et pris sa lance, la coucha en arrêt; il aurait infailliblement percé la poitrine d'Étienne, qui n'avait pas de cotte de mailles ni même de gamboison et qui tenait pour toute défense un court coutelas, si je n'avais tout aussitôt saisi les rênes au cheval du Teutonique et si je ne l'avais arrêté court.

Hugo, furieux, prit sa lance de la main de bride, et, saisissant une houssine pendue à sa selle, il frappa mon cheval sur la tête pour le faire cabrer et me faire lâcher prise. A cette insulte mortelle pour un Mongol, je sentis mon visage s'injecter de sang : je restai un instant comme hébété sous le coup de l'outrage qui m'était fait. Enfin je m'écriai d'une voix étranglée :

« Chien! Un de nous deux doit rester mort ici! Mets-toi en garde! »

En même temps je dégainai mon sabre et je m'affermis dans

mes étriers. Le Teutonique, reculant vivement, baissa la lance et embrassa son écu. Nous allions nous charger, quand Raymonde se jeta devant moi et que Marghouz, l'arc à la main, s'interposa entre nous.

« En arrière! s'écria rudement Marghouz, en arrière, l'homme à la lance! Djani n'a qu'un mouchoir de soie sur la tête et un sabre à la main! Son bouclier est pendu à la selle d'un de ses écuyers, et toi tu as un chapeau de fer, un écu et ta lance! C'est partie inégale!

— C'est fort bien parlé, dit maître Jean l'Ermin. Sire Hugo, vous devez laisser à votre adversaire le temps de s'armer. Si vous ne le faisiez pas, vous seriez honni.

— Djani, me dit rapidement Raymonde en turk, je t'en supplie! Tu m'avais promis de ne pas te battre! Ne te bats pas! »

Il me prit une colère violente contre Raymonde.

« Ne pas me battre! m'écriai-je. Ne pas me battre quand ce chien vient de frapper la tête de Saïn Boughouroul! La tête d'un cheval qu'a chevauché Keuktché le grand saint! La tête d'un cheval qu'a loué Djébé! La tête d'un cheval que je chevauchais à la Selenga! Ce Teutonique et tous les siens ne valent pas, pris ensemble, un crin du cou de mon cheval! Taisez-vous! Et toi, chien, apprends à connaître les Mongols! »

Pendant que je parlais ainsi, Plumet m'avait remis ma lance et ma rondelle.

« Le fer? » dit-il en me donnant la lance.

Suivant la coutume mongole, je portais mon fer de lance dans un étui[1] à ma ceinture et je ne le mettais sur le bois qu'en cas d'alerte. Ceci me rendit tout mon sang-froid. Je haussai les épaules, je rendis à Plumet le bouclier qu'il me tendait, je remerciai du geste Youçouf le Turkoman qui m'apportait mon casque, et prenant ma lance sans fer, je dis tranquillement :

« Ceci me suffit. Je n'ai coutume de m'armer entièrement que pour la bataille et non pour la joute. Allons! »

---

1. Le fer est muni d'une virole qui permet de l'ajuster au bout du bois, comme on met la baïonnette au bout du fusil.

Le Teutonique, lui, avait profité de ce répit pour ôter son chapeau de fer et se faire lacer son heaume qui, suivant la coutume des Francs, lui enfermait tout le visage. Les Francs sont beaucoup plus pesamment armés que nous et se couvrent complétement de fer. De tous les peuples de la terre, sans parler des Bédouins, ce sont les Mongols qui se chargent le moins d'armures, car ils pensent que la victoire est dans les armes offensives et non dans les armes défensives.

Jean l'Ermin, qui paraissait avoir conçu beaucoup d'affection pour moi, me dit tout bas :

« Vous avez tort de ne vous point armer, sire Djani ; ce Hugo est le meilleur chevalier parmi les Teutoniques, où il y en a beaucoup de bons. »

Mais je ne lui répondis pas. Je regardais Raymonde qui était devenue toute pâle en voyant le bout de ma lance sans fer. Les autres ne s'en apercevaient pas, à l'exception de Marghouz et de mes écuyers, parce qu'ils n'avaient pas fait attention à notre coutume mongole de porter le glaive à la ceinture.

« Or, êtes-vous prêt? cria enfin le Teutonique.

— Quand il vous plaira! répondis-je.

— Demoiselle, reprit mon adversaire s'adressant à Raymonde, quand je vais avoir tué ce païen, c'est moi qui vous conduirai parmi les nôtres. »

Raymonde ne répondit rien ; mais je vis bien sur son visage l'intérêt qu'elle prenait à moi et son aversion pour le Teutonique.

« Allons! criai-je, c'est assez causé! Servons-nous un peu moins de nos langues et un peu plus de nos armes. Je vous attends! »

Aussitôt le Teutonique, baissant sa lance, courut sur moi.

Il tenait fort mal son arme, à la franque, tout droit devant lui. Pour moi, qui tenais ma lance à la mongole, la pointe à la gauche de la tête du cheval de façon à pouvoir escrimer, je laissai arriver mon homme, et évitant son choc, je passai à

---

1. *Glaive*, en langage du moyen âge, signifie « fer de lance ».

côté de lui en frappant rudement son heaume du bois de ma lance. Le coup fut assez fort pour le faire chanceler.

Il reprit carrière et il courut sur moi une seconde fois. J'évitai encore son atteinte, et en passant à côté de lui, je lui portai un coup sec entre le cou et le menton, si bien que le lacet du heaume se rompit et qu'il resta nu-tête. Marghouz ramassa lestement le heaume et le remit à l'Écureuil en disant :

« C'est tout gain pour toi, Djani !

— Il faut en finir ! cria le Teutonique, écumant de rage. Défends-toi, païen maudit ! »

Il recula de vingt pas pour prendre du champ. Cette fois j'en fis autant. J'allais lâcher la bride, quand Raymonde s'écria :

« Ton fer de lance ! Et que Dieu te protége ! »

Au même instant, je tirai mon fer de ma ceinture, je l'ajustai au bout de ma lance et je fondis sur mon adversaire en criant :

« En avant les Mongols bleus ! Place à la bannière ! »

L'arme du Teutonique, mal dirigée, grinça sur ma cotte de mailles, coupant quelques maillons sans me blesser. La mienne le frappa droit entre les deux yeux. Il tomba de cheval raide mort. C'était le coup de Djébé que je lui donnais, un coup qui ne manque jamais son homme.

Mais ce n'était pas tout. Pendant que nous nous chargions, Marghouz, Étienne et Plumet, incapables de résister à la tentation, chargeaient l'écuyer et les deux valets du Teutonique. Le troisième valet ne comptait plus : l'Écureuil, en le jetant à bas de son cheval, lui avait enfoncé une côte. Maître Jean l'Ermin eut beau s'interposer, il ne put arrêter les combattants, si bien que lorsque je me retournai après avoir dépêché mon Allemand, je m'aperçus que son écuyer avait la tête fendue, qu'un de ses valets avait la poitrine trouée et que les deux autres gisaient par terre en fort piteux état.

« Ma foi, tant pis ! dit Marghouz. Ce sont eux qui l'ont voulu. En route !

— Nous ne pouvons pourtant pas, s'écria maître Jean, laisser ces trois chrétiens sans sépulture et abandonner ces deux autres,

Ma lance le frappa entre les deux yeux.

blessés et en terre païenne ! Sire chevalier du prêtre Jean, nous ne le pouvons pas ! »

Marghouz se rendit à la justesse des observations de maître Jean. On enterra fort décemment les Allemands, après qu'Étienne eut pris pour lui l'épée et la cotte de mailles de l'un d'eux. Raymonde fit une croix avec deux morceaux de bois et la planta sur la fosse. Nos compagnons chrétiens y récitèrent une prière. Mes écuyers prirent en croupe les deux valets blessés, et nous nous remîmes en route en emmenant les chevaux des vaincus.

Le lendemain de cet événement j'arrivai à Baalbek, où nous reçûmes l'hospitalité dans une zaouïah dans laquelle on donne à manger à tous les voyageurs, qu'ils soient musulmans ou chrétiens. Baalbek est remarquable par des ruines qui datent du temps du paganisme. Beaucoup d'Arabes nomades campent aux environs. Je visitai leurs tentes, qui ne sont pas faites d'un treillis couvert de feutre comme les nôtres, mais qui consistent en étoffes de grosse laine tendues sur des piquets. Le surlendemain de mon départ de Baalbek, j'arrivai dans la vallée de l'Oronte, sur les confins du pays des chrétiens et de celui qui appartient aux Ismaéliens. Ces Ismaéliens sont des Assassins qui dépendent du Vieux de la Montagne d'Alamout ; ils reconnaissent son autorité, mais à la suite de plusieurs guerres ils ont dû consentir à payer tribut aux chevaliers du Temple et de l'Hôpital, voisins de leurs États. Leur chef demeure dans un château très-fort qu'on appelle Aleika. Il se donne le nom de Vieux de la Montagne, à l'imitation du chef de toute la secte, du Vieux du mont Alamout avec lequel j'avais eu affaire à Kachgar. Dans l'endroit où je passais, j'étais encore à proximité de la frontière des Etats du sultan d'Émesse, que les chrétiens appellent le « soudan de la Chamelle » et qui est sans cesse en guerre contre eux.

Maître Jean me recommanda de prendre les plus grandes précautions, attendu que de ce côté il y avait continuellement des troupes appartenant au Temple et à l'Hôpital qui faisaient des incursions sur le territoire des musulmans et des troupes du sultan d'Émesse qui faisaient des incursions sur le territoire des chrétiens. D'autre part, il me mettait en garde contre les Assassins du Vieux de la Montagne, dont la fureur paraissait redoubler depuis quelques années et qui précisément en ce moment tenaient la campagne par bandes sur la frontière du pays de Damas.

« Maître Jean, dis-je à mon compagnon, vous paraissez être bien effrayé des Assassins.

— Comment ne le serais-je pas? s'écria maître Jean. Pour moi, je suis trop petit personnage pour avoir rien à démêler avec eux : leurs coups s'adressent à de plus hauts que moi. Depuis l'an 1190, savez-vous quels princes sont tombés sous le poignard des hommes du Vieux de la Montagne[1]? Seulement, nous avons avec nous ces deux nobles demoiselles, et il est à craindre que les bandes du Vieux, qui battent la campagne pour faire le dégât, ne cherchent à les enlever. Outre leurs meurtres, je vous dis qu'ils font aussi la guerre aux chrétiens de Tripoli et aux sarrasins de Damas. Or avisez!

— Mais, lui dis-je, comment se fait-il qu'ils payent tribut au Temple et à l'Hôpital, puisqu'ils savent se débarrasser par le poignard de tous ceux qui les gênent?

— Oh! répondit maître Jean, contre le Temple ils ne peuvent rien entreprendre. Les Assassins obéissent aveuglément à leur Vieux et tuent quiconque il leur dit, quand bien même ils seraient assurés d'être tués tout de suite après, car leur croyance est qu'ils vont alors en paradis. Mais le Vieux sait très-bien que

---

1. Voici la liste des meurtres les plus célèbres commis à cette époque par les assassins. En 1092, Nizam el Moulk, ami de Haçan fondateur de la secte, et vizir de Malik Chah, roi seldjoukide de la Perse. En 1102, le prince d'Émesse, tué dans la mosquée cathédrale de sa ville. En 1113, Madoud, prince de Mossoul, tué dans la mosquée cathédrale de Damas. En 1114, Ahmed Yel, prince de Maragha, tué à Baghdad en présence de Mohammed, sultan de la Perse. En 1121, l'émir Afzal, le puissant vizir d'Égypte. En 1126, Kacim Aksonkar, prince de Mossoul et d'Alep, tué dans la mosquée cathédrale de Mossoul. En 1127, Moïn ed Din, vizir du sultan Sandjar, roi de Perse. En 1129, Amir Billah, khalife d'Égypte. En 1131, Tadj el Moulouk Bouri, prince de Damas. En 1134, Chems el Moulouk, fils du précédent. De 1135 à 1138, le khalife Mostarchid, le khalife Rachid, et Daoud, prince seldjoukide de l'Azerbaïdjane. En 1149, Raymond, comte de Tripoli. En 1191, Kyzyl Arslane, prince de l'Azerbaïdjane. En 1192, Conrad de Montferrat, roi de Jérusalem. En 1174 et 1176, tentatives d'assassiner Saladin, etc., etc.

s'il faisait tuer le maître du Temple ou de l'Hôpital, les Templiers et les Hospitaliers en choisiraient un autre aussi bon, et ainsi lui n'y gagnerait rien et perdrait inutilement ses Assassins. Voilà pourquoi il paye volontiers tribut au maître du Temple et à celui de l'Hôpital, qu'il craint bien fort. »

Comme nous parlions ainsi et que nous chevauchions tranquillement sur un plateau découvert, tout à coup, sur la crête du plateau à notre droite, parut un cavalier couvert de son armure et tenant sa lance haute; derrière lui en parut un autre, puis un autre encore, puis de droite et de gauche deux troupes qui avaient gravi les pentes derrière leurs éclaireurs se déployèrent rapidement sur le plateau et coururent sur nous en nous entourant. La surprise fut complète; nous étions cernés avant d'avoir eu le temps de prendre la fuite. Je vis maître Jean encocher résolûment un carreau sur son arbalète; Étienne mit l'épée à la main.

« Paix là! leur dis-je. Nous n'en sommes pas aux coups; ils sont deux cents contre nous huit, et d'ailleurs nous ne savons pas encore ce qu'ils nous veulent.

— Ce qu'ils nous veulent! s'écria maître Jean. Nous autres chrétiens ici nous sommes perdus! Ils veulent nous couper la gorge ou nous prendre prisonniers! Ce sont des cavaliers du soudan de la Chamelle! Je reconnais ses Kurdes à leurs hauts bonnets et ses Turkomans à leurs heaumes à nasal! Ils ne font point de quartier aux chrétiens. Vous, sire sarrasin, vous pouvez vous tirer de là, puisque vous suivez la loi de Mahomet.

— Je n'ai pas l'habitude d'abandonner les gens que j'accompagne, répondis-je sèchement à maître Jean. Taisez-vous et désencochez votre carreau. Et vous, Étienne, rengainez votre épée. Moi seul je commande ici, et après moi, Marghouz ».

Maître Jean ne répondit rien et m'obéit. Étienne voulut faire une observation.

« Silence dans les rangs! » dit Marghouz d'une voix dure.

Je m'avançai seul vers celui qui paraissait le chef des assaillants. C'était un homme de haute taille, monté sur un cheval superbe. Il était armé de mailles et la coiffe de son heaume était fixée sur le nasal, ne laissant découverts que les yeux. A sa droite et à sa gauche se tenaient deux Kurdes gigantesques, armés d'un gamboison rembourré d'étoupes, de plaques de ceinture en acier et la tête couverte d'un haut bonnet par-dessus une coiffe de mailles. Ils portaient à la main des masses d'acier. Derrière le chef on tenait sa bannière, qui était vermeille; on y voyait peintes ses armes, qui sont d'or à deux lions de gueules marchant[1].

A trois pas du chef, je m'arrêtai et je prononçai la profession de foi et le tekbir, puis je m'écriai :

« Il n'y a de force et de puissance qu'en Dieu l'Unique! O musulmans! que me voulez-vous? »

Le chef ne put s'empêcher de répondre, du moment que je faisais ma profession de foi de vrai croyant.

« Loué soit Dieu qui nous a faits musulmans! Que le salut soit avec toi! »

Puis il reprit en mauvais turk occidental :

« D'où viens-tu, ô musulman?

— De la route que j'ai laissée derrière moi, répondis-je.

— Où vas-tu?

— Devant moi.

— Je savais cela, me dit le chef.

— Si tu le savais, tu ne me l'aurais pas demandé, répondis-je.

— Tu fais l'insolent! reprit le chef d'un ton irrité. Sache que je puis te faire passer de ce monde dans le feu qui pétille.

— Si j'avais su, lui dis-je, que tu en avais le pouvoir, je n'aurais pas adoré un autre Dieu que toi. »

Il parut étonné de mon audace; s'avançant sur moi, il me posa la main sur le cœur.

« En vérité, dit-il à ses gens, ce jeune homme est très-hardi; son cœur ne bat pas plus vite qu'à l'ordinaire. Or dis-moi, jeune musulman, je vois à ton armure et à tes vêtements que tu viens de très-loin; je n'ai jamais vu d'homme fait comme toi;

---

1. Ces armes sont celles de Bibars el Bondokdary, sultan d'Égypte. Je me permets de les attribuer au soudan de la Chamelle, dont je n'ai pu retrouver les armoiries.

mais je reconnais fort bien des chrétiens dans ta troupe : tu vas me les livrer. »

Parlant ainsi, il me désignait maître Jean, Etienne et les deux Allemands.

« Deux de ceux-là, lui dis-je, sont mes prisonniers, que j'ai gagnés par le sabre; le troisième fait partie de ma troupe et le quatrième est mon ami. Je ne te les livrerai pas.

— Fils de chien ! s'écria-t-il en colère. Sache que je suis Noureddin, sultan d'Émesse, et que je viens de faire le dégât sur la terre des chrétiens. J'ai là en bas quatre cents prisonniers et quatre-vingts chameaux chargés du butin que j'ai fait. Que ta mère pleure ta mort ! Livre-moi tes chrétiens sur l'heure !

— Ni sur l'heure, ni aujourd'hui, ni demain, répondis-je tranquillement. Le prophète a dit : L'homme va avec qui il lui plaît et dispose de ce qu'il a gagné Il me plaît d'aller avec deux de ces chrétiens, et j'ai gagné les deux autres. Tu peux m'attaquer, tu es le plus fort; mais si tu es tué, tu seras damné en enfer, et si je suis tué j'aurai l'avantage du martyre; j'irai en paradis, car le prophète a dit : Le martyr est celui qui donne sa vie pour autre chose que pour sa fortune.

— En vérité, ricana le sultan Noureddin, tu es le premier des traditionnistes. Es-tu venu de si loin pour nous enseigner notre propre religion ? Eh bien, tu me l'enseigneras plus à loisir, car tu es mon prisonnier. »

Il achevait à peine, qu'il se fit un grand mouvement parmi les gens de sa suite; trois cavaliers venaient de gravir le plateau et de paraître au milieu du cercle qui nous entourait. Tous trois mirent pied à terre et s'avancèrent vers le sultan. En les voyant, il fut troublé et descendit de cheval lui-même.

« Noureddin, sultan d'Émesse, dit d'une voix claire le premier des nouveaux arrivants, c'est bien toi que nous cherchons. Es-tu disposé à nous entendre ?

— Parlez ! » répondit le sultan en frémissant.

Il avait défait son gorgerin et rabattu son casque en arrière. Je vis que son visage était très-pâle.

« Sultan d'Emesse, reprit l'autre, mon maître, le Vieux de la Montagne, m'envoie vers toi pour te demander que tu lui donnes satisfaction des injures que tu lui as faites et pour que tu lui rendes le château de Massiad[1] que tu lui as pris et que tu détiens injustement.

— Jamais! s'écria le sultan. Moi vivant, jamais il n'aura Massiad!

— Il est écrit: Nous appartenons à Dieu et nous retournerons vers lui, dit l'Assassin d'une voix grave. Or, vous autres, faites votre devoir! »

Les deux autres Assassins s'avancèrent vers le sultan, qui recula d'un pas en portant la main à la garde du sabre. Tout le monde tremblait. Dans le désordre qui s'ensuivit, je vis très-bien Marghouz qui en profitait en homme prudent, qui faisait mettre les Allemands blessés en travers sur deux chevaux de main, qui faisait gagner aux autres vingt bons pas d'avance et qui revenait ensuite se placer à côté de moi.

L'un des Assassins tenait une hache à long manche, le long du bois de laquelle étaient fichés des couteaux; l'autre portait un drap blanc sur le bras. L'homme à la hache prit un de ses couteaux et le jeta aux pieds du sultan; l'homme au drap déploya son étoffe et la posa près du couteau. L'étoffe toucha la jambe du sultan, qui recula encore en frissonnant.

« Noureddin, sultan d'Émesse, s'écria celui qui parlait pour les deux autres, un couteau pareil à celui-ci te percera le cœur! Garde ce drap; mon maître te l'envoie pour qu'il te serve de linceul. »

Sur-le-champ, tous trois remontèrent à cheval et s'en allèrent sans se presser, au pas, en chantant les prières des morts. Personne n'osa les poursuivre. Je vis qu'il ne fallait pas manquer mon occasion, et avant que le sultan fût revenu de son trouble et eût remis le pied à l'étrier, je partis à fond de train sans lui dire adieu.

---

1. Massiad, cédé par l'Hôpital au Vieux de la Montagne, en 1185, et pris par les sultans d'Émesse et d'Alep en 1198.

L'étoffe toucha la jambe du sultan.

« Alerte! criai-je à mon monde. Nous avons de bons chevaux ; tâchons de ne pas nous laisser rattraper. Noureddin me paraît homme à faire passer sur notre dos la peur que lui fait le Vieux de la Montagne. »

Plumet et l'Écureuil se mirent à dépouiller les morts.

CHAPITRE XIV

Le pays des chrétiens.

En quelques instants, nous fûmes sur l'autre versant du plateau et j'enfilai un vallon, droit devant moi. Nous faisions bien de nous hâter, car je ne tardai pas à voir derrière nous cinq ou six cavaliers, puis dix, puis vingt. On nous poursuivait chaudement. A environ un parasange de nous, le vallon remontait et s'étranglait en étroit défilé : c'était là que je voulais arriver, pour défendre le passage avec Marghouz, maître Jean, Étienne et mes deux écuyers. Mon guide arabe nous avait abandonnés au premier danger, et je comptais envoyer les deux femmes prendre de l'avance, sous l'escorte de Youçouf, pendant que nous arrêterions les assaillants. Mais ceux-ci, montés sur des chevaux frais, ne tardèrent pas à nous rejoindre, et bientôt leurs flèches nous sifflèrent aux oreilles. Sans m'arrêter, je ripostai en tirant en arrière à la manière mongole; Marghouz et mes écuyers m'imitèrent. Il fallut voir la stupéfaction d'Etienne et de maître Jean quand nous commençâmes à manier nos arcs.

« Noël! s'écria Étienne. Voici que le sire chevalier Noir et mon maître le chevalier du prêtre Jean tirent derrière leur dos!

— Merveille! merveille! criait le vieux Jean lui-même. Ils tirent leurs flèches en arrière mieux que nous ne les tirons en avant!

— Allez donc, fainéants! leur dit Marghouz. Servez-vous donc de votre arbalète!

— Nous ne saurions, répondit bonnement maître Jean. Il nous faudrait arrêter nos chevaux et faire face aux Sarrasins.

— Imbéciles! » grommela Marghouz, qui n'avait pas le caractère facile.

En ce moment, une flèche vint frapper sur son casque et une autre sur le corset de cuir bouilli de Plumet, mais sans leur faire de mal. Les flèches de ces musulmans ont un fer plat qui se fausse aisément, et leurs arcs, qui sont très-longs, sont aussi très-faibles. Marghouz tira sur le plus rapproché : sa flèche à carreau en acier de la Chine traversa la cotte de mailles; l'homme tomba en arrière. Je tirai à mon tour et j'en abattis un second. Je prenais une autre flèche dans mon carquois quand je reçus un coup qui s'émoussa sur ma cotte de mailles et que je vis Étienne culbuter sous son cheval qu'une flèche venait de frapper au défaut de l'épaule. Le brave garçon fut relevé tout de suite, et saisissant l'arbalète que lui tendait maître Jean, il tira de pied ferme et coucha son homme raide par terre. J'en vis encore tomber deux autres, sous les traits de Plumet et de l'Écureuil. Marghouz, ne voulant pas abandonner son nouvel écuyer qui restait derrière son cheval abattu et encochait un nouveau carreau sur son arbalète, dégaina et chargea résolûment; ce que voyant, je mis le fer au bout de la lance et je chargeai à mon tour en criant aux autres :

« A moi, Djani! Place à la bannière! »

Une quinzaine d'hommes arrivaient sur nous, la lance basse

ou le sabre et la masse en l'air, en criant : « Allahou Ekber! » J'étais bien peiné de charger ainsi des musulmans, mais ma selle était bouclée, et, comme on dit : « Quand le Turk est à cheval, il ne connaît plus son père. Si on charge la maison de ton père, charge avec[1] ! » Il n'y avait plus à reculer.

Le choc fut rude. Les musulmans de Syrie manient bien la lance et la masse, mais leurs sabres sont mauvais, étant d'un métal trop fin, trop légers et trop affilés, de sorte qu'ils sont excellents pour trancher la chair nue ou les étoffes, mais que sur le fer ou le cuir bouilli de l'armure ils se faussent et se brisent. Je vis bien ici que Djébé avait raison lorsqu'il disait que le sabre est la meilleure des armes, et que la lance, la hache ou la masse ne produisent leur effet qu'à une seule place, au lieu que le sabre entame un homme de la tête aux pieds. D'un coup de lance je cassai la mâchoire au premier sur lequel j'arrivais, et tirant mon sabre, j'en frappai un second si rudement que je fendis son casque et le crâne par-dessous. Comme je dégageais mon sabre de l'entaille, je reçus un revers qui m'engourdit l'épaule gauche, mais sans me pénétrer dans les chairs, car le sabre de l'homme se brisa du coup; pressant mon cheval avec le genou, je lui fis faire une volte et je frappai mon adversaire sur le bras, entre la manche de mailles et le brassard, lui labourant les chairs et les os depuis la saignée jusqu'à la paume de la main ; il chancela et voulut se sauver ; mais je lui lançai un coup de pointe entre les deux épaules qui lui creva sa cotte de mailles et le jeta mort sur le cou de son cheval. En ce moment, je vis Marghouz qui venait de démonter un de leurs cavaliers et qui, faisant un écart pour l'empêcher de trancher les jarrets à son cheval, lui donnait un tel revers sur la nuque qu'il lui abattait la tête. Plumet, saisissant son adversaire à la gorge, l'étrangla de ses deux mains, et l'Écureuil, qui venait de dépêcher un Kurde d'un coup de pointe au visage, tailla la cuisse d'un Arabe si vigoureusement que l'homme tomba pâmé sous les pieds des chevaux.

1. Proverbe tatar bien caractéristique. Je crois qu'aucun autre peuple n'a formulé ainsi la fureur guerrière et la rage du brigandage.

Youçouf reçut un coup de masse qui le démonta et l'étourdit. Étienne trancha les jarrets d'un cheval et maître Jean assomma le cavalier avant qu'il se fût dégagé, pendant qu'Étienne perçait un second du carreau de son arbalète. Dans la bagarre, un Kurde coupa la gorge à un de nos Allemands blessés et emporta sa tête, et un autre cassa les reins de notre second prisonnier. Étienne fut renversé, et maître Jean, voulant frapper un second coup de son épée, reçut un coup de masse sur le bras, qui le désarma. L'épée des Francs est bonne, mais lourde et difficile à manier, en sorte qu'un adversaire agile et résolu peut profiter du moment où on la lève pour vous frapper au corps, ou du moment où on la baisse pour l'éviter et vous frapper sur les bras. Laissant pendre mon sabre à la dragonne, je saisis mon arc et j'envoyai une flèche dans les côtes à l'adversaire de maître Jean, qui venait de redoubler et le tenait ployé sous sa masse; Plumet ramassa Youçouf tout étourdi et le mit en travers sur le cou de son cheval; Marghouz distribua de si furieux revers qu'il envoya deux hommes rouler par terre, et qu'Étienne eut le temps de remonter sur un autre cheval. L'Écureuil soutint maître Jean qui chancelait sur sa selle. Je pris ma lance par terre et je courus sur ceux de nos adversaires qui restaient; mais ils prirent la fuite au galop, nous laissant le champ de bataille. Nous emmenâmes huit chevaux et nos blessés, et je me dépêchai d'arriver au défilé qui était juste assez large pour laisser passer deux hommes de front.

« Il est temps! me dit Marghouz en me montrant une trentaine de cavaliers qui arrivaient sur nous avec les fuyards.

— Oui, il est temps! répondis-je. Allons, pied à terre : aux arcs et aux arbalètes! »

Maître Jean, tout rompu des coups qu'il avait reçus, restait assis, adossé à la muraille de rochers et la tête pendante sur la poitrine. Youçouf ne valait guère mieux; le sang lui coulait du nez et de la bouche, et il ne se soutenait pas sur ses jambes. Nous restions cinq pour défendre le passage. Je fis monter Étienne et l'Écureuil sur deux saillies de rocher, j'envoyai Plumet tenir les chevaux derrière nous, et avec Marghouz je me mis en travers du sentier, l'arc à la main. Nous saisîmes nos arcs, bien décidés à ne pas reculer d'un pas.

Une volée de flèches nous arriva. Nous y répondîmes aussitôt. Dès les premières décharges, nous eûmes un cheval tué et je vis tomber deux hommes du côté de nos adversaires. Le combat continua ainsi près d'un quart d'heure : nous perdîmes encore deux chevaux et Étienne fut mis hors de combat par un trait qui lui traversa le bras. Je l'envoyai surveiller les chevaux et je le fis remplacer par Plumet qui ne demandait pas mieux. Malheureusement, le Franc Etienne, homme des villes si jamais il en fut, ne savait pas manier les chevaux comme un nomade mongol ; les bêtes, effrayées par le sifflement continuel des flèches et par les cris des assaillants, prirent peur et s'échappèrent. Seuls, Saïn Boughouroul et les chevaux de l'Écureuil et de Plumet, habitués à nous depuis si longtemps, ne bougèrent pas. Nous restions donc avec Marghouz démonté, trois blessés et deux femmes sur les bras et attaqués par une multitude d'ennemis. Les gens de Noureddin s'aperçurent tout de suite de notre trouble et de la débâcle de nos montures et en profitèrent pour nous charger.

« Voilà le moment de frapper du sabre et de risquer bravement notre vie ! » m'écriai-je en sautant en selle ; et sans attendre personne, je chargeai droit devant moi.

Plumet et l'Écureuil me suivirent. Étienne, tirant son épée, car il n'était blessé qu'au bras gauche, se mit à côté de Marghouz pour barrer l'entrée du défilé. J'avais l'avantage de la pente du terrain, et de plus le soleil donnait dans les yeux de nos assaillants, ce qui expliquait comment, pendant un quart d'heure, leurs flèches nous avaient fait si peu de mal, au lieu que les nôtres en avaient descendu ou démonté une douzaine. Au premier choc je renversai un grand Kurde, lui rompant ma lance dans le corps. Frappant du sabre à droite et à gauche, à nous trois nous les mîmes en fuite. Ils s'en allèrent au galop et s'arrêtèrent à une centaine de pas plus loin, pour attendre des renforts et pour attaquer de nouveau ; mais j'étais échauffé par le combat et peu disposé à les attendre de pied ferme ; Marghouz avait saisi par la bride un cheval dont le cavalier était abattu et s'était mis en selle ; nous chargeâmes résolûment à nous quatre ; ils vinrent à notre rencontre ; mais à dix pas nous tournâmes bride et nous courûmes vers le défilé en leur lançant nos dernières flèches ; l'une d'elles renversa leur porte-étendard. Aussitôt, les voyant en désordre, je fis volte-face et je tombai sur eux à coups de sabre. Marghouz en sabra deux ou trois ; Plumet eut son cheval tué sous lui ; l'Écureuil, toujours avisé, ramassa l'étendard qui gisait sous les pieds des chevaux. Pour moi, après avoir mis quelques-uns de leurs guerriers par terre, je me trouvai en face de leur chef, un nègre gigantesque. Il me déchargea un furieux coup de sabre sur la tête ; je me couvris de mon bouclier ; le coup fendit mon bouclier et mon casque, mais la lame se brisa. Le géant nègre saisit aussitôt un autre sabre qui était attaché à sa selle, car en Syrie chrétiens et musulmans portent deux sabres, l'un à la ceinture et l'autre aux flancs du cheval ; mais avant qu'il eût tiré son arme, je profitai du moment où il était baissé et je lui portai un revers entre le cou et l'épaule, qui le fendit jusqu'à la poitrine. Il restait huit ou dix hommes contre nous. Voyant leur drapeau pris, leur chef tué, et de plus Étienne qui arrivait encore l'épée à la main, et maître Jean avec Youçouf qui se traînaient péniblement derrière lui, mais tenaient, l'un son arbalète bandée et l'autre une lance, ils prirent la fuite au galop. En même temps il s'éleva un grand tumulte sur le plateau, et je vis, au milieu d'un tourbillon de poussière, briller les armes d'une troupe de cavalerie qui arrivait au trot. Les fuyards n'en détalèrent que plus vite, se criant les uns aux autres avec la plus grande terreur :

« Kamandour el devvet ! kamandour el devvet !

— Loués soient les saints ! s'écria Étienne. Nous sommes sauvés ! C'est le commandeur du Temple qu'ils appellent ainsi !

— Le Temple ! le Temple ! répéta maître Jean. A nous, sires chevaliers du Temple ! A nous, France, France ! »

Disant ces mots, le brave homme s'évanouit, par suite du grand effort qu'il avait fait pour venir jusque-là. Les templiers prirent le galop et arrivèrent sur nous la lance haute. Pour moi, j'étais si échauffé par le combat que j'avais soutenu, que nu-tête

Une volée de flèches nous arriva.

et sans bouclier je me plantai en face d'eux le sabre au poing, prêt à les charger, et je criai d'un ton de défi :

« Place à la bannière ! »

Marghouz et Étienne coururent à la rencontre des templiers. Quant à Plumet et à l'Écureuil, voyant que nous étions maîtres du champ de bataille, ils se mirent tranquillement à dépouiller les morts et les blessés et à couper des têtes pour les mettre en pyramide et dresser un trophée à la manière mongole.

L'avant-garde des templiers s'arrêta devant nous. Plus loin, je vis une grande foule, des piétons, des troupeaux : c'étaient les prisonniers de Noureddin, que les Francs venaient de délivrer. J'appris plus tard que Noureddin n'avait pu se sauver qu'avec une dizaine d'hommes. Pendant que sa troupe s'acharnait sur nous, il avait été complétement surpris par les templiers[1].

Je regardai avec surprise les nouveaux arrivants. Hommes et chevaux étaient complétement bardés de fer; les hommes portaient par-dessus leurs armes de grands manteaux blancs avec une croix rouge cousue sur l'épaule gauche. Ils étaient armés de boucliers triangulaires, d'une épée de selle, d'une épée de côté et de lances sans pennon. Les uns avaient le casque cylindrique emboîtant le visage, les autres le chapeau de fer à visière formant rebord ; quelques-uns n'avaient qu'un bonnet sur la tête, avec un mouchoir par-dessus attaché à la manière des Bédouins, à cause de la grande chaleur. La plupart de ceux dont on voyait le visage avaient les yeux clairs, le poil fauve, la barbe longue et bien fournie. A côté de leur chef qui était un vieux à barbe grise, chevauchait un autre homme dans la force de l'âge. Tous deux reconnurent maître Jean et Étienne ; mais la surprise fut grande quand ils virent Raymonde. Ils mirent tous pied à terre et l'entourèrent en lui prodiguant les marques du respect.

« Comment avez-vous fait pour vous échapper des mains des païens? demanda le vieux le premier.

---

1. C'est l'affaire dite « de la Bochée ».

— Maître Gilbert Érial[1], répondit Raymonde, bien que vous soyez, à ce que je vois, grand maître du Temple, rendez grâce à ce jeune chevalier qui m'a délivrée. »

Parlant ainsi, elle me désigna au maître du Temple.

« Frère Pierre de Mirusande[2], s'écria le maître, voici un chevalier armé plutôt comme les Sarrasins que comme nous; mais quel qu'il soit, s'il a délivré la demoiselle de Montréal et si avec ces seuls compagnons que je lui vois il a déconfit tous ces Sarrasins ici, il mérite du renom par-dessus tous les chevaliers de la terre.

— Il les a déconfits, monseigneur! s'écria Étienne. Oui, il les a déconfits! J'y étais! Et le sire Marghouz, chevalier du prêtre Jean qui est empereur des chrétiens dans l'autre monde, l'y a aidé.

— Que barbouillez-vous là de prêtre Jean et d'autre monde, arbalétrier? dit sévèrement le maître du Temple. Apprenez à tenir votre langue devant tant de nobles seigneurs.

— Sachez, interrompit Raymonde, que Djani qui m'a délivrée m'amène d'un pays très-lointain, et que près de ce pays demeurent des chrétiens dont l'empereur est le prêtre Jean. Marghouz est un de ses chevaliers. »

Là-dessus, tous ces templiers voulurent embrasser Marghouz et m'embrasser aussi, même après qu'ils eurent appris que j'étais musulman.

« Nous avons avec nous, me dit le maître du Temple, des guerriers qui suivent la loi de Mahomet comme vous; ils sont nos alliés contre les autres Sarrasins et nous les appelons *Turcoples*. C'est une grande charge parmi nous que la charge de celui qui commande tous les Turcoples : son titre est celui de *grand turcoplier;* il lève bannière et est honoré parmi les premiers. Restez avec nous, sire Djani, et nous vous donnerons la charge de grand turcoplier.

— Non, répondis-je, je ne le puis pas; j'appartiens à mon empereur et à ma bannière et il faut que je les rejoigne.

---

1. Gilbert Érial, grand maître du Temple, de 1196 à 1201.
2. Pierre de Mirusande, chevalier de l'Hôpital, châtelain du Krak en 1178.

Raymonde me désigna au maître du Temple.

— Mais, reprit le maître du Temple, vous m'avez dit que votre empereur ne suivait point la loi de Mahomet et que son allié, le prêtre Jean, était chrétien comme nous. Que vous importe alors de venir avec des chrétiens? Vous pourrez acquérir de la terre et devenir un puissant seigneur. »

J'eus envie de rire intérieurement. Acquérir de la terre! Moi nomade, moi soldat mongol, moi attaché à la bannière de Djébé, moi qui connaissais les projets de Témoudjine et qui savais ce que valait l'empereur inébranlable, j'avais bien affaire, en vérité, d'acquérir une bicoque en Syrie! J'avais envie de dire à ce Franc qu'un jour nous la prendrions, sa Syrie, nous autres Mongols, mais je me contins et je dis simplement ce que Moaviah le khalife (Dieu lui fasse miséricorde!) répondit quand on lui reprochait d'avoir conclu la paix avec les chrétiens pour combattre des musulmans révoltés.

« La religion, c'est l'amour de la patrie! »

Le maître du Temple s'inclina.

« Votre empereur est heureux d'avoir de tels sujets que vous, dit-il. Pour nous, nous sommes de pauvres moines qui avons fait vœu de combattre pour la religion, et nous ne pensons à acquérir ni richesses, ni provinces, mais seulement à défendre les terres que la chrétienté a conquises en Syrie.

— Je suis satisfait de remettre Raymonde entre vos mains, lui répondis-je. A présent elle est en sûreté, ma mission est terminée et il ne me reste qu'à partir et à me remettre sous ma bannière. »

Raymonde devint toute pâle; je vis sur le visage de Marghouz et de ma sœur la même émotion que sur le sien.

« Tu as donc, me dit Marghouz, l'intention de nous quitter tout de suite?

— Sans doute, répondis-je; et toi-même, tu ne vas donc pas revenir avec moi?

— J'ai fait vœu de rester un an en Syrie et de tenter de voir Jérusalem, quoique les musulmans y soient.

— C'est bien; reste alors; les bêtes sont liées par leurs brides et les hommes par leurs vœux. Nous allons donc partir et te faire nos adieux ainsi qu'à Raymonde. »

Comme je disais ces mots, Aïcha fondit en larmes.

« Pourquoi pleures-tu? Il n'y a pas lieu de pleurer, mais de te réjouir, puisque tu vas revoir la lande et les montagnes de notre yort.

— Je ne reverrai pas notre yort, dit Aïcha en sanglotant; je ne reverrai pas la lande et les montagnes; mon frère, il faut que je reste ici.

— Comment, lui dis-je, il faut que tu restes? Tu veux rester avec les gens des villes, toi une fille des Baïane Aoul? Tu veux rester avec les paysans? Tu veux rester avec les chrétiens, toi une musulmane?

-- Je ne suis plus musulmane, répondit Aïcha en se redressant, je suis chrétienne, et je vais aller au Krak épouser Marghouz auquel le prêtre de Samarkand m'a fiancée en me baptisant.

— Chienne! m'écriai-je saisi de colère; maudite sois-tu, toi et le mécréant Marghouz! Je vais vous envoyer en enfer! »

Je me jetai sur elle, mais Marghouz, Raymonde et le maître du Temple s'interposèrent. Dans ma fureur, je tirai ma dague, la dague que m'avait donnée le Vieux de la Montagne. Marghouz se croisa les bras, en signe qu'il ne voulait pas se défendre.

« Tu oublies tes serments, Djani, dit-il d'un air très-humble. Souviens-toi que sur la lande des Oïrad, Alak, toi et moi, nous nous sommes juré que jamais nous ne porterions la main l'un sur l'autre. Pour moi, je tiens ma parole et je ne me défendrai pas. »

Ce souvenir fit tomber ma colère, et m'asseyant sur une pierre, je pleurai abondamment. Ma sœur vint près de moi, mit genou en terre et me baisa la main, mais je la repoussai. Alors Plumet et l'Écureuil se placèrent à mes côtés, et s'adressant à moi en mongol, parlèrent avec une grande véhémence. Jamais je n'aurais soupçonné que mes discrets écuyers pussent tant parler.

« Mon banneret, s'écria le premier Plumet d'un ton indigné,

je vois que tu es courroucé contre Marghouz le Kéraït. Qu'est-ce que Marghouz comparé à toi? Tu es Tougtchi, tu commandes à dix hommes de l'aile gauche et il est simple soldat : il te doit l'obéissance, ainsi que l'empereur inébranlable l'a établi dans son Yaçak.

— Qu'est-ce que Marghouz? reprit l'Écureuil. Il est de la bannière de Sengoun, fils du Ong Khan, que Yeçoukeï le Hardi, père de notre khan, établit sur le trône : notre khan a fait à son empereur l'aumône d'une couronne. Toi, tu es de la bannière de Djébé, de la bannière bleue, de la glorieuse bannière bleue, de la pure bannière bleue, de la chère bannière bleue! Un grand sorcier du Tibet, qui prophétisait avec un tambour magique trois fois plus grand qu'un bouclier, a déclaré devant moi à Djébé qu'à sa bannière bleue étaient attachées les trois puretés du triple joyau[1], les neufs perfections et les neuf fois neuf félicités. A preuve que Djébé lui a donné dix-sept chevaux que nous venions de voler dans les dépendances de son couvent : oui, il lui en a fait don généreusement. Qu'est-ce que la bannière de Marghouz comparée à la bannière bleue? Une perche, une gaule! Qu'est-ce que Marghouz comparé à toi? Un crapaud, un ver de vase, un paysan! Puisse sa peau se couvrir d'ulcères malins! Puisse tout son bétail mourir! Puissent tous ses chiens avoir la gale et tous ses chevaux la morve! »

Ici l'Écureuil entra dans la litanie des malédictions mongoles, qui n'est pas courte. Plumet conclut simplement :

« Le cavalier Marghouz ayant désobéi à son supérieur le Tougtchi Djani, et ayant contrevenu au Yaçak, doit recevoir vingt-cinq coups de bâton devant le front de l'escadron[2]. »

Pendant que mes discrets écuyers parlaient de la sorte, mon brave cheval, penchant sa tête sur mon épaule, frottait ses naseaux humides contre mon visage. Tant de souvenirs évoqués par Saïn Boughouroul et mes compagnons me transportèrent à

---

1. Du *lotus;* toute cette théologie est bouddhiste.
2. Punition du code militaire mongol, qui n'avait du reste rien de déshonorant. Gengiskhan faisait bâtonner même ses généraux, dans les formes stipulées par le *Yaçak.*

mille lieues de la Syrie. Je vis Keuktché et l'empereur inébranlable, et Moukhouli le Sage, et Djébé le Joyeux, et Bogordji le Vaillant ; je vis la lande et la terre des Herbes, et la bannière bleue flottant au vent un soir de victoire. Je me levai en me redressant, et d'une voix ferme je dis à Marghouz :

« Adieu, frère ; quand tu reviendras là-haut, je te souhaite de retrouver ton yort ; si ton peuple a disparu, si un vainqueur l'a emmené pour le confondre avec le sien, tu trouveras toujours une patrie sous les drapeaux de Djébé, à côté d'Alak et à côté de moi. »

Marghouz se jeta dans mes bras et me serra sur sa poitrine en pleurant à chaudes larmes. Ma sœur resta étendue la face contre terre et les bras en croix[1], comme font les chrétiens quand ils prient avec ferveur et sont dans une grande affliction.

Alors, comme moi je voulais faire voir à tous ces gens-là que j'étais aussi bon musulman qu'ils étaient bons chrétiens, je me déchaussai, je jetai ma pelisse par terre pour m'en servir comme de tapis de prière, et les regardant fièrement, je criai le Tekbir, je proclamai l'unité de Dieu et je psalmodiai de toutes mes forces le premier chapitre du noble Koran. Ils me regardèrent avec respect et j'entendis même le maître du Temple dire à celui de l'Hôpital :

« Celui-là est un brave : je voudrais le garder avec nous ! »

Je fis tranquillement mes préparatifs de départ. Plumet et l'Écureuil rassemblèrent les chevaux capturés ; je leur ordonnai de remettre trois chevaux sur cinq aux templiers, qui parurent surpris de ma générosité. Je fis paqueter en ballots les armes et les armures des morts, après avoir fait présent de quelques-unes qui n'étaient pas les moins belles au maître du Temple, à celui de l'Hôpital, à Marghouz, à maître Jean et à Étienne. Mes écuyers récoltèrent les flèches, je choisis celles qui portaient ma marque et je les remis dans mon carquois. Tous ces préparatifs nous conduisirent jusqu'au soir ; les chrétiens avaient ôté leurs armures et installé leur camp. D'un village voisin, peuplé de musulmans

---

1. C'est le geste du treizième siècle.

qui leur étaient soumis et qu'on appelle Casal Imbert (les villages musulmans soumis aux chrétiens s'appellent des *casaux*), on apporta des provisions. Comme il était trop tard pour partir, que Youçouf avait besoin de repos, et que moi-même j'étais tout contusionné sous mon armure en pièces, j'acceptai de passer la nuit avec eux et de partager leur pain et leur sel. Ils me firent grand honneur, au point de me préparer un tapis de soie et de me faire asseoir entre le maître du Temple et celui de l'Hôpital.

Je pris mon repas avec eux et je répondis de mon mieux aux questions qu'ils me faisaient sur l'Ong Khan, ou, comme ils l'appelaient, le prêtre Jean. Je leur parlai des pays que j'avais vus et de ceux dont je savais quelque chose et qu'ils ne connaissaient pas, le Cathay[1], l'Inde, le Tibet. Je n'oubliai pas la grande muraille que les Chinois ont bâtie pour se préserver des incursions des Tchortchas, des Mongols, des Turks Karliks et Oïgours ; mais ils en avaient entendu quelque chose, probablement par les Arabes, car ils la nommaient, de même qu'eux, le rempart de Gog et de Magog, et pensaient qu'elle est au Caucase où l'aurait fait bâtir Alexandre, fils de Philikous, César de Rome.

De leur côté, ils me parlèrent de leur pays la France, et me vantèrent si bien sa beauté, la sagesse de ses rois, la vaillance de ses chevaliers, que j'en fus tout attendri. Quand chacun s'étendit pour prendre du repos, moi seul, assis sur la selle de mon cheval, près du feu, je restai éveillé, pensant à tout ce qui m'arrivait et à tout ce que je venais d'entendre. La nuit était claire : il faisait clair de lune, et en Syrie la lune est très-brillante. Tout dormait, à l'exception de trois ou quatre sentinelles dont on voyait miroiter les fers de lance dans l'ombre. On avait dressé une tente avec des couvertures de cheval pour Raymonde et pour Aïcha et quelques abris pour les femmes des prisonniers que nous avions délivrés des mains de Noureddin. Tout à coup, un coin de la tente se leva, et je vis Raymonde s'avancer vers moi. Elle avait quitté ses habits musulmans et était maintenant vêtue à la franque, sans doute avec des vêtements que lui avait donnés

---

1. Le mot est mongol. Les gens de l'Asie centrale appellent la Chine « Khataï ».

une des prisonnières. Je vis tout de suite qu'elle venait pour me parler, et me levant, j'allai au-devant d'elle. Nous nous regardâmes un instant sans rien dire : elle prit la parole la première.

« Ainsi, me dit-elle, tu vas nous quitter, Djani?
— J'y suis décidé, répondis-je.
— Et par où reviendras-tu?
— Par où je suis venu. Au point du jour, je vais me mettre en route pour Damas et de là pour Baghdad.
— Ne repasse pas par Samarkand ! s'écria vivement Raymonde. La Khatoune te fera tuer.
— Si c'est ma destinée, répondis-je, je n'y puis rien changer. Ce ne sont pas les sabres qui tuent, mais la destinée ; il est écrit : Nous appartenons à Dieu et nous retournerons vers lui !
— Tu ne passeras pas par Samarkand, dit-elle; promets-moi de ne pas passer par Samarkand. »

Puis elle reprit avec animation et en frappant du pied :
« Tu n'iras pas te faire tuer là-bas ! je ne veux pas que tu meures ! »

Je la regardai, non sans surprise.
« Que t'importe que je vive ou que je meure? lui dis-je. Nous ne nous reverrons plus jamais.
— J'en ai grand chagrin, me dit-elle doucement.
— Moi aussi, répondis-je. Certes, je regretterai toute ma vie de ne pouvoir partager ta destinée. Mais qu'y faire? La terre est dure et le ciel est loin ! Il faut que chacun subisse sa destinée !
— Hélas ! reprit-elle en soupirant. Que n'es-tu chrétien ! Si tu étais chrétien !
— Eh bien, si je l'étais?
— Tu pourrais mettre sur ta bannière les armes de Chtillon-Montréal, et je ne serais plus seule sur cette terre ! »

A peine eut-elle laissé échapper cet aveu qu'elle se couvrit le visage de ses mains. Pour moi, la douleur la plus vive que j'eusse jamais ressentie s'empara de mon cœur. Ce n'était point le regret de renoncer aux armes et aux biens de Montréal qui me la causait. Je restai hésitant et les yeux baissés. Dans cette angoisse, j'invoquai Ali le Lion de Dieu et par sa protection spéciale je repris possession de mon âme. Relevant la tête, je prononçai le Tekbir et j'attestai à haute voix l'unité de Dieu. Raymonde fondit en larmes. Alors je mis un genou en terre devant elle et je la saluai, plus humblement que je n'avais salué Turkane Khatoune, impératrice de Kharezm, princesse des Turks, autocrate du monde et reine des femmes de la terre habitée.

« Raymonde, lui dis-je, puisse ma vie être la rançon de la tienne, je n'ai jamais songé à te peiner en proclamant le symbole de la foi[1], mais j'ai voulu témoigner ma ferme résolution d'être musulman. Au surplus, ma patrie est loin d'ici ; on dit chez nous que celui qui a un peuple appartient à son peuple, et que celui qui a une rivière appartient à sa rivière. La destinée est cause que nous ne sommes pas du même peuple et de la même rivière. Il faut que je parte. »

Et alors je lui récitai ces vers turks :

> Personne ne se souvient de celui qui est dans l'adversité ;
> Personne, du sein de l'exil, ne livre son cœur à la joie ;
> Dans cet exil où je languis, mon cœur n'a pas été heureux :
> On ne se complaît jamais loin des siens.

Nous restâmes encore un instant silencieux, puis je pris les mains de Raymonde dans les miennes :

« Tu as raison, me dit-elle brusquement. Il faut que tu partes et il faut que je reste. Relève-toi. Dans quelques heures je serai en route pour le Krak et pour Tripoli, et toi tu seras en route pour Baghdad et pour le pays turk. Dieu veuille que tu y arrives sain et sauf ! »

Le jour se levait en ce moment et tout le monde se mettait sur pied. Mes deux écuyers rassemblèrent leurs bêtes et m'amenèrent mon cheval. Je serrai la main à Marghouz, aux maîtres du Temple et de l'Hôpital, à Jean, à Etienne. Je ne voulus pas revoir ma sœur. Quand je fus à Raymonde, les larmes me vinrent aux yeux, mais je me contins et je lui dis :

---

1. Le *la Allah il Allah ou Mohammed Rassoul Allah.*

« Que Dieu te garde ! Dieu est au-dessus de nous ! Qu'il te donne bonheur et longue vie ! »

Elle ne répondit rien ; mais lorsque je pris la bride de Saïn Boughouroul et que je me plaçai au montoir, elle s'écria :

« Adieu, généreux chevalier Noir ! Quand je vivrais encore cent ans, je les passerais à prier pour toi ! »

Aussitôt je sautai sur mon cheval, et l'enlevant vivement, je m'enfuis sans tourner la tête, au galop, comme un voleur. Je ne savais pas que je reverrais un jour la demoiselle Raymonde : Dieu lui fasse miséricorde !

Nous allions pêcher.

CHAPITRE XV

Errant pendant quatorze ans.

Ayant mis ma confiance en Dieu, je repris la direction du sud-est et je retournai vers Damas. Le deuxième jour, nous rencontrâmes le campement d'une grosse caravane qui s'était établie dans un petit bois de pins pour se reposer et pour apprêter son repas. A leur costume je reconnus que les gens de la caravane étaient des marchands francs. Ils ne portaient pas d'armures, mais la plupart avaient des épées, des dagues et des arbalètes. Ils avaient attaché aux arbres plus de quarante mulets lourdement chargés, à en juger par les ballots déposés par terre. Leurs bêtes de selle étaient des ânes, des mules et d'assez mauvais chevaux. Dès qu'ils m'aperçurent, ils parurent saisis d'une vive inquiétude, et l'un d'eux vint au-devant de nous en tenant un parchemin à la main. Il m'adressa la parole en pur turk et je ne pus retenir une exclamation de surprise.

« Seigneur, me dit-il, à votre mine et à vos vêtements j'ai jugé tout de suite que vous étiez un Turk. Ne soyez donc point étonné si je vous parle une langue que j'ai apprise dès l'enfance.

— Par Dieu! m'écriai-je, je ne serais point étonné si vous me parliez le mauvais patois que parlent ces Turks dégénérés que j'ai vus en Perse, en Mésopotamie et en Syrie, où ils sont établis depuis des centaines d'années. Mais que vous me parliez le vrai turk du Nord, comme on le parle dans l'Altaï et dans la Fergana, le vrai turk des Oïgours, des Kirghizes, des Karliks et des Kanklis, voilà qui me surprend étrangement. Avez-vous donc été en ces pays lointains?

— En aucune façon, me répondit le marchand en souriant; mais j'ai trafiqué dans le pays des Russes et de là j'ai passé dans celui des Bulgares, des Comans, des Polovtzis et des Bachkirs : or tous ces peuples ne parlent pas un autre turk que celui que je vous parle et portent des vêtements qui ressemblent beaucoup aux vôtres. Je pense donc que vous êtes un homme de ces pays-là.

— Loué soit Dieu! m'écriai-je, qui a étendu la nation des Turks jusqu'à des pays que je ne connaissais même pas de nom. Je n'ai jamais entendu parler ni des Bulgares, ni des Comans, ni des Polovtzis, ni des Bachkirs. Par ma naissance je suis un Oïgour Baïane Aoul, et par mon drapeau j'appartiens à la glorieuse nation des Mongols bleus, que Dieu puisse accroître sa puissance! Où habitent nos frères turks dont vous me parlez?

— Connaissez-vous le fleuve Iaïk que les Russes appellent Oural? me demanda le marchand.

— J'ai entendu parler de ce fleuve, répondis-je.

— Savez-vous quelque chose des monts du Caucase et du fleuve Idil que les Russes nomment Volga?

— Pour le Caucase, oui, je le connais; mais l'Idil m'est inconnu.

— Alors vous ne savez rien non plus du Tcherno More ou mer Noire, et de deux fleuves qui s'y jettent et dont l'un est appelé en turk Tine et en russe Don, et l'autre Tounaï et en franc Danube?

— Non, par Dieu! répondis-je.

— Eh bien, reprit le marchand franc, sachez que les Bulgares demeurent entre le Iaïk et l'Idil, et que leur grande ville de Bolgar est sur l'Idil, proche du pays des ténèbres. Les Polovtzis demeurent entre l'Idil et le Tine, dans les grandes plaines qu'ils appellent en turk *Decht-i-Kiptchak*, « la plaine des landes, » et Polovtzi est un mot russe qui signifie environ la même chose, car *polé* en russe veut dire « plaine ». Les Bachkirs demeurent sur les coteaux du Iaïk, et les Comans sont établis entre les Polovtzi du Decht-i-Kiptchak et le fleuve Tounaï.

— Fort bien, dis-je au marchand. Alors je les connais ; nous appelons en bloc vos Polovtzis, et vos Comans et tous les nomades de la grande plaine « Kiptchaks ».

— Or, de par Dieu, me dit cet homme, c'est le nom qu'ils se donnent eux-mêmes. Au sud-est des Kiptchaks, près du Caucase et de la Tcherno More, sont les Alans ou Alains. A l'ouest sont les Lekhs de la plaine, qui s'appellent Polaks, et les Lekhs des bois, qui s'appellent Lithuaniens. Au nord sont les républiques et les royaumes des Russes. Au nord-ouest et à l'ouest des Russes sont les Kourèles et d'autres peuples qui s'appellent entre eux Deutsch ou Teutons, que nous appelons Allemands et que les Russes et les Kiptchaks appellent Némiches. Entre les Comans et les Polaks sont les Madjares, qui confinent aussi à l'empire des Grecs de Constantinople.

— Je connais ceux-ci, m'écriai-je. La ville que vous nommez Constantinople, nous l'appelons Rome, et son empereur, nous l'appelons le César de Rome et l'empereur au poing doré. Il est l'ennemi des musulmans.

— Précisément, me répondit le marchand. Or les Russes, les Polaks et les Madjares sont chrétiens, ainsi que les Némiches; quelques Bulgares sont musulmans, et quelques Kiptchaks pareillement; quelques Alains sont aussi chrétiens; mais la grande masse des Kiptchaks, des Kourèles, des Alains, des Bulgares et des Bachkirs sont païens et idolâtres.

— Et vous, seigneur marchand, qu'êtes-vous? demandai-je.

— Moi, répondit le marchand, je suis chrétien, de même que

tous ces miens compagnons ici. Mon nom est Maffeo, et le nom de mon pays est Venise, ville libre, glorieuse, habile dans la navigation et le commerce, reine des mers. Je viens de Layas que les Sarrasins appellent Ladikieh[1]; je m'y suis joint avec mes Vénitiens à ce marchand que vous voyez ici, ce vieux qui a la barbe grise : il est Catalan et se nomme Bartholomé. Nous nous sommes associés pour aller trafiquer dans la Perse et dans l'Inde, et ce parchemin que j'ai ici est un sauf-conduit que m'a donné le soudan de Damas, chez lequel nous allons présentement.

— Gloire à Dieu! m'écriai-je, moi je suis musulman; mais je suis heureux de rencontrer un homme qui a été dans le pays des Kiptchaks, chez les Turks du Nord mes frères, et qui se rend dans la Perse et dans l'Inde. Le Tibet n'est-il pas près de l'Inde.

— Certainement, dit le marchand; dans mes navigations et voyages j'ai entendu parler d'un pays qui est au nord de l'Inde et qui s'appelle le Tibet. C'est de là que vient le musc, drogue précieuse et odoriférante.

— Or bien, repris-je, je vous accompagnerai, car par l'Inde je puis arriver au Tibet, s'il plaît à Dieu, et le Tibet est proche de mon pays.

— C'est grande joie pour nous que vous nous accompagniez, seigneur Turk, dit le marchand. Je vois à votre mine que vous êtes expert à manier les armes, comme le sont tous les Turks, et vous êtes accompagné de trois vigoureux cavaliers. Nous ne sommes pas trop pour faire le périlleux voyage d'ici jusqu'à Siraf[2] où on monte sur la mer pour aller dans l'Inde, et vous nous servirez d'escorte et de sauvegarde chez les musulmans. Dieu vous rende votre bonté! »

J'eus vite fait connaissance avec les marchands vénitiens et catalans qui étaient de la troupe de Maffeo, et ils me témoignèrent qu'ils étaient bien contents de m'avoir en leur compagnie

---

1. La moderne Lattakié, l'antique Laodicée. C'était le grand port de Syrie et l'entrepôt de l'Asie au treizième siècle.
2. Aujourd'hui ruiné. Les ruines sont près de Kondjoun, sur le golfe Persique

Eux faisant leur négoce, nous mîmes sept mois pour aller de Damas à Basrah, sans autre accident que quelques escarmouches sur la route avec des brigands kurdes et des Bédouins pillards. Les richesses de nos marchands s'accrurent fort pendant ce chemin, et ils se partagèrent encore celles de trois d'entre eux qui avaient péri pendant le chemin, deux tués en combat et l'autre mort de maladie. Enfin, par la grâce de Dieu très-haut, nous arrivâmes à Basrah le 10 du mois de Rébi premier 597, année de la Poule, en bonne santé et le cœur plein d'espérance.

Pour aller de Basrah à Siraf, il nous fallut attendre pendant deux mois l'occasion d'un navire, car la route de terre est si peu sûre, à cause des brigands hérétiques du Lâristan qui l'infestent, que personne ne voulut nous louer de bêtes de somme ni nous servir de guide. Or la plupart de nos mules et de nos chevaux avaient péri en route; il ne nous était resté qu'une partie de nos propres montures, parmi lesquelles Saïn Boughouroul, mon bon cheval. Enfin, le dernier jour du mois de Djémadi premier, nous nous embarquâmes sur un grand bâtiment de pêcheurs de perles, car c'est précisément dans les mois de Djémadi premier et second que la pêche des perles est pratiquée entre Siraf et Bahreïn. Le patron du navire était un Persan hérétique et nous fit payer notre passage aussi cher qu'il put : que Dieu ne lui fasse pas grâce ! Encore fallut-il que je me disputasse longtemps avec lui pour le faire consentir à embarquer mon cheval, car il prétendait que son bateau n'était pas disposé pour cela. Nous montâmes sur son navire le cœur rempli d'angoisse, par la grande crainte que nous avions d'aller sur mer, nous Turks et Mongols. Qui plus est, nous n'étions pas rassurés sur les intentions de ce Persan et nous craignions qu'il ne nous fît quelque perfidie, à moi et à Youçouf comme musulmans orthodoxes, à Maffeo et à Bartholomé comme chrétiens. Nous exigeâmes donc de cet hérétique qu'il nous assignât un quartier spécial sur son navire, ce à quoi il consentit. Maffeo et ses compagnons, qui avaient l'expérience des choses de la mer, ayant passé une grande partie de leur vie à naviguer, choisirent notre place à l'arrière, près de deux grandes barres de bois qu'ils appellent

gouvernail, car, me disaient-ils, le gouvernail est à un navire c
que la bride est à un cheval, de sorte que quiconque parvient
s'en emparer est le maître de tout le vaisseau.

Ainsi, étant huit hommes résolus et bien armés près du gou
vernail, nous n'avions à craindre aucune trahison. Pour moi, u
des matelots du navire, qui était un musulman orthodoxe, u
Arabe de la tribu des Beni Sefaf, m'ayant enseigné les litanie
de la mer qu'a composées un très-pieux cheikh arabe, je senti
ma crainte diminuée, et j'entrai dans le bateau en mettant m
confiance en Dieu et en répétant sans cesse les litanies d
cheikh. Par l'efficacité de ces prières, il ne nous arriva rien d
fâcheux; mais le mouvement de la mer nous rendit tellemen
malades, moi, mes écuyers et Youçouf, que pendant toute l
traversée, qui fut de douze jours, nous restâmes inertes et enve
loppés dans nos couvertures, gisant sur un tapis, dans un coin d
navire. Que Dieu me pardonne mes péchés! je n'eus pas même l
force de m'occuper de mon cheval, et la chère bête eût péri s
le bon Maffeo n'eût pris soin d'elle.

Enfin notre navire s'arrêta, et dès qu'il fut arrêté, notre ma
cessa. Je vis tout près de nous une terre verdoyante, et au milieu
de bouquets d'arbres la ville de Siraf, qui paraît toute rouge
parce qu'elle est bâtie en pierres de cette couleur. C'est une vill
immense et magnifique. Le cœur palpitant d'impatience, nous
descendîmes les premiers dans une barque qui nous conduisit à
terre. Là, passant au milieu des jardins où croissent des fleur
et des herbes odoriférantes, nous entrâmes dans une large ru
dallée qui nous conduisit au bazar. La chaleur est étouffante
dans ce pays, et j'avais l'intention d'acheter des vêtements légers
pour remplacer les lourds haillons que nous portions. Maffeo.
qui parlait très-bien l'arabe et le persan, nous servit de guide e
tout d'abord voulut nous procurer un logement. Il finit, après
avoir beaucoup couru, par trouver une grande maison qu'ils
appellent dans ces pays une okéla[1]. Ce sont des maisons où les

---

1. C'est ce que nous appelons un caravansérail. Le mot *caravansérail*, ou
comme on prononce « kiarvane séraï », est du turk moderne.

marchands peuvent se loger en payant une redevance au propriétaire. Elles se composent d'une grande cour rectangulaire avec un puits au milieu, entourée d'arcades sous lesquelles s'ouvrent les portes des logements pour les hommes, des écuries pour les bêtes et des magasins pour les marchandises. Pendant que Maffeo et ses compagnons s'occupaient de leurs ballots, nous nous occupâmes, nous, du pauvre Saïn Boughouroul qui avait bien pâti. J'allai ensuite avec Youçouf à la mosquée, où je fis une prière de cinq rikats, et où je distribuai cent dirhems aux pauvres, pour m'acquitter d'un vœu que j'avais fait sur mer. Les pauvres étaient bien surpris de recevoir de pareilles aumônes de deux hommes en haillons, qui paraissaient encore plus misérables qu'eux. Enfin, vers le soir, nous prîmes nos épées et nos dagues et nous nous rendîmes au bazar, en compagnie de Maffeo. Cette fois, je dois dire qu'en voyant nos guenilles et nos armes ensemble, on ne nous prit plus pour des mendiants, mais pour des voleurs. Plusieurs personnes demandèrent à Maffeo comment il se faisait que lui, qui avait l'air d'un riche marchand, se trouvât en compagnie de brigands comme nous, ce qui le fit beaucoup rire.

Le bazar était encombré d'une foule inouïe ; des Arabes coiffés de mouchoirs de soie ou de cotonnade, des Persans à turbans rouges, des Indiens vêtus de mousseline, des gens des îles Maldives à face noire ou brune et à corps demi-nu, des crieurs publics chargés d'étoffes et de denrées, des marchands portant des bourses et des changeurs portant des balances, des matelots alertes, des pêcheurs de perles ayant accroché à la ceinture le masque d'écaille qu'ils se mettent sur le visage quand ils plongent au fond de la mer, grouillaient, criaient, se poussaient, s'agitaient, au point de me donner le vertige. Dans ces rues étroites du bazar on ne voyait que des piétons. Des porteurs se tenaient de distance en distance, chargés de grands paniers en feuilles de palmier tressées et n'attendant qu'un signe des chalands. Des vendeurs d'eau fraîche et de limonade circulaient adroitement, portant une grande cruche sur le dos et tenant à la main deux petites coupes en cuivre luisant. A travers cette presse, Maffeo nous conduisit à la boutique d'un tailleur, un Persan à l'air obséquieux. J'y fis choix pour moi et mes hommes de caleçons de cotonnade, de robes de dessous en mousseline et de robes de dessus mi-parties de soie et de coton ; le tailleur nous fournit aussi des bonnets de velours et des toiles à turban, et des mouchoirs frangés pour mettre sur la tête ; il nous trouva pareillement de bonnes ceintures de soie bariolée, et fit venir un cordonnier qui nous apporta des souliers rouges à bout pointu. Ce ne fut pas sans peine que je décidai mes écuyers à se séparer des débris de leurs bottes. Quand ce fut au moment de payer, je tirai ma bourse ; Maffeo m'arrêta en souriant.

« Laissez-moi faire, me dit-il à voix basse. Je sais que vous autres chevaliers turks n'êtes bons qu'à vous faire voler : j'ai assez trafiqué avec les Kiptchaks pour le savoir. Moi, je suis marchand et Vénitien : je payerai moitié moins que vous. »

Il eut une longue discussion avec le tailleur et le cordonnier, lui se récriant sur le prix qu'ils lui demandaient, eux protestant qu'au prix qu'il leur offrait ils y perdaient ; les deux coquins de Persans faisaient serment sur serment et s'empoignaient la barbe ; le malin Vénitien discourait sans relâche et clignait de l'œil. A la fin, il leur paya la moitié de ce qu'ils avaient demandé d'abord et ils se quittèrent fort bons amis. Nous retournâmes à notre okêla, où Bartholomé s'était occupé de la cuisine et nous avait organisé un fort bon repas. Nous mangeâmes de bon appétit après avoir changé nos guenilles pour nos beaux habits neufs, puis nous allâmes nous étendre sur nos nattes et sur nos tapis, accablés de fatigue comme nous l'étions.

Le lendemain, à mon grand chagrin, Maffeo m'annonça que nous avions manqué de huit jours le navire qui tous les ans part de Siraf pour l'Inde et pour la Chine et qu'il nous faudrait attendre une année entière. Ma première idée fut de laisser là les Vénitiens et de partir par terre ; mais le roi de Siraf, voulant garder le monopole des choses de la mer, parce que les navires lui payent de grosses sommes, a fait une loi d'après laquelle nul membre d'une caravane de marchands ne peut partir de la ville autrement que par mer. Il fallut donc me résigner. Deux ou trois

Maffeo m'arrêta en souriant.

fois je tentai de m'évader; mais personne n'osait nous vendre de chevaux, et comme moi seul j'étais monté, je ne voulais pas abandonner mes écuyers et Youçouf. Impatientés, Plumet et l'Écureuil essayèrent de voler des chevaux, mais ils se firent prendre. Le roi les condamna à mort; grâce à l'intercession de Maffeo qui lui fit un riche présent, mes écuyers en furent quittes pour une rude bastonnade qui les mit sur le flanc pendant un mois. Je patientai donc de mon mieux, occupant mon temps à des exercices de piété et à des lectures. Quelquefois aussi nous allions pêcher sur une barque qu'avaient louée Bartholomé et Maffeo, habiles marins, si bien que nous finîmes par nous habituer à la mer et par ne plus y ressentir aucun malaise. Enfin ma patience fut récompensée; le 7 du mois de Redjeb 598[1], année du Chien, le navire tant attendu arriva, en retard de plus d'un mois et demi. Je ne me doutais guère que ce propre jour l'empire des Kéraïts croulait sur le champ de bataille de Koulane-Bouïra, que l'Ong Khan, le grand Tograoul, fuyait devant nos bannières victorieuses, et que son fils, le fameux Sengoun, blessé d'un coup de lance au visage par Djébé en personne, fuyait avec son père. Non certes, je ne me doutais pas que ce même jour le vieux Baïsongar, le père de mon frère juré Alak, tombait glorieusement après avoir arraché la bannière des Kéraïts (Dieu lui fasse miséricorde!), et qu'Alak lui-même faisait tant de prouesses que l'empereur inébranlable le nommait chef d'un hezar[2] sur le champ de bataille. Louange à Dieu qui sait tout!

Je n'avais pas idée d'un navire comme le navire chinois qui arrivait à Siraf. Quand je l'aperçus, quand je contemplai sa masse, quand je vis le nombre de matelots qui s'agitaient sur son pont et dans ses agrès, je m'arrêtai frappé de stupeur. Ce navire était comme une ville : il était de l'espèce de ceux que les Chinois appellent *jonque* et qui sont les plus grands. Ils en ont aussi de moyens appelés *sao*, et de petits appelés *hoa-hang*. Il

---

1. 1202.
2. Un *hezar* était un corps de 1000 hommes. C'est probablement de là que vient *houzar*, appliqué à de la cavalerie légère. Chez les Mongols c'étaient les petites fractions, comme les hezars, qui faisaient le service d'avant-garde.

y avait sur la jonque trois mâts portant douze voiles. Leurs voiles sont faites de baguettes de bambou tissées en forme de nattes ; on ne les amène jamais et on les change de direction suivant que le vent souffle d'un côté ou d'un autre. Quand ces navires jettent l'ancre, on laisse flotter les voiles au vent. Chacun d'eux est manœuvré par mille hommes, savoir : six cents marins et quatre cents guerriers, parmi lesquels il y a des archers, des porteurs de boucliers et des arbalétriers armés d'arbalètes qui lancent du naphte enflammé. Le navire est entouré d'une galerie qui sert de logement à l'équipage ; c'est sur les côtés de cette galerie que se trouvent les rames, qui sont grandes comme des mâts. Vingt ou trente hommes se réunissent autour d'une de ces rames : ils se tiennent debout sur deux rangs, l'un faisant face à l'autre. La rame est pourvue de deux fortes cordes ou câbles ; une des deux files d'hommes tire sur un câble, puis le lâche, et alors l'autre file tire sur le second câble. Ces rameurs, en travaillant, chantent avec de belles voix, et ils disent ordinairement *la é la, la é la*[1].

On construit sur un vaisseau quatre ponts ; il renferme des chambres, des cabines et des salons pour les marchands. Les cabines ont une clef et leurs propriétaires les ferment. Il advient souvent qu'un individu se trouve dans sa cabine sans qu'aucun de ceux qui sont à bord du vaisseau ait connaissance de sa présence, jusqu'à ce qu'ils se rencontrent quand ils sont arrivés dans quelque région. Les marins font habiter des cabines par leurs enfants ; ils sèment et cultivent des herbes potagères, des légumes et du gingembre dans des baquets de bois. L'intendant du vaisseau ressemble à un grand prince ; quand il descend à terre, des archers et des soldats abyssiniens marchent devant lui avec des javelines, des sabres, des timbales, des cors et des trompettes. Lorsqu'il est arrivé à l'hôtellerie qu'il doit habiter, ils fichent leurs lances de chaque côté de la porte et lui compo-

---

1. La description du navire est empruntée à Ibn-Batoutah. Les rameurs chantaient, comme chantent nos matelots pour virer au cabestan. Dans le *Richard Cœur de Lion* de Weber, les rameurs chrétiens rament en chantant : « Hevelow, Rumbelow. »

sent une garde d'honneur pendant toute la durée de son séjour. Parmi les habitants de la Chine, il y en a qui possèdent de nombreux navires sur lesquels ils envoient à l'étranger leurs facteurs. Il n'y a pas dans tout l'univers de gens plus riches que les Chinois : par la grâce de Dieu très-haut, ils nous sont présentement soumis, à nous autres pauvres Mongols.

La grande jonque chinoise était accompagnée, comme c'est la coutume, de trois navires plus petits qui servent à la remorquer et à la tenir en communication avec la terre quand elle ne trouve pas assez de fond pour s'approcher. Quand l'intendant du vaisseau eut terminé la vente de ses marchandises, ce qui prit environ un mois, il se trouva que la saison était trop avancée et que l'époque des vents favorables était passée. Il fallut attendre encore une année par suite des retards de ce païen : que Dieu lui réserve une bonne place en enfer! J'employai cette année en nouvelles lectures et en exercices de dévotion. Je me perfectionnai aussi dans l'art de la calligraphie et je n'appris pas moins de sept méthodes différentes d'écriture. Néanmoins, lorsqu'un nouveau navire chinois arriva en Djémadi premier 599, année du Porc, ma patience était à bout. Comme la vie coûte fort cher à Siraf, j'avais épuisé toutes mes ressources. Je m'adressai à Maffeo pour lui demander de me prêter de l'argent.

« Eh quoi! me dit cet honnête Vénitien, n'est-ce que cela qui t'embarrasse? Je te prêterai autant d'argent qu'il te faudra! Mais il est inutile d'emprunter; si tu veux me vendre ta dague, je t'en donnerai mille dinars d'or, bien sonnants et bien pesés. Quant aux armures et aux étoffes que tu as avec toi, je te les achèterai pareillement : c'est un butin de guerre dont tu n'as que faire et dont je te donnerai bien cinq cents dinars. »

Jamais je n'avais imaginé que je pusse posséder une somme pareille à quinze cents pièces d'or. Ravi de l'offre de Maffeo, je m'empressai d'accepter, craignant toujours qu'il ne revînt sur son marché; mais il me paya sur-le-champ, par-devant le kadi, en pièces neuves et luisantes. Plus tard, quand par suite de nos conquêtes je connus la valeur des choses, j'appris que les pierreries qui décoraient la dague du Vieux de la Montagne valaient bien deux mille dinars à elles seules et que le prudent Maffeo m'avait outrageusement volé : c'est la destinée des nomades d'être volés par les gens des villes.

Nous montâmes sur mer au mois de Djémadi deuxième. On nous avait réservé une cabine pour moi, mes deux écuyers et Youçouf, et une stalle pour mon cheval. Maffeo avait pris toutes les dispositions et traité du prix du passage. Enfin le navire partit au son des instruments de musique : pour moi, dans l'angoisse que me causait la navigation, je me prosternai en oraison et je récitai neuf fois les litanies de la mer. Notre navigation fut heureuse. En trois mois, après avoir relâché à l'île de Richm et sur la côte stérile et rocheuse du Mekran, nous arrivâmes à Cambaye dans l'Inde. La coutume des navigateurs est de s'y arrêter six mois pour faire le commerce. Je comptais, une fois dans l'Inde, partir aussitôt pour le Tibet; mais on me découragea tellement, et on m'assura tant de fois qu'il me serait facile d'arriver par mer jusqu'à la Chine noire et aux pays des Tchortchas par où il m'était facile de me rapatrier, que je renonçai à mon entreprise. Je patientai donc pendant ces six mois. Maffeo et Bartholomé, toujours occupés à acheter et à vendre, se divertissaient fort et ne prenaient aucun souci de ma peine. La jonque repartit définitivement à la fin de l'année, et ce fut au commencement de l'an 600, année de la Souris, que nous arrivâmes à Calicout, dans le royaume de Mabar ou Malabar, qui est un des plus grands et des plus puissants de l'Inde. Les gens de la Chine, de Java, de Ceylan, des Maldives, du Yémen ou Arabie orientale et du Fars ou Perse méridionale se réunissent à Calicout, et son port est au nombre des plus grands de l'univers.

Le sultan de ce pays est idolâtre; on l'appelle le *samorin* : c'est son titre. En descendant sur le port je le vis assis sur un trône dressé sur un éléphant : l'éléphant était caparaçonné de drap d'or; derrière lui venait la suite du sultan, montée sur d'autres éléphants couverts de housses splendides. Le samorin avait à sa ceinture, en place de pantalon, une grande pièce d'étoffe blanche roulée jusqu'aux genoux, et sur sa tête un petit turban. Il avait la barbe rasée et ne portait que la moustache. On élevait au-dessus de sa tête un parasol incrusté d'or et de pierreries. C'était un spectacle incomparable, et je ne me lassais pas de regarder les éléphants, que je voyais pour la première fois de ma vie.

Le samorin nous assigna des logements et nous retint cinq mois entiers. M'ayant vu tirer de l'arc et manier mon cheval, il voulut absolument me nommer capitaine de ses gardes; j'eus beau m'en défendre, il fallut céder. Pendant ces cinq mois, la jonque qui nous avait amenés partit, et ce n'est qu'en 601 qu'il en revint une autre et que le samorin nous donna congé de nous embarquer. Il y avait en ce moment quinze navires dans le port, parmi lesquels trois étaient en destination de la Chine. J'en choisis un dont l'intendant était musulman : il s'appelait Souleïman le Syrien. Ce Souleïman m'informa que toutes les cabines de la jonque avaient été retenues pour l'aller et le retour par les marchands de la Chine et qu'il n'en restait qu'une seule disponible. Préférant me trouver sur un bateau dont l'intendant était musulman, je retins cette cabine-là, et je laissai mes écuyers et Youçouf s'embarquer avec Maffeo et Bartholomé sur l'un des navires qui vont de conserve avec la jonque; ils y trouvèrent place pour mon cheval avec eux; ils y chargèrent aussi tout ce que je possédais en effets. Le jour de l'embarquement se trouvait être un jeudi; mais ce jour-là le navire ne devait que sortir du port et passer la nuit dans la rade de Fadaraïna, d'où a lieu le départ définitif. Je voulus profiter de ce répit pour dire mes prières et assister à l'office du vendredi matin[1] dans la mosquée que la colonie musulmane a fait bâtir à Calicout. Dieu soit loué, qui fit ce miracle en ma faveur ! La nuit même du jeudi éclata une furieuse tempête qui entraîna les bâtiments de conserve vers la pleine mer et brisa sur les récifs de l'entrée du port la jonque sur laquelle j'avais voulu m'embarquer. La mer rejeta sur la côte le corps de Souleïman le Syrien : Dieu lui fasse miséricorde !

Une nouvelle année se perdit dans les délais : le samorin s'était pris d'affection pour moi et ne voulait pas me laisser partir. Bon

---

1. Le vendredi est le dimanche des musulmans.

gré mal gré, je dus le suivre dans sa campagne contre le sultan de Hinaour[1], qui fut vaincu et tué. J'y combattis si bien que le samorin voulut me nommer général de son armée et me marier à la princesse sa nièce. Mais je le suppliai tellement qu'il me donna encore mon congé et qu'il fit équiper pour moi une des jonques qui se trouvaient dans son port. Il me fit aussi de grandes largesses dont je remis la plus grande partie au cheikh Chihab ed Din, supérieur de l'ermitage musulman à Calicout, et au kadi des musulmans de cette ville, l'émir Fakhr ed Din, homme distingué et généreux. Après tant de délais, le 5 du mois de Redjeb 603, année du Lièvre, je m'embarquai pour la Chine, par où j'espérais revenir enfin dans ma patrie que j'avais quittée adolescent et où je retournais homme fait. Je partis le cœur brûlant de désir et d'espérance.

Notre navigation fut heureuse. Nous arrivâmes d'abord à l'île de Serendib[2], qu'on voit de loin à cause d'une haute montagne qui s'y trouve et qui s'élève dans l'air comme une colonne de fumée. Le sultan de Serendib, bien qu'idolâtre et adonné à la piraterie, nous fit bon accueil. Je me rendis auprès de lui dans la ville de Poutelam, qui est sa capitale : c'est une place petite et jolie, entourée d'une muraille et de bastions de bois. Nous attendîmes un vent favorable pendant trois mois. J'en profitai pour me divertir à chasser les éléphants, qui sont nombreux à Serendib, et pour visiter l'illustre pied d'Adam, dont l'empreinte se trouve sur la haute montagne de cette île. Je gravis la montagne et je me prosternai devant la sainte empreinte. Dans la roche où elle se trouve on a creusé neuf trous : les pèlerins y déposent des pièces d'or que les fakirs du pays viennent se partager. C'est la coutume que les pèlerins musulmans passent trois jours dans une caverne voisine et que pendant ce temps ils visitent le pied matin et soir : je fis comme eux.

De Serendib, trente-quatre jours de navigation favorable nous conduisirent à la grande île de Sumatra. A la distance d'une

1. Honawar.
2. Ceylan.

demi-journée de chemin, on l'aperçoit déjà couronnée des masses verdoyantes de ses cocotiers, de ses arecs, de ses girofliers, de ses aloès, de ses jacquiers, de ses manguiers, de ses orangers aux doux fruits et de ses arbres à camphre. Quand nous fûmes arrivés en rade, les habitants de l'île, montés sur de petites embarcations, vinrent nous trouver, nous apportant des fruits et du poisson frais. Je me réjouis bien quand je vis qu'ils étaient musulmans. L'amiral du port, lequel port s'appelle Sarha et est distant de quatre milles de la ville, écrivit au sultan pour l'informer de mon arrivée. Bientôt on amena pour moi un cheval d'entre les propres montures du sultan, et en grande pompe on me conduisit dans la capitale.

Lorsque nous nous dirigeâmes vers le palais du sultan, nous vîmes dans son voisinage des lances fichées en terre des deux côtés du chemin : c'est là le signe que l'on doit descendre de cheval. Nous mîmes donc pied à terre en cet endroit. Nous entrâmes dans la salle d'audience où nous vîmes le lieutenant du souverain, qui est titré « l'Appui du Royaume ». Il se leva et nous salua en nous touchant la main. Il me fit aussitôt servir du riz, de la bière et du bétel, puis on me revêtit en sa présence d'une robe d'honneur et d'un turban, et on me conduisit à une maisonnette de bois située au milieu d'un jardin. J'y fus gardé à vue pendant trois jours ; le quatrième qui était un vendredi, un émir vint me trouver et me dit :

« Tu pourras saluer le sultan aujourd'hui après la prière, dans la tribune grillée de la mosquée cathédrale. »

Je me rendis à la mosquée et j'y fis la prière avec le chambellan du sultan. Ensuite j'entrai dans la tribune du sultan, que je trouvai assis au milieu de théologiens et de légistes. Ce prince me toucha la main et je le saluai ; il me fit asseoir à sa gauche, m'adressa des questions sur mes voyages, et je lui racontai mes aventures. Alors il reprit la conférence qu'il avait entamée sur la jurisprudence théologique et la continua jusqu'au moment de la prière de l'après-midi. Celle-ci étant accomplie, il entra dans un cabinet et ôta les habits qu'il portait. C'étaient des robes de théologien, avec lesquelles il se rend à pied à la mosquée le jour du vendredi. Il endossa les vêtements royaux, c'est-à-dire des tuniques de soie et de coton.

Lorsqu'il fut sorti de la mosquée, il trouva à la porte ses éléphants et ses chevaux ; un de ses huissiers m'ordonna de le suivre : on me conduisit au palais, où je trouvai un kiosque préparé et un esclave pour me servir. Le soir même, l'Appui du Royaume vint m'annoncer que, vu les nombreux péchés que j'avais commis et confessés devant le sultan à la mosquée, le sultan, par amour pour moi, m'imposait un séjour de trois ans dans son palais. Durant ces trois années, il m'ordonnait de me livrer à des exercices de dévotion quotidiens et d'assister, deux fois par jour, à ses conférences sur la théologie : que Dieu pardonne à ce vieux fou l'injustice qu'il commit à mon égard ! mais qu'il lui tienne compte, dans l'autre monde, du supplice que m'infligèrent ses conférences biquotidiennes ! Certes, si pendant ces trois mortelles années la guerre sainte n'avait éclaté deux fois contre les païens anthropophages qui habitent la majeure partie de l'île, je serais devenu aussi fou que le sultan, ou je serais mort d'ennui. Heureusement il me laissa prendre part à ces deux guerres, où je lui rendis de signalés services. Au bout de la troisième année, il voulut me retenir et me proposa d'être son vizir, me disant que j'avais beaucoup de dispositions pour la théologie ! J'y serais encore, si je ne lui avais raconté que j'avais fait vœu, pendant la guerre contre les païens, de faire un pèlerinage à la Mecque. Que Dieu me pardonne mon mensonge ! Alors le pieux sultan me donna congé de partir sur un vaisseau qui allait dans l'Inde. Je débarquai encore une fois dans le royaume de Malabar, au port de Coulam, où j'attendis six mois un navire partant pour la Chine. Je m'y embarquai, mais mes trois ans de théologie m'avaient inspiré une telle terreur, qu'à chaque fois que le navire relâchait, je n'osais débarquer, de peur de tomber sur un sultan possédé par une lubie quelconque. Ce fut ainsi que je repassai par Ceylan, par Sumatra, que je touchai à Java et que j'arrivai à Zeïtoun[1], qui est la capitale du Manzi, ou Chine méridionale.

---

1. Aujourd'hui *Thseu-thoung*.

Je fus entraîné.

De Zeïtoun, le navire se rendit à Sin-Calân[1]; mais quand je voulus débarquer, nous apprîmes que la guerre civile venait d'éclater dans cette ville, et le patron du navire se hâta de retourner à Sumatra. J'y restai caché pendant huit mois, comme simple soldat faisant la guerre aux infidèles, par peur de mon sultan théologien. Ce temps écoulé, un navire qui partait pour la Chine noire ou Chine septentrionale me prit à son bord, et enfin, après tant de souffrances, au bout de si longues années, le 2 du mois de Saffar 611, année du Chien, je débarquai à Hang-tchéou, qui est la capitale de la Chine noire et la plus grande ville de la terre entière.

Je n'y fis pas une entrée brillante. Dès que je fus à terre, je m'enquis auprès du premier passant venu où je pourrais trouver une auberge. Je parlais l'indien; l'autre me fit signe qu'il ne comprenait pas. Sachant que la Chine noire est voisine de la Mongolie, je pensai que j'aurais des chances d'être compris en parlant mongol : en effet, je ne fus que trop compris. J'avais à à peine dit trois mots mongols, que mon homme se mit à pousser de grands cris, que la foule s'ameuta autour de moi, et qu'avant d'avoir rien compris à ce qui m'arrivait, je fus saisi, désarmé, terrassé, entraîné, et poussé à travers une porte percée sous une voûte et gardée par des soldats en armes, dans une grande salle aux murs nus. A l'estrade dressée au fond de cette salle, à l'air grave des cinq personnages assis sur cette estrade, aux satellites qui se tenaient au pied de l'estrade le sabre ou la pique au poing, je compris que j'étais devant un tribunal. Deux satellites m'empoignèrent, et les autres firent reculer la foule qui m'avait entraîné du port au prétoire et la tassèrent à l'entrée de la salle.

1. Canton.

Je me jetai à genoux.

CHAPITRE XVI

Le prince Avant-Garde[1].

Je regardai un instant le juge chinois et ses assesseurs, avec leurs hauts bonnets liés par un ruban dont le nœud formait par derrière comme des ailes de papillon, avec leurs longs cheveux pommadés et bien arrangés, avec leurs grandes robes de crêpe sur lesquelles était brodé un dragon impérial, et leurs larges manches où ils cachaient leurs mains.

Le juge m'adressa la parole en mongol, qu'il prononçait d'ailleurs fort mal, et s'écria d'un ton d'autorité :

« Barbare du Nord! A genoux devant tes père et mère!

— Juge chinois! répondis-je outré de son insolence, je suis musulman et je ne fléchis le genou que devant Dieu le très-

---

1. *Karaoul noïane.* C'était le surnom de notre vieille connaissance Alak, le fils de Baïsongar.

haut et devant mon souverain, Témoudjine l'Inébranlable

— Il le dit, il l'avoue ! s'écria le juge. Vous entendez tous ! l'avoue !

— Nous entendons, répétèrent les quatre assesseurs. L'affair est claire. Le jugement est facile.

— Brigand mongol, dit le juge d'un ton solennel, demain a point du jour tu seras flagellé et torturé; et après-demain, midi, tu seras pendu. »

Alors une manière de greffier qui était assis au bas du tribu nal se leva et prit une grande feuille de papier scellée de noir où il avait écrit quelque chose avec un pinceau. Aussitôt deu satellites crièrent quelque chose d'une voix glapissante et l juge me demanda mon nom. J'étais si abasourdi que je lu répondis machinalement :

« Djani, fils d'Euktulmich, porte-fanion de Djébé. »

A peine eus-je prononcé le nom de Djébé qu'une clameu furieuse s'éleva dans la foule des assistants. Vingt hommes me montrèrent le poing et firent mine de se jeter sur moi; les satellites eurent grand'peine à les contenir. Les deux aboyeurs glapirent à plusieurs reprises ; enfin le tumulte s'apaisa, et le greffier lut en nasillant ce qu'il y avait écrit sur son papier : je distinguai, pendant qu'il lisait, les mots « Djani » et « Djébé ». La foule poussa des cris de joie, les deux aboyeurs glapirent de nouveau et le silence se rétablit. Alors le juge, prenant le papier des mains du greffier, me lut en mongol ce qu'il y avait écrit dessus en chinois.

« Par ordre de l'empereur d'Or, voici le jugement de son mandataire, juge en cette ville de Hang-tchéou, fonctionnaire de troisième classe, décoré du dragon à trois griffes : obéissez et tremblez !

« Après-demain, le Mongol et brigand Djani, esclave du vil Djébé, espion des barbares méprisables, sera pendu sur la place Jaune, à l'heure de midi. — Respectez ceci ! »

Après cette belle lecture, le juge se leva pour indiquer que la séance était terminée.

« Canaille, mécréant, chien maudit ! m'écriai-je, oses-tu proférer de pareils mensonges et m'appeler espion ? Il y a une heure à peine que j'arrive de l'Inde, scélérat! Oses-tu traiter le noble Djébé de vil et les glorieux Mongols de méprisables ? Veux-tu écouter, prévaricateur? Veux-tu me rendre la justice, païen inique ? »

Mais cet idolâtre voué aux flammes de l'enfer ne voulut rien entendre. Les satellites m'entraînèrent à travers la foule furieuse et hurlante, qui me frappait et me crachait au visage. On me poussait et on me traînait à grand renfort de coups de fouet, de hampes de hallebarde, de manches de fléau.

Je passai à travers une cour, puis le long d'un couloir sombre, je descendis les marches d'un escalier au bas duquel je me trouvai devant une porte toute noire ; un homme ouvrit la porte ; on me prit par les épaules en me détachant quelques bonnes bourrades, et finalement, je trébuchai sur trois nouvelles marches et je tombai tout de mon long dans un caveau obscur. En me relevant j'entendis la porte qui se refermait derrière moi, puis des éclats de rire et le bruit des pas des satellites qui remontaient l'escalier. J'étais encagé.

Le cachot où je me trouvais n'était éclairé que par un soupirail garni de barreaux gros comme le bras. On y voyait un peu en face du soupirail ; tout le reste de ce trou était plongé dans les ténèbres. Je restai un instant comme abasourdi, essayant de comprendre ce qui venait de m'arriver et ne réussissant pas à assembler mes idées. J'invoquai mentalement de toutes mes forces Ali le Lion de Dieu. Une voix railleuse partie du fond ténébreux du cachot me tira de mon hébétement.

« Hé! là-bas, le nouveau compagnon, cria la voix en mongol, mets-toi donc un peu sous la lumière du soupirail, qu'on regarde ta figure.

— *Vallahi billahi!* Par Dieu avec Dieu ! m'écriai-je en tressautant. C'est la voix d'Étienne l'arbalétrier !

— Trente mille millions de diables ! répondit l'autre en émergeant du fond des ténèbres, c'est la voix de Djani, le chevalier Noir ! »

Nous nous jetâmes dans les bras l'un de l'autre. Dans l'abîme où j'étais tombé, je me crus sauvé en trouvant un ami. Tout d'abord, après avoir embrassé Étienne, je me jetai à genoux, et après avoir prononcé le Tekbir, je récitai la fatha, pour remercier le compagnon de l'apôtre de Dieu de son intervention manifeste.

« A présent, dis-je à Étienne quand j'eus fini ma prière, tu vas me dire pourquoi tu es ici et pourquoi j'y suis moi-même, car je n'en sais absolument rien !

— Comment, vous n'en savez rien? répondit Etienne en me tirant sous le soupirail. De toutes les merveilles que j'ai vues, voici la plus surprenante. Vous ne savez pas pourquoi vous êtes ici ?

— Non, repris-je. Ce matin, je suis arrivé de l'Inde par mer. J'ai demandé à un passant où je pourrais trouver une hôtellerie.

— Et en quelle langue avez-vous parlé à ce passant?

— En mongol, naturellement. Et là-dessus, la foule s'est ameutée contre moi.

— Et elle ne vous a pas écharpé tout de suite? dit Étienne d'un air surpris. Sur ma foi, sire chevalier, vous avez de la chance!

— Comment! m'écriai-je de plus en plus ahuri, je ne fais rien à âme qui vive, on me roue de coups, on me traîne devant un tribunal qui me condamne à être torturé demain et pendu après-demain, on me jette au cachot en attendant, et tu dis que j'ai de la chance? Es-tu devenu fou?

— Comment! répondit Étienne, vous arrivez dans la capitale de la Chine que nous assiégeons depuis trois mois et qui est réduite aux abois, vous commencez par parler mongol à ces gens que nous avons tant battus et que nous sommes à la veille d'achever, vous vous jetez entre leurs mains, et vous vous étonnez qu'ils veuillent vous pendre?

— Au nom de Dieu, répondis-je, que me racontes-tu là? Tu me dis nous assiégeons, nous avons battu! Qui, vous?

— Comment, qui, nous? Eh bien nous, les Mongols bleus! s'écria Etienne d'une voix retentissante. Nous, les conquéran

Une voix railleuse partit du fond du cachot.

du monde, les fidèles de l'Empereur inébranlable! Et pour ma part, moi Étienne, soldat de la bannière bleue, maître artiller du corps d'armée de monseigneur Djébé le Loup! »

Une joie immense dilata mon cœur; mes yeux se remplirent de larmes; je levai les bras et je criai de toutes mes forces :

« Louange à Dieu le clément, le miséricordieux! Il est le puissant sur toutes choses. Gloire à Mahomet l'élu, la plus noble des créatures! Bénis soient ses quatre bienheureux compagnons! Béni soit Ali le Lion de Dieu! »

Puis, ne pouvant contenir ma joie et mon enthousiasme, je me ruai sur la porte et j'y frappai du pied et du poing à coups redoublés en criant :

« Chinois! Lâche canaille! Je suis un soldat de la bannière bleue, un soldat de Djébé! Vivent les Mongols bleus! »

Étienne partit d'un franc éclat de rire.

« Ah! sire chevalier, vous vous retrouvez enfin! dit-il. Vous voyez que je suis devenu bon Mongol.

— Sortons d'ici! m'écriai-je; enfonçons la porte, crevons le mur, passons sur le ventre à tous ces Chinois maudits pour aller rejoindre la chère bannière!

— Hélas! répondit Étienne en reprenant un ton sérieux, nous parlons joyeusement et nous oublions où nous sommes. »

En ce moment, j'entendis au dehors, à quelque distance, un grondement comme celui du tonnerre, mais plus sourd. Des bruits étranges remplissaient l'air; des chocs, des craquements, des fracas inconnus se succédaient; puis, par notre soupirail, je vis une lueur rougeâtre pareille à celle d'un incendie.

« Qu'est-ce que cela? dis-je tout surpris. Que se passe-t-il, Étienne? On dirait la fin du monde.

— Ce que c'est? répondit l'artiller. Ce sont mes mangonneaux qui travaillent. Mon sous-chef artiller, Ahmed Pervanatchi, n'est pas homme à s'endormir en mon absence. Mes machines sont en train d'envoyer sur les remparts et les maisons des Chinois des tonneaux remplis de goudron et de poix enflammée, des quartiers de roche, des blocs de grès, sans oublier quelques chevaux morts pour leur donner la peste, s'il se peut.

— Très-bien, dis-je enchanté. Mais comment se fait-il que vous soyez pris, vous Étienne?

— J'ai voulu voir de trop près l'effet de mes mangonneaux et reconnaître le terrain pour établir une sape; les Chinois sont tombés sur nous à l'improviste : je n'avais que trois hommes avec moi; on m'a lancé un lasso et j'ai été roulé et enlevé; mais cela ne fait rien : Ahmed continuera très-bien ma sape. Avant vingt-quatre heures, la tour au pied de laquelle j'ai été pris s'écroulera, ce qui fera une jolie petite brèche au rempart, et alors, soyez tranquille, ce ne sera pas long. Avec Djébé et avec Alak les assauts ne traînent pas.

— Alak est donc devant la place?

— Il y commande les hezars d'avant-garde, et c'est monseigneur Djébé en personne qui commande le siége. Il y a huit jours, le fils de l'empereur d'Or, qui s'est enfermé dans la ville avec quarante mille hommes de ses meilleures troupes, a voulu entrer en accommodements; il a écrit à Djébé : « Je sais que tu es très-« pauvre; si tu lèves le siége, je te ferai roi du Manzi ! » Monseigneur Djébé a répondu : « Je sais que tu es très-riche; si je « prends la ville, je te ferai pendre! »

— Bravo, Djébé! m'écriai-je. Et Marghouz, qu'est-il devenu?

— Marghouz? Il commande un cent de Kéraïts dans les hezars d'Alak; quand je dis qu'il commande, je me trompe; en ce moment il ne commande pas : il est indisposé.

— Que lui est-il arrivé, hélas? demandai-je vivement.

— Il lui est arrivé un carreau d'arbalète dans les côtes et un coup de hache sur la tête; mais ne vous inquiétez pas, il guérira. Alak a ordonné au médecin de le guérir; et comme le médecin hochait la tête, il lui a dit qu'il lui tordrait le cou de sa propre main s'il ne guérissait pas son ami Marghouz : alors le médecin a promis qu'il le guérirait.

— Mais les Kéraïts sont donc nos alliés dans cette guerre? demandai-je encore.

— Nos alliés! s'écria Étienne. Qu'entendez-vous par alliés? Les Kéraïts sont nôtres; ils sont une tribu mongole, ils sont serviteurs de l'empereur aux yeux fauves, tout comme les Aroulad, les Koungrat, les Naïmanes ou les Oïgours !

— Les Naïmanes ! criai-je bouleversé. Les Oïgours, mes frères ! Les Kéraïts ! Tous ces peuples si fiers ont fait leur soumission à nos bannières ? Le puissant Tograoul et son fils l'orgueilleux Sengoun ont fait leur soumission ?

— Non, dit Étienne, non ; ni le prêtre Jean ni son fils ne se sont soumis. Ils sont morts.

— Morts ! repris-je. Il n'y a de force et de puissance qu'en Dieu l'unique, qui donne et qui ôte les empires. Raconte-moi tous ces grands et terribles événements qui ont ainsi accru la puissance de notre empereur et de la nation mongole.

— Je le veux, » répondit Étienne.

En ce moment le fracas redoubla au dehors. La terre tremblait ; ce fut au bruit des murs qui s'écroulaient, des toitures qui s'effondraient, des flammes qui grondaient qu'Étienne commença son récit :

« Sachez, sire chevalier, me dit-il, qu'après que vous nous avez quittés, nous avons visité Jérusalem ; de là nous avons été à Layas en Arménie, auprès du roi de ce pays, Léon le Grand, qui est chrétien. A Layas, nous sommes montés sur mer, et nous nous sommes rendus à Constantinople, et de là dans le pays des Kiptchaks païens. Ils nous ont fait bon accueil, vu que Marghouz parlait leur langage. Traversant les grandes plaines des Kiptchaks, nous sommes arrivés à Bolgar sur l'Idil, capitale du royaume des Bulgares, parmi lesquels se trouvent beaucoup de chrétiens et aussi des Sarrasins. De Bolgar, par le pays des Bachkirs et des Kirghizes, nous sommes arrivés chez les Mergued, en l'an 1204. C'est là que nous avons appris les nouvelles. La guerre avait éclaté entre les Mongols et les Kéraïts par suite des intrigues de Djamouké le Subtil ; il y avait eu une bataille indécise à Baldjiouna-Boulak[1], où on se battit avec tant de fureur que les herbes ayant pris feu, le combat continua ; l'Empereur inébranlable avait marché dans la direction des tribus

---

1. Les sources de boue.

koungrat qui s'étaient soumises à lui; après plusieurs combats on en était venu à une affaire décisive près de Koulane-Bouïra[1] le prince des Koungrat, monseigneur Tougatchar, avait tourné les Kéraïts, et Djébé avait grièvement blessé Sengoun d'un coup de lance au visage. Le prêtre Jean s'enfuit chez les Naïmanes ses vieux ennemis, qui lui coupèrent la tête; Sengoun se sauva au Tibet, où il fut tué par une bande de brigands. Les Kéraïts se soumirent, furent incorporés aux Mongols, et la sœur de Sengoun épousa Djoudji, fils aîné de l'Empereur inébranlable.

— Gloire à Dieu! m'écriai-je. Que fîtes-vous alors?

— Marghouz rejoignit les drapeaux mongols, qui désormais étaient les siens. L'empereur me prit à son service comme artiller, et je fabriquai les machines de guerre que les Mongols ne connaissaient pas avant. En l'an 1205, nous eûmes une guerre terrible contre les Mergued-Solongos et les Tatars, à la tête desquels s'était mis Djamouké : ils furent vaincus et une partie se soumit. En l'an 1206, Témoudjine-Khan fut proclamé empereur de tous les Mongols, Tatars et Turks, sur la butte de Deligoun-Bouldak. Keuktché le présenta au peuple, et par l'ordre du Ciel lui décerna le nom de *Tchingguiz-Khaghan*, « Empereur inébranlable. »

— Vive l'Empereur inébranlable! criai-je de toutes mes forces. Tu as donc vu Keuktché? Qu'est-il devenu?

— Il est remonté au ciel, » me répondit Étienne.

Puis, m'entraînant dans le coin le plus sombre du cachot, il me dit à voix basse :

« L'empereur a fait tuer Keuktché par son frère Khassar! »

Je compris alors toute la puissance de l'Empereur inébranlable et son terrible ascendant sur qui l'approchait. Au fond d'un cachot, à la veille de la mort, séparé du camp impérial par le choc des armées, le Franc Étienne ne parlait des actes du khan aux yeux fauves qu'à voix basse et en tremblant. Je me rappelai les mystérieuses paroles échangées devant moi, enfant dans la caverne : « Que me demanderas-tu pour ta part? —

---

1. Le plateau de l'Antilope.

Nous réglerons après.. » Je vis bien que Keuktché avait été un rival pour l'Empereur inébranlable et le seul qu'il craignît, et que l'empereur l'avait fait disparaître. Mes yeux se mouillèrent de larmes : nous appartenons à Dieu et nous retournerons vers lui ; c'était écrit ! Je récitai une courte prière et je dis à Étienne :

« Continue.

— En l'an 1207, reprit l'artiller, la guerre éclata contre les Naïmanes qui avaient accueilli Djamouké et ne voulaient pas le livrer. Ce fut la plus rude que nous ayons eue, parce que Guchlug, fils de Tayang le Fort, empereur des Naïmanes, est un des meilleurs chevaliers de la terre : que Satan ait son âme !

— Pourquoi le maudis-tu ? m'écriai-je. Pourquoi maudire un si bon chevalier ?

— Pourquoi ? reprit Étienne en se signant. Parce qu'il était chrétien, et qu'ayant épousé une princesse idolâtre mécréante[1], il a renié la foi de Notre-Seigneur Jésus-Christ, a embrassé le parti du diable et s'est fait païen. Il ne fait tous les jours que maudire et blasphémer Dieu !

— Alors que Dieu emplisse sa bouche de terre et lui prépare un bon logement en enfer ! m'écriai-je. Dieu nous garde de Satan le lapidé.

— Oui, continua Étienne, au mont Djedjir s'est livrée une bataille comme le monde n'en a jamais vu. Djamouké avait fait révolter les Djouïrates et les Oïrads ; Ala-Kouch-Tékine, roi des Ongout, avait amené ses Ongout, et avec eux nos éternels ennemis les Mergued. Tous, réunis sous les ordres de Tayang le Fort, du terrible Guchlug et du Grand Bouïourouk, marchaient contre nous. Sans Djébé et Alak, nous étions tous perdus !

— Braves amis ! m'écriai-je pendant que le cœur me sautait de joie. Je vois que la bannière bleue fait des siennes ! Gloire à Dieu clément et miséricordieux qui a permis que j'appartienne à une telle bannière !

---

1. Bouddhiste. Elle avait seize ans et était fille du Gour Khan.

— Ah! s'écria Etienne, monseigneur Djébé est un fameux homme, et Alak aussi. Ce sont eux qui, étant en éclaireurs, empêchèrent l'ennemi de nous surprendre et lui tinrent tête jusqu'à ce que nous pussions nous former. Aussi, après la victoire, l'empereur nomma Djébé un des neuf grands de l'empire[1] et conféra à Alak, avec le yarlik et la païza[2], le titre de Karaoul-Noïane, « le prince Avant-Garde. » Et quant à la bannière bleue de Djébé, il fut ordonné qu'on la décorerait d'une tête de loup et de la grande païza d'or surmontée d'un lion rampant.

— Dieu me donne de la voir avant de mourir! dis-je avec ferveur. Et comment fut la bataille?

— Plus acharnée qu'on ne saurait dire. Les Naïmanes et leurs confédérés se battirent comme des tigres et Guchlug comme un démon incarné. L'Empereur inébranlable chargea lui-même, et son fils aîné Djoudji, qui commandait l'aile gauche, donna les plus beaux coups de sabre qui se puissent voir. Les Naïmanes furent défaits : une poignée de leurs chevaliers emporta sur le sommet d'une montagne leur vieil empereur Tayang-Khan, blessé à mort. L'Empereur inébranlable fit ouvrir les rangs devant eux et leur fit dire qu'ils étaient libres de s'en aller; mais ils répondirent : « Il vaut mieux mourir en combattant qu'abandonner « notre souverain, nos familles et tous les nôtres pour aller traîner « notre honte et notre déshonneur sur une terre étrangère; » et descendant, ils recommencèrent le combat.

— Oh! les braves gens! m'écriai-je.

— Oui, c'étaient de braves gens, reprit Etienne. L'Empereur inébranlable, frappé d'admiration, fit arrêter sept fois le combat et leur fit dire : « Vous aurez la vie sauve et vos biens vous

---

1. Gengiskhan avait créé neuf *eurleuk*, ou grands maréchaux, dont j'emprunte les noms aux historiens mongols: 1. Moukhouli; 2. Borgouil; 3. Khoutouktou; 4. Djelmé; 5. Djébé; 6. Soubeguetaï; 7. Daïbo Merguène; 8. Kirago; 9. Guidang Tchingsang. Leur chef à tous et le premier ministre était Bogordji.

2. Le *yarlik* (le mot est resté en russe) signifie « brevet impérial ». La *païza*, que Marc Pol appelle « tablette de commandement », était la décoration mongole. Il y en avait deux : l'une d'argent, au gerfaut, et l'autre d'or, au lion. On a retrouvé deux païz en Sibérie. L'une est au musée de Saint-Pétersbourg.

« seront conservés. C'est comme vous que doivent agir de braves
« gens : mais vous avez amplement payé votre dette de recon-
« naissance à votre souverain et à votre patrie. Maintenant,
« déposez vos arcs et venez vers moi. » Sept fois ils refusèrent
et périrent tous les armes à la main.

— Tous ! m'écriai-je.

— Tous, excepté les deux plus terribles : le grand Bouïourouk et Guchlug, qui avait mis en travers sur le cou de son cheval le cadavre de l'empereur son père ; tous deux forcèrent le cercle de leurs assaillants et disparurent sur la lande.

— Et Djamouké ?

— Le Subtil fut pris vivant et amené à Gengiskhan : l'Empereur inébranlable lui demanda ce qu'il eût fait s'il avait remporté la victoire. « Je t'aurais fait couper en morceaux, » répondit le Subtil. Alors l'empereur ordonna de le faire périr : Djamouké marcha au supplice en chantant des chants de bravade et de défi.

— C'était un traître, dis-je. Le déshonneur a été sa part dans ce monde, et l'enfer sera sa part dans l'autre.

— L'année suivante, continua Étienne, nous avons marché contre le Tangout[1], qui a été soumis et dont le roi a été tué en bataille. Ensuite l'infatigable Guchlug nous a donné de nouveaux tracas. Lui et Bouyourouk s'étaient réfugiés chez les Mergued et avaient réussi à les soulever encore une fois. L'Empereur inébranlable marcha si rapidement contre eux qu'il les surprit au milieu de leurs préparatifs. Bouyourouk fut tué. Guchlug réussit à s'échapper avec Tokta Begui, chef des Mergued. Cette même année, le roi des Kirghizes, Ourous, vint nous faire sa soumission avec toutes ses tribus. L'été d'après, il a fallu recommencer avec Guchlug et Tokta Begui, qui se fortifiaient sur la rivière Irtyche ; ils furent culbutés, et Tokta Begui tué avec son fils Madjare.

— Et Guchlug ?

---

1. Le Tibet du nord-est. C'est la région de la Chine qui entoure la ville actuelle de Ninghia.

— Guchlug nous glissa encore entre les mains. Il s'en fut auprès du Gour Khan, qui lui donna en mariage sa fille la maudite, et tout aussitôt il renia Dieu. Là-bas, ce mécréant rassembla tous les païens autour de lui et établit un grand pouvoir à Kachgar. L'empire du Gour Khan s'émiette; Guchlug s'y est taillé une large part avec son sabre, et, grâce à la terreur qu'il inspire, exerce impunément ses tyrannies. Il a fait crucifier l'évêque des chrétiens à la porte de son église et pendre le cheikh des Sarrasins au minaret de sa mosquée.

— Et le peuple se soumet à cet autre Nemrod, à ce nouveau Zohak[1]? m'écriai-je indigné.

— Pas tout le monde, répondit Étienne. Les Oïgours, pour lui échapper, ont fait leur soumission à l'Empereur inébranlable, et leur Idi Kout est venu se ranger sous nos bannières. Ton père est un des secrétaires du sage Yelouï Tchoutsaï, chancelier de l'empereur, et ton frère, le brave Belâ, vient d'être fait noïane avec le yarlik et la païza, et commande un hezar dans le corps d'armée de Soubeguetaï le Hardi.

— Gloire à Dieu clément, miséricordieux! » m'écriai-je.

Mes yeux se mouillèrent de larmes. Je tombai sur mes genoux et je récitai les actions de grâce au Très-Haut, qui avait comblé ma famille de tant de faveurs.

« Oui, reprit Étienne, l'empereur aime beaucoup les Oïgours; il a donné une de ses filles en mariage à leur Idi Kout. Après les avoir incorporés à l'empire, nous sommes tombés sur les Turks Karliks: leur roi, Arslan[2] Khan, voulut nous tenir tête, mais Soubeguetaï le frotta si rudement qu'il vint, l'arc et le sabre pendus au cou, faire avec tout son peuple sa soumission à l'empereur conquérant du monde.

— Et maintenant, dis-je à Étienne, apprends-moi comment vous êtes venus en guerre avec ce puissant empire de la Chine.

---

1. Roi de Perse des légendes asiatiques, qui nourrissait des serpents avec la cervelle de ses sujets.

2. *Arslan* signifie lion en turk et en mongol. Le nom du sultan d'Iconium au temps de la première croisade, Alp Arslan, ou plus correctement Ouloup Arslan, signifie « le Grand Lion ».

— En l'an 1210, répondit l'artiller, l'empereur d'Or mourut. Son successeur Outoubou réclama de notre sire Gengiskhan l'hommage et le tribut que depuis trois cents ans les Mongols payaient aux empereurs d'Or. Notre sire refusa. Il réunit en conseil tous ses barons et leur dit : « Les empereurs d'Or ont toujours fait du « mal à nos ancêtres et à nos parents. Aujourd'hui, j'espère que « Dieu m'accordera la victoire et me donnera la force de faire « la conquête de l'empire de la Chine et de venger sur Outoubou « tout le mal que ses ancêtres ont fait aux nôtres. »

« Ensuite notre sire envoya ce message à Outoubou : « Le Dieu « éternel m'a accordé l'empire de la terre, et le bruit de mon nom « s'est répandu dans tout l'univers. Je te somme, toi, empereur « d'Or, dès que tu auras reçu mon envoyé, de te soumettre et de « me reconnaître pour ton suzerain. Si tu refuses, j'irai régler « mes comptes avec toi, et nous verrons sur la tête duquel de nous « deux l'Éternel placera la couronne du bonheur et qu'il revêtira « du manteau de l'infortune. »

« Outoubou, furieux, s'écria : « Eh quoi! une seule couver« ture suffit à dix pauvres moines, et la surface de la terre ne « saurait suffire à deux empereurs! Que Témoudjine ne s'ima« gine pas que je ressemble aux autres Turks[1]; me prend-il pour « un principicule comme ceux qu'il a vaincus? Mes vassaux les « Tchortchas, les hommes les plus braves du monde, doivent à « mes bannières quatre cent mille cavaliers portant chacun « double harnais et dont les chevaux sont bardés de fer. La « Chine Noire, empire de ma famille, lève cinq cent mille cava« liers turks armés de mailles et de cottes en cuir de rhinocéros; « le roi de Manzi, mon vassal, me fournit un million de fantas« sins chinois porteurs de hallebardes, de fauchards, de piques, « de fléaux d'acier et d'arbalètes à lancer le naphte; le roi de « Corée, qui tient de moi son royaume à fief, envoie sous mes « drapeaux deux cent mille fantassins et cent mille cavaliers dont « les cuirasses sont revêtues d'écailles de poissons. J'ai quatre « mille éléphants de guerre caparaçonnés d'or, vingt mille ma-

---

1. Comme je l'ai déjà dit, la dynastie des Kin était turke.

« chines lançant des traits, des pierres et des préparations enflam-
« mées qui font autant de bruit que le tonnerre. Je possède
« douze cents vaisseaux montés chacun par mille hommes, et
« mon empire est défendu par une muraille de mille lis de long
« et par trois cent forteresses dont la moindre est une grande
« cité. J'ai à mon service quarante mille sages, et mille magi-
« ciens qui savent faire des enchantements et des exorcismes. Je
« n'ai que deux mots à dire au vil Témoudjine, et ces mots
« sont : obéissez et tremblez[1] ! »

— Et qu'a répondu l'Empereur inébranlable ? m'écriai-je le
cœur sautant d'angoisse. Qu'a répondu le sire aux yeux fauves ?

— Le sire aux yeux fauves, dit Étienne en ôtant respectueusement son bonnet, a répondu ceci : « Empereur d'Or, tu veux
« te battre, — battons-nous. Entre toi et moi il n'y a plus que
« le sabre. »

— Gloire à Dieu ! m'écriai-je. Louange à tous les prophètes et
à tous les saints ! Qu'est-il advenu ?

— Il est advenu qu'un mois après Djébé tournait le rempart de
Gog et de Magog, tombait sur le pays des Tchortchas, battait à
plate couture huit généraux de l'empereur d'Or, prenait coup sur
coup quarante-deux villes, et que le jour où la bannière bleue
flottait sur les murs de la quarante-deuxième, nous apprenions que l'Empereur inébranlable en personne avait forcé les
défilés où l'empereur d'Or l'attendait à la tête de six cent mille
hommes et venait d'arriver devant Daïming[2].

— Gloire à Dieu ! m'écriai-je haletant. Continue, Étienne, continue vite.

— L'empereur d'Or réunit ses meilleurs généraux, tous les
rois et barons ses vassaux, et marcha contre notre sire pour lui
faire lever le siège. Il y eut une telle bataille que le diable y
trouva son profit, car jamais on ne vit tant de païens périr : leurs
âmes sont en enfer.

— Ainsi soit-il, amen ! répondis-je, oubliant qu'Étienne comp-

---

1. C'est la vieille formule qui termine les décrets des empereurs de Chine.
2. Nom ancien de Pékin. Les Mongols l'appellent *Khan Balik*, ou, comme l'écrit Marc Pol, *Cambalu*, c'est-à-dire la « ville du Khan ».

tait les musulmans parmi les païens. Que Dieu le lui pardonne, car il était bien bon artiller et nous fabriqua d'excellentes machines.

— En cette bataille, dit Étienne, notre sire fut vainqueur, et l'empereur d'Or, réduit à s'enfermer dans la ville de Daïming, dut capituler. Il donna sa fille en mariage à l'Empereur inébranlable ; on la dit si belle, que le soleil et la lune en sont jaloux. Outoubou dut en outre se reconnaître l'homme de notre sire et lui payer une bien grande rançon, tant de finances que de meubles. Mais les barons de l'empereur d'Or ne voulurent point accepter le traité et le forcèrent à continuer la guerre. D'autres quittèrent son parti, levèrent bannière et bataillèrent pour leur compte. Les Turks de la Chine Noire tournèrent et se rendirent nôtres. Djébé soumit finalement les Tchortchas et les Coréens. L'empereur d'Or, assiégé une seconde et une troisième fois dans Daïming, prit du poison et mit le feu à son propre palais. Les barons firent un autre empereur qui nous livra plusieurs batailles furieuses, dans l'une desquelles nous dûmes reculer. Mais le lendemain de cette bataille, il survint une furieuse tempête de neige, et les Mongols en profitèrent pour tomber sur l'ennemi, le battre et l'exterminer. C'est là qu'ils dirent que notre sire connaît les charmes et les sortilèges propres à déchaîner la tempête[1] et qu'il commande aux éléments.

— Dieu nous garde de faire appel aux mauvais esprits ! m'écriai-je ; mais il est certain que notre sire possède la pierre à pluie.

— Enfin, dit Étienne, après quatre années de luttes incessantes, la Chine Noire, le Djourtchid et la Corée nous sont soumis, ainsi qu'une partie du Manzi. Cette ville de Hang-tchéou est une des seules qui tiennent encore, parce que nous n'avons pas de navires, qu'elle se ravitaille et se renforce à loisir par la mer, et que le dernier des empereurs d'Or y est enfermé avec ses meilleurs et ses plus fidèles barons. Mais notre sire tient sa cour plénière à Daïming, où il est servi à table par des rois et où il

---

1. Voir sur cette légende les pièces justificatives à la fin du volume.

distribue à ses barons les richesses immenses qu'il a conquises. »

Au moment où Etienne finissait, il se fit un grand tumulte au-dessus de nos têtes.

« Étienne, m'écriai-je, tiens-toi contre le mur près du soupirail ; je vais monter sur tes épaules afin de regarder à travers les barreaux quelle est la cause de ce tumulte. »

En me dressant sur les épaules de l'artiller et en m'accrochant aux barreaux, je pus voir la grande cour de la prison remplie d'hommes d'armes qui couraient d'un air effaré. Leurs chefs les réunissaient tant bien que mal, et ils sortaient en toute hâte par un porche qui était en face de moi. Au-dessus du mur de la cour, on voyait les flammes et la fumée d'un incendie tout proche. Tout à coup, des pierres énormes commencèrent à voler par-dessus la cour et vinrent frapper contre le donjon sous lequel nous étions ; à chaque coup, le mur tremblait au-dessus de nos têtes. Au milieu des pierres arrivèrent des pots et des tonneaux remplis de naphte enflammé et de feu grégeois qui faisaient en brûlant autant de bruit que le tonnerre. Un de ces tonneaux vint donner avec un fracas terrible tout contre les barreaux, où il se rompit. Je lâchai prise et je sautai vivement par terre. Des étincelles entrèrent en sifflant par l'ouverture et un ruisseau de feu coula dans notre caveau.

« Nous sommes perdus ! s'écria Étienne. Les nôtres ont pris quelque partie du mur et rapproché leurs mangonneaux. Ils tirent sur le donjon. Nous allons être brûlés ici ! »

Nous nous réfugiâmes au fond du cachot, sur les marches de l'escalier. Étienne s'y coucha tout de son long et étendit ses bras en croix, répétant sans cesse : « *In manus tuas, Domine, committo animam meam.* Voyant qu'il faisait sa prière, je tombai sur mes genoux, je prononçai le Tekbir, je pris une poignée de terre humide sur le sol du cachot, je la versai dans le col de ma chemise, et je récitai de toutes mes forces le verset :

« Nous appartenons à Dieu et nous retournerons vers lui.

Mon Dieu, je te confie mon âme et je confie mon corps à la terre [1] ! »

Au bout de quelques instants, il arriva que le feu s'éteignit tout seul; tout de suite après, une pierre frappa si fort contre les barreaux qu'elle rompit la grille, qui entraîna une partie du mur. Ce fut un grand bonheur, car à travers cette brèche l'air pénétra largement et nous empêcha d'être étouffés par la fumée qui remplissait le caveau.

Je courus à la brèche qui était assez large pour livrer passage à un homme ; je me hissai à l'ouverture, mais je me retirai aussitôt. La cour était pleine de Chinois en armes. Plusieurs, atteints par des pierres, gisaient raides par terre; d'autres se tordaient en agonie, brûlés par le feu. Au moment où je me retirais, l'air retentit d'un fracas épouvantable : j'entendis s'élever de grandes huées, puis des cris aigus, puis une clameur immense. Étienne sauta sur ses pieds et s'écria :

« La tour vient de s'écrouler ; l'assaut commence ; la place est à nous !

— Ville gagnée ! criai-je. Ville gagnée à Djébé ! Place à la bannière ! »

Je n'avais pas fini, quand la porte du cachot s'ouvrit violemment. Un juge chinois, blême et tremblant, descendit l'escalier, entouré de soldats tchortchas. Derrière lui marchaient cinq bourreaux vêtus de rouge et portant des instruments de torture.

« Obéissez et tremblez ! dit le juge d'une voix chevrotante. Par ordre du Grand Empereur, de l'empereur d'Or, vous, barbares mongols, vous allez subir la torture et le supplice de la mort lente, comme suppôts du vil Djébé. »

Je m'avançai sur le juge les poings serrés. Les soldats croisèrent leurs hallebardes. Le juge remonta l'escalier. Quand il fut en haut, il glapit d'un air assuré :

« Bourreaux, dépêchez cette justice ! Obéissez et tremblez ! »

---

1. C'est l'*In manus* des musulmans et la prière qu'ils font dans les grands dangers.

Je fis un mouvement en avant ; le juge se sauva. Des bourreaux et des soldats m'empoignèrent. Je vis Étienne se débattre au milieu des autres.

« Chiens ! m'écriai-je, ne me laisserez-vous pas le temps d'embrasser mon camarade et de faire une prière ? Que Dieu vous rende dans l'autre monde ce que vous me ferez dans ce monde-ci ! »

Le chef des Tchortchas, un grand balafré à la figure rouge et aux moustaches pendantes, poussa brusquement un de ceux qui me tenaient.

« Lâche-le, lui dit-il en turk. Nous avons le temps de l'expédier avant d'aller à la brèche. Laisse-le prier : on doit laisser prier un soldat avant de le tuer. »

On me poussa du côté d'Etienne ; je me jetai dans ses bras.

« Sire chevalier Noir, me dit l'artiller, j'ai le remords de ne pas m'être acquitté envers vous d'un message ; je l'avais oublié. Or, sachez qu'avant de partir du Krak la demoiselle Raymonde me remit ceci pour vous. »

Il tira de son sein un objet entouré d'un chiffon ; je le défis : c'était un petit bracelet d'or que j'avais vu bien souvent au bras de Raymonde ; Dieu lui fasse miséricorde !

« La demoiselle Raymonde, reprit Étienne, m'a dit de vous remettre ce bracelet. Elle m'a dit que si vous vous trouviez en quelque grand péril, vous deviez regarder le bracelet et penser à elle, car certainement elle prierait pour vous en ce même moment. »

Aussitôt, tenant le bracelet à deux mains, je me jetai à genoux, en retenant mes larmes pour que les Tchortchas ne me vissent pas pleurer en face de la mort. Je priai avec ferveur pour la prospérité de Raymonde en cette vie, pour son salut dans l'autre monde. J'offris à Dieu ma vie en rançon pour le bonheur de cette noble demoiselle. Je vis repasser dans ma mémoire toute ma vie. Puis je dis la fatha et l'Allahou Ekber ; et quand j'eus fini, je me redressai, je serrai encore une fois Etienne dans mes bras et je criai fièrement au chef des Tchortchas :

« Je suis prêt ! »

Je me hissai à l'ouverture.

Mais à l'instant même un furieux tumulte éclata en dehors. Les timbales battirent, les clairons sonnèrent; des coups violents ébranlèrent la porte du porche; des flèches sifflèrent par-dessus le mur; l'une d'elles entra dans le cachot par le soupirail et s'enfonça dans la poitrine d'un soldat; les bourreaux prirent la fuite; le chef tchortcha dégaina et cria à ses hommes :

« Alerte! les Mongols sont dans la place! A eux! à eux! »

L'un des soldats me lança un coup de hallebarde en passant : je l'évitai; j'empoignai la hampe et je désarmai l'homme, en même temps qu'Étienne arrachait le fauchard d'un autre. Dehors, la porte enfoncée tomba avec fracas. Les huées, les acclamations éclatèrent de toutes parts; par la brèche je grimpai dans la cour suivi d'Étienne, la hallebarde au poing. Un torrent d'hommes se ruait par la porte. Des clairons sonnaient, des timbales battaient la marche des Kiot Bordjiguène. Je levai la tête : sur le mur, devant moi, flottait au bout d'une hampe un haillon bleu souillé de poussière, déchiré par les carreaux d'arbalète et les pointes de flèche. Un homme en armure de cuir bouilli se tenait debout sur le mur, les deux mains appuyées sur le pommeau de son sabre. Mille voix criaient en mongol :

« Ville gagnée à l'Empereur inébranlable! Djébé à la rescousse! A sac! à sac! »

Les sabres, les piques, les masses, les hallebardes sonnaient durement. Chinois et Tchortchas tombaient assommés. Et devant moi le drapeau planté sur le mur : c'était la bannière bleue!

Je courus vers les Mongols. Un chef à cheval venait d'entrer par le porche et s'avançait au milieu des acclamations des nôtres vainqueurs. La païza d'or pendait sur sa cuirasse de buffle; son heaume était guilloché d'argent; il se tenait droit et ferme sur un cheval courtaud. Les hommes criaient autour de lui :

« Vive le prince Avant-Garde! »

En passant devant moi, le chef fit un grand cri et sauta en bas de son cheval; je me jetai dans ses bras, dans les bras d'Alak!

Quand je me dégageai de son étreinte, sanglotant de joie, j'entendis derrière moi deux timides grognements et deux mains cherchèrent les miennes : je reconnus Plumet et l'Écureuil. Je les embrassai de tout mon cœur. Au même instant, une voix claire, métallique et railleuse s'éleva :

« Tougtchi Djani, disait cette voix, tu ne reviens pas vite quand on t'envoie faire des commissions ! Combien de coups de bâton mérites-tu ? »

C'était Djébé ! Le Joyeux, d'aplomb sur sa selle, me regardait avec l'air goguenard qui lui était habituel. J'avais envie de lui sauter au cou, mais je m'arrêtai hésitant, devant un si grand personnage.

« Allons donc ! cria Djébé en sautant de cheval. Allons donc, fils ! Viens m'embrasser !

— Place à la bannière ! » m'écriai-je en me jetant dans ses bras.

Ils portaient l'avoine dans des coffres de laque.

CHAPITRE XVII

La chasse à l'homme.

« Amenez un cheval au commandant de dix hommes Djani, dit Djébé; apportez-lui une armure, un arc, un sabre et une lance. Vous prendrez la cuirasse de peau de rhinocéros incrustée d'or et le casque indien qui sont dans mon bagage. »

On m'apporta une armure splendide. J'allais la revêtir, quand Djébé, me prenant par les deux oreilles, se mit à me tourner la tête dans tous les sens.

« Qu'est-ce que cette tête-là? me dit-il. Ta tête n'est pas conforme au Yaçak : va la changer. »

Je regardai Djébé d'un air stupéfait; le Joyeux reprit :

« Conformément au Yaçak, les cheveux doivent être rasés à l'exception d'une tresse au sommet de la tête, et les grands dignitaires civils seuls ont la faculté de porter la barbe; les militaires n'ont droit qu'aux moustaches. Va te faire mettre la tête et le menton d'ordonnance. Si ton nez se permettait de ne pas être conforme au Yaçak, je ferais changer ton nez : voilà ! »

Je confiai donc ma tête au rasoir d'un soldat barbier et je fis le sacrifice de ma barbe et de ma chevelure. Pendant ce temps, Djébé donnait des ordres et expédiait la justice à sa manière.

« Prince, lui disait l'un, le fils de l'empereur d'Or vient d'être pris dans son palais. Qu'en faut-il faire ?

— Je n'ai qu'une parole, répondait Djébé. Pendez-le au pommeau de la selle d'un chameau.

— Prince, disait un autre, nous venons de mettre la main sur le trésor du grand empereur de Chine. Il y a douze cassettes pleines de pierreries et de perles et cinquante cuves remplies de lingots d'or et d'argent pesés et marqués au contrôle.

— Inscrivez-les, répondait Djébé. Vous enverrez les pierreries et le dixième de l'or et de l'argent monnayé à notre sire l'Empereur inébranlable ; vous distribuerez le reste aux troupes suivant le grade de chacun, conformément au Yaçak.

— Prince, disait un troisième, on vient de saisir le grand juge des Chinois, qui nous a fait mille cruautés.

— Étranglez-le avec une corde d'arc, » répondait Djébé.

Un messager arriva tout haletant.

« Prince, s'écria-t-il, l'infanterie tibétaine de monseigneur Daïbo[1] est en train de piller le quartier du port et de malmener les marchands étrangers. Monseigneur Daïbo dit qu'il n'y peut rien et qu'il n'a pas d'ordres.

— Que trente mille catastrophes fondent sur eux ! » cria Djébé.

Il sauta sur son cheval en jurant et en blasphémant ; ses yeux lançaient des éclairs.

« Brigands ! grondait-il ; les brigands de Tibétains nous déshonorent devant le monde ; ils couvrent nos faces de honte ! Ils osent maltraiter des gens inoffensifs et étrangers ! Je les ferai décimer avant demain ! Malédiction sur eux ! »

---

1. *Daïbo Mitchine* ou Daïbo « le singe » commandait l'infanterie, presque entièrement composée de montagnards du Tibet, du Boutan et du Népaul. Cette infanterie avait une réputation particulière de férocité.

Il partit au galop, suivi de son escorte. En passant le porche, il se retourna et cria :

« Djani ! va-t'en au palais de l'empereur d'Or avec Alak ! Je viendrai vous y rejoindre quand j'aurai mis à la raison les misérables de Daïbo ! »

Je venais de revêtir un bagaltak tout neuf et mon armure. On m'amena un beau cheval rouan. Alak désigna dix hommes, parmi lesquels mes deux vieux et fidèles écuyers, pour se ranger derrière moi. Je montai à cheval en frémissant de joie. Alak me prit pour chef d'escorte et je galopai derrière lui le sabre au poing. Nous passâmes sous le porche, puis à travers les rues. Deux éclaireurs nous précédaient, l'arc tendu à la main. Les rues étaient jonchées de cadavres et de débris de toutes sortes ; quelques maisons brûlaient ; on ne rencontrait que des soldats ; au coin de chaque rue, des sentinelles étaient plantées, la lance sur la cuisse ou la flèche sur la corde de l'arc. En passant sur une grande place, je vis emmener une foule de prisonniers, riches, pauvres, bourgeois, soldats, hommes, femmes, enfants, pêle-mêle, entre deux files de cavaliers. Nous arrivâmes au palais, et, montant le perron de marbre, nous entrâmes à cheval dans la grande salle d'audience, où nous mîmes pied à terre. Nos hommes attachèrent les chevaux aux colonnes de bois de santal incrusté de nacre qui soutenaient la salle et jetèrent des bottes de foin sur les tapis de velours et de satin ; d'autres apportaient de l'avoine dans des coffres de laque, ou de l'eau dans des vases de bronze ciselé ou de porcelaine. Je montai l'escalier, où se trouvaient nos Mongols en armure poussiéreuse, en bottes crottées, en bagaltak graisseux ; dans les salles pavées de porphyre et de mosaïques où régnait naguère un respectueux silence, on entendait le cliquetis des harnais, des sabres et des haches d'armes et le trépignement des lourdes bottes mongoles à talon ferré ; des stores de soie, de lames d'écaille, de feuilles de nacre pendaient déchirés ; les cloisons de laque effondrées jonchaient le sol. Je pénétrai dans l'appartement auguste de l'empereur d'Or et dans l'appartement sacré des femmes. Les chambres aux murailles de laque peintes d'or et incrustées de nacre et de jade

retentissaient du bruit des cris et des chants ; les portières arra-
chées laissaient voir la longue enfilade des appartements ; les
fenêtres aux treillis dorés, les châssis d'émail et d'orfévrerie défon-
cés laissaient pénétrer les derniers feux du soleil couchant dans
les salons mystérieux. Un timbalier de hezars, accroupi sur une
table de marqueterie à pieds d'argent, battait ses timbales ; un
clairon et une flûte, debout à côté de lui, sonnaient un air de
pâtres mongols, que deux soldats assis sur la table, les jambes
pendantes, accompagnaient avec un violon et une guitare à deux
cordes. Nos cavaliers riaient aux éclats ; une vingtaine de hezars
s'étaient travestis en revêtant, par-dessus leurs armes, des lam-
beaux de robes impériales et de vêtements de femme, et dansaient
en chantant à tue-tête : « Tulugum heïtulum. [1] » D'autres lançaient
en l'air des vases d'émail cloisonné, des brûle-parfums, ou jetaient
par les fenêtres des fauteuils ciselés, des guéridons incrustés ;
d'autres examinaient curieusement des ombrelles, des éventails,
des boîtes, des parures et s'amusaient à singer les manières
affectées des Chinois amollis par le luxe ; un grand diable poursuivait un perroquet échappé ; des Kéraïts athlétiques et de
flegmatiques Aroulad, assis le long des cloisons éventrées,
impassibles au milieu de ce tapage, mangeaient tranquillement
dans leur écuelle de bois ou dans leur gamelle de cuir la bouillie
d'avoine, le boudin de cheval et la purée nationale de fromage
et de lait aigre, en buvant le vin des Chinois dans des vases d'or
incrustés de pierreries.

A la vue d'Alak, nos soldats se levèrent respectueusement en
portant la main au bonnet. Le tapage cessa tout de suite.

« C'est bien, c'est bien ! dit Alak. Assez de vacarme pour
aujourd'hui. Allons, déblayez-moi une chambre, qu'on m'apporte à manger et qu'on me laisse tranquille. »

En un tour de main, un salon fut installé. On y plaça des fauteuils garnis de coussins de brocart déchirés, une table de laque
incrustée de nacre et de jade branlant sur trois pieds dorés, le
quatrième ayant été cassé ; un hezar remplaça le quatrième

---

1. Air de danse mongol.

Les hezars s'étaient travestis.

pied par une colonnette de malachite arrachée à une console ; un autre apporta sur la table un vase d'or ciselé rempli de bouillie d'avoine et un brûle-parfums en émail cloisonné plein de lait aigre ; un troisième déterra des assiettes ébréchées, une jarre de vin de riz et des coupes de porcelaine. La nuit était arrivée ; on alluma dans des lanternes aux vives couleurs et dans des flambeaux de bronze et d'émail tous les débris de cierges qu'on put trouver, et nous nous mîmes à table de bon appétit. Une douzaine de chefs vinrent nous rejoindre. En un clin d'œil tout fut dévoré. Nous finissions, quand Djébé entra.

« Qu'Erlik vous emporte ! cria le Loup. Voilà que vous mangez sans moi ? »

Il prit le vase d'or sur la table et, voyant qu'il était vide, le jeta par la fenêtre.

« Bon ! dit-il en éclatant de rire. Aujourd'hui je n'ai eu le temps ni de déjeuner ni de dîner, et hier j'ai oublié de souper. Conquérez donc des capitales pour vous coucher le ventre vide ! »

Un cavalier, de planton à la porte, s'avança vers Djébé en mettant la main à son bonnet.

« Prince, dit-il, nous tenons en bas les cuisiniers de l'empereur d'Or ; ils trouveront certainement de quoi souper pour vous.

— Bien parlé ! s'écria le Joyeux. Voici un cavalier qui connaît son affaire. Qu'on m'amène çà le chef des cuisines de l'empereur d'Or. »

Un instant après, le cuisinier parut tout tremblant. Il se prosterna devant Djébé.

« Allons, relève-toi, fils de chien ! dit celui-ci. Avance. »

Le cuisinier se traîna sur ses genoux et resta dans cette attitude.

« As-tu de quoi nous faire à souper ? reprit Djébé. Si tu nous fais à souper, je te donnerai dix livres d'or et la liberté. »

Le cuisinier frappa la terre du front.

« Excellence, dit-il en bredouillant d'émotion, le cellier des provisions est intact ! Vos honorables soldats n'y ont pas pénétré.

— Vingt-cinq coups de bâton au chef du poste de la cou[r], pour avoir négligé de fouiller la cave! s'écria Djébé. Tu entends Koup Kourou? reprit-il en s'adressant à un de ses adjudants, vingt-cinq coups de bâton à ce maladroit, qui passe à côté d[e] celliers bondés de victuailles sans s'en apercevoir! »

Koup Kourou sortit en riant.

« Excellence, dit le Chinois avec volubilité, je vous ferai ser[-]vir avant une heure des nids d'hirondelles, des paons et des fai[sans] sans rôtis, des huîtres et des châtaignes de mer, un poisson dor[é] à la sauce au musc, un potage à la rhubarbe....

— Vingt mille diables! cria Djébé en donnant un furieu[x] coup de poing sur la table, te tairas-tu, esclave bavard d'u[n] maître vorace! Je veux manger, je ne veux pas étouffer.

— Excellence, répondit le Chinois en frappant la terre d[u] front, pardonnez au tout petit; je vais chercher des plats plu[s] impériaux et plus dignes de votre noblesse. Inspirez-moi un[e] idée. Demandez-moi ce que vous voulez?

— Ce que je veux, idiot? dit Djébé. Ce que je veux? Je veu[x] un rond de saucisse et un morceau de fromage, et qu'Erlik t'em[-]porte! »

Le Chinois se prosterna, se releva et sortit d'un air effaré.

« On voit bien, dit Alak, qu'il n'a pas encore vu de nomades mongols et turks. Il est habitué à ces gourmands efféminés des villes, et il ne comprend pas qu'un morceau de fromage es[t] meilleur que toutes leurs sauces, quand il est assaisonné par l[e] plaisir d'une matinée d'assaut et par la joie d'un soir de vic-toire.

— Oui, dit un autre, ces gens-là, quand ils se battent, se bat-tent pour l'intérêt.

— Au lieu que nous, reprit Djébé, c'est différent: nous nous battons pour le plaisir.

— Gloire à Dieu! m'écriai-je. Gloire à Dieu, qui a conservé leurs vertus aux Mongols au milieu de tant de prospérité et qui leur a donné l'empire du monde! »

En ce moment, le Chinois rentra suivi de douze cuisiniers, portant pompeusement des plats et des vases sur de grands pla[-] teaux de laque. Djébé haussa les épaules, prit au hasard deux ou trois morceaux et les mangea tout debout. Il avalait les premières bouchées, quand il se fit un grand bruit et remue-ménage. J'entendis le galop d'un cheval, puis des pas lourds qui montaient rapidement l'escalier ; les hommes de planton s'écartèrent et saluèrent du sabre ; un cavalier couvert de poussière s'arrêta devant Djébé et lui tendit un pli avec un grand sceau rouge, en disant :

« Yarlik. Ordre de l'empereur. »

Djébé prit le pli et le porta respectueusement à son front. Tout le monde se leva. Le Joyeux rompit le sceau et se mit à lire péniblement, en épelant et en suivant les lettres avec son doigt, attendu qu'il ne savait pas très-bien lire. L'écriture n'avait été introduite chez les Mongols que depuis cinq ou six ans et peu d'entre eux étaient familiarisés avec les caractères. Toutes les fonctions de scribes et de secrétaires étaient remplies par des Oïgours, ce qui était naturel, puisque c'étaient les caractères oïgours que l'Empereur inébranlable avait adoptés pour écrire le mongol.

« Mets-toi là! me dit brusquement Djébé en me désignant un fauteuil. Je vais répondre à notre sire : écris ce que je vais te dire. »

Un de nos cavaliers m'apporta un encrier chinois en argent massif qu'il avait trouvé dans la salle des conseils ; il y avait encore de l'encre toute broyée dans le godet et des pinceaux. Un autre me remit une grande feuille de papier rouge avec des fleurons dorés. J'appuyai mon papier sur ma main[1] et je pris un pinceau. Je m'attendais à une énumération pompeuse de titres comme on les met en tête d'une lettre adressée à un grand padichah ; mais Djébé me dit simplement :

« Écris : A Dieudonné Témoudjine le prud'homme, Empereur inébranlable, chef des Mongols[2], en son camp, Djébé le Loup, commandant d'armée. »

1. Les Asiatiques n'écrivent pas sur une table.
2. Soutou Bogda Daïming Témoudjine Tchingguiz Khaghan Mongholoun Koutou. C'est le nom officiel de Gengiskhan dans les chroniques mongoles.

Comme Djébé ne me disait pas de commencer par la louange de Dieu et le bismillah, suivant les devoirs des musulmans, je ne les écrivis pas et je me contentai de dire mentalement: « Au nom de Dieu. » Djébé continua :

« Tu nous avais dit de prendre la ville de Hang-tchéou. Nous l'avons prise aujourd'hui à trois heures. Nous avons pendu au pommeau de la selle d'un chameau le fils de l'empereur d'Or. Nous avons protégé contre la violence les marchands étrangers, nous avons donné des sauvegardes à leurs navires et à leurs biens. Présentement, tu nous écris que Tougatchar le Koungrad, chargé, à la tête de vingt mille hommes, de surveiller la frontière du côté de Komoul, a été battu par Guchlug[1], et tu nous ordonnes de nous porter rapidement contre les forces de ce Guchlug que nous connaissons. Nous laisserons à Hang-tchéou une garnison de douze cents hommes sous les ordres de Karatchar le Barlass, de Marghouz le Kéraït et d'Ahmed Pervanatchi. Nous marcherons contre Guchlug et nous le battrons conformément à tes ordres.

— S'il plaît à Dieu, ajoutai-je mentalement.

— Donne, que je mette mon sceau, » dit Djébé.

Puis, se tournant vers ses adjudants, il commanda :

« Nous partons cette nuit. Étienne, fais mettre tes machines en ordre et remets-les à Ahmed. Koup Kourou, envoie sous escorte à notre sire son prélèvement de butin. Fais brûler tout ce que les hommes ne pourront emporter. Cent chameaux suffiront pour le bagage. Fais abattre le reste, et dépecer jusqu'à concurrence de trois jours de vivres Fais. passer par les armes les prisonniers qui ne voudront pas se laisser raser la tête et prêter serment à la bannière. Timbaliers, battez le rappel; clairons, sonnez l'assemblée! »

Étienne et Koup Kourou sortirent; les fanfares éclatèrent; le remue-ménage commença. Djébé finit tranquillement son fromage, puis se disposa à sortir.

---

1. Près d'Ouroumtsi, le 11 juillet 1213.

« Et l'encrier? dis-je en lui tendant cette riche pièce d'orfèvrerie.

— Fourre-le dans ton portemanteau, si tu as de la place, répondit-il. Sinon, jette-le par la fenêtre. Allons, à cheval! »

Trois heures après, j'étais en tête de mon peloton et les hezars d'Alak défilaient au trot à travers la campagne. J'avais serré la main à Marghouz, convalescent sous sa tente. Les étoiles pâlissaient dans le ciel. Derrière nous, la moitié de la ville brûlait. J'étais heureux. Louange au prophète de Dieu, qui a dit : « Le bonheur est attaché au front du cheval, et le paradis est à l'ombre des sabres! »

Vers la fin de l'hiver de l'an 613, année de la Souris[1], je gravissais les pentes abruptes de la crête des monts Bolor, à cette partie qu'on appelle « le Toit du monde[2] ». Nous venions de faire une rude campagne. Pendant que notre sire soumettait définitivement les Mergued et les Tatars, nous, avec Djébé, nous avions conquis Kachgar et défait Guchlug. J'y avais gagné un coup de flèche, trois coups de sabre, le commandement de cent hommes et la païza d'argent. Maintenant, nous poursuivions Guchlug, car l'Empereur inébranlable le considérait comme son plus rude adversaire et le voulait à sa merci, mort ou vif. En passant au camp impérial, par la grâce de Dieu, j'avais converti à la foi et épousé Tchagane, la sœur d'Alak, et le lendemain de notre mariage j'avais rejoint les hezars. Depuis dix mois nous étions séparés du monde. Nous avions chassé Guchlug de Kachgar sur les plateaux des Pamirs, des Pamirs sur les sommets de l'Himalaya, de l'Himalaya aux monts du Badakhchan. Nous suivions sa piste sur le Toit du monde. Quelque endurcis que nous fussions au froid et aux fatigues, nous avancions en grelottant malgré les pelisses que nous portions par-dessus nos armures. Dans ces solitudes glacées où les aigles volaient au-dessous de nos pieds, où il fallait se frayer un sentier en battant la neige, nous n'avions pour nous nourrir que la viande

---

[1]. 1216.
2. Bam-i-dunya.

des chevaux morts de fatigue ou des bouquetins tués à la chasse. Nous n'allumions jamais de feu, de peur d'éveiller l'attention de Guchlug. Nous voulions arriver à le surprendre et à lui couper la route de l'Inde. Chasseurs et gibier tout à la fois, nous nous gardions de ses coups de main comme il se gardait des nôtres, car il avait emmené ses plus fidèles et ses plus hardis cavaliers, et entre eux et nous les escarmouches étaient continuelles.

Donc, ce jour-là, je chevauchais à l'avant-garde sur les crêtes âpres et glacées du Toit du monde. J'allais à l'aventure. Nous avions perdu la piste. Devant nous, au-dessous de nous, la neige et la glace s'étendaient à perte de vue, sans une seule empreinte de pieds de chevaux. Sur nos têtes, le ciel était pur et bleu, et les rayons du soleil faisaient miroiter les pics et les dentelures brillantes des montagnes, au point de nous aveugler. Je souffrais des douleurs intolérables, comme si on m'avait arraché les yeux. Tout à coup, comme nous dépassions la crête d'un plateau, une troupe de cavaliers fondit sur nous en criant furieusement *Tokhta! tokhta!* « Gare! gare[1]! » Le choc fut si violent et si soudain que mes hommes furent séparés les uns des autres et culbutés en moins d'un instant. Je n'eus pas même le temps de me servir de mon arc. Je mis le sabre à la main. Entraîné par un tourbillon d'ennemis, je fus acculé à un rocher; mon cheval fut tué; je me dégageai; mon sabre fut brisé; mon heaume fendu roula par terre; j'empoignai ma hache et je frappai avec fureur sur ceux qui m'assaillaient à pied et à cheval. Étourdi par les coups que je recevais, emporté par la rage, au milieu de la mêlée confuse qui bourdonnait et se démenait autour de moi, j'ignore combien de temps je me défendis de la sorte; une dernière fois, je me ruai en avant tête baissée, et tenant ma hache à deux mains, je taillai à tort et à travers, quand j'entendis crier :

« Hé, Djani, Djani! hé, fais attention! »

Je venais de lancer un coup de hache sur le bras d'Alak; heureusement que le coup avait glissé sur son brassard.

---

1. C'était le cri de guerre de Guchlug.

Je restai un instant abasourdi, à me remettre de ma colère et à me reconnaître. J'étais entouré par les nôtres. Pendant que Guchlug nous massacrait, Alak et Djébé, qui arrivaient derrière nous, l'avaient cerné. Maintenant c'était fini et bien fini. Parmi les morts qui jonchaient le plateau, un homme agonisait, la tête appuyée sur le genou d'un écuyer; un autre homme était debout devant lui, le sabre ensanglanté à la main, la figure rayonnante de l'auréole de la victoire. Le mourant était Guchlug et le vainqueur était Djébé.

« Prince Loup, dit Guchlug d'une voix rauque, approche-toi; écoute-moi : je veux te parler avant que je meure. »

Djébé se pencha vers lui, ayant le visage plus grave qu'il ne l'avait d'ordinaire.

« Parle, Guchlug, dit-il.

— Je veux, reprit Guchlug, que ma tête soit envoyée à votre empereur, et qu'elle soit enchâssée d'argent, comme on fit pour celle de l'Ong Khan des Kéraïts.

— Il sera fait selon ton désir, répondit Djébé.

— Je demande qu'il soit fait quartier à ceux des miens qui restent. Ils serviront votre bannière comme ils ont servi la mienne, et tu sais s'ils m'ont été fidèles !

— Je le sais, dit Djébé d'une voix émue. Je prendrai tes hommes sous ma propre bannière. »

Un flot de sang coula de la bouche de Guchlug. Sa figure se contracta. Il fit un effort et se redressa.

« Je sens que c'est fini, dit-il. Vite ! apportez-moi mon toug ! »

Alak courut lui-même apporter le drapeau. Quand Guchlug le vit, il se raidit tellement qu'il arriva jusqu'à le saisir.

« Prince Loup, dit-il à Djébé, voici bien des fois que je me bats avec toi. Ma défaite et ma mort te procurent un si grand honneur que le monde entier en parlera. Tu me dois quelque chose en échange.

— Ce que tu voudras ! s'écria Djébé. Quoi que ce soit que tu me demandes, je te jure de le faire.

— Tu enterreras ma bannière avec moi, dit Guchlug en râlant. Avec moi ! Personne que moi ne doit l'avoir ! »

Alors je vis ce qu'on a vu cette seule fois : je vis pleurer Djébé. Il s'agenouilla près de Guchlug, mit la bannière entre ses bras et, se détournant un instant, murmura tout bas :

« Que le Tengri me donne de mourir en embrassant ma bannière ! »

La figure contractée de Guchlug se détendit. Une expression de joie anima son visage ; il sourit et dit simplement à Djébé :

« Merci ! »

Un instant après il reprit :

« Où est mon page Agatcha ? Mon page Agatcha est-il parmi les morts ?

— Non, monseigneur ! dit une voix douce. Me voici. Je suis ici ! »

Un jeune guerrier dont la tête était couverte d'un capuchon s'approcha de Guchlug et lui baisa la main.

« Prince Loup, dit encore Guchlug, il est arrivé qu'une fois un chevalier m'a renversé et blessé en tournoi ; c'est le meilleur chevalier que j'aie vu de ma vie. Il s'appelle Timour Melek ; si jamais tu lui fais la guerre, pour l'amour de moi ne le manque pas.

— Son compte est bon, répondit Djébé. J'ai moi-même une vieille affaire à régler avec lui.

— Agatcha, où es-tu ? reprit Guchlug. Mes yeux se troublent. Je ne te vois plus.

— Je suis près de vous, monseigneur, répondit doucement le page. N'ayez crainte. Je suis si près de vous que j'y serai toujours !

— Prince Loup ! s'écria Guchlug avec une force étonnante, j'entends mon âme me dire adieu ! Fais battre les timbales ! Fais sonner les clairons ! »

Djébé fit un signe. Les fanfares éclatèrent, les drapeaux saluèrent. Guchlug se souleva dans un furieux soubresaut, en serrant sa bannière contre sa poitrine.

« Prince Loup, cria le héros mourant, ton empereur se contentera de ma tête et de mes États. Mais quant à ma bannière et quant à ma femme, il n'aura ni l'une....

— Ni l'autre ! » s'écria le page en rabattant son capuchon en arrière.

Nous vîmes une tête de femme plus belle qu'on ne saurait dire, la tête de la reine du grand Guchlug, de la païenne qui le fit renier. Avant que nous eussions songé à faire un mouvement, cette princesse tira sa dague et se l'enfonça dans le cœur. Elle tomba raide morte aux côtés de son mari, et comme elle tombait, celui-ci fit un grand soupir et mourut aussi tenant embrassée sa bannière.

Djébé s'inclina respectueusement.

« Guchlug, dit-il, est mort conformément à sa grande réputation, et la reine, sa femme, est morte conformément à son honneur et à son rang. Leur nom ne sera pas oublié. »

Aussitôt il coupa lui-même la tête au roi des païens et veilla à ce que son corps fût enterré avec sa bannière dans ses bras et sa femme à ses côtés. La fosse était à peine comblée de neige et de terre tassée ; nous allions de tous côtés chercher des pierres pour les entasser sur la tombe, comme on fait quand on ensevelit un grand chef, quand un peloton de cavaliers parut sur notre piste. Au cri d'*Ourdjane*, nous les reconnûmes pour Mongols. En tête chevauchait Marghouz ; bientôt il fut près de nous. Son premier cri fut :

« Où est Guchlug ?

— Ici, répondit Djébé en montrant la tombe.

— Ah ! s'écria Marghouz. Maintenant que Guchlug est mort, notre empereur est vraiment inébranlable ! Il ne craignait que lui !

— Quels sont les ordres ? dit Djébé. Je suppose que si tu cours ainsi après nous, c'est pour nous dire quelque chose ?

— Les ordres ! reprit Marghouz rouge jusqu'aux oreilles. Les ordres ! Tout s'ébranle, tout se rallie, tout est en armes ! Notre sire, l'Empereur inébranlable, rappelle tout le monde à lui ! La guerre est déclarée à l'empereur de Kharezm, au puissant sultan Mehemed !

— Au Pôle de la Foi, au fils de Tekèche le Batailleur et de l'impératrice Turkane ? m'écriai-je. Au plus grand souverain du monde ?

— A lui-même, répondit Marghouz. Au père de Djelal ed Dine, au suzerain de Timour Melek!

— Voici le moment de conquérir le monde! s'écria Djébé. Maintenant ou jamais, c'est le moment de frapper du sabre et de risquer notre vie! Maintenant ou jamais, place à la bannière!

— Oui, reprit Marghouz, Djoudji, le fils aîné de notre sire, vient de livrer une furieuse bataille à l'empereur Mehemed en personne! Nous les avons battus! Et sans la prouesse de Djela-ed Dine, fils de l'empereur et de Timour Melek, qui sont les deux meilleurs chevaliers du monde, nous les aurions anéantis.

— A cheval! cria Djébé. A cheval, cavaliers du sire aux yeux fauves! Enfin, nous avons trouvé des ennemis dignes de nous! »

Chacun courut à son cheval. Djébé se tourna vers la tombe de Guchlug et dit, comme s'il parlait au mort :

« Héros des Naïmanes, tu m'as demandé de te venger de Timour Melek. Tu n'attendras plus longtemps ta vengeance! »

A ces mots, il sauta sur son cheval, les timbales battirent la marche et nous partîmes aussitôt vers le Nord.

Nous marchâmes un mois pour rejoindre le camp impérial sous Kachgar. En route Marghouz nous apprit comment Inaltchik[1] décoré du titre de Gaïr Khan, oncle du sultan Mehemed et son vice-roi en Turkestan[2], avait fait mettre à mort les marchands d'une caravane mongole. L'Empereur inébranlable avait fait demander satisfaction à Mehemed par mon vieil ami Mahmoud Yelvadj, qui était maintenant au service mongol.

Le sultan de Kharezm, fier de ses victoires récentes, de ses conquêtes dans l'empire du Gour Khan, excité par sa mère, l'orgueilleuse Turkane Khatoune, et par son favori, le cheikh Madj ed Dine, avait, malgré les conseils de Nedjm ed Dine le martyr (loué soit-il!), que j'avais entenu prêcher à Samarkand, fait emprisonner Mahmoud Yelvadj. Celui-ci s'était évadé, la guerre avait été déclarée, et le sultan de Kharezm avait commencé les hostilités, pris l'offensive et marché sur Almaty. Djoudji, fils aîné

---

1. C'était le frère de Turkane Khatoune.
2. A Otrar.

Il mourut tenant embrassée sa bannière.

de notre sire, poursuivant les débris des Mergued dans la même direction, s'était heurté contre l'armée du sultan de Kharezm. Les nôtres ignoraient même que la guerre fût déclarée, et l'avis des barons et prud'hommes de Djoudji fut qu'il fallait battre en retraite; mais ce bon prince ne voulut pas les écouter. Il leur répondit : « Nous serions honnis par mon père, s'il apprenait que nous avons vu l'ennemi et que nous n'avons pas combattu ! »

Alors ils commencèrent la bataille, étant un contre cinq, et sans Djelal ed Dine et Timour Melek ils eussent anéanti l'armée de Kharezm. A la nuit, ils mirent le feu aux herbes de la prairie et décampèrent à la faveur de l'incendie. Maintenant, de part et d'autre, on rassemblait toutes ses forces. Ces deux colosses, ces deux torrents conquérants du monde, le Pôle de la Foi et le sire aux yeux fauves, allaient se choquer à la tête de leurs peuples.

Le 7 du mois de Djemadi premier 614, année du Taureau[1], nous arrivâmes au camp impérial sous Kachgar. Le soir même, j'assistai comme secrétaire de Djébé au conseil que l'Empereur inébranlable tenait avec les grands chefs de son armée. Notre sire était assis au fond de la tente, sur une selle de cheval couverte d'une pièce de feutre blanc. Il était tout armé d'un corps de cuirasse en cuir bouilli et ses bras et ses jambes de tassettes du même. Son heaume était posé à ses pieds. A ses côtés se tenaient ses deux frères, le terrible Khassar et l'alerte Belgueteï; derrière lui étaient ses quatre fils, Djoudji, Okdaï, Djagataï et Touloui. Devant lui se tenaient les rois, les ministres, les généraux, Bogordji et Yeloui-Tchoutsaï, l'Idi Kout des Oïgours et le roi des Karliks, Soubeguetaï le Hardi et Mahmoud Yelvadj, Moukhouli le Sage, le prince de Corée, Djelmé le tueur de tigres, Kilukène le Hardi, l'empereur des Kirghizes, Guidang Tchingsang et tant d'autres. Jamais on ne vit tant de héros réunis ensemble.

Tout d'abord, suivant sa coutume, notre sire se jeta dévotement à genoux et invoqua le Dieu très-haut, déclarant à tous présents que sa cause était juste et appelant l'exécration du

---

1. 1217.

ciel sur lui et les siens, dans le cas où sa cause serait injuste. Ensuite il donna des ordres à chacun, lui nommant les pays, villes, défilés par où il devait passer, les jours auxquels il devait arriver à tels endroits : c'était prodigieux. On eût dit que l'œil perçant de cet homme non pareil voyait au loin dans les royaumes, et que de son camp de Kachgar il apercevait clairement toutes les contrées du monde.

Quand tout fut ordonné, tout le monde se retira. Au jour levant, la plaine de Kachgar se remplit de rumeurs. Quatre cent mille hommes s'écoulaient vers l'ouest dans toutes les directions. A cheval derrière Djébé, je vis défiler les hezars mongols, l'arc au poing, les hommes d'armes kéraïts la lance sur la cuisse, les Mergued farouches, menant avec eux leurs légères charrettes attelées de rennes et leurs chiens pareils à des loups. Derrière venaient les machines de guerre dressées sur des chariots traînés par des bœufs et escortés par des cavaliers oïgours et karliks armés de mailles. Puis j'entendis le son joyeux des fifres et des tambourins, et je vis passer les alertes fantassins tibétains, le fauchard sur l'épaule, le couperet de montagnard à la ceinture. Puis encore des cavaliers, des Kirghizes à haut bonnet pointu, des Tchortchas en armure de la Chine. Ce n'était pas une armée, mais une moitié du monde que notre sire lançait contre l'autre moitié.

L'empereur chevauchait droit devant lui.

CHAPITRE XVIII

Le temps de la colère de Dieu.

Le champ de bataille était couvert de morts et de blessés : je n'avais jamais vu de champ de bataille aussi affreux; inclinant ma tête dans la prière, je dis quelques versets pour tous ces musulmans morts et mourants qui gisaient sur le pré. Djébé s'approcha de moi.

« Que fais-tu là, Djani? me dit-il d'un ton plus doux qu'à l'ordinaire. Tu parais ému?

— Prince de la bannière bleue, répondis-je, je sens mes yeux se remplir de larmes; je pleure cette tuerie très-pitoyable; je prie pour les morts de ma religion. »

Djébé me mit la main sur l'épaule et m'attira vers lui; puis il s'écria d'un ton inspiré :

« Il est bon pour eux qu'ils soient morts les armes à la main; leurs descendants cueilleront les fruits de l'arbre qu'ils ont semé, et vaillamment arrosé de leur sang. Il vaut mieux vingt mille têtes fendues au soleil que cent mille consciences pourries à l'ombre. Aimerais-tu mieux, Djani, aimerais-tu mieux que ces musulmans se fussent soumis sans échanger un coup de sabre?

— Gloire à Dieu! m'écriai-je, tu as raison. Il vaut mieux mourir avec bon renom que vivre avec mauvais renom, et la mort avec des amis est une fête! »

Comme je parlais ainsi, l'aube grise s'éclaira tout à fait et le soleil parut au-dessus de l'horizon. Je pus voir nos masses de cavalerie fourmiller dans la plaine et dans les vergers qui entourent Bokhara. Bientôt, en face de moi, un drapeau blanc fut hissé sur le mur; un pont-levis s'abaissa, et à travers ce même namazega où dix-sept ans auparavant j'avais vu la grande Turkane Khatoune et l'empereur de Kharezm trôner entourés de gloire, une longue et lamentable procession s'avança vers nous. C'étaient les notables de Bokhara, qui venaient faire leur soumission et rendre la ville à l'Empereur inébranlable. La sortie désespérée qu'avaient faite vingt mille de leurs meilleurs hommes d'armes avait abouti à un désastre; tous avaient été massacrés dans un furieux combat de nuit. Trente mille hommes tenaient encore la citadelle, mais la ville nous ouvrait ses portes.

Je remontai à cheval et je me mis à la tête de mon hezar, car c'était un hezar que je commandais maintenant, sous les ordres d'Alak qui commandait un toumane[1]; mon hezar était le premier de la division, et celui de Marghouz qui était à ma droite le deuxième. Devant nous, je vis passer les ulémas, les softas, les cheikhs des mosquées, les corporations des marchands, les barons du Mavera-an-Nahr le sabre et le carquois pendus au cou; tous défilaient bien piteusement devant l'Empereur inébranlable qui était entouré de ses principaux barons. Derrière venait une foule de gens du menu peuple criant d'une voix lamentable : « Miséricorde! » Notre sire fit un geste et le défilé s'arrêta.

« Gens de Maverà-an-Nahr, cria-t-il d'une voix haute et claire, rentrez dans votre ville. Nous acceptons votre soumission et vous

---

1. Division de dix mille hommes.

Djébé me mit la main sur l'épaule.

donnons la vie sauve. Pour ceux qui sont dans la citadelle et ne veulent pas se rendre, il ne leur sera pas fait de quartier. »

Ensuite il se retourna vers nous qui étions les plus proches et commanda :

« Les deux premiers hezars, suivez-moi ! »

Je rougis de plaisir de marcher le premier à la suite de l'empereur conquérant du monde, et c'est de ma plus belle voix de commandement que je criai à mes hommes qui se trouvaient en colonne par le flanc, sur cinq hommes de front :

« Par demi-centaines à droite, marche ! En avant ! marche ! A dix pas d'intervalle serrez la colonne ! »

Je gardai le trot pendant que les demi-centaines derrière moi prenaient le galop pour serrer leur distance et former la colonne en masse ; puis je pris le galop et je m'engageai derrière notre sire et son état-major sur le pont-levis de chêne que je savais assez large pour livrer passage à dix hommes de front. Nos escadrons défilèrent avec un bruit de tonnerre et s'engagèrent sous la voûte de la porte. L'Empereur inébranlable, à cinquante pas devant les autres, chevauchait devant lui au hasard ; c'était sa coutume d'entrer ainsi dans les villes qu'il prenait, sans guide et à cinquante pas en avant de tous les autres. Deux ou trois fois son fils aîné Djoudji se rapprocha de lui, et je le vis faire de grands gestes comme s'il essayait d'expliquer à l'empereur le danger qu'il courait dans cette ville immense, où trente mille ennemis tenaient encore bon ; mais l'empereur ne voulut rien entendre, et à la troisième fois, le renvoya rudement. Alors monseigneur Djoudji revint se mettre à son rang dans l'escorte.

Les rues étaient désertes ; toutes les portes étaient fermées ; on eût dit une ville morte. Brusquement, Témoudjine l'Inébranlable s'arrêta : nous étions sur la grande place de Bokhara, en face de la mosquée cathédrale. On entendait retentir derrière les portes la psalmodie des prières. Une foule de malheureux s'était réfugiés dans cet immense bâtiment, et les cheikhs célébraient l'office, appelant la protection du Très-Haut, de Dieu clément et miséricordieux, sur le peuple terrifié. Je restai si ému en entendant le bourdonnement confus de cette foule et les appels vibrants de nos prières que j'oubliai de rectifier la position de ma colonne. Ce n'est que lorsque Marghouz impatienté se fut décidé à commander : « Par centaines, déployez! » que je commandai à mon tour. J'aurais dû commander le premier, puisque la gauche était en tête. Il en résulta que notre distance fut mal prise. Djébé, qui arrivait au galop et qui n'avait rien vu, appela Marghouz « imbécile » et « œuf de tortue ». Marghouz avala la semonce en silence : c'était pourtant moi qui la méritais.

L'Empereur inébranlable me fit signe d'approcher.

« Djani, tu as été à Bokhara? dit-il.

— Oui, mon souverain, répondis-je.

— Quelle est cette belle et grande maison? reprit-il en me montrant la cathédrale. Est-ce la maison du sultan Mehemed?

— Non, mon souverain! répondis-je. C'est la maison de Dieu très-haut. »

Aussitôt il poussa son cheval contre la porte et heurta rudement du manche de son fouet. La porte s'ouvrit et Gengiskhan passa sous la porche; ses barons le suivirent, et derrière eux vint la foule des soldats mongols. En un instant l'immense cathédrale fut remplie par la cohue; les musulmans, pâles, effarés, s'attendant à être égorgés, restaient immobiles, par groupes mêlés à nos soldats. Un désordre affreux remplit la maison sainte; nos hommes ouvraient les coffres où l'on renferme les livres sacrés et jetaient les livres sous les pieds des chevaux; dans les coffres, ils mettaient de l'orge, de l'avoine ou versaient de l'eau, pour en faire des auges et des mangeoires. L'empereur fit gravir à son cheval les degrés de la Maksourah; il y a bien longtemps de cela, mais il me semble que j'entends encore retentir les sabots du cheval sur les degrés d'ébène incrustés de nacre et d'ivoire; il me semble encore voir l'empereur conquérant du monde se dresser en haut de la chaire à prêcher, casqué et armé, droit sur sa selle. Il leva la main et aussitôt le tumulte s'apaisa; nos soldats tapageurs gardèrent le silence.

Notre sire s'adressa aux musulmans. Il leur reprocha leurs trahisons et leurs vices.

« C'est pour vous châtier que je suis venu, s'écria-t-il, car je suis un terrible fléau de Dieu ! »

Comme il terminait, un adjudant entra dans la cathédrale et cria que les troupes de la citadelle faisaient une sortie. L'empereur descendit de la Maksourah et sortit de la mosquée. J'entendis sa voix tonnante qui commandait sous le porche :

« Mettez la ville à sac ! Le feu partout ! »

Je ne pus retenir mon émotion et je dis à Alak qui venait d'entrer :

« Malheureuse cité ! infortuné pays !

— Bah ! répondit Alak, il faut bien que le soldat soit payé de sa peine ! »

Le tumulte et le désordre commencèrent de plus belle dans la cathédrale. On commençait à y apporter du vin, à boire et à festoyer ; les facétieux Tibétains de Daïbo amenèrent de vive force les chantres sur l'estrade au fond de l'abside et leur firent chanter les airs de la Mongolie et du Tibet. Des Mergued du Nord agaçaient leurs chiens pour les faire aboyer et hurler et augmenter le vacarme. Des Coréens vêtus de peaux de poisson entraînaient de graves vieillards, des ulémas, des mollahs dans leurs rondes et les forçaient à danser avec eux. Je sortis le cœur gros. Près du porche, je vis un jeune séide, les yeux étincelants et les poings fermés, prêt à s'élancer sur les soldats ; j'entendis un vieux qui lui disait d'un ton solennel, en le retenant :

« Tais-toi, séide ; c'est le temps de la colère de Dieu qui est arrivé ! »

Le soir même, sur le Namaz Ga, pendant que je regardais la ville en flammes, je vis arriver Djébé avec Alak.

« Vous allez partir tout de suite, nous dit le Loup à Marghouz et à moi. Il n'y a pas un instant à perdre ; Soubeguetaï vient d'être repoussé devant Khodjent et Alak va le renforcer.

— Bien, répondis-je ; j'aime autant aller me battre là-bas que de rester ici.

— Oh ! dit Djébé, il y en aura pour tout le monde. Djelal ed Dine est en campagne avec deux cent mille hommes, et c'est un rude adversaire. Nous, nous allons prendre Samarkand, où il y a cent cinquante mille hommes commandés par trente princes Okdaï Khan et Djagataï Khan marchent sur Otrar, où Gha Khan, oncle du sultan Mehemed, les attend à la tête de cinquan mille hommes bardés de fer et de trente mille arbalétriers arm d'arbalètes à lancer le naphte. Djoudji Khan marche sur Djen dont les habitants ont massacré nos parlementaires. Nous avon une dure noix à casser; seulement, je crois que c'est encore vou autres qui aurez le plus d'agrément à Khodjent.

— Pourquoi donc cela? » dit Alak.

Le Joyeux se mit à rire.

« Oui, reprit-il, vous aurez bien de l'agrément! Je regrette d ne pas y aller avec vous, car il y a là-bas quelqu'un avec qu j'aurais un petit compte à régler. Ce ne sera pas un mince hon neur pour un homme de pouvoir dire : C'est moi qui ai mis l main sur la nuque à Timour Melek!

— Le Roi de fer! m'écriai-je.

— Le Roi de fer en personne, répondit Djébé; c'est lui qu commande à Khodjent. Vous voyez que je ne vous ai pas trompés et que vous aurez bien de l'agrément. Je vous conseille d'em porter des armes de rechange, car vous en userez quelques-unes avant de venir à bout de ce lion, de cet éléphant furieux, de ce diable incarné qui a nom Timour Melek.

— C'est bon, dit Alak; je m'en charge, et c'est du prince Avant-Garde qu'on dira qu'il a dompté le Roi de fer.

— Tâche un peu, répondit Djébé, qu'on ne dise pas du Roi de fer qu'il a tordu le cou au prince Avant-Garde. On raconte merveilles de ses prouesses. Son bras est un ouragan déchaîné. S'il avait un peu plus de cervelle sous son casque, ce serait le premier homme du monde, car pour la loyauté, la chevalerie, la vaillance et la force il n'a pas son pareil. Mais voilà! C'est le jugement qui lui manque.

— Nous verrons, nous verrons! » dit Alak qui ne se tenait plus d'impatience.

Comme nous allions partir, Djébé me prit à part.

« Djani, me dit-il, tu m'as toujours aimé bien fort; tu es pour moi comme un fils.

— En doutes-tu ? m'écriai-je.

— Je n'en doute pas, et c'est pour cela que je te demande un service.

— Parle.

— Il faut prendre Khodjent, c'est l'ordre de l'empereur. Mais je ne veux pas qu'on dise qu'un autre que moi a tué Timour Melek. Il faut épargner la vie du Roi de fer !

— Tu sais bien qu'elle m'est sacrée, m'écriai-je les larmes aux yeux. Ne t'ai-je pas raconté vingt fois ce qui s'est passé entre nous ?

— Je ne voudrais pas qu'un si grand héros pérît, » reprit Djébé.

Après un instant de silence il ajouta :

« Je ne voudrais pas qu'il pérît d'une autre main que de la mienne

— Je serai là pour y veiller, répondis-je ; et puis, je suis sûr, en le faisant, d'être approuvé par une autre personne encore ! »

Disant cela, je tirai de mon sein le petit bracelet de Raymonde, qui ne m'avait plus quitté depuis le jour où Étienne me l'avait remis à Hang-tchéou. Alors, ne pouvant contenir mon émotion, je pleurai abondamment, les yeux fixés sur le petit cercle d'or.

Djébé se gratta le nez : c'était la plus vive marque d'attendrissement qu'il donnât.

« Mon enfant, me dit-il, tu m'as toujours affligé avec ta lamentable histoire. Pourquoi ne pas l'avoir épousée, ta princesse aux yeux noirs, puisque tu l'aimes tant ?

— Mais puisqu'elle est chrétienne ! répondis-je.

— Qu'importe, mon ami ? reprit Djébé. Il fallait prendre un bon bâton et la battre jusqu'à ce qu'elle ne fût plus chrétienne. Toi, les moindres difficultés t'arrêtent. »

Je haussai les épaules. Pour Djébé, comme pour tous les Mongols, l'humanité entière était une espèce de très-grande armée où chacun devait obéir à son chef, où on ne devait aimer que le drapeau, croire qu'au Yaçak, et où la discipline et le bâton réglaient tout. En dehors de cette idée-là, il ne voulait rien entendre.

Le soir même nous partîmes. Étienne nous accompagnait avec ses machines et chevauchait à côté de moi.

« Ah! sire chevalier, me dit-il quand je lui eus raconté la conversation que je venais d'avoir avec Djébé, bien certainement la noble demoiselle priera pour vous, quand vous serez en face du Roi de fer. »

Pendant ce temps, j'entendais Alak dire à Marghouz :

« La question est de savoir si je lui porterai un revers croulant sur la tête, ou un coup droit, ou un estoc volant, ou un coup de hache en taille ronde. Ah! ce sera un beau combat. »

J'appelai mes écuyers.

« Savez-vous contre qui nous marchons à présent? leur dis-je. Nous marchons contre ce fameux chevalier avec lequel je joutai devant la grande impératrice et qui quitta si tristement la bonne demoiselle.

— Ho! dit simplement Plumet.

— Hé! » fit spirituellement l'Écureuil.

Ce fut tout ce que répondirent mes discrets écuyers. Huit jours après, nous étions devant Khodjent.

Khodjent se dresse sur un rocher escarpé, aux bords du Syr-Darya, noire, sinistre, terrible. Quand Etienne vit ces hautes murailles, ce fleuve mugissant, ces rochers redoutables, il s'écria stupéfait :

« Voici une place comme je n'en ai jamais vu! Mille diables! comment ferons-nous pour la prendre? »

Dès que nous fûmes arrivés, nous apprîmes que Soubeguetaï avait été blessé la veille dans une sortie. Depuis deux mois qu'on assiégeait la place, il ne se passait pas de jour qu'il n'y eût de combat. Timour était partout. Sur le fleuve circulaient des bateaux blindés à l'aide desquels il tombait à l'improviste sur nos lignes. Nos machines avaient tant jeté de pierres qu'il n'en restait plus. Il avait fallu abattre les arbres et c'était avec des blocs de mûriers qu'on battait les remparts de Khodjent. Une heure après notre arrivée, Alak prit le commandement et fit donner l'assaut : il fut repoussé. Dans la nuit même, le Roi de fer fit une sortie et nous tua cinq cents hommes. Le lendemain, nouvel assaut et nouvelle sortie. Cela dura trois semaines; tout le monde était las. Alak fit réunir tous les paysans des environs et construire une digue colossale pour détourner le cours du fleuve; par le lit à sec on put arriver jusqu'au pied des murs et commencer les travaux de sape. Une sortie du Roi de fer les bouleversa. Pour empêcher ses bateaux de circuler, nous barrâmes le Syr avec une formidable chaîne de fer. Peu à peu, nous les resserrions pourtant. Ils perdaient du monde dans ces perpétuels combats : il ne devait plus en rester beaucoup. La rage au cœur, nous apprenions les victoires des nôtres à Samarkand, à Otrar, à Djend, et la marche des fils de l'empereur sur le Kharezm, pendant que nous restions cloués devant ce maudit Khodjent, où une poignée d'hommes nous arrêtait.

« Il faut en finir, dit un jour Alak. Demain, il faut prendre Khodjent ou nous faire tuer tous !

— Prenons Khodjent, répondit Marghouz. Je ne demande pas mieux. »

Le lendemain, au lever du soleil, trois colonnes se jetaient sur Khodjent. Alak commandait celle du centre, Marghouz et moi celles de gauche et de droite. De mon côté, en un instant les remparts furent escaladés, malgré la grêle des traits et des pierres. Montant le premier à l'échelle, la tête couverte par mon bouclier, je sautai sur le chemin de ronde et je me mis à sabrer tout ce qui m'approchait. Après un rude combat, j'arrivai à m'emparer d'une tour et à m'y maintenir. Je regardais à ma gauche, pour voir où on en était, quand je vis que du côté d'Alak nos échelles avaient été brisées et qu'on emportait Alak lui-même évanoui. Toutefois je fis planter la bannière bleue sur la muraille, attendant qu'on vînt m'appuyer et prêt à défendre jusqu'à la dernière extrémité le pan de mur que j'avais conquis.

Tout à coup un chevalier de haute taille s'avança sur moi le long de la muraille; il était suivi d'une dizaine d'autres, et tenait une grande hache à la main. Il ne me fut pas difficile de le reconnaître; il était nu-tête : c'était Timour Melek. Autour de moi les arcs se tendirent.

« Visez à la tête, visez à la tête ! » dirent cinq ou six voix. Le

Roi de fer ne parut même pas s'en apercevoir. Il fit signe à ses gens de s'arrêter et s'avança tout seul vers moi. D'un geste j'interdis aux miens de tirer, puis je remis le sabre au fourreau. Timour Melek marcha droit à moi et me tendit tranquillement la main. Son visage n'exprimait ni amertume ni colère : il était, comme toujours, calme, doux et un peu hautain.

« Il y a bien longtemps que je ne t'ai vu, Djani, me dit-il tranquillement. Bien des choses se sont passées, bien des vaillants sont morts. Dis-moi, as-tu réussi à mettre la demoiselle Raymonde en sûreté ?

— J'y ai réussi, répondis-je. Elle est en Syrie ; et s'il plaît à Dieu, elle y est heureuse.

— Dieu est le maître, dit encore Timour. A présent que prétends-tu faire ici ?

— Prendre Khodjent d'abord et te sauver ensuite. »

Timour sourit.

« Prendre Khodjent n'est pas difficile, me dit-il. Je n'ai plus que cent hommes avec moi et vous êtes quarante mille. Quant à me sauver, j'y ai pourvu moi-même. Regarde ! »

Il me mit la main sur l'épaule et me montra le fleuve du doigt. Douze barques blindées s'y trouvaient sous rame et je voyais qu'on se hâtait de les charger. Mais je voyais aussi que la rive droite fourmillait de cavaliers mongols et qu'une autre troupe passait le fleuve à la nage. A mon tour, je montrai tous ces cavaliers à Timour, puis je lui montrai la chaîne qui barrait le fleuve et je lui dis :

« Tu ne pourras pas forcer le passage. »

Il sourit encore, me prit la main et me dit :

« Adieu, Djani. Vous tenez Khodjent ; mais Timour Melek, vous ne le tiendrez jamais ! »

Aussitôt il descendit en courant l'escalier du rempart. Je le vis s'embarquer, juste au moment où les nôtres achevaient de passer le fleuve. Des deux rives une pluie de flèches tomba sur les barques ; elles approchaient rapidement de la chaîne. Soudain le Roi de fer se dressa : sa grande hache étincela, l'eau jaillit en écume, les barques passèrent. D'un seul coup de hache Timour

Le Roi de fer se dressa.

Melek avait tranché la chaîne. Je le vis encore un instant debout sur son bateau, défiant du geste les nôtres stupéfaits. Puis le bateau disparut dans le lointain. Alors seulement il se fit un grand mouvement sur la rive. Je vis Alak revenu de son évanouissement monter à cheval, la tête entourée de linges sanglants, et j'entendis la voix de Soubeguetaï qui criait :

« Au galop ! A la poursuite ! Il faut rattraper ce démon ! Mort ou vif, il nous le faut ! »

Trois mille hommes s'élancèrent à la poursuite de Timour Melek. Pour nous, notre tâche était finie ; Khodjent avait succombé. Nous allâmes rejoindre la grande armée qui, sous les ordres des trois fils aînés de l'empereur, Djoudji, Okdaï et Djagataï, envahissait le Kharezm. Pendant ce temps, l'empereur en personne avec son plus jeune fils, son préféré Touloui, marchait à la conquête du Khoraçan, où Djelal ed Dine tenait bon avec ses Turkomans, ses Persans et ses Afghans, et venait même de battre Houtouktou Noyane près de Kaboul. J'assistai aux sanglantes batailles qui se livrèrent autour d'Urguendj et au siége de cette place qui dura sept mois. Pendant ces sept mois, Timour Melek, qui avait réussi à échapper à la poursuite, tint la campagne tout le long de l'Amou-Darya, et détruisit une de nos divisions à Kât. Quand Urguendj fut pris, j'assistai encore au martyre du cheikh Nedjm ed Dine (la bénédiction soit sur lui !), à qui j'avais entendu naguère annoncer toutes ces catastrophes quand il prêchait à Samarkand devant la grande impératrice. Okdaï Khan lui avait envoyé une sauvegarde pour le faire sortir de la ville avec toute sa famille, afin qu'il ne restât pas sous les pieds des chevaux. Le cheikh répondit qu'il n'était pas seul et qu'il avait des parents et des serviteurs. Le prince lui fit répondre qu'il pouvait venir avec dix personnes. Le cheikh répondit alors qu'il avait plus de dix personnes. Le prince lui fit dire qu'il pouvait sortir avec cent personnes.

« J'ai plus de cent personnes, » répondit le cheikh. « Eh bien, qu'il vienne avec mille personnes, » lui firent dire les princes.

Mais le cheikh Nedjm ed Dine fit dire aux princes :

« Dans des temps plus heureux, je connaissais tout ce peuple dont j'étais l'ami; comment pourrai-je partir et l'abandonner ainsi au jour du malheur? Non, je ne puis pas partir! »

Alors, comme les soldats allaient pénétrer dans sa maison, il se jeta sur eux le sabre à la main; et après en avoir tué plusieurs, il tomba percé de coups et reçut la couronne du martyre. Il est écrit: Nous appartenons à Dieu, et nous retournons vers lui!

Après la prise d'Urguendj, tout le Kharezm nous fut soumis et Timour Melek disparut. Bientôt nous apprîmes que l'empereur avait soumis le Khoraçan et poussé Djelal ed Dine jusqu'aux confins de l'Inde. Là, sur les bords de l'Indus, le héros kharezmien avait livré aux nôtres une bataille désespérée; vaincu, presque seul, il avait sauté tout armé dans le fleuve et l'avait traversé à la nage. L'Empereur inébranlable envoya à sa poursuite Dourbaï Noyane et mon frère Belâ Noyane, qui pénétrèrent jusqu'au centre de l'Inde. Nous, cependant, nous reçûmes l'ordre de marcher contre le sultan Mehemed Pôle de la Foi en personne et d'en finir avec lui. Djébé nous commandait, ayant sous ses ordres Soubeguetaï le Hardi et Tougatchar le Koungrat. Nous conquîmes Balkh, Hérat et Nichapour; de là nous partîmes pour soumettre le Mazenderan, poussant le sultan devant nous. Nous pénétrâmes dans le Guilan. Nous prîmes la forteresse d'Ilâl, qu'on disait imprenable, et nous nous emparâmes des trésors, de la femme et des enfants du sultan Mehemed. Le sultan lui-même mourut de chagrin à cette nouvelle. Lui, le Pôle de la Foi, qui avait régné sur l'Iran et le Touran, sur la lointaine Arabie et sur l'Inde, qui avait fait trembler le khalife de Baghdad commandeur des croyants et le César de Rome aux poings dorés, mourut abandonné, fugitif, sur le bord aride de la mer des Corbeaux [1]. A l'endroit où il mourut, on ne trouva même pas de linceul et on l'enterra enveloppé de sa pelisse.

Poursuivant notre marche victorieuse, l'an 618, année du Cheval, nous conquîmes le Caucase et le pays des Bulgares. En 619, année du Bélier, nous vainquîmes les Russes à la glorieuse bataille de la Khalkha, qu'on se rappellera

---

1. *Kouzghoun Dengiz*, la mer Caspienne.

encore des milliers d'années. Toute la plaine du Kiptchak nous fut alors soumise et nous revînmes tranquillement à Karakoram, où l'empereur nous accueillit par de grandes fêtes. En 623, nous marchâmes avec lui contre le Tangout et le Tibet. Hélas ! c'est à la fin de cette année, de cette fatale année du Porc[1], que la grande âme de l'Empereur inébranlable quitta son corps. J'assistai à ses funérailles : j'entendis les chants funèbres que composa son vieux compagnon Kilukène le Hardi. Son fils aîné Djoudji et son fidèle Bogordji l'avaient précédé de deux ans dans la tombe. Okdaï lui succéda, puis son fils aîné Gaïouk, qui mourut en 1233. Je restai dans le Mavera-an-Nahr, qui appartenait à Djagataï, vassal de son neveu Gaïouk. Puis je rejoignis Batou le bon sire, padichah du Kiptchak, fils de Djoudji, vassal pareillement de Gaïouk. Djébé s'était rangé sous sa bannière ; comme chef de Toumane et haut baron de l'empire, j'assistai à la conquête de Moscou, à celle de la Pologne, de la Hongrie, et à cette grande et glorieuse bataille de Liegnitz, où Djébé, mettant le sceau à sa gloire, défit les Allemands, par ordre du bon Khan, de notre sire Batou. En 1244, pas un chien ne se serait permis d'aboyer de par le monde sans la permission de l'empereur mongol, du Khaghan de Karakoram. Cette même année, l'empereur ayant ordonné à Batou le bon sire d'envoyer des ambassadeurs aux Francs de Syrie, au khalife de Baghdad, au soudan d'Égypte, pour leur ordonner de lui payer le tribut, je fus choisi pour cette mission, et je partis accompagné de mes deux vieux écuyers, après avoir fait mes adieux à Djébé et à Marghouz. Alak avait été tué en Hongrie et Mahmoud Yelvadj était mort depuis longtemps.

1. 1227.

Il baisa la main de Raymonde.

CHAPITRE XIX

La bonne dame.

Par la grâce de Dieu très-haut, j'accomplis bien rapidement mon voyage; car, parti de Karakoram en 719[1], j'arrivai dans la grande Arménie au commencement de 720, année du Serpent. Les habitants de la grande Arménie sont chrétiens : leur roi, Héthoum, avait fait sa soumission à notre bon sire Batou et s'était reconnu son homme. Le rêve de l'Empereur inébranlable était devenu une réalité et la terre entière tremblait devant nos bannières. Depuis la mer de la Chine jusqu'au pays des Kourèles et des Némiches[2], depuis le pays des ténèbres et ses solitudes glacées jusqu'à l'Inde étincelante, à l'Arabie, à la noble Syrie, tout pliait devant l'empereur de Karakoram, devant le Khaghan

---

1. 1243.
2. La Courlande et l'Allemagne.

des Mongols. De la grande Arménie, je me rendis dans la petite Arménie, qui est pareillement soumise au Khaghan. J'arrivai au port de Ladikié, que les Francs nomment Layas; ce port est l'entrepôt du commerce de l'Asie. Les épices, la soie, l'or y sont portés de l'intérieur. Les marchands de Venise, de Gênes et de mainte autre contrée y viennent pour faire leur commerce. Quiconque veut aller dans l'intérieur de l'Asie passe par cette ville de Layas. Pour moi, je m'y embarquai pour me rendre en Acre, où j'arrivai en quatre jours. Acre est une ville forte, grande, magnifique. Elle ne vaut pas toutefois les grandes villes de la Chine, ou Samarkand, ou Bokhara ou Bolghar sur le Volga, ou Moscou ou Dilavar sur l'Indus, ou tant d'autres nobles villes que nous avons prises et mises à sac. Nous débarquâmes près de la tour du Patriarche, qui est à main gauche du port et qui termine la première enceinte d'Acre. La deuxième enceinte est terminée par la tour des Teutoniques ; on nous fit passer entre les deux enceintes, et je vis successivement la tour des Pèlerins, celle de Saint-Nicolas, la tour Maudite, la tour des Anglais, la courtine des Hospitaliers, la courtine des Templiers. Je pénétrai dans la seconde enceinte par la porte de Saint-Lazare ; je passai devant l'hôtel des Hospitaliers, je longeai la rue de Mont-Musart, la rue de Saint-Denis, je laissai à ma gauche le couvent des franciscains et celui des moines de Saint-Antoine, je franchis le château qui est au centre de la ville, et passant devant l'hôpital, j'arrivai au quartier de Montjoie, sur une grande place avec une fontaine au milieu.

La ville était en fête. Toutes les maisons étaient pavoisées. La rue qui va de la place de Montjoie à l'hôtel du Temple était tendue de tapis de soie, de velours et de brocart, et une grande foule de Francs et de musulmans y formait la haie le long des maisons. Or, comme chef de Toumane Mongol et ambassadeur du Grand Empereur, j'avais voulu entrer en Acre conformément à mon rang et à ma dignité. Je montais un cheval gris de fer de l'écurie du Khaghan ; j'avais revêtu mes habits de satin de Chine et mon armure de cuir de rhinocéros guillochée d'or ; je portais sur la poitrine la grande païza d'or au lion, que par ordre de l'Empereur inébranlable (honneur à lui!) Djébé me remit à la suite du jour glorieux de la Khalkha, où je pris le drapeau de Mstislav, chef des Russes. Devant moi marchaient deux timbaliers et deux clairons qui sonnaient la marche des Kiot Bordjiguène. Derrière moi Plumet portait le toug à trois queues grises que notre bon sire Batou me donna à la bataille de Liegnitz, après que j'eus tué de ma main, le 9 avril 1241, Henry, duc de Silésie, de Cracovie et de Pologne, chef des Allemands maudits et des vils Prussiens (que Dieu lui réserve une bonne place en enfer!). L'Écureuil portait ma bannière, qui était celle de Djébé, d'azur plein, avec mes armes en abîme, d'azur au gerfaut d'or. Mes deux écuyers (Dieu leur fasse miséricorde!) avaient sur leurs armes des cottes de soie, et sur la cotte la païza d'argent qu'ils avaient bien gagnée par leurs longs et vaillants services. Douze cavaliers chevauchaient derrière, portant les présents du Khaghan pour le roi de France, en échange des présents que ce roi, cette lune du soleil impérial, avait envoyés à notre padichah pour implorer et obtenir le reflet de la lumière mongole. Or vous saurez que les Français sont la nation la plus noble du monde, après les Mongols et les Turks, bien entendu. On ne pourrait, sans erreur, les comparer aux chiens Russes ou aux Allemands maudits. Gloire à Dieu! Le beg des Français, le roi Louis, avait envoyé à notre padichah, au khaghan des Mongols, au représentant de Dieu sur la terre, à l'empereur conquérant du monde, à Gaïouk, une ambassade chargée de lui demander l'ombre de sa protection, et je venais répondre à cette ambassade et apporter au beg de France l'eau de la miséricorde que distillait sur lui la faveur du Khaghan.

Quand j'arrivai sur la place de Montjoie, le peuple poussait de grandes acclamations. En face de moi, du côté opposé de la place, débouchait une forêt de lances. Les bonnes gens criaient en franc et en arabe :

« Vive le soudan de la Chamelle! Vive le sultan d'Émesse! Vive Malek Mansour, le fort chevalier. »

En tête de cette grosse troupe dont on voyait onduler les lances et les bannières jusqu'au fond de la rue qui menait à la place, chevauchait un homme armé à la sarrasine, qui souriait en mettant la main sur son cœur. A ses côtés chevauchaient le maître du Temple, le maître de l'Hôpital et plusieurs rois et hauts barons francs. Tout ce peuple les acclamait sans cesse. Surpris de voir les musulmans et les Francs ensemble, et ce prodigieux honneur que les Francs faisaient aux musulmans dans leur ville d'Acre, au point d'étendre des tapis de soie et de brocart sous les pieds du cheval de Malek Mansour, je m'adressai à un homme pour lui demander ce qu'il y avait.

« Hé, pardieu ! s'écria cet homme, d'où venez-vous pour ignorer que l'empereur de Perse, le terrible Barbacan, a envahi la Syrie avec dix mille Corasmins pires que des diables ! Ignorez-vous aussi que Sarrasins et chrétiens font cause commune contre ces démons, et que Malek Mansour, soudan de la Chamelle, que vous voyez ici, est le meilleur chevalier parmi tous les Sarrasins, et que nous lui faisons cet honneur parce qu'il s'allie à nous contre Barbacan ? Pardieu ! Barbacan n'aura pas beau jeu contre notre chef Gautier de Brienne et contre le soudan de la Chamelle !

— Qu'est-ce que ce Barbacan ? lui dis-je. Il n'y a point d'empereur de Perse ! Par la grâce de Dieu très-haut, la Perse appartient à notre sire Djagataï Khan, vassal du Khaghan maître du monde, Gaïouk, petit-fils de l'Empereur inébranlable, vis-à-vis duquel les plus grands rois sont des vermisseaux.

— Hé, vous vous gaussez de nous, dit ce Franc en riant. Barbacan est empereur de Perse, vous dis-je ; c'est un diable déchaîné. Les Sarrasins l'appellent Timour Melek, mais monseigneur Gautier de Brienne et le soudan de la Chamelle sont meilleurs chevaliers que lui. »

Tout mon sang ne fit qu'un tour. Je poussai mon cheval sur l'homme, le fouet levé, et je m'écriai :

« Tu as menti, vilain ! Il n'y a point de meilleur chevalier que Timour Melek ! »

Quand le peuple vit cela, il voulut se jeter sur moi. Il y eut grande confusion. Plumet commençait à crier : « Ville gagnée ! » en agitant mon toug, et l'Écureuil me demandait bonnement :

« Comment s'appelle cette ville que nous sommes en train de prendre ? »

De fait, les réflexions de mes écuyers n'avaient rien de si sot. Nous en avions tant pris, de ces villes et de ces royaumes ! Nous étions tellement habitués à conquérir le monde ! Je me souvenais qu'avec sept cavaliers djissoud, étant en reconnaissance, j'avais fait capituler une forteresse persane sur mon chemin. Que Dieu me pardonne mes péchés ! Je riais sous ma moustache grise, et je fus sur le point de dégainer et de crier à cette foule armée :

« A genoux, canaille ! A genoux devant la bannière bleue ! Déclarez-vous bien vite les hommes du khaghan des Mongols ! » Tout à coup un mouvement se fit dans la foule ; je vis les gens s'écarter respectueusement de droite et de gauche : mon cœur se gonfla, les larmes jaillirent de mes yeux, et, sautant à bas de cheval, je mis genou en terre devant une dame pauvrement vêtue que tout le monde saluait bien bas.

« Ah ! me dit Raymonde en me relevant, je savais bien que je te reverrais ! Vous, bonnes gens, sachez que le meilleur chevalier du monde ce n'est ni mon cousin Gautier de Brienne, ni le soudan de la Chamelle. Le meilleur chevalier, le voici ! c'est Djani le chevalier Noir !

— Oh ! Raymonde, ma sœur ! lui dis-je en balbutiant, tu sais bien que Timour Melek, le Roi de fer, vaut mieux que moi, et que Djébé vaut mieux que nous deux ! »

De fait, je ne savais plus ce que je disais. Je balbutiais, je pleurais. Je tenais les deux mains de Raymonde, je la regardais. Elle était droite comme un cyprès, et ses yeux noirs étaient fiers, loyaux, doux et brillants comme autrefois.

Mes deux écuyers avaient mis pied à terre et baisaient sa robe. Le peuple, voyant cela, s'écartait avec respect et criait :

« Noël, Noël ! »

Les seigneurs à cheval autour de Malek-Mansour et le sultan lui-même s'approchèrent ; dès qu'ils eurent vu Raymonde, ils descendirent humblement de cheval. Je donnai le salut à Malek-Mansour comme musulman, et je fis mes courtoisies au maître du Temple, qui était le sire Herman de Périgord, et au maître de l'Hôpital, qui était le sire Guérin de Texi, Français de la langue d'Auvergne. Parmi les chevaliers du Temple se trouvait un vieux tout couturé de cicatrices, qu'ils appelaient frère Eustache. Ce vieux-là avait été présent à la défaite de Noureddin et me reconnut. Alors il s'écria bien fort :

« Hauts et puissants barons qui m'écoutez, et vous chevaliers et sergents, sachez que le chevalier Noir qui est ici est un des barons du prêtre Jean. Nous l'avons vu faire tant de prouesses, que depuis Charlemagne, Roland et Turpin personne n'en a fait de pareilles !

— C'est bien vrai, frère Eustache ! s'écria Raymonde. C'est bien vrai ! Et il m'a tirée des griffes du prince des Assassins, et de l'impératrice de Perse et des Corasmins qui voulaient me faire renier : il l'a fait au péril de son corps !

— Oui, reprit frère Eustache, et sa sœur, qui était Sarrasine, est venue depuis le Cathay jusqu'à Jérusalem pour renier Mahomet, et elle a épousé un chevalier du prêtre Jean, qui est aussi dévot que prud'homme et vaillant. »

Tout confus de tout ce qu'on disait, je rougis et je baissai la tête. Ils m'entourèrent en foule, m'embrassant et me faisant de grands honneurs. Ensuite ils m'emmenèrent à l'un de leurs hôtels, où était dressé un grand repas. Ils me firent asseoir à la droite de leur chef, qui était le sire Gautier de Brienne, comte de Jaffa, chevalier fameux. A ma droite, on avait assis Raymonde, que tout le monde connaissait sous le nom de « la Bonne Dame ». J'appris que, depuis que je l'avais quittée, elle vivait seule et pauvrement, dépensant le grand bien qu'elle avait en aumônes et en bonnes œuvres. Elle nourrissait et entretenait de sa finance dix-huit pauvres chevaliers et quatorze prêtres. Quand on me raconta tout ce qu'elle faisait, je ne pouvais m'arrêter de pleurer.

A cette table vinrent s'asseoir les plus hauts barons francs ; j'y vis les sires Beaudoin d'Ybelin, connétable de Chypre, et Guy d'Ybelin, sénéchal de Chypre, qui passent pour les deux Francs connaissant le mieux la noble langue arabe, tellement qu'ils argumentèrent plusieurs fois sur le Koran et sur les traditions

Je regardais Raymonde.

contre des cheikhs de Baghdad et de la Mekke. J'y vis frère Renaud de Vichiers, trésorier du Temple, qu'on disait un des meilleurs chevaliers de la chrétienté. J'y vis le patriarche de Jérusalem, Robert, évêque de Nantes, et l'évêque de Rames, Guy, qui n'était pas seulement bon théologien, mais aussi fameux chevalier. J'y vis Malek-Mansour, sultan d'Émesse, et Malek an Nacer, petit-fils de Malek-Adel, frère de Saleh ed Din. Malek an Nacer recevait beaucoup d'honneur parmi les Francs, auxquels il avait rendu Jérusalem l'année précédente ; il était l'ennemi de Malek es Saleh, sultan d'Égypte. Tous ces princes et barons s'étaient réunis sous le commandement de Gautier de Brienne pour tenir tête à Timour Melek. Celui-ci, revenant du pèlerinage de la Mekke, avait réuni autour de lui les Kharezmiens fugitifs, et ils s'étaient mis sous les ordres du grand Djelal ed Din, chassé par nos armes de l'Inde et de Perse. En Syrie, ils bataillaient au hasard, pour batailler ; et on peut croire que les rudes Turkomans de la Caspienne, et les gens du Khoraçan, et les Karliks, aguerris dans des luttes gigantesques contre l'Empereur inébranlable, contre Bogordji, Djébé et Soubeguetaï, commandés par ce héros, Djelal ed Din, et ce paladin, Timour Melek, faisaient bon marché des Occidentaux.

Le soir même du repas, nous eûmes des nouvelles par un chevalier qui s'était échappé du château de Tabarié. Timour Melek, après avoir pris Tabarié et défait Eudes de Montbéliard, ravageait tout le pays entre Château-Pèlerin et Acre. Il fut décidé aussitôt qu'on marcherait à sa rencontre et qu'on lui enverrait un parlementaire pour lui offrir la bataille et lui demander quelles étaient ses intentions. A l'unanimité, je fus choisi pour parlementaire, et à la grande surprise de tous ces gens-là qui remettaient volontiers au lendemain ce qu'ils pouvaient faire le jour même, je partis dans la nuit pour ne pas perdre de temps.

Nous longions le bord de la mer. En deux jours nous passâmes devant Château-Pèlerin et Césarée. Avant d'atteindre Arsur, vers le minuit, je vis un gros camp, et tout de suite je reconnus des yorts de mon pays. M'avançant un peu, j'entendis le cri des sentinelles : *Youglamaï!* « Ne dors pas! » Et je reconnus qu'on parlait pur turk du nord dans le camp. Je compris que j'étais arrivé devant l'armée des Kharezmiens, et j'appelai à haute voix :

« Holà! où est Timour Melek? »

Une voix rude s'éleva dans la nuit, criant :

« Qui est ce Turk, à présent? Qui sont tes sept ancêtres, là-bas?

— Parle toi-même? répondis-je.

— Moi, dit la voix, je suis Kirghiz-Kazak.

— Et moi je suis Oïgour, dis-je à mon tour.

— Que le diable t'emporte, alors! reprit la voix. Alerte, vous autres! Battez les timbales! Ce sont des hommes du Nord qui arrivent à présent! Les chiens de Mongols nous poursuivent jusqu'ici!

— Chien toi-même! criai-je. Déserteur! Ta nation n'est-elle pas sous nos bannières? Charge donc, si tu oses! »

Il se fit un grand mouvement. J'encochai une flèche. Tout à coup une voix claire, vibrante frappa mon oreille. Un cavalier s'avança sur moi. Cette voix, cette haute taille, je ne pouvais m'y méprendre : c'était le Roi de fer à qui j'avais affaire.

« Allons, Djani! c'est encore toi? me dit-il. Approche. Je suis content de te retrouver. Approche donc! »

J'approchai. A la clarté de la lune, je reconnus Timour Melek tel que je l'avais toujours vu, sauf qu'il était vieilli. Sa longue barbe blanche s'étalait sur sa cotte de mailles. Il me semblait voir Rustem, fils de Zal, champion de l'Iran, tel que Ferdoucy nous le représente dans le « Livre des rois », ou Joab le prophète, l'ami de David (la bénédiction soit sur lui!), qui commanda l'armée d'Iskander, fils de Philikous, César de Rome, et frère de Dara-ben-Darab, padichah de la Perse.

« Lumière de ce siècle! m'écriai-je, merveille du temps! Que ma vie soit la rançon de la tienne! Je ne pensais pas te retrouver ici!

— Dieu sait tout! dit gravement le Roi de fer. Il est le puissant sur toutes choses! C'est la volonté de Dieu très-haut que nous nous rencontrions. C'est par sa volonté que nous sommes toujours dans deux camps opposés, malgré notre mutuelle affection. »

Un homme de haute taille et de grande mine vint nous rejoindre. Je m'inclinai respectueusement devant lui : c'était Djelal ed Din.

« Celui-ci, reprit Timour Melek, c'est Djelal ed Din, Présent du Ciel[1], fils de feu le sultan Mehemed-Kharezm-Chah, Pôle de la Foi. C'est devant son grand-père Tékèche et devant sa grand'mère Turkane Khatoune que nous avons jouté à Bokhara. T'en souviens-tu, Djani ?

— Si je m'en souviens ! Nous étions jeunes alors. Où sont tous ceux que nous avons connus ? Où sont les héros ?

— Oui, dit le Roi de fer, où est Sengoun, fils de l'empereur des Kéraïts ? Où est Tayang, empereur des Naïmanes ? Où est son fils le grand Guchlug ? Où est Ghaïr Khan ? Sous la terre froide. Où est mon ennemi, le Vieux de la Montagne ?

— Oh ! pour celui-là, répondis-je, nous en avons fait bonne et prompte justice. Il a voulu détacher des assassins à Djébé ; mais Djébé n'entend pas la plaisanterie et lui a balayé en passant son repaire du mont Alamout, où le vieux s'est pendu lui-même, sachant ce qui l'attendait.

— Vous autres Mongols avez fait bien du mal, dit Djelal ed Din ; mais ce que vous avez fait au chef des Assassins est bien fait. Est-il vrai que l'Empereur inébranlable, quand je sautai tout armé dans l'Indus, ait fait venir ses fils et leur ait dit : « Un « grand empereur doit souhaiter que ses enfants ressemblent à « Djelal ed Din ? »

— Il l'a dit, répondis-je. Il était pénétré d'admiration pour vous, héros du pieux Kharezm.

— Et la Princesse aux yeux noirs, reprit Timour, qu'est-elle devenue, la belle et noble fille ?

— Dieu la garde ! répondis-je. Je l'ai vue en Acre il y a trois jours et tu lui as pris son château de Safad avant-hier. »

---

1. *Meunkberdi* et non *Mankberni*, comme on l'appelle dans les livres d'histoire. Mankberni signifie « le Morveux », ce qui serait un singulier surnom pour un héros comme Djelal ed Din.

Timour Melek fit un grand cri.

« Miséricorde! s'écria-t-il. Qu'est-ce que le château de Safad et tous les biens du monde pour moi? Je rendrai Safad à la princesse et j'y ajouterai le centuple de la finance que j'y ai prise. Que ma vie soit la rançon de celle de la princesse! Je ne pensais pas qu'elle vécût encore et que Safad fût à elle. Or sus! cria-t-il appelant ses écuyers. Qu'on remplisse un coffre de mes pierreries, étoffes et bijoux. Qu'on le charge sur ma mule blanche caparaçonnée de baudequin. Qu'on selle mon palefroi Rachk et qu'on lui mette sa chabraque de satin de Chine. Allez au camp des Francs, et dites-leur qu'un chevalier kharezmien envoie tout cela à la demoiselle Raymonde de Châtillon pour ses pauvres. »

Les écuyers partirent aussitôt.

« Djébé est-il encore en vie? me demanda Djelal ed Din.

— Il est en vie, » répondis-je.

Les yeux de Timour Melek étincelèrent.

« De tous les hommes de la terre, s'écria-t-il, depuis que l'Empereur inébranlable est mort, Djébé est le seul que je haïsse et que j'envie. Je ne voudrais pas mourir avant de l'avoir revu. S'il plaît à Dieu, je dirai encore à ce suppôt de Satan le lapidé....

— Dieu nous en garde! dis-je ensemble avec Djelal ed Din.

— Je lui dirai, continua le Roi de fer, je lui dirai ma haine! Adieu, Djani. Le nom de Djébé me fait horreur. Retourne à ton camp. Demain, nous nous battrons.

— Non, pas nous, Roi de fer, répondis-je. Mon bras frappera sur tes Kharezmiens, mais chaque maille de ton armure est sacrée pour moi. »

Nous nous embrassâmes. En partant, j'entendis Timour Melek déclamer avec mépris ce vers persan qu'on fit en Mavera-an-Nahr à la dérision des Mongols :

« Ils sont venus et ils ont détruit, et ils ont brûlé, et ils ont massacré, et ils ont pillé, et ils sont partis. »

Je rentrai à notre camp. Le lendemain fut la bataille.

Les Francs et leurs alliés y prirent de si mauvaises dispositions que je vis bien qu'ils seraient battus. Le comte Gautier de Brienne le vit aussi, car plusieurs fois il cria : « Seigneurs, pour Dieu, allons à eux ; car nous leur donnons du temps, parce que nous nous sommes arrêtés ; » mais il n'y en eut aucun qui l'en voulût croire. Quand le comte Gautier vit cela, il demanda l'absolution au patriarche, qui le tenait excommunié parce qu'il ne lui voulait pas rendre une tour qu'il avait à Jaffa ; mais le patriarche la lui refusa. Alors l'évêque de Rames dit au comte : « Ne vous troublez pas la conscience parce que le patriarche ne vous absout pas, car il a tort et vous avez raison ; et je vous absous au nom du Père, du Fils et du Saint-Esprit. Allons à eux ! »

Là-dessus, comme il arrivait un de leurs chevaliers, qu'on me dit être le sire de Coucy, criant son cri : « Passent devant les meilleurs ! » j'empoignai ma bannière et je passai brusquement devant en criant : « Place à la bannière ! » Le choc fut rude. Le maître du Temple fut tué, et celui de l'Hôpital fut pris avec le comte Gautier. Le sultan d'Émesse se battit bien fort, tellement que de deux mille Turks qu'il mena à la charge, il ne lui en demeura que deux cent quatre-vingts quand il quitta le champ de bataille. Je restai le dernier, avec Raymonde ; bientôt Timour Melek vint à moi. Il n'était plus armé ; vêtu du froc de pèlerin, nu-pieds, le bâton à la main, il s'approcha de nous et baisa la main de Raymonde, puis il dit d'une voix grave :

« Cette bataille d'aujourd'hui est ma dernière bataille. Désormais je renonce au monde. »

Il partit aussitôt sans vouloir rien entendre. C'était un héros !

Nous revînmes en Acre, battus et réduits à un millier d'hommes. Pour moi, je restai quatre ans dans l'Occident, où je fis le pèlerinage de Jérusalem et de la Mekke. Je vis le Caire et le fleuve béni. La quatrième année, ayant appris que Louis, roi de France, était arrivé à Chypre avec une grosse armée pour faire la guerre au sultan d'Egypte, je me rendis à Chypre, pour remettre à ce grand roi les lettres du Khaghan.

Je trouvai ce grand roi assis dans une salle d'un palais au bord de la mer, en une ville qu'ils appellent Famagouste. Il n'avait autour de lui que cinq chevaliers, parmi lesquels en était un qu'il semblait affectionner particulièrement : on me dit qu'il s'appelait Jean, sire de Joinville. Le roi était assis près de la fenêtre sur un simple escabeau de bois, garni d'un coussin. Ses vêtements étaient de camelin sans fourrures. Sur ses épais cheveux blonds il portait un bonnet garni de plumes de paon. Sa figure était la plus douce et en même temps la plus fière et la plus vaillante qu'on pût voir. Les chevaliers qui l'entouraient n'étaient pas armés, mais richement vêtus de cramoisi fourré de vair et d'hermine.

Je remis d'abord mes présents, parmi lesquels se trouvait un arc qui avait servi à Batou-Khan lui-même. Le roi me demanda tout de suite s'il était vrai que nous fussions chrétiens. Je lui répondis que nous avions des chrétiens parmi nous, mais aussi des musulmans et des païens. Alors il fit un grand soupir. Il me demanda ensuite s'il était vrai, comme on lui avait dit, que quand nous avions battu Djelal ed Din, notre empereur avait fait venir des prêtres qui avaient converti trois cents hommes d'armes; qu'il avait fait après confesser ces trois cents hommes, et que c'étaient ceux-là qui avaient défait et chassé l'empereur de Perse. Je souris et je lui répondis que je ne savais rien de tout cela.

Alors, pour m'acquitter de ma mission, je dis au roi que le grand Khan, ayant entendu parler de lui, lui offrait son appui pour conquérir Jérusalem, moyennant que lui, roi de France, prît la Syrie et l'Égypte à fief de sa main et se reconnût son homme.

Les chevaliers qui étaient autour du roi parurent tout surpris et fâchés. Au milieu d'un silence glacial, je dépliai la lettre missive du grand Khan, munie de son grand sceau et de son yarlik, et j'en donnai lecture. Cette lettre m'avait été envoyée par exprès à Acre, sitôt que Batou avait reçu les présents du roi de France, parmi lesquels se trouvaient une chapelle d'écarlate et tout ce qu'il fallait pour chanter la messe. Deux frères prêcheurs accompagnaient les présents.

La lettre disait ainsi :

Je remis mes présents.

« Nous avons reçu tes présents et nous les acceptons comme tribut. C'est bonne chose que la paix ; car en terre de paix ceux qui vont à quatre pieds mangent l'herbe paisiblement, et ceux qui vont à deux labourent la terre (dont les biens viennent) paisiblement. Et nous te mandons cette chose pour t'avertir, car tu ne peux avoir la paix si tu ne l'as avec nous. Car le prêtre Jean se leva contre nous, et tel roi et tel (je lus la longue liste des royaumes, provinces et empires que nous avions conquis) ; et tous nous les avons passés au fil de l'épée. Ainsi nous te mandons que chaque année tu nous envoies tant de ton or et de ton argent, que tu nous retiennes pour amis ; et si tu ne le fais, nous te détruirons, toi et tes gens, ainsi que nous avons fait de ceux que nous avons ci-devant nommés. »

Le roi ne répondit pas un mot. Il me donna sa main à baiser, où je vis qu'il portait une fort belle émeraude enchâssée, puis se leva en signe que l'audience était terminée. Les sires Beaudoin et Guy d'Ybelin, mes vieux amis qui m'avaient introduit, me remmenèrent.

Guy d'Ybelin me dit que le roi était très-fâché et qu'il se repentait fort d'avoir envoyé une ambassade et des présents au Khaghan. Pour moi, je sortis tout troublé, car la bonté et la grandeur de ce roi de France, Louis, avaient quelque chose de pénétrant qui vous remuait le cœur.

Je me souviens d'avoir vu l'Empereur inébranlable tenant sa cour plénière à Karakoram. Il était vêtu de gros feutre, chaussé de bottes poussiéreuses, ayant sur la tête un bonnet mongol tout usé. Il était assis sur une pièce de feutre blanc étendue sur la selle de son cheval et mangeait sa bouillie d'avoine dans une écuelle de bois. Autour de lui s'empressaient dix-sept rois vêtus de brocart et la couronne d'or en tête ; un roi de l'Inde lui présentait le kymyz dans un bidon de cuir, et le roi du Manzi lui lavait son écuelle : c'était un beau spectacle. Eh bien, je ne sais si le roi Louis, assis sur son escabeau près de la fenêtre et s'entretenant doucement avec le sire de Joinville, n'était pas plus majestueux que l'Empereur inébranlable entouré des rois ses esclaves.

Je retournai le même jour en Acre, car j'avais hâte de revoir la Mongolie. Cette fois Raymonde ne me laissa point partir seul. Quand elle apprit que le roi Louis avait envoyé des frères prêcheurs à Karakoram, elle me dit :

« Aussi bien qu'ils iront prêcher les hommes, j'irai prêcher les femmes. Maintenant que je n'ai plus que peu de temps à vivre, je resterai avec toi jusqu'à la mort. Au surplus, l'impératrice veuve de Djoudji est chrétienne : c'est la sœur du grand Sengoun. J'irai vivre auprès d'elle. »

Plein de joie, je partis pour Layas avec Raymonde et nous nous mîmes en voyage pour nous rendre à Karakoram. Hélas! elle ne put résister aux fatigues de cette longue route! A Samarkand, elle tomba malade et demanda un confesseur. Il s'y trouvait justement de passage un moine français, frère Rubruk, que l'apôtre de Rome envoyait à Karakoram en ambassade vers le Khaghan.

Frère Rubruk vint voir Raymonde sous une tente que j'avais fait dresser pour elle à la manière mongole. Après l'avoir confessée, ce moine me dit qu'elle était bien sûre d'entrer en paradis, car jamais il n'avait vu âme aussi pieuse et aussi pure. Environ vers le coucher du soleil, Raymonde se dressa sur son séant :

« A présent, dit-elle, je me sens tout près de mourir. Frère Rubruk, j'ai à vous faire une demande, à savoir : que vous me mariiez à ce baron ici présent, Djani le chevalier Noir. Aussi bien que, depuis le jour où je l'ai connu, je l'ai toujours aimé bien fort et j'ai toujours prié pour lui, aussi bien en mourant je voudrais que nous fussions unis ensemble par le sacrement du mariage.

— Que dites-vous là, demoiselle! s'écria frère Rubruk. Je ne puis pas faire cela! Ce baron est un Sarrasin mécréant. Je ne le puis pas!

— Eh bien, moi je le puis! » dit une voix grave.

Tout le monde se tourna du côté d'un vieillard vénérable qui venait d'entrer sous la tente. Il était tellement vieux et chenu que nul n'eût pu dire son âge. Il avait bien cent ans et plus. Une grande foule de peuple l'avait suivi jusqu'à la tente, se prosternant devant lui, car tout le monde, les musulmans et les païens comme les chrétiens, disait qu'il faisait des miracles. C'était le vieux prêtre que j'avais vu jadis à la porte de l'église de Saint-Jean-Baptiste à Samarkand et qui m'avait appris la captivité de Marghouz. Djagataï-Khan, pénétré d'admiration pour lui, avait voulu le retenir à sa cour ; mais il avait refusé et s'était fait ermite en un endroit du désert que nul ne connaissait. Ce saint entra donc et je me jetai à ses pieds.

« Raymonde et Djani, dit-il, au nom du Père, du Fils et du Saint-Esprit, je vous déclare unis! ».

Aussitôt Raymonde passa son bras autour de mon cou, et appuyant sa tête sur mon épaule elle s'endormit du dernier sommeil, bien doucement et le visage souriant. Je passai la nuit à larmoyer près de son lit. Le lendemain, je la fis enterrer dans le cimetière de l'église de Saint-Jean-Baptiste, au milieu d'une foule de peuple qui pleurait et se lamentait. Parmi ceux qui portaient la bière était une sorte de derviche en froc et la cagoule rabattue sur le visage. Ce fantôme était de haute taille et large d'épaules. Quand je m'approchai de lui après la cérémonie, il m'évita et disparut.

Plumet vint à moi, et me le désignant du doigt comme il s'en allait rapidement, me dit :

« Reconnu !

— Reconnu qui ? lui demandai-je.

— Timour Melek ! » répondit l'Écureuil, qui finissait toujours les phrases commencées par son camarade.

Le cœur me battit bien fort, d'autant plus que l'arrivée de Djébé à Samarkand était annoncée pour le jour même. Je me rendis à la mosquée pour prier et soulager mon cœur, car on ne m'avait pas laissé entrer à l'église ; et au cimetière, si je n'avais menacé les gens de la colère du grand Khan et montré ma païza, on ne m'aurait pas laissé entrer davantage. Ce n'était pas Djani, c'était le haut baron mongol, le Toumane-Beg, le prince Djani-Noïane qui avait accompagné le corps de la pauvre Raymonde : Dieu lui fasse miséricorde !

Je restai donc en oraison à la mosquée et j'y lus trois chapitres du noble Koran, depuis la prière de *Doghr* jusqu'après la prière de l'*Asr*. Alors, comme j'entendais dans la rue un grand tumulte et le bruit des timbales et des clairons, je compris que Djébé arrivait, et je sortis pour rejoindre ma suite qui m'attendait à la porte de la mosquée cathédrale.

Masoud-Beg, fils de Mahmoud Yelvadj, gouverneur du Mavera-an-Nahr pour le grand Khan, donnait le soir même un festin en l'honneur de Djébé. Quoique je fusse bien triste, je m'y rendis pour voir Djébé qui me fit asseoir à ses côtés. A la fin du repas, dans la grande salle du palais vert éblouissante de lumières, on vit entrer tout à coup un derviche enfroqué, qui se plaça immobile devant Djébé.

« Qui es-tu? dit celui-ci.

— Ne me reconnais-tu pas? » répondit le derviche.

Il rabattit son capuchon et chacun put voir la fière figure de Timour Melek.

« Je ne t'en veux pas, dit Djébé en lui tendant la main. Viens t'asseoir à mes côtés. Maintenant que la bannière mongole est victorieuse sur toute la face de la terre, je te jure que je ne t'en veux pas. Parle, tu n'as qu'un mot à dire pour être rétabli dans tes charges et dans tes honneurs et pour devenir un des grands princes de l'Empire. Est-ce pour cela que tu es venu?

— Je suis venu, répondit le Roi de fer en se redressant, pour te dire que j'ai traversé le monde, et que partout j'ai vu des tas d'ossements, et des ruines, et des cendres : c'était la trace de votre passage, à vous autres Mongols!

— Tais-toi! dit vivement Djébé. Si tu es venu pour nous outrager, tais-toi!

— Me taire! Qui es-tu pour me dire de me taire? Je vaux mille fois mieux que toi! Sais-tu qui je suis? »

Là-dessus le héros déclama ces vers persans :

La mer et les montagnes m'ont vu dans les batailles,
La troupe des héros du Touran m'a vu;
Le ciel est témoin de mes exploits.
S'il ne s'agissait que de courage, la terre serait sous mes pieds.

Et il reprit en regardant Djébé dans le blanc des yeux :

« Voleur! Tu es un voleur! Tu m'as volé ma patrie!

— Au nom de l'empereur, cria Djébé en pâlissant, tais-toi!

— Quel empereur? répondit Timour. Votre Khaghan-Mongol, votre païen de Karakoram? »

Je vis Djébé qui faisait un violent effort pour se contenir. Il désigna du doigt sa bannière plantée à côté de son siége et dit : « Au nom de l'empereur dont le sceau est marqué sur cette mienne bannière, et malheur à qui y touche! »

Aussitôt le Roi de fer saisit si rapidement l'étoffe de la bannière que personne n'eut le temps de s'y opposer, et l'arrachant de la hampe, il la foula aux pieds. Un cri d'horreur s'éleva; Djébé sauta sur le Roi de fer, les deux poings fermés; mais avant qu'il l'eût touché, une corde d'arc résonna, Timour Melek chancela et tomba sur le côté, raide mort; un écuyer de Djébé, Khadkane-Oghlane, lui avait tiré par derrière une flèche qui lui avait traversé le cœur.

Ainsi finit ce héros, la plus noble des créatures qu'on ait vues sur la terre depuis notre prophète, Mahomet l'élu, et son cousin le fils d'Abou-Talib, Ali le Lion de Dieu. Il parlait doucement et il frappait fort. C'était la moustache d'un homme vaillant.

Pour moi, je passe ma vieillesse à la cour de Karakoram, au milieu des empereurs, des rois et des princes qui viennent rendre hommage au Khaghan. Mes deux discrets écuyers sont avec moi : ils ont reçu lettres patentes de Tarkhan et ont été faits gentilshommes. Djébé est mon confident; nous nous racontons nos souvenirs, et il ne se passe pas de jour sans que la noble princesse aux yeux noirs et le vaillant Roi de fer y soient rappelés.

NOTES ET ÉCLAIRCISSEMENTS

La conquête mongole est le fait dominant de l'histoire du treizième siècle : ses conséquences directes et indirectes ont été considérables. On peut, sans hésiter, signaler parmi ces conséquences l'élan qui, dans les deux siècles suivants, poussa une partie de l'Europe dans la voie des explorations maritimes et aboutit finalement aux grands voyages de Vasco de Gama et de Christophe Colomb. Qu'on me permette de couvrir cette appréciation, qui peut paraître bien étrange, de l'autorité du nom de M. Léon Feer, et d'emprunter à ce savant un tableau de l'État mongol au treizième siècle.

« Que le lecteur se représente le vaste mouvement dont la puissance mongole fut la cause au treizième siècle, ces ambassadeurs tatars qui visitaient toutes les cours de l'Europe, paraissaient dans les assemblées les plus solennelles, les conciles, et avaient même la courtoisie de s'y laisser publiquement baptiser; cette résidence des Khaghans à Karakoram et plus tard à Kambalikh, où les causes les plus diverses, les combinaisons de la politique, le zèle de la religion, les intérêts du commerce, les hasards de la guerre, le goût même des aventures rassemblaient les hommes de tous les pays et faisaient d'un canton de l'Asie centrale une sorte de rendez-vous et d'abrégé de l'Europe et de l'Asie; cette cour de Mangou, où un moine, venu pour traiter des intérêts de l'Église et répandre le christianisme, pouvait admirer de colossales et ingénieuses pièces d'argenterie fabriquées, avec le produit de rapines des Mongols, par un orfévre de Paris, rencontrait une femme de Metz, un jeune homme des environs de Rouen, sans compter bien d'autres représentants de divers peuples et pays ; cette cour de Koubilaï, dont les chasses étaient dirigées par un Allemand, où le christianisme, le mosaïsme, l'islamisme, le bouddhisme, étonnés de se trouver réunis, étaient professés par un grand nombre d'adhérents de chacun de ces cultes, où un marchand vénitien, Marco Polo, put se rencontrer avec un moine tibétain, Phagpalama, inventeur de l'écriture carrée.

« Jamais peut-être il n'y eut de communications plus étroites et plus fréquentes entre des hommes venus de contrées plus éloignées les unes des autres. Aussi ne faut-il pas s'étonner si l'attention se porta vivement alors vers l'Asie centrale et si l'on songea à instituer dans l'Université de Paris l'enseignement des langues tatares. La suite des événements rendit cet intérêt moins actuel et moins pressant, l'éclat de la cour des souverains mongols fut de peu de durée ; car, en Asie, les grands empires se sont presque toujours écroulés en aussi peu de temps qu'ils en avaient mis à s'élever. Mais ce serait une grande erreur de croire qu'il ne resta rien de ces rapports extraordinaires si soudainement créés. Ce vaste ébranlement donné à la société du moyen âge, succédant au mouvement déjà si considérable des croisades, eut les suites les plus importantes ; il modifia les notions reçues, fit sortir les peuples de leur immobilité, leur apprit à tourner leurs regards et leurs pensées vers des régions nouvelles, spécialement vers l'Asie. Quand la cause eut cessé, l'effet subsista, les voyages se succédèrent les uns aux autres, et toujours sous l'inspiration de souvenirs qui remontaient au temps de la cour des souverains mongols. Le livre de Marco Polo, traduit dans toutes les langues de l'Occident, avait éveillé une curiosité que la vue et le toucher pouvaient seuls satisfaire

« Les Portugais de Vasco de Gama, tout en aspirant à découvrir l'Inde, cherchaient le long de la côte d'Afrique ce prêtre Jean que Gengis Khan avait vaincu et dont Marco Polo avait parlé ; et Christophe Colomb, revenu de Guanahani après sa première et immortelle traversée, était bien convaincu qu'il avait abordé à Cipangou (c'est-à-dire au Japon), cette terre que Marco Polo décrit comme la plus orientale de toutes et dont le grand Caan avait vainement tenté la conquête[1]. »

D'autres faits tout aussi considérables rehaussent l'importance de la conquête mongole à cette époque. Ce sont les Mongols qui par la pression qu'ils exercèrent sur les populations du nord de la Perse déterminèrent le déplacement des Ottomans et la fondation à Brousse de l'empire qui n'allait pas tarder à s'étendre en Europe. Ce sont encore eux qui contribuèrent indirectement à la formation de la nation et de l'empire russe, qui

---

1. *La Puissance et la Civilisation mongoles au treizième siècle*, par M. Léon Feer, chargé du Cours de tibétain et de mongol à l'École des langues orientales, p. 37.

résulta de la réaction contre la domination mongole. N'oublions pas non plus les relations continuelles et amicales des princes mongols avec nos rois de France. Si une partie de leurs lettres a disparu, entre autres celle que Mangou Khan adressa à saint Louis, et qu'on sait positivement avoir été remise, deux nous sont parvenues : elles sont actuellement conservées aux Archives de France. La première fut envoyée, en 1289, à Philippe le Bel par Arghoun. La seconde fut adressée par Euldjaïtou à tous les princes d'Europe.

Toutes ces raisons donnent un haut intérêt à l'histoire de la conquête mongole et au tableau de l'Asie au treizième siècle, car rien de ce qui s'est passé en Asie depuis cette époque et rien de ce qui y existe actuellement ne peut être compris si l'on n'a pas une idée de ce qui y existait et de ce qui s'y passa entre les années 1190 et 1250. On n'a jamais d'ailleurs rien écrit sur ce sujet qui soit à la portée du public. Les renseignements sur les origines et l'établissement de la puissance mongole sont épars dans quantité de livres, de brochures, de mémoires qui n'ont pas grand sens pour tout autre qu'un orientaliste. Le peu de choses qu'on en dit dans les livres d'histoire ou de voyages qui sont entre toutes les mains fourmille d'erreurs grossières et même d'absurdités. J'ai donc essayé ici de donner, sous forme de roman, des notions exactes sur l'état de l'Asie pendant la première moitié du treizième siècle, particulièrement en ce qui touche les conquêtes des Mongols. Pour ne pas surcharger le récit de commentaires et d'explications perpétuelles, je n'ai mis au bas des pages que les notes strictement indispensables, réservant pour la fin les éclaircissements destinés aux personnes qui voudraient pousser plus loin leur étude et ne se contenteraient pas d'un tableau nécessairement esquissé à grands traits et destiné à laisser dans l'esprit une impression exacte, mais très-générale. Si j'ai réussi à inspirer au lecteur le goût des études qui sortent du cercle classique et européen, j'aurai atteint mon but.

Je commence, tout d'abord, par donner la liste des sources auxquelles j'ai puisé. Comme la plupart sont peu connues du public, j'y mets quelques détails, afin que les personnes qui auraient envie de pousser plus loin sachent lesquelles de ces sources elles pourront consulter.

1. *Aboulghazi Bahadour Khan :* Histoire d'Asie centrale intitulée *Chedjret-i-Turk* (arbre généalogique des Turks).

Aboulghazi était khan de Khiva au dix-septième siècle. Il descendait de Djoudji, fils aîné de Gengis Khan, auquel il se rattache à la fois par sa mère *Mihr Banou Khanum* et par son père *Mohammed Arab Chah*. Le livre d'Aboulghazi est écrit en *turk djagataï*, c'est-à-dire dans la langue turke primitive dont on parle les dialectes dans toute l'Asie centrale. La langue qu'on parle à Constantinople et dans l'Asie Mineure est un amalgame de turk djagataï très-altéré, d'arabe et de persan. L'histoire d'Aboulghazi commence à la création et finit par les mémoires d'Aboulghazi lui-même. Je me suis servi de l'édition publiée à Kazan en 1825 sous ce titre : *Abulghasi Bahadur Chani historia Mongolorum et tatarorum nunc primum tatarice edita*. Il existe une traduction publiée à Saint-Pétersbourg en 1874 sous ce titre : *Histoire des Mogols et des Tatares, par Aboulghazi Behadour Khan, publiée, traduite et annotée par le baron Desmaisons*.

2. *Sanang Setzène* : Histoire des Mongols orientaux.

Sanang Setzène, chef de la tribu des Ordous, vivait au dix-septième siècle. Il descendait directement de Gengis Khan par Koupilaï (le grand khan à la cour duquel se trouva Marc Pol), fils cadet du plus jeune fils de Gengis Khan, Touloui. L'histoire de Sanang Setzène va de la création jusqu'à la fondation de l'empire Mandchou au dix-septième siècle. Elle est écrite en mongol (dialecte de l'Est). Remplie de légendes et d'événements fabuleux, elle est naturellement conçue à un point de vue fortement bouddhiste par le prince dévot qui l'a rédigée. Je me suis servi de l'édition qu'en a donnée Schmidt, texte mongol avec traduction allemande en regard, sous ce titre : *Geschichte der Ost-Mongalen und ihres fürstenhauses verfasst von SSanang SSetsen Chungtaidschi der Ordus*. Saint-Pétersbourg, 1829.

3. *A la ed din A tu Melik Djouveïni* : Histoire du Conquérant du monde (*Tarikhi-djihan Kouchaï*).

Djouveïni était contemporain de la conquête mongole. Il fut grand fonctionnaire des Khaghans et des khans de Perse, gouverneur de Baghdad, de l'Irak Arabi et du Khouzistan vers le milieu du treizième siècle, témoin oculaire de la plupart des faits qu'il raconte. En 1271, le Vieux de la Montagne tenta de le faire assassiner. Le *Tarikhi-djihan Kouchaï* est écrit en persan. Il en existe trois manuscrits à la Bibliothèque nationale. Plusieurs fragments ont été publiés et traduits; on pourra en voir dans l'*Histoire des Khans mongols du Turkestan et de la Transoxiane extraite du Habib Essiier de Khondémir*, traduite du persan et accompagnée de notes par M. C. Defrémery. Paris, Imprimerie impériale, 1853.

Khondémir vivait à la fin du quinzième et au commencement du seizième siècle. Il fut le commensal et l'ami de Bâber, le conquérant mongol de l'Inde.

4. *Bâber :* Mémoires de Bâber.

Bâber descendait d'Émir Timour (Tamerlan) par son grand-père Abou Seïd Mirza, arrière-petit-fils de ce conquérant. Par sa mère Koutlouk Nigar Khanum, il descendait de Djagataï Khan, second fils de Gengis Khan. Roi de la Fergana, maître à deux reprises de Samarkand, conquérant de l'Afghanistan, il s'empara définitivement de l'Inde de 1527 à 1530. Il était né en 887 de l'hégire (1481-1482). Son livre est écrit en turk djagataï : il est aussi amusant qu'intéressant et rempli de renseignements. Je me suis servi du texte publié à Kazan en 1857, par M. Ilminski. M. Pavet de Courteille en a donné une excellente traduction en français, à laquelle je n'ai qu'un reproche à faire : c'est qu'il eût fallu la langue de Montaigne ou de Rabelais pour donner une idée de la vivacité, de l'originalité nerveuse et spirituelle avec laquelle ce charmant Bâber a écrit son livre. M. Pavet de Courteille s'est borné à traduire scrupuleusement et mot pour mot son alerte modèle. Je ne puis que conseiller au lecteur de se servir des mémoires de Bâber traduits en français sous ce titre : *Mémoires de Bâber (Zahir ed din Mohammed) fondateur de la dynastie mongole dans l'Hindoustan, traduits pour la première fois sur le texte djagataï par A. Pavet de Courteille, professeur au Collége de France.* Paris, Maisonneuve, 1871.

5. *Rachid ed Dine :* La Somme des chroniques. C'est une histoire générale des Mongols. Fazl Allah Rachid ed Dine, né à Hamadan (l'ancienne Ecbatane), était vizir de Ghazan Khan, fils d'Arghoun, fils d'Abaka, fils de Holakou le Noir, petit-fils de Gengis Khan. Ghazan fut le premier souverain mongol de la Perse qui se convertit à l'islamisme. Ce prince, très-curieux des choses littéraires et très-instruit (il savait, entre autres langues, très-bien le français), chargea son vizir d'écrire une histoire des tribus mongoles et lui donna pour collaborateur un beg (haut baron mongol) nommé Poulad Tchingsang qui rassembla les matériaux du travail. C'est auprès de ce même Ghazan que Marc Pol conduisit la princesse que lui envoyait son suzerain le Khaghan. Son père, Arghoun, avait été en correspondance active avec Philippe le Bel. Rachid ed Dine termina son ouvrage en 702 de l'hégire (1302). Il est écrit en persan. Je me suis servi du texte publié par M. Bérézine, Saint-Pétersbourg, 1861. Le commencement a été publié et traduit en français par Quatremère sous ce titre : « Histoire des Mongols de la Perse publiée et traduite en français. Paris, 1836. Ier vol. »

6. *Ibn Batoutah :* « Présent fait aux observateurs traitant des curiosités offertes par les villes et des merveilles rencontrées dans les voyages. » Ibn Batoutah était né à Tanger, au Maroc. De 1325 à 1354, cet étonnant

voyageur visita l'Algérie, la Tunisie, l'Égypte, l'Arabie, la Syrie, la Perse, le Zanguebar, l'Asie Mineure, la Russie, la Transoxiane, l'Afghanistan, l'Inde, les îles Maldives, Ceylan, les îles de la Sonde, la Chine, l'Espagne et le Soudan. Il vit le Caire, Constantinople, Pékin et Tombouctou. Sur la fin de sa vie, il écrivit ou dicta le récit de ses voyages et de ses aventures. On pourra lire les récits de cet infatigable et amusant touriste, publiés en français sous ce titre : « Voyages d'Ibn Batoutah, texte arabe accompagné d'une traduction par MM. C. Defrémery et le docteur Sanguinetti. Paris, 1874. »

7. *Marco Polo :* Le Livre des Merveilles. Je n'ai pas à expliquer ce qu'étaient Marc Pol et son livre. Je me suis servi de l'édition donnée par le colonel Yule, sous ce titre : « The book of Ser Marco Polo the Venetian newly translated and edited, with notes, maps, and other illustrations. *Second Edition,* revised. London, 1875. » Je ne saurais assez recommander aux personnes qui s'intéressent à la géographie et à l'histoire, de lire Marc Pol dans l'admirable édition qu'en a donnée le colonel Yule, qui n'est pas seulement un brave militaire, mais un grand savant et un illustre voyageur. C'est un chef-d'œuvre de critique et de saine et solide érudition : les notes valent à elles seules une bibliothèque choisie. Je prie le colonel Yule, si ce livre tombe sous ses yeux, d'agréer l'expression de ma sincère admiration.

8. *Rubruquis; Jean de Plan Carpin.* Tout le monde connaît les voyages de ces deux moines à la cour du Khaghan au treizième siècle. On les trouvera tous deux dans le « Recueil de voyages et de mémoires de la Société de géographie. IVe volume. Paris, 1839. »

9. *Joinville :* Vie de saint Louis. Je me suis servi de l'édition donnée par M. Natalis de Wailly. Paris, 1874.

10. *Ducange :* Familles d'outre-mer. J'y ai pris les noms et les généalogies des personnages français de Terre-Sainte.

11. *G. Rey :* Études sur les Monuments de l'architecture militaire des Croisés en Syrie.

12. *Erdmann :* « *Temudschin der Unerschütterliche* (Témoudjine l'Inébranlable). Leipzig, 1862. » Histoire de Gengis Khan très-savante, mais très-confuse, et écrite dans l'allemand le plus embrouillé et le plus ampoulé que j'aie lu de ma vie.

13. *Radloff :* « *Proben der Volkslitteratur der Türkischen Stëmme Süd-Sibiriens Gesammelt und übersetzt von W. Radloff.* Saint-Pétersbourg, 1866-1872. » — Recueil de chants, de poëmes et de contes en turk-tatare (dialectes de l'Altaï, de la Sibérie méridionale, des Kirghizes, etc.). Le texte est écrit en caractères russes qui reproduisent assez bien les intonations turkes. La traduction est en allemand.

14. *Vambéry : Tschagataïsche Sprachstudien.* C'est une grammaire et une anthologie du turk-tatare, dans les trois dialectes *djagataï turkisi*, « turk djagataï, » *turkmen tili*, « dialecte turkoman, » et *kachgar turkisi* « turk de Kachgar. » On y trouve des fragments d'un roman tatare tout à fait inédit intitulé : « Ahmed u Youçoup ».

15. *Vambéry :* « *Kudatku Bilik.* L'Art de régner. » Poëme didactique en langue et en caractères oïgours du onzième siècle. Le *Koudatkou Bilik* a été écrit à Kachgar en 463 de l'hégire (1069). Il donne le type le plus ancien de la langue et de la pensée turkes.

16. *Emir Timour* (Tamerlan) — *Teuzuk i Emir Timour :* « Règlements de Tamerlan. » Ce sont les mémoires politiques et militaires de Tamerlan. On n'en possède malheureusement qu'une traduction persane. Je me suis servi de l'édition publiée sous ce titre : « *Institutes Political and military written originally in the Mogul language by the Great Timour, improperly called Tamerlane, first translated into Persian by Abu Taulib Alhusseini, by Major Davy.* Oxford, 1878. »

17. *Ibn Arabchah :* Histoire de Timour (en arabe). Je me suis servi de la traduction en turk publiée sous ce titre : « *Tarikh-i-Timour.* Constantinople, 1729. » Cette traduction a été faite par Nazmi Zadé.

18. *Maçoudi :* Les Prairies d'Or. Maçoudi naquit à Baghdad dans les dernières années du troisième siècle de l'hégire. En 300 (912) il visita le Moultan et la ville de Mansourah. En 304 (916) il voyagea dans l'Inde, où il habita Cambaye et Saïmour. Plus tard il visita Ceylan, Madagascar, le pays d'Oman, la Malaisie, le littoral de la Chine, la mer Caspienne. En 314 (926) il était à Tibériade en Palestine. De là il se rendit à Antioche et en 332 à Bassorah, où sous le titre « le Livre des Prairies d'Or et des mines de pierres précieuses », il écrivit une description de la terre suivie d'une histoire universelle et d'une histoire anecdotique des Arabes depuis l'Islam jusqu'au khalifat de Mostakfi Billah (333-334). On doit à Maçoudi de nombreux ouvrages, mais aucun n'égale les Prairies d'Or, qui sont d'un bout à l'autre amusantes et pleines de détails précieux sur les

mœurs et l'histoire de l'Orient. On se servira de l'excellente édition (texte et traduction) qu'en a donnée M. Barbier de Meynard (Paris, 1861-1874).

Je dois donner au lecteur quelques explications sur la manière dont j'ai écrit les noms propres. J'ai conformé, autant qu'il est possible, l'orthographe française à la prononciation orientale; mais il n'est pas toujours possible de le faire. Par exemple, les Turks se servent de deux K, l'un doux et l'autre dur. Suivant les dialectes, le K doux varie du G devant une voyelle au K français, et le K dur qui se prononce dans l'ouest comme un Q français devant un U, se prononce dans l'est presque aspiré, comme un KH. L'articulation aspirée mongole GH n'a aucun équivalent dans nos langues européennes; je l'ai remplacée par un G franc, excepté dans le nom de *Marghouz*, pour faire voir comment les gosiers orientaux avaient adapté le nom latin *Marcus* en aspirant la dernière syllabe, et dans le titre de *Khaghan* pour lui conserver l'orthographe indigène. Il m'a été impossible de reproduire les voyelles sourdes et les prononciations variées de l'E et de l'I. L'AN à la fin des mots se prononce en diphthongue, mais en faisant sentir l'N. On dira par exemple KHAN-NE en prononçant *khan* comme en français, et en articulant un N après. J'ai écrit *Turk* par un K pour éviter toute confusion entre un *Turk* d'Asie Centrale, c'est-à-dire un Tatare, et un *Turc* moderne d'Europe ou d'Asie Mineure, un Ottoman; d'ailleurs le mot s'écrit par un K doux que j'ai partout représenté par un K français; et puis, on dit *Turkestan* et non *Turcestan*. Dans les noms arabes, j'ai remplacé la lettre *sad* qui est un S très-dur par un Ç, réservant l'S pour la lettre *sin*.

J'ai aussi à m'excuser auprès du lecteur d'avoir introduit dans le récit un certain nombre de mots turks et mongols; mais comme ces mots expriment des choses qu'on ne pourrait nommer dans nos langues que par des périphrases, j'étais bien forcé d'y recourir. Nous n'avons pas, dans nos langues de peuples sédentaires, l'équivalent de mots qui expriment des choses de la vie nomade, comme *yort*, *yaïlak*, *kichlak*, *keutch*, etc. Un grand nombre d'objets appartenant spécialement aux Asiatiques n'ont pas de nom chez nous; il valait mieux, par exemple, donner au drapeau à queue de yak ou à queue de cheval le nom indigène « toug » que de recourir à une périphrase et à des explications perpétuelles. Toutes les fois qu'il s'est agi d'un étendard fait avec une étoffe, que ce fût un *sandjak* triangulaire, un *baïrak* carré, un *khochigho* dentelé à la mongole, je l'ai appelé uniformément « bannière ».

Enfin, on voudra bien me pardonner les perpétuelles exclamations pieuses et les expressions musulmanes de Djani. Djani est un Turk musulman; il pense et parle en Turk et en musulman. J'ai voulu précisément faire voir au lecteur ce qui se passe dans le cerveau d'un nomade demi-sauvage quand il est façonné par l'islamisme. On voit toujours les invasions de barbares d'un seul côté, du côté de l'homme civilisé envahi par le barbare. Comme les gens d'Asie ont beaucoup écrit et peut-être plus pensé qu'on ne croit, j'ai voulu faire voir l'invasion mongole par l'autre côté; nous savons ce qu'un homme civilisé pense d'un nomade, et on n'a pas besoin de nous l'apprendre : j'ai voulu montrer ce qu'un nomade pense d'un homme civilisé. Qu'on me permette d'ailleurs d'ajouter que j'ai assez pratiqué les Asiatiques pour pouvoir pénétrer dans les mystères du cerveau obscur d'un Mongol, d'un Kirghize ou d'un Turkoman. Par exemple, quand Djani dit d'un non-musulman qui est mort : « Il est allé en Enfer, » il le dit tout aussi machinalement que nous disons : « Dieu vous bénisse, » quand on éternue; c'est une manière de parler, et il le dira d'un ami. J'ai entendu un musulman, m'annonçant la mort d'un chrétien de ses amis, et pleurant très-sincèrement, me dire : « Tu ne sais pas? ce pauvre un tel a été damné aujourd'hui! Ce troupeau de cochons était un bien brave homme! Ah! je le regrette bien fort, et c'est une grande perte pour moi. Demain, on enfouira sa carcasse impure. Je ne m'en consolerai pas de sitôt, puisse Dieu ne pas pardonner à cette ordure perverse! » Aussi Djani ne peut-il rien dire de plus fort pour exprimer son affection que de dire de Raymonde : « *Rahmet Allah!* Dieu lui fasse miséricorde! » Je pense que les lecteurs de *la Bannière Bleue* auront une idée courante de la manière de penser et de parler des nomades musulmans d'Asie centrale.

Une notice succincte sur l'histoire de la conquête mongole ne sera pas inutile. J'ai dû faire bien des anachronismes pour ne pas rompre le récit et y faire cadrer les grands faits. Ainsi, notamment, j'ai fait détruire par Djébé le château d'*Alamout* (le Nid d'Aigle); Alamout ne fut détruit en réalité que par Holakou le Noir en 1270. Le Vieux de la Montagne Ala ed Din Mohammed (dont parle Marc Pol) avait été assassiné par son fils Roukn ed Din en 1255. Roukn ed Din, par capitulation, livra cent forteresses à Holakou en novembre 1256; le « Nid d'Aigle » tint jusqu'en décembre 1270. J'ai désigné encore le Prince des Assassins sous le nom plus connu en Europe de *Cheikh el Djebel*, « Seigneur de la Montagne »; mais les historiens tatars appellent les Assassins, et par conséquent Djani devrait les appeler *Moulahidat el Mât*, « les Hérétiques de la Mort ». Du reste le bon Marc Pol les appelle : *Mulehet*, qui vaut à dire des *Aram* ; Marc Pol parle là persan-tatar, et Rusticien de Pise, à qui il dicta son récit, a mal entendu : le Vénitien dictait évidemment *Moulahidat*, qui vaut à dire des *Haram*, — « *hérétiques*, qui vaut à dire des *brigands* ». Le dernier descendant du « Prince des hérétiques de la Mort » s'appelle *Agha Khan Mehelati*, Esq., et demeure à Bombay, où il est bien connu sur le turf : c'est un sportman des plus distingués, qui vit tout à fait à l'anglaise ! D'autre part, j'ai fait conquérir une portion du *Manzi* (Chine méridionale) et notamment Hang-tchéou par Gengis Khan. Tout ce que je dis de Hang-tchéou doit s'appliquer à *Daïming* (Pékin) ; le Manzi ne fut définitivement conquis que par Koupilaï, élevé sur le feutre blanc (proclamé empereur) en 1260.

Je donne donc ici une notice sur la conquête mongole sous forme de tableau chronologique.

Témoudjine naquit en 1155 (correspondant à l'année de l'hégire 549-550 et à l'année du Porc dans le cycle mongol), à Deligoun Bouldak, sur le haut cours de l'Onon où campait son père Yeçoukei *Baghatour*, c'est-à-dire le Hardi. Sa mère *Euguelène Ekeh* (la Mère des Nuages) était une princesse de la tribu des Tatars Olkhonod. Il avait cinq frères de la même mère : *Djoudji Khassar* (*Djoudji* signifie Chéri, Aimable, et *Khassar* signifie le Tigre ou le Lion, le nom de ces deux animaux se confondant souvent chez les Mongols), *Khadjioun, Utsukène, Belgueteï* et *Bekter*.

En 562, année du Porc (1167/1168), il succéda à son père comme chef héréditaire d'un petit groupe de tribus nomades parmi lesquelles le clan des Kiot Bordjiguène paraît avoir exercé une ancienne hégémonie. Depuis cette année jusqu'à 593, année du Serpent (1196/1197), luttes contre les Taïdjighod et les tribus voisines. En 1197, traité d'alliance conclu avec l'Ong Khan des Kéraïts *Thograoul*. Les Kéraïts, à en juger par les noms propres, devaient être de langue turke. Thograoul est un vieux mot turk qui signifie : le tueur, le pourfendeur, du verbe *thogramak*, hacher, tuer. Le personnage que nous appelons *Ortogrul* dans nos histoires, s'appelait en réalité *Er thograoul*, « le héros pourfendeur. » Jusqu'en 1202, luttes contre les Naïmanes et les Mergued. En 1202, nouvelle rupture avec Djamouké le Subtil, qui entraîne les Kéraïts dans une confédération contre les Mongols. De 1204 à 1206, lutte contre les Kéraïts, soumission des *Koungrad* (*Kongour At* signifie « cheval alezan ». Un cheval de cette couleur était probablement le blason, ou, comme dirait un Peau-Rouge, le *totem* de cette tribu.) En 1204, défaite des Kéraïts. En 1205, défaite et mort de Tayang *Baïbouka* (*Baï*, le riche,

Bouka, le lutteur, l'athlète) et exécution de Djamouké. Témoudjine, présenté au peuple par Keuktché, est élevé sur le feutre blanc et acclamé sous le nom de *Tchingguiz Khan* (le Khan ou Seigneur inébranlable). En 1207, défaite et mort de Bouïourouk (oncle de Guchlug), de Tokhta Begui (*Tokhta* est littéralement un cri d'avertissement pour faire garer les gens. *Tokhta begui* signifie le « Baron qui crie gare ») et de Madjare. (Je cite celui-ci pour montrer les affinités des Hongrois-Magyares avec les populations turkes de la haute Asie. Madjare est proprement un nom d'homme, mais les trois quarts des tribus nomades ne portent pas d'autre nom que celui de leur ancêtre. Le quart restant porte un surnom, comme par exemple les *Gueukleng*, « les boiteux bleus, » les *Karakalpaks*, « les bonnets noirs », ou le nom de leur blason, de leur *totem* ou emblème de ralliement comme les *Tekké*, « la tribu du *Bouc*, » les *Oghouzes* « la tribu du *Taureau*, » les *Huns* (*Khiounno, Tchiounno, Tchino*), « la tribu du *Loup*. » Rarement le nom est un nom d'origine, comme par exemple *Kiptchak*, du vieux turk-oïgour *Kib*, *Kip*, *Kob* qui correspond au mongol *Kobi*, *Gobi*, « vide, désert, » les gens du désert). En 1208, soumission du grand Khan ou *Inal* des Kirghizes. En 1209, soumission du roi, ou *Idi Kout* des Oïgours; *idi-kout* signifie « celui qui a été investi du pouvoir. » En 1210, campagne contre le *Tangout* ou Tibet oriental. En 1211, défaite et soumission des *Karlik* et de leur prince *Arslan Khan* (le seigneur Lion). A la fin de la même année, rupture avec le *Djourtchid* (Mandchourie), le *Kara Khataï* ou Chine Noire et le *Khataï* ou Chine du Nord. En 1213, la Chine est conquise jusqu'à la rive gauche du Hoang-ho. En 1215, retour de Gengis Khan à Deligoun Bouldak. Écrasement définitif des *Mergued* et des *Toumat*. En 1218, dernière campagne contre la Chine du Nord. La même année, mort de Guchlug et ambassade de Mahmoud Yelvadj auprès de Mehemed Kharezmchah. En 1219, rupture entre le Kharezmchah et le Khaghan. Invasion du Turkestan du côté d'Otrar, Saganak et Djend. Prise de Finaket. En 1220, prise de Nour, de Zernouk et de Bokhara. Défense héroïque de Timour Melek à Khodjent. Prise de Samarkand. Fuite du Kharezmchah; Djébé, ayant sous ses ordres Soubeguetaï, Alak et Tougatchar, passe l'Amou-Darya et se met à sa poursuite à la tête de 30 000 hommes. En 1221 et 1222, prise de Balkh, de Termiz, de Talekan; mort de Moutougân, petit-fils de Gengis Khan (par Djagataï), tué à l'assaut de Bamiâne et massacre de Bamiâne. Défaite de Houtouktou Noïane, près de Kaboul, par Djelal ed Din et Seïf ed Din Melek. Prise d'Urguendj par Djoudji et Djagataï. Bataille de l'Indus et défaite définitive de Djelal ed Din. En 1223, conquête du Transcaucase par Djébé, mort du Kharezmchah, invasion du Caucase et de la Russie méridionale. Conquête d'une partie de la Perse. Merv est pris, repris et définitivement conquis après le massacre de ses habitants.

Expédition dans l'Inde. Prise de Nichapour. En 1223 (16 juin), bataille de la Khalka et conquête de la Russie méridionale. Mort de Djoudji, fils aîné du Khaghan et de Touloui, son plus jeune fils. Retour de Djébé en Mongolie. En 1224, campagne du Tangout entreprise à la suite de l'insurrection du Tibétain Chidourgho. Le Khaghan conduit l'expédition en personne, ayant sous ses ordres son fils Djagataï, Djébé, Soubeguetaï, Bela Noïane et Bedr ed Din. Soumission de Chidourgho. En 1226, mariage du Khaghan avec la belle *Kurbeldjine Goa*, « l'Antilope brillante », enlevée à Chidourgho. Mort du Khaghan le surlendemain de son mariage; il a été vraisemblablement assassiné par Kurbeldjine Goa, qui se suicida le même jour.

L'empire est partagé en trois grands États vassaux du Khaghan de Karakoram, Okdaï, fils de Gengis Khan. Il meurt en 1241. De 1241 à 1244, anarchie et interrègne sous la régence de l'impératrice Tourakina. En 1244, son fils Gaïouk lui succède. Il protége les chrétiens et règne pendant un an. Il a pour successeur Mangkou, « choisi, dit Aboulghazi, parmi les fils de Touloui, parce que la veuve de celui-ci, Sourgueukté, était aimée du peuple. » A ce moment, Holakou le Noir, fils de Moutougan, fils de Djagataï, reçoit le Khoraçan et la Perse et commence ses campagnes contre les musulmans de l'Irak, d'Égypte et de Syrie. Koupilaï, le plus jeune fils de Touloui, reçoit la Chine. *Batou* (le Fort), surnommé *Saïn Khan* (le Bon Seigneur), reçoit le Kiptchak. De 1240 à 1242, conquêtes de Batou en Europe, prise de Moscou, ravage de la Pologne, conquête de la Hongrie et de la Transylvanie, bataille de Liegnitz et défaite des Allemands. Koupilaï succède sur le feutre blanc à Mangkou; il embrasse le bouddhisme et transporte le siége de l'empire à Pékin. L'empire est définitivement rompu en quatre fractions : les Khans du Kiptchak (improprement appelés du Kaptchak ou de la Horde d'or) en Russie, les Khans de la maison de Djagataï en Maverah-an-Nahr et en Karezm, les *Il Khans* (seigneurs des peuples) en Perse et dans l'Irak, et les Khaghans suzerains, en Chine et en Mongolie.

CHAPITRE I.

Les Oïgours étaient un peuple de race et de langue turke. D'après Aboulghazi, leur nom signifie « les réunis, les confédérés », du verbe *oïgoumak*, « suivre, obéir, s'entendre ensemble ». Ils s'étendaient du Grand Désert ou Gobi et du Tibet aux plateaux de Badakhchan (les *Pamir;* on marque sur nos cartes un plateau de *Pamir*, ce qui est absurde. *Pamir* signifie justement un plateau, particulièrement un plateau aride, ce qu'on appelle dans la Lozère une *causse*. Plateau de *Pamir* est donc

NOTES ET ÉCLAIRCISSEMENTS.

un non-sens), et aux contre-forts de l'Ala taou. Leurs principales villes étaient Komoul, Tourfane, et surtout Kachgar. Kachgar est un mot turk qui vient de *Kach* (en mongol *Khass* ou *Khach*), « pierre de jade », et qui signifie les « carrières de Jade ». Les Oïgours sont le peuple turk le plus anciennement policé dont il y ait des traces positives. On a d'eux un poëme didactique intitulé : « *Koudatkou Bilik*, l'Art de gouverner », qui date du cinquième siècle de l'hégire, et qui indique une civilisation relativement avancée. Après leur soumission aux Mongols, ce fut à eux que Gengis Khan confia en grande partie les travaux de chancellerie et d'administration, comme le prouve l'adoption de leur alphabet par les Mongols. La majeure partie des Oïgours étaient musulmans.

Le nom de *Djani* signifie « *mon âme* » et est assez répandu dans l'Asie centrale. Il exista un Djani-bek Oïgour de naissance et qui occupa de hautes fonctions sous le règne de Djagataï. Dès ses premières années, nous voyons Gengis Khan donner des marques d'affection aux Oïgours ; il fait venir un Oïgour d'Almalig et lui confie l'éducation de ses enfants ; et quand l'*Idi Kout* lui fit sa soumission, il lui donna une de ses filles en mariage et lui décerna le titre de « cinquième fils ».

J'ai traduit presque textuellement le récit de l'enlèvement de Djani par les Tékrines d'un récit donné par M. Radloff, et qu'il a écrit sous la dictée d'un vieillard tatar du district de Tiumène, village de Kalmaklar. (Radloff, tome IV, dialectes de Baraba, de Tara, de Tobol et de Tiumène, p. 436.) La formule de bénédiction chamanique qu'emploie Keuktché est traduite (en abrégé) d'une bénédiction recueillie par le même auteur chez les Téléoutes (tome I, dialectes de l'Altaï proprement dit, Altaïens, Téléoutes, Lebed-Tatars, Chores et Soïones, p. 238). J'en possède plusieurs à peu près pareilles qui m'ont été dictées en dialecte yakoute.

L'invocation qui est en tête du livre, suivant l'usage musulman où on commence tout récit par le *Bismillah* et la louange de Dieu, est empruntée mot pour mot à Aboulghazi. Que ce défunt khan de Khiva me pardonne mon plagiat.

Le récit de l'amitié de Gengis Khan et de Bogordji est traduit de Sanang Setzène, p. 68-69.

CHAPITRE II.

Les miracles et apparitions dont il est question dans ce chapitre sont relatés tout au long par le naïf Sanang Setzène, qui tient absolument à prouver que Gengis Khan, fort indifférent en matière religieuse, était un zélé bouddhiste.

CHAPITRE III.

Dans la conversation que Gengis Khan tient avec Keuktché, j'ai cité, autant que possible, les paroles que les historiens turks et mongols lui mettent dans la bouche en différentes occasions. Quelques-unes pourront paraître étranges, notamment celles où Gengis Khan parle d'établir la paix et le bonheur universels; j'ai pris ce propos dans Sanang Setzène, p. 90-91. Les paroles où Gengis Khan raconte le meurtre de son frère et la malédiction de sa mère sont du même chroniqueur, p. 64-65. Les historiens musulmans ne parlent pas de ce meurtre, et pourtant ils ont intérêt à charger d'exécration la mémoire du conquérant païen de leur pays; il y a lieu d'ajouter foi au récit qu'en font les historiens mongols, toujours prêts à faire passer pour un vrai saint leur héros national. On rapprochera le meurtre de Bekter par son frère Témoudjine du meurtre de Bléda par son frère Attila. Il y a une singulière analogie entre le Khaghan des Mongols et le Khaghan des Huns. On verra plus loin que Gengis Khan s'intitulait « *Fléau de Dieu* ». Or Aboulghazi, qui lui prête ce propos dans le discours qu'il lui fait tenir du haut de la Maksourah de la cathédrale de Bokhara (on le trouvera dans la traduction du baron Desmaisons, p. 110), n'avait certainement jamais entendu parler d'Attila. Puisqu'il est question du Khaghan des Huns, il est bon de faire observer que son nom me paraît étrangement défiguré; ce n'est pas le lieu d'expliquer pourquoi il est absurde de le faire dériver du nom asiatique du Volga, « *Idil* »; jamais un Turk ou un Mongol n'a porté un nom de rivière. Attila me paraît plutôt venir du turk *Atlu*, « le Chevalereux, le Chevaucheur », ou peut-être n'est-il simplement que le titre du personnage, *Ataligh*, « le Grand Chef ». On remarquera encore la manière identique dont périrent Attila et Gengis Khan, et le culte également rendu par les Mongols au *toug*, c'est-à-dire à la pique décorée d'une queue de cheval ou de yak, et par les Huns à une lance ou à une épée plantée en terre. Ce culte existait déjà chez les Scythes, Gètes et Massagètes. Le lecteur apprendra peut-être avec intérêt qu'il y a encore du côté de Kachgar une tribu qui porte le nom de *Mouzart-Tchété*, « Tchété des glaciers ». Les Tchété eux-mêmes ne sont autres que les Euzbegs; le nom d'Euzbeg ne s'est généralisé qu'au quinzième siècle; dans ses *Teuzukat*, Émir Timour les appelle invariablement *Djété* ou *Tchété*.

Les conseils que donne Djébé à Djani sont pris dans le *Koudatkou Bilik*, p. 127. Le Cornélien « meurs ou tue » s'y trouve au vers 150. « *Sekirtur, ia eulturur, ia ourouchi eulur* : il (le [Brave) renverse, tue, ou meurt en combattant ».

Le cri de guerre de Djébé ressemble à celui du fils aîné de Gengis Khan, Djoudji, qui criait en chargeant : « *Tougga!* Sus à la bannière! » En outre des cris particuliers des chefs, chaque tribu avait ses cris de reconnaissance et l'ensemble des troupes recevait des mots d'ordre et de ralliement, comme on peut voir dans les règlements d'Émir Timour, qui paraissent n'être qu'un remaniement du *Yaçak* ou règlement de Gengis Khan, et dans les *Mémoires* de Bâber (tome I, p. 229).

Le discours que Témoudjine tient aux Mongols en leur donnant leur nouveau nom est traduit de Sanang Setzène, p. 70-71.

Voici en quoi consiste la cérémonie du Toug : « L'aile droite et l'aile gauche de l'armée ayant formé leurs rangs, on fit la cérémonie du déploiement des étendards suivant la coutume des Mongols. Le Khan étant descendu de cheval, on planta devant lui ses neuf toug. Un Mongol attacha une longue pièce de toile blanche au tibia d'un bœuf, la fit passer sous la partie inférieure de la hampe d'un toug et l'apporta au Khan, qui se tint immobile, ayant les pieds sur l'autre bout de la toile. On avait attaché au même toug une autre pièce d'étoffe, semblable à la sangle d'un cheval, que je maintins moi-même sous mes pieds. Sultan Mohammed Djanikeh, de son côté, se tint sur le bout d'une troisième pièce. Alors le même Mongol qui avait attaché la pièce d'étoffe prit dans ses mains le tibia et prononça des paroles en langue mongole, tout en fixant sur les toug des regards qu'il accompagnait de signes. Le Khan et tous les assistants, rangés en ligne, poussèrent tous ensemble un grand cri. Ils répétèrent trois fois de suite la même cérémonie, puis ils montèrent à cheval, poussèrent un grand cri et se mirent à galoper. Le yaçak de Djenguiz Khan est resté en vigueur jusqu'à nos jours. » (Bâber, tome I, p. 217.)

CHAPITRE IV.

J'ai voulu, dans ce chapitre, donner à peu près une idée de la manière de combattre des Mongols. En ce qui concerne particulièrement la bataille de la Selenga, les historiens asiatiques la nomment toujours « la bataille des treize *Kourènes* ou enceintes de chariots », en souvenir des treize enceintes sur lesquelles Gengis Khan appuya sa ligne de bataille.

L'histoire de l'étrier coupé et de l'escarmouche qui précéda l'action est empruntée à Sanang Setzène (p. 80-81). D'après Sanang Setzène, l'entrevue devait avoir lieu dans une tente où on avait creusé une fosse sous le tapis de feutre sur lequel devait s'asseoir Témoudjine. Aboulghazi et les autres Musulmans parlent aussi d'une trahison de ce genre, mais l'attribuent aux Kéraïts. Les détails du combat sont pris deci delà; ainsi le coup de sabre que reçoit Djani a été reçu en réalité par Bâber, de la main de son ennemi intime Tenbel, au combat de *Ketteh-Khodja*, près d'Endidjâne (Bâber, *Mémoires*, tome I, p. 233); de même pour le reste. Je m'abstiendrai, à l'avenir, d'indiquer où je prends les détails de combats. Si l'on veut en trouver les originaux, on n'a qu'à lire d'un bout à l'autre les *Mémoires* de Bâber où il pleut des horions, l'amusant récit où Aboulghazi raconte comment il fit ses premières armes à l'âge de seize ans et reçut sa première blessure, un coup de flèche qui lui brisa la mâchoire, après avoir eu trois chevaux tués sous lui (traduction Desmaisons, p. 315), les *Teuzukat*, où Émir Timour raconte comme une chose toute naturelle cette action extravagante où avec soixante hommes il en charge mille et où, des mille hommes, il n'en échappa que cinquante, et des soixante de Timour, dix; « mais l'avantage demeura de mon côté », ajoute-t-il tranquillement. D'autre part, on trouvera dans les « Prairies d'or » de Maçoudi une mine inépuisable de batailles, duels, embuscades, coups de sabre, coups de lance, défis chevaleresques qui donneront une idée très-nette du combat chez les Arabes et les Persans au commencement du moyen âge.

La plupart des armures que M. Lix a mises aux personnages des compositions dont l'ouvrage est illustré sont empruntées à des sources orientales. Celle que porte dans ce chapitre le chef Taïdjighod auquel on vient de couper la tête, se trouve sur un vase chinois qui est en ma possession. D'autres qu'on verra dans les dessins suivants sont empruntées aux miniatures d'un beau manuscrit de Rachid ed Din. (Une d'entre elles a été reproduite dans le Marc Pol du colonel Yule, tome II, p. 502.) Une armure mongole complète est au Musée d'artillerie : c'est celle que porte Djébé à la fin de l'ouvrage. Une des armures sarrasines que porte Djani est en ma possession; elle est de fabrication circassienne et se compose d'un *taboulga* — casque, d'un *Sâout* — cotte de mailles, d'une rondelle et de brassards. Le sabre que porte Djani est un sabre de l'Inde à lame droite; celui que j'ai a un mètre vingt-cinq centimètres de longueur de lame.

Quelques détails sur l'arc, arme nationale chez les Mongols. L'arc mongol est de même forme et de même construction que tous les arcs asiatiques, soit persans, soit circassiens, soit sibériens, soit chinois, soit japonais. On se sert encore actuellement de l'arc en Asie; le colonel Gordon, dans son voyage à Kachgar (1872), a vu manœuvrer un corps d'archers *kalmaks*, c'est-à-dire mongols (les Turks d'Asie appellent un Mongol Kalmak; nous en avons fait Kalmouk), au service de l'Ataligh Ghazi. Beaucoup de Kirghizes préfèrent leur *sarig iaï* (arc jaune; l'arc des Kirghizes est invariablement peint en jaune) à leurs informes et détestables fusils à mèche, et de fait, entre leurs mains, je considère un arc comme une arme plus dangereuse que leurs inoffensives arquebuses à fourchette en corne de bœuf. Les Circassiens se sont servis d'arcs jusque dans ces dernières années, et je suis sûr que dans la haute montagne, chez les Svènes et chez les Tchétchenzes, il doit encore y avoir des archers.

Les arcs kalmaks que j'ai vus sont invariablement de fabrication chinoise, ou portent des marques de fabrique chinoise ; pourtant, au moyen âge, il devait y en avoir un grand nombre de fabrication turke : les manufactures du Turkestan étaient renommées, et les expressions « arc de Chach, arc de Djend » sont proverbiales chez les auteurs orientaux.

L'arc kalmak, fait pour être manié indifféremment à pied ou à cheval, est très-court, en moyenne soixante-quinze centimètres de longueur de corde, l'arme tendue. Les arcs les plus longs sont les circassiens et surtout les japonais qui ont jusqu'à un mètre quatre-vingts. L'arc kalmak est peint en blanc. Il se compose, comme tous les autres, d'une lame de nerf de bœuf et d'une lame de corne séparées par une lame de bois. Il devait en être de même des arcs occidentaux, puisque nous voyons dans Joinville « Jehans li Ermins, qui était artilliers le roy », aller à Damas « pour acheter cornes et glu pour faire arbalestres » (Joinville, p. 244, § 446), et que sur une note de frais de fabrication de vingt-cinq arbalètes, en 1358, nous voyons figurer parmi les matériaux employés « quatre livres de nerfs de bœuf carpis et douze cornes de bouc. » (Siméon Luce, *Histoire de Bertrand du Guesclin*. tome I, p. 537.) Ces trois couches sont naturellement tirées en dehors par la contraction des nerfs de bœuf, et l'arc tourne alors sa convexité en sens inverse de celle qu'il a au tendu ; pour le tendre, il faut le plier en dedans, de manière que le côté concave devienne le côté convexe. L'ensemble du système est revêtu d'une couche d'un vernis particulier qui ne s'écaille pas, et peint d'ornements, de fleurs ou de couleur pleine ; il en était encore de même pour nos arcs occidentaux : « Quod mille arcus, quorum ducenti et quinquaginta *depicti*, et reliqui *albi* existant. » (Mandement d'Édouard III en 1337. Rymer, tome II, p. 1169.) Le bois est libre au milieu de l'arc et forme la poignée, et aux deux bouts, où il se dégage en nervure et est encoché pour recevoir la corde. Cette corde se compose d'un écheveau, tantôt de soie, tantôt de chanvre, non tordu et environ moitié moins gros que le petit doigt. Il est plié en deux de façon à former une des boucles d'encoche à une extrémité, boucle qu'on assure par un manchon de fils enroulés ; on fait l'autre avec un nœud. Au milieu de la corde, c'est-à-dire en face de la poignée de l'arc, les fils de l'écheveau sont réunis par un fil enroulé qui forme un manchon d'environ quinze centimètres de long. Les personnes qui ont de ces arcs dans leur collection ne savent généralement pas les tendre : voici comment il faut s'y prendre. L'arc a invariablement une branche un peu plus faible que l'autre ; c'est celle qu'on tient en dessus quand on tire. On se place les deux pieds d'équerre, la pointe du pied légèrement en dedans, le pied droit en arrière à environ vingt centimètres du pied gauche. La longueur de la corde étant calculée, ce à quoi on n'arrive que par la pratique, le nœud fait et accroché à l'extrémité inférieure de l'arc, on fait passer l'arc sous la cuisse gauche, par conséquent le bout auquel il faut fixer la boucle en arrière et en dessus. On appuie sur le tibia droit, un peu au-dessus du cou-de-pied, l'extrémité inférieure à laquelle le nœud est accroché, en tournant l'arc de façon que le côté convexe qui doit devenir concave soit en avant, et en faisant passer la corde devant la jambe gauche. On saisit fortement de la main gauche l'extrémité supérieure de l'arc qui est en arrière, et on la ramène en avant sans secousse, en pesant doucement sur le plat de l'arc avec la partie postérieure de la cuisse gauche et en maintenant le bout inférieur solidement appuyé contre le haut du cou-de-pied. En même temps, on tire sur la corde dont on tient la boucle avec la main droite, pour accrocher la boucle sur son encoche, et quand la boucle est accrochée, l'arc est tendu. En le prenant en main, il faut bien vérifier si la corde est dans un plan perpendiculaire au plat de l'arc, et venant le couper par le milieu, de façon que quand on tire, la corde en retombant revienne bien se placer dans ce plan. Il faut, en outre, ne jamais tenir l'arc avec la corde en dehors, car s'il venait à se détendre accidentellement, les bouts pourraient vous blesser gravement en revenant au détendu. Avec un bon arc bien tendu, quand on a acquis la souplesse et la solidité de poignet nécessaires à cet exercice, on chasse aisément une flèche à deux cent cinquante et trois cents mètres. A cinquante mètres, une flèche à pointe d'acier en forme de carreau, c'est-à-dire de pyramide à quatre pans, perce une cotte de mailles à chaînon simple tout net. Seul, le bouclier en cuir de rhinocéros est à l'épreuve d'une bonne flèche : il faut d'ailleurs dire qu'un bouclier en cuir de rhinocéros est à l'épreuve de la balle d'un fusil lisse.

On s'étonnera peut-être de me voir tant faire pointer des Asiatiques, qui d'après les idées reçues ne font que sabrer. Outre l'expérience personnelle que j'ai de l'escrime du sabre chez les Asiatiques de nos jours, je puis citer, dans les anciens textes, de nombreux coups de pointe. A la bataille de Siffin (du 3 au 10 Safer, an 37 de l'hégire), Ali, haranguant ses Arabes, s'écrie : « Plongez vos armes dans les chairs, et frappez la pointe en avant! » (Maçoudi, *Prairies d'or*, tome IV, p. 355.) A la même affaire, Abbas, fils de Rébyah, un des champions de l'armée de l'Irak, se bat en duel contre Yrar, fils d'Edhem, champion de l'armée de Syrie. « Les deux guerriers combattaient depuis longtemps sans succès, tant leur armure était solide, lorsque Abbas aperçut un défaut à la cotte de mailles du Syrien. Il se précipite sur lui, la déchire jusqu'à la mamelle, puis recommençant à combattre et profitant de cette ouverture, il lui plonge son sabre dans les côtes et lui traverse la poitrine de part en part. » (Maçoudi, tome V, p. 50.)

Quand les Turks de sa garde assassinèrent le khalife Motevekkil Allalah, ce fut à coups de pointe. Le coup mortel fut porté avec un sabre de l'Inde, avec une latte pareille à celle de Djani, dont Motevekkil avait fait présent à son futur meurtrier, le Turk Baguir. « J'entendis, dit Bokhtori, les cris poussés par Motevekkil lorsque Baguir le frappa avec le sabre que ce prince lui avait confié : un premier coup porté du côté droit lui traversa le flanc, un autre coup du côté gauche lui fit une blessure pareille. Fath défendit encore son maître, lorsque l'un des meurtriers lui plongea son sabre dans l'abdomen; la lame ressortit par le dos. » (Maçoudi, tome VII, p. 272.) Dans les *Mémoires* de Bâber, nous voyons le conquérant mongol donner volontiers des coups de pointe. « Un cavalier passait à côté : je lui portai un coup de pointe de mon sabre à la tempe (*Kylydjning otchi bilan tchikésigué ourdoum*). Il fut cloué à la muraille et ne tomba pas. » (Bâber, tome I, p. 137-138 du texte, p. 244 de la traduction.) « Je le frappai d'un coup de pointe (*ok tchaptim*) à la tête, entre les oreilles; le coup pénétra jusqu'au gosier. » (Bâber, p. 258 de la traduction; tome II, p. 4.) Ces exemples suffiront, je pense, pour montrer que les Asiatiques pointaient aussi bien qu'ils sabraient. Au surplus, le coup de sabre à la turke ne se donne pas comme chez nous, en laissant tomber l'arme à la manière d'un bâton, mais en sciant, c'est-à-dire, quand le coup a porté, en ramenant à soi le tranchant et en donnant un tour de poignet.

Le coup de lance se portait et se porte encore aujourd'hui au visage. A la grande bataille finale contre les Kéraïts, « trois attaques consécutives faites par les Kéraïts avaient été repoussées, mais une quatrième charge commandée en personne par Sengoun, fils aîné de Ong Kan, avait réussi à rompre les rangs des Mongols. Mais en ce moment Sengoun fut atteint au visage d'un coup de lance. » (Aboulghazi, texte de Kazan, p. 46; traduction Desmaisons, p. 84.) « Il (Seïpul Melek) le frappa de sa lance entre les deux yeux, à la manière des Kalmaks. » (Seïpul Melek, roman kirghize, manuscrit en ma possession.) Les Mongols et les Turks manient admirablement la lance encore de nos jours. « La lance est décidément la plus effective et la plus dangereuse arme des nomades.... Étonnante est l'adresse avec laquelle le Kirghize sait atteindre le but avec une pointe aussi loin de son poignet. Elle touche la tête ou la poitrine de l'ennemi plus sûrement que l'arme à feu, à laquelle le nomade n'a pu jusqu'ici prendre confiance. » (*Der Russiche feldzug nach Chiva. Eine Militair-Geographische Studie*, par Hugo Stumm, lieutenant au 8e hussards, officier d'ordonnance du maréchal de Moltke. Berlin, 1875, tome I, p. 208.) Ce même officier, qui a eu l'honneur de croiser le sabre avec les cavaliers turkomans, kirghizes et euzbegs, comme attaché aux colonnes russes opérant en Kharezm, rend d'ailleurs justice à la vigueur des Asiatiques. « Nous devons reconnaître que le cavalier d'Asie centrale, Euzbeg,

Kirghize et Turkoman, en ce qui concerne l'équipement du cheval, la connaissance du terrain, et même l'adresse à se servir de ses armes, est nettement supérieur au cavalier cosaque » (p. 337). J'invoquerai plus volontiers, pour prouver que ces populations n'ont pas dégénéré, le témoignage d'un officier français : « Les Kirghizes et les Kiptchaks, pendant toute la durée de cette expédition, ont fait preuve d'une persévérance et d'une opiniâtreté follement héroïque. » (La campagne des Russes dans le Kanat de Khokant, août 1875, janvier 1876, par M. Weil, capitaine au 3e régiment t.al de dragons. Documents extraits de l'*Invalide Russe*, du *Rapport officiel*, du *Golos*, du *Rouski Mir* et du *Voïenny Sbornik*, p. 82.) Au surplus, nos ancêtres qui s'y connaissaient en matière de valeur militaire ne s'y trompaient pas, et je ne connais pas de plus solide hommage que celui que rend le bon Joinville aux Turks du Soudan de la Chamelle, luttant avec leurs alliés les Français contre les Kharezmiens de Djelal ed Din et de Timour Melek. « Car tout nostre gent s'enfuirent si laidement, que il en y ot plusours qui de desesperance se noierent en la mer. Cette desesperance lour vint pour ce que une des batailles l'empereur de Perse assembla au Soudanc de la Chamelle, liquex se deffendi tant à aus, que de dous mille Turs que il y mena, il ne l'en demoura que quatorze-vins quant il se parti dou champ. » (Joinville, p. 292, § 533.)

Nous avons un type parfait de la tactique mongole dans les deux tableaux de formation en bataille qui terminent les « *Teuzukat* » d'Émir Timour (p. 408). C'est exactement notre formation actuelle : la troupe agit par échelons. Elle se forme en profondeur en *pointe* (*Heraoul*), *avant-garde* (*Karaoul*), *gros* (*Tchapaoul*), *réserve du gros*, droite et gauche (*Tchigaoul berangar, Tchigaoul djevangar*), et réserve générale derrière le bagage (*Keutch, Koul*). Le combat s'engage en ordre dispersé, avec des soutiens derrière les grandes masses de tirailleurs. On comprend aisément les effets foudroyants de cette tactique régulière, de ces grandes bandes de tirailleurs se transformant comme par enchantement en lignes d'escadrons déployées, sur les cohues du moyen âge.

Les Mongols avaient aussi un corps du génie et d'artillerie névrobalistique, des *Oustas* (maîtres ouvriers, ingénieurs). On sait par Rubruquis, qu'un des *Oustas* de Gaïouk était Parisien. Il est probable que le plus grand nombre étaient Turks, Musulmans ou Chinois. Pour en terminer avec les armées mongoles, j'emprunterai leur description à un contemporain (Djouveïni). « Ce peuple pleure à la fête et rit au combat, suit aveuglément ses chefs, supporte gaiement le froid et la faim, est furieux à la bataille et patient à la souffrance, ne connaît ni repos, ni plaisirs, pas même de nom. Eux-mêmes préparent et portent leurs armes ; une est leur pensée, un est leur cœur ; indifférents à la parure et aux vêtements, étrangers à tout sentiment de pitié, ils....[1]. Arrivés près d'un fleuve, ils le traversent en se tenant à la queue des chevaux. Ils supportent la privation de nourriture, et se soutiennent en ouvrant une veine à leur cheval et en suçant le sang; ils mangent tout, même des charognes, etc. » Tel était vraiment le cavalier mongol, auquel nul ne résista, tant qu'il put combattre avec des armes égales. Tels étaient les fanatiques du drapeau qui, lorsque les ambassadeurs du Pape leur demandaient s'ils étaient chrétiens ou musulmans, « répondaient en fureur qu'ils étaient Mongols ». (Rubruquis.)

CHAPITRE VI.

Le serment d'amitié que se font ensemble les trois *Andès* était déjà connu de nos Français du treizième siècle. Joinville le montre pratiqué par les Comans, qui ne sont autres que les *Kiptchaks* des Asiatiques (p. 272, § 496). Les Comans et les Français mêlent leur sang à du vin et se jurent fraternité en buvant le mélange.

CHAPITRE VII.

Les sentences de Mahomet citées dans ce chapitre sont empruntées soit au Koran, soit aux *Hadiths*, ou traditions sur les paroles du Prophète. Il en sera de même des suivantes. La première chanson qu'on chante à Djani est extraite (en l'arrangeant) des quatrains de Khéyàm, poëte persan du onzième siècle et ami du fondateur de la secte des Assassins. La réponse de Djani se trouve dans Maçoudi, tome IV, p. 243. Elle est d'un fameux guerrier arabe, Rébyah, fils de Mokaddam. Le duel à la lance de Djani et du chevalier teutonique qu'on verra au chapitre XIII est la reproduction exacte du duel d'Amr, fils de Madi Karib et de Rébyah, fils de Mokaddam (Ma-çoudi, tome IV, p. 247).

CHAPITRE VIII.

La description du tombeau de Kacim, fils d'Abd al Mottalib, est empruntée à Ibn Batoutah (tome III, p. 52). Les descriptions de villes et de monuments qui suivent sont prises de pièces et de morceaux dans les *Voyages* d'Ibn Batoutah et dans les *Mémoires* de Bâber.

---

1. Ce qui suit est trop féroce pour de jeunes lecteurs.

CHAPITRE IX.

Au sujet de l'église de Saint-Jean-Baptiste à Samarkand, voir Marco Polo, tome I, p. 192 et 194.

Pour le cérémonial de la Mosquée chez les princes turks, voir Ibn Batoutah, *passim*, et notamment tome II, p. 403.

CHAPITRE X.

La description du salon où la Khatoune reçoit Djani est empruntée aux *Mémoires* de Bâber, qui s'y est grisé pour la première fois de sa vie, mais non pas, hélas! pour la dernière (tome I, p. 430). Les costumes et le cérémonial sont empruntés à Clavijo, ambassadeur d'Espagne à la cour d'Émir Timour. (*Translated by C. R. Markham, Hakluyt society*, 1859.)

CHAPITRE XI.

Pour Renaud de Châtillon et pour la généalogie et parenté de Raymonde, voir Ducange, *Familles d'outre-mer*, p. 240 et 401. Je demande pardon d'avoir appelé Raymonde celle qui mourut « sans hoirs » et s'appelait en réalité Béatrice ; mais l'enchaînement chronologique m'y a forcé.

CHAPITRE XII.

Les itinéraires et les descriptions sont empruntés à Ibn Batoutah.

On trouvera sans doute singulier qu'un Turk nomade et musulman vante sa noblesse et parle de ses armoiries. Outre les armoiries du Soudan d'Égypte, Bibars el Bondokdary (l'Arbalétrier), qu'on verra plus loin attribuées au Soudan de la Chamelle, je citerai celles d'Émir Timour (gueules à trois besants d'or), celles de Gengis Khan et de sa famille (le gerfaut, éployé; sur les monuments où on les voit, on ne peut distinguer les émaux). Quant à l'importance que les Orientaux attachaient autrefois à la noblesse, il suffit d'avoir lu un seul de leurs auteurs pour s'en rendre compte : je me borne à citer ici un passage de Maçoudi, qui illustrera suffisamment la question. C'est à la bataille de Kadiçyeh, gagnée par les Arabes sur les Persans (année de l'hégire 15). Saad, fils d'Abou Vakkas, chef des Arabes, étant malade, suivait la bataille du haut de la terrasse du château d'El Odaïb : « Au moment où les deux armées luttaient avec le plus d'acharnement, Saad, entendant les Arabes *célébrer leur noblesse*, dit à ceux qui l'entouraient sur la terrasse du château : « Tant qu'ils con- « tinueront de *vanter leurs ancêtres*, laissez-moi dormir, c'est la preuve « qu'ils conservent l'avantage. » (Maçoudi, tome IV, p. 213.) Enfin, il y a un fait plus concluant : ce sont des lettres de noblesse octroyées par Touklouk Timour, khan du Kiptchak, à un personnage de Crimée nommé Hadji Mehemed. Ces lettres écrites en caractères oïgours d'un côté, et en caractères arabes en regard, sont à la Bibliothèque de Vienne. M. Vambéry les a reproduites à la suite du *Koudatkou Bilik*, p. 172-173. On y lit entre autres : « Mehemed, possesseur de cette lettre de franchise, dont les ancêtres, à partir du temps de Saïn Khan, avaient reçu par lettres patentes rang et droits de gentilshommes (*iarligh rast terkhanluk*). »

CHAPITRE XIII.

Le cérémonial de défi du Vieux de la Montagne est dans Joinville (p. 246, § 451).

CHAPITRE XIV.

Les noms des dignitaires du Temple et de l'Hôpital sont pris dans Ducange et dans l'*Architecture militaire des Croisés en Syrie*. Les vers que dit Djani à Raymonde sont de Bâber.

CHAPITRE XVIII.

La description du sac de Bokhara et de la prise de Khodjent est à peu près textuellement traduite d'Aboulghazi. La mort du cheikh Nedjm ed Din est traduite d'Aboulghazi. Les historiens mongols font à peine mention de ces grands événements : ils n'ont conservé le souvenir que de ce qui s'est passé en Chine ou dans leur propre pays. Ainsi Sanang Setzène, qui consacre des pages entières au récit d'une discussion de Gengis Khan avec ses frères à propos d'un poisson qu'ils ont pêché, ou d'une conversation de Boghordji avec sa femme, résume la conquête de l'Asie centrale et occidentale en quatre lignes. Il ne connaît pas même le nom du Kharezmchah, et le confond avec Djelal ed Din, qu'il appelle Djalildoun. Il est vrai que Joinville qui a vu des gens qui l'avaient combattu l'appelle Barbacan. Sanang Setzène appelle encore le Mavera-an-Nahr « pays des Sartagols » et le Kharezm « pays des Togmak ». *Gol* est la terminaison mongole des noms de peuples; *Sartes* est le nom que les Turks donnent aux gens d'origine persane établis dans les villes : il se prend toujours en mauvaise part; dans la bouche d'un cavalier turkoman ou kirghize, *Sarte* a identiquement le même sens qu'*épicier* dans la bouche d'un rapin ou *pékin* dans celle d'un vieux soldat. Quant au mot *togmak*, il appartient au dialecte turk de Khiva et signifie « indigène, habitant du pays, bourgeois ». Il est curieux d'observer que dans les traditions mongoles leurs grandes conquêtes de l'Ouest soient commémorées sous cette forme ; rien ne montre davantage le sentiment purement militaire qui animait ces soudards du désert contre « les pékins et l'habitant ».

Les guerres d'Europe sont restées dans la mémoire des Turks sous une forme assez vague. Aboulghazi, qui connaissait pourtant bien les Russes puisqu'il s'était battu contre eux et que son père, Mohamed Arabchah, avait détruit près d'Urguendj une expédition de Cosaques russes, glisse très-légèrement sur la conquête de la Russie et d'une partie de l'Europe orientale : « En 633, année du Singe, dit-il, Okdaï Kaan, à son retour du Khataï, envoya Batou fils de Djoudji Kaan, Gaïouk son propre fils, Mangoul fils de Touloui Khan et les fils de Djagataï Khan pour faire la conquête des pays des *Ourouss* (Russes), des *Tcherkess* (Circassiens), des *Bolghares* (Bulgares), des *Bachkourds* (Bachkirs), du Touran et d'autres provinces.... Les princes, au retour de leur expédition, qui avait duré sept ans, revinrent auprès du Kaan après avoir achevé la conquête de tous les pays qu'il leur avait ordonné de soumettre. » Voici le récit qu'il fait plus loin d'une bataille qu'il appelle « de Moskou » et qui doit être en réalité celle de Liegnitz, puisqu'il y fait figurer les *Némiches* (Allemands) : « Ce prince (Batou Saïn Khan) entra sur les terres des Ourouss et s'avança jusqu'à Moskav où les souverains des Kourel, des Némich et des Ourouss avaient réuni leurs forces et s'étaient retranchés. On combattit pendant près de trois mois. Enfin, Djébé Noïane [1] dit un jour à Saïn Khan : « Ajoute un « corps de cinq à six mille hommes aux troupes que je commande ; j'irai « pendant la nuit tourner la position de l'ennemi, et je tomberai le matin « sur son camp au moment où vous autres l'attaquerez en face. » Ce plan fut mis à exécution pendant une nuit, et le lendemain, lorsque l'action commença à s'échauffer, Djébé Noïane fondit sur le camp ennemi et arriva au bord du fossé qui l'entourait. Là il descendit de cheval avec toute sa troupe; puis après avoir franchi le fossé et rompu les chaînes de fer avec lesquelles on avait solidement attaché ensemble tous les chariots placés en cercle au dedans du fossé, il renversa et brisa ces chariots, et tomba la lance et le sabre à la main sur l'ennemi, qui, attaqué ainsi d'un côté par

---

1. Le texte du manuscrit Dahl, suivi par M. Desmaisons, dit « Cheibane Khan », mais j'ai de bonnes raisons pour lire « Djébé Noïane ».

Saïn Khan et de l'autre par Djébé Noïane, fut entièrement défait et perdit soixante-dix mille hommes en ce seul endroit. Tous ces pays se soumirent à Saïn Khan. » (Aboulghazi, traduction Desmaisons, p. 190.)

Voici un fragment du chant funéraire composé par Kilukène le Hardi aux funérailles de Gengis Khan; il donnera une idée de la poésie mongole :

« Tu planais comme un faucon, et maintenant, il faut qu'un chariot à l'essieu criard t'emporte, toi mon souverain ! Ton épouse et tes enfants, les as-tu vraiment abandonnés, toi mon souverain? Tous tes sujets assemblés, les as-tu vraiment abandonnés, toi mon souverain? Comme un aigle plane joyeusement en cercle, ainsi tu suivais ta course, toi mon souverain ! Comme un poulain sans expérience tu t'es abattu, toi mon souverain ! Après soixante et six ans de ta vie tu voulais donner à jamais aux neuf bannières de ton peuple la joie et le repos, et maintenant tu t'en vas loin d'elles, toi mon souverain ! » (Sanang Setzène, p. 106-107.)

CHAPITRE XIX.

La topographie d'Acre est empruntée au plan de Marino Sanudo le Vieux (*secreta fidelium crucis*. A. D., 1291) reproduit par Bongars dans le *Gesta Dei per Francos*: Le récit de la bataille de Jaffa est pris dans Joinville, ainsi que le message du Khaghan à saint Louis et les détails qui l'accompagnent (Joinville, p. 258-250).

Le mariage *in extremis* de Raymonde et de Djani n'a rien d'étonnant de la part d'un prêtre d'Asie centrale. Les empereurs mongols tenaient fermement la main à ce que la fusion religieuse s'accomplît entre leurs sujets, et ils étaient gens à savoir se faire obéir, surtout en Mavera-an-Nahr où on avait senti la main de fer de Djagataï. Encore aujourd'hui, où la langue a pris le nom du prince mongol (*Djagataï Turkisi*, le Turk Djagataï, le vrai et le franc Turk), pour dire d'un homme que c'est un franc et solide garçon, on l'appelle *Er Djagataï*. Il ne faut pas oublier que les empereurs mongols avaient toujours une princesse chrétienne parmi leurs femmes. La *Khatoune* ou impératrice en titre de Holakou le Noir était chrétienne et protégeait avec une sollicitude touchante tout ce qui portait le nom chrétien, et pourtant Holakou s'entourait de moines bouddhistes auxquels il donnait toute sa confiance. Bien mieux, nous voyons au quatorzième siècle Ibn Batoutah mener à Constantinople pour y faire ses couches *Beïaloune Khatoune*, zélée chrétienne, fille d'Andronic III le Jeune et troisième impératrice de Mehemed Euzbeg, khan du Dechti-Kiptchak et musulman dévot (Ibn Batoutah, tome II, p. 393 et suivantes).

Les détails de la mort de Timour Melek sont empruntés à Djouveïni, Rachid ed Din, Aboulghazi (*passim*). Les vers que récite Timour Melek lui sont attribués par Djouveïni. Rachid ed Din, qui faisait pourtant une histoire officielle pour le compte d'un empereur mongol, n'a-t-il pas dit du héros turkoman : « Rustem et Isfendiar n'auraient pas été dignes d'être ses porte-chabraque », nous dirions en français « d'être ses brosseurs ».

FIN.

TABLE

Chap. I.	Le Grand Saint．	1
Chap. II.	La migration des peuples．	23
Chap. III.	Djébé le Joyeux．	43
Chap. IV.	La première victoire．	65
Chap. V.	Le Roi de fer．	85
Chap. VI.	De Mongolie en Turkestan．	105
Chap. VII.	Nomades et sédentaires．	125
Chap. VIII.	La dague mystérieuse．	147
Chap. IX.	Samarkand la Bien-Gardée．	167
Chap. X.	La grande impératrice．	187
Chap. XI.	De Samarkand à Basrah．	211
Chap. XII.	Le pays des Sarrasins．	231
Chap. XIII.	Allemands et Sarrasins．	257
Chap. XIV.	Le pays des chrétiens．	279
Chap. XV.	Errant pendant quatorze ans．	299
Chap. XVI.	Le prince Avant-Garde．	321
Chap. XVII.	La chasse à l'homme．	345
Chap. XVIII.	Le temps de la colère de Dieu．	365
Chap. XIX.	La bonne dame．	383
Notes et éclaircissements．		405

Typographie Lahure, rue de Fleurus, 9, à Paris.

PARIS. — TYPOGRAPHIE LAHURE
Rue de Fleurus, 9

www.ingramcontent.com/pod-product-compliance
Lightning Source LLC
Chambersburg PA
CBHW051816230426
43671CB00008B/727